Horst W. Opaschowski

Wir werden es erleben

D1932524

Horst W. Opaschowski

Wir werden es erleben

Zehn Zukunftstrends für unser Leben von morgen

PRIMUS VERLAG

Einbandgestaltung: Jutta Schneider, Frankfurt a. M.
Photo: Gottfried Scheel-Häfele

Sonderausgabe
für die Landeszentralen für politische Bildung

Die Deutsche Bibliothek – CIP-Einheitsaufnahme
Ein Titeldatensatz für diese Publikation ist bei
Der Deutschen Bibliothek erhältlich.

Das Werk ist in allen seinen Teilen urheberrechtlich geschützt.
Jede Verwertung ist ohne Zustimmung des Verlages unzulässig.
Das gilt insbesondere für Vervielfältigungen,
Übersetzungen, Mikroverfilmungen und die Einspeicherung in
und Verarbeitung durch elektronische Systeme.

© 2002 by Wissenschaftliche Buchgesellschaft, Darmstadt
Gedruckt auf säurefreiem und alterungsbeständigem Papier
Printed in Germany

www.primusverlag.de

ISBN 3-89678-427-7

Inhalt

Vorwort

„Wie stellt ihr euch die Zukunft vor?", lautete die Frage im Rahmen eines landesweiten Schülerwettbewerbes. Die Ergebnisse glichen Geschichten aus der Zukunft, Problem- und Wunschszenarien über das Leben im dritten Jahrtausend. Manche Jugendlichen hoben in ihrer Zukunftsvision regelrecht ab: „Schon wieder so ein Last-Minute-Tourist für die Milchstraße." Andere ließen dabei soziale Problembezüge erkennen: „Vielleicht darf ich heute meine Oma im Altenasyl auf dem Mond besuchen" oder „Greenpeace International möchte ausgerottete Tierarten wieder klonen und neu ansiedeln" (Cumart 1999).

So wird die Zukunft sicher nicht aussehen. Aber in diesen Bildern kommt manches zum Ausdruck, was auch zu einer wissenschaftlich fundierten Zukunftsforschung gehört: soziale Fantasie und soziale Verantwortung. Mit einem Wort: Gestaltungswille. Die vorliegende Zukunftsstudie „Wir werden es erleben" ist Analyse und Prognose zugleich. Und sie stellt eine Herausforderung an uns alle dar, „unsere Zukunft" selbst zu wählen und zu gestalten.

Horst W. Opaschowski

Lust auf Zukunft. Möglichkeiten und Grenzen der Zukunftswissenschaft

Gesellschaftlicher Paradigmenwechsel als Herausforderung

Vor über 2000 Jahren kam einmal ein Mann zu Sokrates (470–399 v. Chr.), dem Weisen, und sagte zu ihm: „Du, höre, ich muss dir etwas Wichtiges erzählen." „Warte ein bisschen", unterbrach ihn Sokrates, „hast du schon das, was du mir erzählen willst, durch die drei Siebe hindurchgehen lassen?" „Welche drei Siebe?", fragte der Besucher erstaunt. „So höre gut zu", antwortete Sokrates, „das erste ist das Sieb der Wahrheit. Bist du überzeugt davon, dass alles, was du mir sagen willst, auch wahr ist?" „Das nicht", entschuldigte sich der Mann, „ich habe es nur von anderen gehört." „Aber dann hast du es doch wenigstens durch das zweite Sieb hindurchgehen lassen. Es ist das Sieb der Güte und Qualität." Der Mann antwortete verlegen: „Ich muss gestehen, nein." „Ja, hast du auch nicht an das dritte Sieb gedacht", hakte Sokrates nach, „und dich gefragt, ob es nützlich sei, mir das zu erzählen?" „Nützlich?", räumte der Mann ein, „eigentlich nicht." „Siehst du", gab Sokrates zu verstehen, „wenn das, was du mir erzählen willst, weder wahr noch gut noch nützlich ist, dann behalte es lieber für dich!"

Auch eine verantwortliche Zukunftswissenschaft muss sich an solchen Kriterien messen lassen. Sie muss dem Anspruch auf *Wahrheit* genügen, also auf objektiven und wissenschaftlich jederzeit nachprüfbaren Forschungen beruhen. Sie soll im sokratischen Sinne *gut* sein, weil es primär um die Beantwortung der Lebensqualitätsfrage geht: „Was will der Mensch?" Und sie muss *nützlich* sein, weil sie auf Nachhaltigkeit angelegt sein und eine lebenswerte Zukunft sichern helfen soll.

Doch Zukunft ist für viele Sozialwissenschaftler bisher noch weitgehend negativ besetzt. Sie leiden geradezu an der „Neuen Unübersichtlichkeit" gesellschaftlicher Theorien, die seit Marx um den Begriff der Arbeit zentriert waren und nun ihre Überzeugungskraft einzubüßen drohen. Die arbeitsgesellschaftlichen Utopien gehen verloren. Jürgen Habermas brachte es ins Bild: „Wenn die utopischen Oasen austrocknen, breitet sich eine Wüste von Banalität und Ratlosigkeit aus“ (Habermas 1985, S. 161). Dabei besteht überhaupt kein Anlass zur Resignation. Denn nicht unsere utopischen Energien sind am Ende, sondern nur eine ganz bestimmte Utopie, die sich seit jeher um das Ideal der Arbeitsgesellschaft kristallisiert hat. Der Paradigmenwechsel von einer Arbeitsgesellschaft (die lebte, um zu arbeiten) zu einer Lebensgesellschaft (die arbeitet, um zu leben) kann durchaus eine Chance für die Zukunft und das Zusammenleben der Menschen sein: Der Lebenssinn muss nur neu definiert werden.

Wohin also geht die Reise? Was haben wir im 21. Jh. zu erwarten? Nostradamus (1503–1566) und andere Propheten hatten für die Jahrtausendwende das Ende der Welt vorausgesagt. Schon ein Jahrtausend zuvor hatte es vergleichbare endzeitliche Prophezeiungen gegeben. *Millennium = Ende der Welt = Jüngstes Gericht.* So wurden beispielsweise kurz vor der Jahrtausendwende im Jahr 971 Pachtverträge nur noch für 29 Jahre abgeschlossen. Die ganze Welt wartete auf das Millennium, das Ende der Zeiten und das Ende der Welt. Das Jahr 1000 kam und ging vorüber – das Jüngste Gericht fand nicht statt (vgl. Mann 1993).

Vor über 200 Jahren entbrannte 1790 im englischen Parlament eine Debatte darüber, ob die Bevölkerung nun zu- oder abnehme. Die Parlamentarier hatten sich dabei in ihren Argumenten gegenseitig widersprochen, weil sie sich seinerzeit auf kein gesichertes Datenmaterial stützen konnten. Also beschloss man, „das Problem durch eine Volkszählung (die erste in der Neuzeit) zu lösen“ (Bell 1996 a, S. 204). Seither hat die Menge an verfügbaren Daten deutlich zugenommen, auch ihre Zusammenfassung in Statistiken.

Knapp ein Jahrzehnt nach der Französischen Revolution veröffentlichte der englische Landpfarrer Thomas Robert Malthus sein weltberühmtes Werk „Ein Essay über das Prinzip der Bevölkerung, wie es die zukünftige Verbesserung der Gesellschaft beeinflusst“ (London 1798). Malthus wies dabei auf ein wachsendes *Missverhältnis zwischen Menschen und Ressourcen* hin. Weil sich die Bevölkerungen von England, Frankreich und Amerika alle 25 Jahre verdoppeln, würde die Nahrungsmittelproduktion nicht Schritt halten können. Die Folgen wären zunehmender Hunger, Verelendung, Massensterben durch Unterernährung, Krankheiten sowie ein Zerreißen aller gesellschaftlichen Strukturen. Das Bevölkerungswachstum würde zu einer deutlichen Verschlechterung der menschlichen

Lebensbedingungen führen und die Kluft zwischen Besitzenden und Habenichtsen vergrößern. Malthus' pessimistische Zukunftssicht ist nicht im vollen Umfang Wirklichkeit geworden, kann aber durchaus als ein *erster Ansatz für Zukunftsdenken und Zukunftsforschung* gewertet werden.

Es vergingen rund 150 Jahre, bis der amerikanische Präsident Franklin D. Roosevelt 1944 zum ersten Mal in seinem Haushaltsbericht *systematisch* Forschungsdaten gesammelt und veröffentlicht hat (einschließlich grundlegender wirtschaftlicher und sozialer Projektionen und Prognosen). Den wichtigsten Anstoß zur Zukunftsforschung gab wieder einmal das amerikanische Militär. Der Aerodynamiker Theodor von Karman vom California Institute of Technology veröffentlichte 1944 einen Bericht über die Zukunft des Flugzeugantriebs, der bis heute als „erste moderne technologische Prognose" (Bell 1996a, S. 205) gilt. Die US-Luftwaffe wie auch die NATO haben diesen Ansatz zu 5-Jahres-Prognoseprogrammen weiterentwickelt.

Ein Meilenstein in der Geschichte der Zukunftswissenschaft stellt der bereits 1965 in den USA gegründete „Ausschuss für das Jahr 2000" dar. Der Physiker und Mathematiker Herman Kahn sowie der Jurist und Soziologe Anthony J. Wiener vom New Yorker Hudson-Institut entwickelten für diesen Ausschuss eine Übersicht über *wahrscheinliche und mögliche* künftige Entwicklungen. Bei der Darstellung ihrer Zukunftsentwürfe haben sie historische und statistische Methoden miteinander kombiniert und in dem Zukunftsreport „The Year 2000. A Framework for Speculation on the Next Thirty-Three Years" (deutsch: „Ihr werdet es erleben", 1967) zusammengefasst. Die vorliegende Zukunftsstudie „Wir werden es erleben" greift bewusst diesen Gedanken wieder auf.

Zukunftswissenschaft als weißer Fleck in der Forschungslandschaft

Der ehemalige Wirtschaftsminister und Bundeskanzler Ludwig Erhard bezeichnete Ende der 60er-Jahre die „Planung der Zukunft als Irrtum der Zeit" und weigerte sich beharrlich, den Blick „auf die Jahrhundertwende vorauszurichten" (vgl. Kreibich 1991, S. 78). Und von dem Schweizer Zukunftsforscher Rolf Homann, Autor der Studie „Zukünfte" (1998), stammt die Aussage: „Deutschland ist das einzige große oder mittlere Land, das es sich leistet, *keine eigene Zu-*

kunftsforschung zu haben … Wie es auf die Dauer ohne Zukunftsforschung auskommen will, ist mir ein Rätsel" (Homann 1991, S. 43f.). Natürlich gibt es zukunftsbezogene Forschung in Deutschland, aber eben keine eigenständige systematische und auch kontinuierliche Zukunftsforschung.

Bereits in den 40er-Jahren hat der in die USA emigrierte deutsche Sozialwissenschaftler Ossip K. Flechtheim den Begriff *Futurologie* („futurology") geprägt, der allerdings in der deutschen Universitätslandschaft auf Widerstand stieß und bewusst provozierend in die Nähe der Astrologie gerückt wurde. Flechtheim wollte seinerzeit mit diesem Begriff auf die große Bedeutung einer „systematischen Beschäftigung mit der Zukunft" hinweisen (Flechtheim 1972, S. 1). Die Futurologie als systematische Zukunftsforschung sollte zur Bewältigung von fünf die Menschheit bedrängenden und bedrohenden Problemen beitragen (Flechtheim 1972, S. 8):

1. Verhinderung von Krieg und Institutionalisierung von Frieden.
2. Beseitigung von Hunger und Elend in der Dritten Welt zur Stabilisierung der Bevölkerungszahl.
3. Beendigung des Raubbaus zum Schutz der Natur und des Menschen.
4. Überwindung von Ausbeutung und Unterdrückung zur Demokratisierung von Staat und Gesellschaft.
5. Abbau von Entleerung und Entfremdung zur Schaffung eines neuen kreativen Homo humanus.

Das waren und sind große hehre Ziele, die auch heute noch erstrebenswert sind – sieht man einmal vom überhöhten Pathos des „Homo humanus" ab. Zukunftsforschung kann schließlich nicht alle Probleme der Menschheitsgeschichte lösen.

Erst Jahrzehnte später griff Horst Wagenführ, der Leiter der Wickert-Institute, die Flechtheim-Terminologie wieder auf und verwendete ihn modifiziert als „Ökonomische Futurologie", „Wirtschaftliche Zukunftsforschung" und „Industrielle Zukunftsforschung" (Wagenführ 1970). Diese Art von Zukunftsforschung hat sich durchgesetzt – allerdings weitgehend den Blicken von Öffentlichkeit und Wissenschaft entzogen. Großkonzerne wie z. B. VW oder DaimlerChrysler haben heute eigene Abteilungen für Trend- und Zukunftsforschung. So gesehen ist Zukunftsforschung auch ein *eigenes Berufsfeld* geworden, in dem allerdings wirtschaftliche Interessen im Zentrum stehen. In Frankreich gibt es auf universitärer Ebene einen eigenen Lehrstuhl für Zukunftsforschung (CNAM/Conservatoire National des Arts et Metiers). Hier kann man Zukunftsforschung studieren und eine Ausbildung als Zukunftsforscher mit Diplomabschluss absolvieren. In den USA kann man an der Universität in Houston ein *Diplom in Zukunftsstudien* erwerben und an der Fernuniversität Greenleaf ein *Doktorat im Fach Studien zum 21. Jh.* Zukunftsforschung ist eine Forschung mit Zukunft.

Die wissenschaftliche Analyse der Zukunft ist in Deutschland noch ein weitgehend weißer Fleck in der Forschungslandschaft. „Es gibt mittlerweile über 1000 Institutionen, die sich wissenschaftlich mit der Vergangenheit und Gegenwart beschäftigen, aber nicht ein einziges öffentlich gefördertes Institut für Zukunftsforschung" (Kreibich 1991, S. 91).

Fast jede Vorhersage beruht seither auf der *Methode der Extrapolation*, d. h., eine in Vergangenheit und Gegenwart beobachtete Tendenz wird in eine zeitlich fixierte Zukunft hinein fortgeführt. Während man früher mittels einer Linie oder Kurve die erfasste Tendenz einfach geradlinig weiterprojizierte, werden in der Zukunftsforschung heute auch retardierende Momente, Fluktuationen, Unwägbarkeiten oder Brüche mit berücksichtigt. Dies trifft gleichermaßen für das Faktum des *exponentiellen Wachstums* zu. Man denke nur an die Bevölkerungsentwicklung oder die Ausbreitung der Computertechnologie.

In der Computertechnologie gilt das sog. Moore-Gesetz, eine Faustregel, mit der man die Entwicklung der Computertechnik schon seit mehreren Jahrzehnten präzise voraussagen kann. Erstmals 1965 hatte Gordon Moore, der Mitbegründer der Firma Intel, die Behauptung aufgestellt, dass sich die Computerleistung alle 18 Monate verdoppelt. Dieser Erfahrungswert hat bis heute seine Gültigkeit bewahrt, d. h., Computerfirmen orientieren sich in ihrer Produktionsentwicklung sogar daran. Deshalb lässt sich auch die Zukunft von Computer- und Biotechnologien nach Meinung von Experten „mit hinreichender statistischer Genauigkeit" prognostizieren, weshalb Mikroprozessoren bis 2020 so billig werden sollen „wie Notizpapier" (Kaku 2000).

Trotz der bisherigen Treffsicherheit des Moore-Gesetzes bleibt eine wesentliche Frage offen, weil sich die Voraussagen immer nur auf bereits bekannte Technologien beziehen. Wie sieht es dagegen mit neuen intelligenten Systemen in einem Post-PC- bzw. Post-Mikroprozessor-Zeitalter aus? Wenn also eines Tages unsichtbare Mikrochips mit großen Rechenleistungen in einfachen Krawatten eingearbeitet werden können – wie sieht dann die *Kommunikation im Alltag* aus?

Oder man stelle sich einmal vor: In eine Brille wird ein winziger Computerbildschirm eingebaut, in dem ein Okular eingesetzt wird, das dem Vergrößerungsglas eines Uhrmachers ähnelt und über winzige LEDs (Leuchtdioden) Bilder wie auf einem PC-Monitor vermittelt. Vorstellbar sind in Zukunft auch wie Cyborgs gekleidete Menschen – komplett mit Helm, Brille, Spezialokularen und einem Gewirr von Elektroden an der Kleidung. Jeder Mensch würde dann zu einem wandelnden Computer im World Wide Web. Am Ende wäre die ganze Erde von einer einzigen elektronischen Haut umhüllt und die Zukunft würde einem Disney-Film gleichen: Leblose Gegenstände würden plötzlich lebendig und fingen miteinander zu reden an. Das wäre *Compunikation total.* Der Mensch ließe die denkenden Gegenstände kommunizieren – als Helfer, Butler, Botenjunge und Berater. Intelligente Agenten mit „gesundem Menschenverstand".

Douglas Lenat vom „Manhattan-Projekt der künstlichen Intelligenz" geht ganz selbstverständlich davon aus, dass in 15 Jahren niemand mehr einen Computer ohne gesunden Menschenverstand kaufen wird. So genannte Menschenverstandsprogramme sorgen dafür, dass Computer Gespräche führen können (vgl. Crevier 1994, S. 240 ff.).

Folgt man den technologiebegeisterten Zukunftsvisionären, dann werden eines Tages Maschinen intelligent mit Menschen umgehen, primitive Gefühle zeigen, Denken nachahmen und unterhaltsame Gespräche führen können – und nicht wir umgekehrt intelligent mit den Maschinen umgehen. *Herren oder Helfer* – was wollen wir wirklich? Im ersteren Fall werden wir zu „Haustieren der Computer" (Kaku 2000, S. 162) und lassen uns wie Schoßhunde verwöhnen. Im zweiten Fall werden wir in der Lage sein, rechtzeitig den Stecker herauszuziehen ...

Nicht die anschaulich beschriebenen Zukunftsbilder zwischen Cyber-Brille und Internet-Uhr sind problematisch, sondern die schicksalhaft anmutenden Aussagen, die scheinbare Unausweichlichkeit der Prognosen, die uns einreden wollen, wie Wissenschaft und Technik des 21. Jh.s unser Leben *revolutionieren* und das soll heißen: *dominieren*. Nein, die Menschen werden sich wehren und v. a. die technischen Innovationen, die das Leben nicht *lebenswerter* machen, weitgehend negieren und ablehnen. Wenn es sein muss – auch gegen die „einhellige Meinung aller Physiker", gegen ihre „Einigkeit über die zukünftige Entwicklung" und gegen die Anmaßung einer Expertokratie, die sich zum „aktiven Lenker" auf dem Weg „zu den Sternen" erklärt und uns zu „Herren über Raum und Zeit“ (Kaku 2000, S. 17ff. und 115) machen will. So werden wir nicht leben. Und vor allem: so wollen wir nicht leben.

Die Fraunhofer-Gesellschaft in Deutschland verfügt heute mit ihren 47 Instituten über Experten aus nahezu allen Zukunftstechnologien. Erwartungsgemäß ist für Ingenieure fast alles, was *technisch möglich* ist, auch wirklich: Danach sollen sich schon bis 2010 Produktregelung und nachhaltiges Wirtschaften durchgesetzt haben. Auch Telematiksysteme würden Verkehrsströme entlasten. Ganz selbstverständlich wird prognostiziert: Bis zum Jahr 2020 würden uns Roboter bei der Hausarbeit, im Alter und bei Krankheit „unter die Arme greifen“. Die gesamte Alltagswelt werde „intelligent“. Intelligenz in allen Gegenständen – im Büro, im Auto oder im Haushalt. Ein schönes Leben in einer „rundum intelligenten Umgebung“ (Kaku 2000, S. 13) wird vorausgesagt.

Vielleicht haben die beiden Science-Fiction-Autoren Angela und Karlheinz Steinmüller, die in der Phantasie von Träumen leben, aber nicht selten Alpträume in der Wirklichkeit erleben, doch Recht, wenn sie feststellen müssen: „Wer Zukunftsvisionen finden will, muss auf den Trödelmarkt gehen. Da liegen sie herum, vergilbt und verschlissen, neben abgetragener Kleidung und Alteisen, keiner will sie mehr haben, keiner erkennt unter der verstaubten Hülle das Strahlen, das einst von ihnen ausging. Faszination hat eine kurze Verfallzeit“ (Steinmüller 1999, S. 11). Die Science-Fiction-Autoren agieren seit Jahren als *Zukunfts-Jäger und Visionen-Sammler* und haben dabei die Erfahrung gemacht, dass sich soziale Visionen nur schwer neben den technischen behaupten können.

Ohne Veranschaulichung und Illustrierung ist eine noch so wertvolle Vision fast nichts wert – so als wollte man heute einen Buchhändler fragen: Haben Sie ein Grundlagenwerk mit anschaulichen Bildern zu einer nachhaltigen Zukunftsentwicklung? Deshalb kursieren in der gesellschaftlichen Diskussion fast nur Technologie Delphis mit „intelligenten“ Häusern, Kunstwelten und Robotern.

Bei dieser Art der Zukunftsforschung besteht die Gefahr, dass *Datensammlungen mit Vorhersagen verwechselt* werden. Die Szenarien stimmen allzu optimistisch. Der Eindruck entsteht: Der Mensch der Zukunft wird von der Wiege bis zur Bahre *überwacht, versorgt, geheilt* – vielleicht „wird“ er eines Tages auch noch *gestorben*, wenn die Technik und die Techniker es wollen. Bei diesen Visionen drohen sich die Zukunftstechnologien zu verselbständigen. Der Mensch steht dabei nicht im Mittelpunkt, sondern stellt lediglich einen Einflussfaktor (neben vielen anderen) dar. In dieser Sichtweise gibt es nur eine *technologische Zukunft,* bei der der Mensch als „Humankapital" eine berechenbar erscheinende Größe ist.

Zur Notwendigkeit von Voraus-Schau und Vor-Sorge

Natürlich kann sich der Mensch heute vorstellen, was morgen auf ihn zukommen könnte. Aber unvorstellbar ist für ihn weitgehend das, was er dann fühlen wird. Wir können heute nicht fühlen und wissen, was wir morgen unter veränderten Lebensbedingungen fühlen und wissen werden. Es kann daher nicht weiter überraschen, dass die überwiegende Mehrheit der Bevölkerung bisher ein *negatives Zukunftsbild* hat. Zukunft stellt keine stimulierende, eher eine abschreckende und entmutigende Orientierungsgröße dar. Es liegen kaum Erfahrungen im Umgang mit aktivierenden Zukunftsentwürfen (vgl. Rüsen u. a. 1999, S. 12) vor.

Ist es heute einfacher, Prognosen aufzustellen, als früher? In der Tat hat die Entwicklung neuer statistischer, vielfach auch mathematischer Techniken die Systematik, die Analyse und Bewertung von Daten erleichtert. Die Fülle vorhandener empirischer Daten macht Analysen und Prognosen bis in Details hinein möglich, sodass *Zukunftstrends in zusammenhängenden Zeitreihen* beschrieben und begründet werden können. Eine sozial verantwortliche Zukunftsforschung hat eine doppelte Funktion:
1. vorbeugend nachdenken (= Voraus-Schau) und
2. nachhaltig vorsorgen (= Vor-Sorge).

Darin unterscheidet sie sich von bloßen Trend- und Technologiereports, die wie Delphi-Orakel immer nur verkünden, was in Zukunft alles möglich wäre, statt sich in die Pflicht nehmen zu lassen und Voraus-Schau mit Vor-Sorge zu verbinden und selbst gestaltend oder empfehlend die Weichen für die Zukunft zu stellen.

Die Macher haben vielfach die Rechnung ohne die Mitmacher gemacht. Die individuelle und gesellschaftliche Akzeptanz werden meist überschätzt. Wie sinnvoll ist z. B. die Roboterentwicklung für die Haushaltsarbeit? Dazu ein konkretes Beispiel: Sie putzen Fenster, bringen den Müll vor die Tür und wischen den Boden – *elektronische Haushaltshilfen* „sollen" in 10 bis 15 Jahren so verbreitet sein wie heute Mobiltelefone oder Computer. Das zumindest prognostiziert die UNO-Wirtschaftskommission für Europa (ECE Oktober 1999). Wer will diese Service-Roboter im Haushalt überhaupt haben und v. a.: wer kann sie bezahlen? Im neuen Jahrtausend soll der Kühlschrank mit seinem Besitzer sprechen und gegebenenfalls Milch und Butter im Supermarkt nachbestellen. Ist die Kühltruhe im Keller defekt, alarmiert sie selbsttätig einen Handwerker. Das Bostoner MIT (Massachusetts Institute of Technology) wie auch das Fraunhofer-Institut für mikroelektronische Schaltungen und Systeme arbeiten ernsthaft an solchen Konzepten für ein *intelligentes Haus*.

Wir sind unserer Zukunft nicht mehr sicher. Wir „müssen" mehr über unsere Zukunft verantwortlich nachdenken. Diese Forderungen erhoben im George-Orwell-Jahr 1984 die Soziologen Mackensen, Umbuch und Jung in ihrem Buch „Leben im Jahr 2000 und danach. Perspektiven für die nächsten Generationen". Damit wurde frühzeitig ein Gedanke aufgegriffen, der jetzt nach der Jahrtausendwende immer aktueller und brisanter wird: Wie nie zuvor in den letzten Jahrzehnten scheinen die Lebensbedingungen der nächsten Generationen von Schwierigkeiten belastet zu sein. Der gängige Optimismus lässt sich kaum mehr aufrechterhalten:

- Können die Renten bezahlt und die Infrastrukturen für Bildung und Gesundheit erhalten werden?
- Wird nicht der Berg zu hoch, den die nächsten Generationen besteigen müssen?

Jede Weiche, die heute gestellt wird, „eröffnet ein kleines Stück Zukunft – schließt aber andere große Teile der Zukunft aus" (Mackensen u.a. 1984, S.201). Solche Fragen, frühzeitig gestellt, verlangen nach Antworten, denen die Politik bisher ausgewichen ist, weil sich offensichtlich Popularität nicht mit Prognostik verträgt. So sind *Verteilungskonflikte* geradezu vorprogrammiert.

Wissenschaft gegen Zukunftsangst

Mit Beginn eines neuen Jahrtausends wird der Ruf nach einer *systematischen Zukunftsforschung*, die sich nicht mehr nur auf quantitative, mathematische und rationale Vorgehensweisen stützt, immer lauter. Gefragt sind jetzt *Zukunftsszenarien und Zukunftsbilder*, die anschaulich die Veränderungen von Verhaltensweisen, Einstellungen und Stimmungen widerspiegeln, sich darin aber nicht erschöpfen. Die Kommunikation und Diskussion zwischen Forschung, Gesellschaft, Wirtschaft und Politik muss geradezu „essentieller Bestandteil der Szenarientechnik" (Zöpel 1991, S.18) sein. Auf diese Weise wird Handlungs-, ja Strategieorientierung garantiert. Es werden nicht nur Zukunftsbilder „gemalt“, sondern auch Wege dorthin beschrieben. Zukunftsforschung wird für künftiges Handeln mitverantwortlich gemacht.

Es ist allerdings ein großes Missverständnis, wenn man Zukunftsforschung zum Synonym für Zukunftsangst machen will. Ganz im Gegenteil: Zukunftswissenschaft ist im Sinne von Hubert Markl, dem Präsidenten der Max-Planck-Gesellschaft, eine „Wissenschaft gegen Zukunftsangst“ (Markl 1998), weil sie Zukunftsangst und Risikoscheu überwinden hilft. Zukunftswissenschaft macht Zukunft nicht nur wissenschaftlich vorhersagbar, sondern auch planbar bzw. für ein besseres Leben der Menschen gestaltbar. Die Erkenntnisse der Zukunftswissenschaft „können“ Wege für ein schöneres Leben ebnen.

Und selbst wenn die ökologischen und sozialen Folgen des technischen Fortschritts auf den ersten Blick ängstigen, so werden wir doch nicht hilf-, mittel- und machtlos zurückgelassen. Manche Zukunftsängste bleiben uns sicher nicht erspart. Aber wir gewinnen zugleich neue Zukunftsgewissheiten und damit Gestaltungsfreiheiten in eigener Verantwortung. So gesehen ist Zukunftswissenschaft wie andere Wissenschaften auch „das beste Mittel gegen Zukunftsangst“ (Markl 1998, S. 178), wenn es ihr gelingt, Immanuel Kants berühmte Fragen „Was können wir wissen? Was sollen wir tun? Was dürfen wir hoffen?“ zu Leitprinzipien der Forschungsarbeit zu machen. Dann kann *Zukunft auch ein anderes Wort für Hoffnung* sein.

Der Engländer Paul Kennedy, Autor des Buches „In Vorbereitung auf das 21. Jh.“ (1997), gilt als der meistdiskutierte Historiker der Gegenwart. Seine Schlüsselfrage lautet: Wie wird unsere Welt im Jahr 2025 aussehen, wenn unsere Kinder sie übernehmen, um sie zu bewohnen und zu gestalten? Er zeichnet das Bild einer *Nach-2000-Welt* und meldet dabei große Zweifel an, ob – angesichts des Tempos des globalen Wandels – überhaupt irgendeine soziale Gruppe auf das 21. Jh. wirklich vorbereitet ist. Natürlich gebe es Konzerne von der Pharmazie bis zur Luft- und Raumfahrt sowie privilegierte Akademiker in hoch qualifizierten Dienstleistungsberufen, die von der schnelllebigen Entwicklung besonders profitierten.

Andererseits gebe es Milliarden von verelendeten, unausgebildeten Menschen in den Entwicklungsländern und Millionen ungelernter Arbeiter in der westlichen Welt, deren Lebensbedingungen und Zukunftschancen sich eher noch verschlechtern würden. Unter Berufung auf Zukunftsstudien in aller Welt bringt Kennedy seine Sorge zum Ausdruck, dass beide Entwicklungen Aspekte eines einzigen Phänomens sein könnten. Haben sich die optimistischen Zukunftsforscher vielleicht nur mit den Gewinnern der Welt befasst, während sich die Pessimisten lediglich um das Schicksal der Verlierer sorgten? Wenn also so gesehen beide Recht hätten, dann müsste im 21. Jh. die *Kluft zwischen Arm und Reich* stetig größer werden. Das würde nicht nur zu *sozialen Unruhen* in der westlichen Welt führen, sondern auch zu wachsenden Nord-Süd-Spannungen, massenhaften Fluchtbewegungen sowie zu Umweltschäden, denen auch die Gewinner nicht entkommen könnten.

Zukunftsforschung sollte also immer zwei Antworten auf die Frage nach der Reise in die Zukunft geben:
1. So werden wir leben! und
2. So wollen wir leben!.

Bei allem Gerede über Risikogesellschaft oder Zukunftsangst zur Jahrtausendwende geht es letztlich immer nur um die alte neue Frage von Soziologie, Politik und Ethik: *Wie wollen wir leben?* (vgl. Beck 1986, S. 37). Als der Autor vor fünf Jahren einmal in einem Universitätsseminar die Teilnehmer bat, sich alternativ für eine von zwei möglichen Arbeitsgruppen zu entscheiden, strömten alle in die Arbeitsgruppe zum Thema „Wie *werden* wir in Zukunft leben?“, aber niemand wollte in der Themengruppe „Wie *wollen* wir in Zukunft leben?“ mitarbeiten. Dies ist bis heute so geblieben: Macher, Realisten und Pragmatiker geben den Ton an. Visionen und Optionen werden gern verdrängt.

Noch in den 60er-Jahren verkündeten die beiden Amerikaner Herman Kahn und Anthony Wiener euphorisch: „Ihr werdet es erleben!“ Muss es heute vielleicht eher heißen: „Wir haben euch gewarnt!“? Zukunftsforscher wollen und sollen also nicht unbedingt Recht behalten. Sie sollten sich eher abgrenzen von den Propheten, die immer nur sagen wollen, was *sein wird*, statt selbstkritisch und offen zu bleiben für das, was *sein kann* oder was *nicht* Wirklichkeit *werden soll*. In der Zukunftsforschung kann es daher Zukunft nur im Plural als „Zukünfte“ geben, zwischen denen wir wählen, die wir selbst weitgehend beeinflussen und gestalten können.

Über der Haustür von Niels Bohr, dem großen dänischen Atomphysiker, war einst ein Hufeisen befestigt. Ein Freund sprach ihn prompt darauf an: „Aber du glaubst doch nicht an so etwas!“ „Nein“, antwortete Bohr, „natürlich nicht. Aber ich habe mir sagen lassen, dass es trotzdem wirkt.“ Als Niels Bohr seine Atomtheorie entwickelt hatte, wurden Stimmen laut wie: „Mein Gott, muss der gerechnet haben!“ Seinen Freunden und Schülern wie z. B. Carl

Friedrich von Weizsäcker vertraute der Gelehrte jedoch an: „Ich habe nicht gerechnet – das war ein Einfall" (Jungk 1990b, S.71). So muss Zukunftsforschung heute auch verstanden werden: eine *Antenne für das Kommende*, eine Art *inneres Radarsystem*, das ständig die Gegenwart beobachtet und systematisch der Frage nachgeht: Wo gehen die Dinge hin? Eine Mischung aus Datenbank und Informationsbasis für Entscheidungsträger.

Ein Leitprinzip der Zukunftsforschung könnte auch lauten: „Ich hoffe – also bin ich!" Das Prinzip Hoffnung im Sinne von Ernst Bloch ist daher eine wesentliche Antriebskraft. Es ist die Hoffnung auf eine bessere Welt und der erklärte Wille, gegen Zukunftsblindheit anzukämpfen. Francis Bacons Maxime „Wissen ist Macht" muss heute neu definiert werden: „Vorauswissen ist Macht." Nie hatte dieser Denkansatz eine so strategische Bedeutung wie jetzt zu Beginn des 21.Jh.s Was kommt auf uns zu? Und wie werden wir damit fertig?

Der ungarisch-amerikanische Psychologe Csikszentmihalyi interviewte einen ägyptischen Obdachlosen in den Parkanlagen von Mailand, der mit Gelegenheitsarbeiten sein Leben fristete und dennoch glücklich und zufrieden war. Sein ganzes Leben glich einer Odyssee, doch nun hatte er endlich seine Ruhe und sein Gleichgewicht wieder gefunden. Der Ägypter brachte dies in das Bild: Wenn der Löwe eine Schar Gazellen hetzt, kann er jedes Mal nur eine von ihnen zu fassen bekommen: „So versuche ich auch zu sein, nicht wie die Menschen der westlichen Welt, die verrückt sind – auch wenn sie nicht mehr essen können als ihr tägliches Brot" (Csikszentmihalyi 1992, S.258f.).

In Wirklichkeit gleicht das Glück des Lebens einem Mosaikbild, das sich aus lauter kleinen Freuden des Lebens, aus Wohlfühl-Momenten zusammensetzt. Wer sich wohlfühlt, schwebt einen Moment lang zwischen Himmel und Erde – im Liegestuhl, beim Fallschirmsprung oder beim beruflichen Erfolgserlebnis. Solche schönen Augenblicke könnten ewig dauern. Davon träumen wir. Doch wie sieht die Wirklichkeit morgen aus?

Als beispielsweise Aldous Huxley vor 70 Jahren seinen Zukunftsroman „Schöne neue Welt" schrieb (Huxley 1981), da war er davon überzeugt, dass wir bis zum 6. oder 7. Jh. „nach Ford" noch viel Zeit hätten: Von der ständigen Ablenkung durch Unterhaltungsangebote des Sports und der Musicals über die Verabreichung einer pharmakologisch hervorgerufenen Glückseligkeit bis zur Abschaffung der Familie reichte der Spannungsbogen seines ebenso phantasievollen wie zynischen Bilds einer neuen Gesellschaft. Doch schon knapp drei Jahrzehnte später (1959) musste er eingestehen: „Die Prophezeiungen von 1931 werden viel früher wahr, als ich dachte“ (Huxley 1987).

Die westlichen Industriegesellschaften stehen vor ihrer größten Herausforderung seit 100 Jahren. Nur mehr wenige sollen eine bezahlte Arbeit bekommen, während den übrigen „Tittytainment“ (Zbigniew Brzezinski), „McDonaldisierung“ (George Ritzer) oder „Disney-Kolonialisierung“ (Benjamin R. Barber) beschert werden sollen. Erinnerungen an George Orwells Zukunftsroman „1984“ werden wach, wonach die überwiegende Mehrheit der Bevölkerung ihr Leben nur noch mit der Sorge um Heim und Kinder, kleinlichen Streitigkeiten mit Nachbarn, Kino, Fußball, Bier und v.a. Glücksspielen ausfüllen werde ... Sieht so unsere Zukunft aus? Wer hat da noch Lust auf Zukunft? Für eine sozial verantwortliche Zukunftsforschung gilt der Grundsatz: *Optimismus ist Pflicht!* Nur: Wann hört der aufgeklärte Optimismus auf? Und wann fängt die Blauäugigkeit an?

Nach der griechischen Mythologie verriet Sisyphus den Menschen die Geheimnisse der Götter. Zur Strafe verurteilten ihn diese dazu, einen großen Stein einen Berg hinaufzurollen. Und jedes Mal, wenn er sich dem Berggipfel näherte, verließen ihn die Kräfte – und der Stein rollte den ganzen Berg hinunter. Also musste Sisyphus wieder von vorne beginnen – und das bis in alle Ewigkeit! *Der Mythos von Sisyphus* gilt bis heute als Urbild für manche Sinnlosigkeit des menschlichen Tuns. Jeden Tag arbeiten wir beispielsweise, um unseren Lebensunterhalt zu verdienen. Und wenn die Aufgabe erfüllt ist, müssen wir wieder von vorne beginnen.

Zukunftsforschung ist immer ein Stück Sisyphusarbeit, die nie abgeschlossen ist, oft zurückgeworfen wird und nicht selten wieder von vorne beginnen muss. Das verleitet zur Resignation. Deutlich wird dies beispielsweise an der Position des Sozialforschers Neil Postman, der sich seit fast zwei Jahrzehnten mit Zukunftsfragen auseinander setzt – immer in der Hoffnung, dass Aldous Huxley und George Orwell nicht Recht behalten mögen. Ganz anders ist es gekommen. Politik und Wirtschaft sind Teil des Showbusiness geworden. Vor allem Huxley sollte Recht behalten: Das Leben in der westlichen Welt verkommt zum Varieté. Und aus Bürgern werden Zuschauer.

Postman zieht die Konsequenzen. Statt den Blick weiterhin offensiv in die Zukunft zu richten, geht der Blick zurück ins 18. Jh. mit der Begründung: Der Schlüssel zur Zukunft könnte in den Erkenntnissen des 18. Jh.s liegen. Zukunft ist für Postman zur Illusion geworden. Marshall McLuhans *Rückspiegel-Denken* ist angesagt: Wir bewegen uns „mit hoher Geschwindigkeit auf einer Autobahn und haben unseren Blick dabei auf den Rückspiegel fixiert; der aber kann uns nur sagen, wo wir waren, nicht, was vor uns liegt. Nur ein paar avantgardistische Künstler (und selbstverständlich er selbst) seien imstande, durch das Frontfenster zu schauen, sodass sie uns sagen könnten, wohin es mit uns geht. Die Ironie ist, dass auch die Frontscheibe in gewisser Weise ein Rückspiegel ist, denn jedwede von uns gesehene Zukunft ist nur eine Projektion der Vergangenheit – und kann nichts anderes sein" (Postman 1999, S. 7). Für Postman gibt es in der Zukunft nichts mehr zu sehen – es sei denn etwas aus der Vergangenheit. Das 21. Jh. ist für ihn nur noch ein Name, sonst nichts.

Für den französischen Schriftsteller Albert Camus (1913–1960) ist die Entscheidung, ob sich eine Sisyphusarbeit überhaupt lohne, eine zutiefst philosophische Frage. Auch Sisyphus könnte sein Leben als lebenswert empfinden, so meinte er, wenn er es nur wollte. Mit den Worten von Camus: „Wir müssen uns Sisyphus als einen glücklichen Menschen vorstellen" (Camus 1959, S. 9). Camus verkörperte seinerzeit selbst einen *vitalen Optimismus*, der auch in immer wiederkehrenden Symbolen wie z. B. Sommer/Sonne/Mittag/Mittelmeer zum Ausdruck kam.

Ja, kann man in einem solchen Sisyphusdasein überhaupt Glück empfinden? Für den amerikanischen Philosophen Richard Taylor bekäme das Sisyphusleben dann einen Sinn, wenn die Götter – sozusagen in einer Art gnädiger Stimmung – Sisyphus den brennenden Wunsch einpflanzen würden, „genau das tun zu wollen, wozu sie ihn eigentlich verurteilt haben – nämlich einen Stein den Berg hinaufzurollen" (Taylor 1984). Subjektiv gesehen hätte dann Sisyphus ein Ziel im Leben. Nur – würde in dieser Sichtweise nicht jede Tätigkeit sinnvoll sein, wenn wir sie nur wirklich wollten (vgl. Singer 1996, S. 220)? Dies entspräche jedenfalls ganz dem Lebensgefühl unserer Zeit. Denn es gibt ja heute kaum noch objektive Maßstäbe für den Sinn oder Wert unseres Tuns. Sinn ist beinahe nur noch etwas Subjektives, d. h., eine Tätigkeit hat Sinn, wenn sie „meinen" ganz persönlichen Wünschen entspricht.

„Nachhaltig leben“ als Manifest für die Zukunft

Sinn bzw. ethisches Handeln kann und darf in Zukunft doch nicht nur eine rein private Angelegenheit sein, die ganz dem persönlichen Belieben überlassen bleibt. Dann könnte ja jeder nach Lust und Laune z. B. die Menschenrechte oder die Ehrfurcht vor dem Leben in seinem Handeln einfach ausblenden. Und das Leben würde zur bloßen Innenschau verkommen. Im Unterschied dazu muss sich die Sinnfrage des Lebens immer auch auf *das gelingende Leben in einer sozialen Gemeinschaft* beziehen. Wir brauchen also Brücken zwischen egoistischen und ethischen Lebenseinstellungen, damit wir Antworten auf die Frage bekommen, *wofür* es sich zu leben lohnt und wie wir in Zukunft leben *sollen.*

Der Zusammenbruch des kommunistischen Systems in Osteuropa hat z. B. den utopischen Charakter des marxistischen Denkens offensichtlich gemacht, was den australischen Philosophen Peter Singer folgern lässt: „Zum ersten Mal leben wir in einer Welt, in der es nur ein einziges dominierendes Modell für die entwickelten Gesellschaften gibt“ (Singer 1996, S. 23). Kann sich in einer solchen globalen freien Marktwirtschaft das Gemeinwohl überhaupt als lebensfähig erweisen, wenn sich Individualismus und Eigeninteresse nur an der Frage orientieren „Was bringt es mir?“ bzw. „Was kommt für mich dabei heraus?“? So verbrauchen wir doch unser Erbe und unsere Ressourcen auch. *Nachhaltig leben* heißt doch, auch Dinge zu tun, die jenseits des eigenen Interesses liegen. Davon sind wir wohl noch weit entfernt. Daraus folgt: Zukunftsforschung muss Weichen für die Zukunft stellen und politische Entscheidungen vorbereiten helfen, frühzeitig vor problematischen Entwicklungen der Gesellschaft warnen und Handlungsperspektiven aufzeigen.

Im Rahmen einer Delphi-Umfrage von Experten wurden im Jahr 2000 36 Zukunftsforscher gefragt, was sie für das Jahr 2020 prognostizieren. Neben der demographischen Revolution („Immer mehr Alte“) kristallisierte sich v. a. der Individualisierungsschub als Megatrend des 21. Jh.s heraus. Danach sollen immer mehr individualisierte Normen die bisher gültigen Standards ablösen. Grundzüge einer *individualisierten Mosaik-Gesellschaft* zeichnen sich ab (Ernst u. a. 2000, S. 59 f.):

– Weil traditionelle Bindungen und Organisationsformen („Ligaturen“, wie Ralf Dahrendorf das nannte) allmählich verschwinden, vermehrt sich die Zahl der *Optionen.* Die Menschen müssen und können sich ihren Lebensweg selbst suchen, jenseits von traditionellen Normen, Vorschriften und Regeln. Individuelle Erwartungen und Wünsche spielen eine größere Rolle als jemals zuvor in der Geschichte.

- Zu den Optionen gehören beispielsweise die *freiere Wahl* von Lebenspartnern, von Werten, aber auch von Orten und Zeiten für die Ausgestaltung des eigenen Lebensplanes. Die Gesellschaft stellt dafür eine Vielzahl von Möglichkeiten zur Verfügung, sie ist insgesamt durchlässiger, was soziale und geographische Mobilität betrifft. Sie wandelt sich zur Mosaik-Gesellschaft.
- Die *Vielfalt* der nun möglichen Entwicklungen und das Nebeneinander unterschiedlichster Lebensstile machen die Gesellschaft als Ganzes widersprüchlicher. Es gibt keine eindeutigen und leicht vorhersagbaren Entwicklungen mehr.
- Eine wachsende Zahl qualifizierter und mobiler Menschen wird die Chancen zur geographischen und beruflichen *Veränderung* nutzen und sich an viele unterschiedliche Kulturen und Lebensstile anpassen. Flexibilität und Toleranz für das Anderssein werden deshalb zunehmen.
- Die individuelle *Persönlichkeitsentfaltung* wird ein hoher Wert, dem anderes untergeordnet wird wie z.B. die Gründung einer Familie und die Übernahme von Verpflichtungen und Verantwortungen in traditionellen Gemeinschaften wie Vereinen, Gemeinden oder Gewerkschaften.

Was bedeutet eine solche Entwicklung für das Denken und Fühlen der Menschen? Wie werden sie mit sich und ihrer Umwelt umgehen? Gestalten sie ihr Leben und ihre Umwelt aktiv mit oder ziehen sie sich isoliert in ihr individualistisches Schneckenhaus zurück?

Zwei unterschiedliche Reaktionsweisen sind vorstellbar. Die erste hat der Philosoph Arthur Schopenhauer (1788–1860) beschrieben (vgl. Schopenhauer 1977). Im sog. Stachelschweinsyndrom bringt er bildhaft die Schwierigkeiten des Zusammenlebens von Menschen zum Ausdruck. Bindungsängste kommen darin genauso zum Ausdruck wie die Angst vor dem Alleinsein. *Nähe durch Distanz* könnte die Lehre sein, die aus der Stachelschwein-Parabel für das Sozialverhalten der Menschen im 21.Jh. zu ziehen ist.

Distanzierte Sozialbeziehungen könnten in der individualisierten Gesellschaft von morgen zur Normalität werden.

Szenarien beinhalten die Beschreibungen möglicher Zukunftsbilder: Wunsch- und Angstbilder genauso wie Drehbücher, Inszenierungen oder konstruierte Lebenswelten. Die Szenariomethode eig-

Die Stachelschwein-Parabel
Von Arthur Schopenhauer

Eine Gesellschaft Stachelschweine drängte sich an einem klaren Wintertag nahe zusammen, um sich durch die gegenseitige Wärme vor dem Erfrieren zu schützen. Jedoch bald fühlten sie die gegenseitigen Stacheln; deshalb entfernten sie sich wieder voneinander. Wenn nun das Bedürfnis der Erwärmung sie wieder näher zusammenbrachte, wiederholte sich das zweite Leiden, so daß sie zwischen beiden Leiden hin- und hergeworfen wurden, bis sie eine mittlere Entfernung gefunden hatten, in der sie sich am wohlsten fühlten.
So treibt das Bedürfnis nach Gesellschaft, aus der Leere und Monotonie des eigenen Inneren entstanden, die Menschen zueinander; aber ihre vielen häßlichen Eigenschaften und unerträglichen Fehler stoßen sie wieder voneinander ab. Die mittlere Entfernung, die sie endlich herausfinden, ist die Höflichkeit. Dem, der sich nicht in dieser Entfernung hält, ruft man in England zu: Keep your distance!
So wird das Bedürfnis nach gegenseitiger Erwärmung nur unvollkommen befriedigt, dafür aber der Stich der Stacheln nicht empfunden.
Wer jedoch viel eigene, innere Wärme hat, bleibt lieber der Gesellschaft fern, um weder Beschwerde zu geben noch zu empfangen.

A. Schopenhauer: Werke, Zürich 1977

net sich als Kommunikationsinstrument für die aktive Auseinandersetzung über mehr oder weniger wünschbare Zukünfte (Lutz 1995, S. 36). *Die Zukunft beginnt im Kopf*, in der Bereitschaft und Fähigkeit, das Neue zu denken und das Wünschbare offensiv anzugehen.

Im Berliner Zentrum für Zukunftsforschung wurde schon in den 70er-Jahren die Szenariomethode als ein Beziehungssystem zwischen Wissenschaft, Politik/Planung und Öffentlichkeit konzipiert. Dabei wurde deutlich, dass es zwischen Wissenschaft und Politik/Planung durchaus gleichwertige Beziehungen gibt, während die Beziehung zwischen Wissenschaft und Öffentlichkeit relativ einseitig ist. *Einflussnahmen* der Öffentlichkeit auf die Wissenschaft finden selten statt. Dies hat viel mit dem Erscheinungsbild und den wenig kommunikationsfreundlichen Präsentationsformen der Wissenschaft zu tun. In einer verantwortlichen Zukunftswissenschaft hingegen sollten Rückkoppelungen von vornherein eingeplant werden, d. h., Zukunftswissenschaft ist auf Prinzipien wie *Verständlichkeit, Kommunikation und Partizipation* angewiesen. Indem sich die Öffentlichkeit mit der eigenen Zukunft auseinander setzt, könnte sie

Zukunftsentwürfe fortschreiben oder korrigieren helfen. Lernprozesse auf beiden Seiten wären möglich.

Eigentlich bräuchten wir ein *Manifest für die Zukunft*, das Zukunftsrechte und Zukunftspflichten bündelt (Homann 1998, S. 177). Danach hätte jeder Mensch – in Kenntnis der Ergebnisse der Zukunftsforschung – das Recht und die Pflicht,

- die eigene Zukunft zu gestalten,
- die gesellschaftliche Zukunft zu beeinflussen und
- eine lebenswerte Zukunft kommender Generationen möglich zu machen.

Das wäre eine dreifache *Zukunftsfähigkeit* im Sinne der Verantwortung für sich, für andere und für kommende Generationen.

Pflicht zur Zukunft. Zwischen sozialer Verantwortung und sozialer Fantasie

Zur Kurzlebigkeit von Zeitgeistanalysen

Vor über einem halben Jahrhundert erschien der Zukunftsroman „1984", eine gewollte Umkehrung der Jahreszahl 1948, dem Jahr, in dem der englische Journalist Eric Arthur Blair unter dem Pseudonym „George Orwell" seinen Roman schrieb. In der Orwell'schen Terminologie bedeutete Zukunft zweierlei. Erstens: „Die nächste Generation interessiert mich nicht" (Orwell 1993, S. 157). Und zweitens: „Eine ganze Zunft" lebt ausschließlich vom Verkauf von „Vorhersagen und Glücksbringern" (Orwell 1993, S. 89). Letzteres war wohl eine weitsichtige Prognose bis in die Jetztzeit hinein, bei der uns sog. Trendforscher aus Werbeagenturen mit einer Flut von optimistischen Zukunftsprognosen fast inflationär beglücken. Wir leben in einem *Zeitalter der Trendomanie*: Jeder will der Erste sein, News bekommen Sensationscharakter. Nichtalltägliches wird – von den Medien verstärkt – zum außergewöhnlichen Ereignis hochstilisiert.

Was werfen z. B. die meisten Menschen frühmorgens ängstlich aus dem Fenster? Einen Blick natürlich, um zu sehen, wie das Wetter wird. Eine Art „Wetterphobie" lässt die Menschen glauben, dass das Wetter heute nicht mehr normal sei. Der Psychoanalytiker Erich Fromm schrieb schon vor über 30 Jahren in seiner „Revolution der Hoffnung", dass in Zukunft *jeder neue Rekord als Fortschritt* gefeiert werde: „Sogar die Einstellung zum Wetter scheint von diesem Prinzip beherrscht zu sein" (Fromm 1974, S. 37). Ein bestimmter Tag wird dann schnell als der heißeste oder kälteste des Jahrzehnts bezeichnet. Und die Menschen haben dabei auch noch das stolze Gefühl, Rekord-Temperaturen erlebt zu haben. Hierfür lassen sich ständig Beispiele finden:

- Im Jahr 2000 gab es z. B. den heißesten Mai seit 132 Jahren und im Jahr 1999 den wärmsten September seit 100 Jahren.
- Dagegen war der 98er-Sommer ein Sommer, der praktisch keiner war. Er fand in Norddeutschland an vier Tagen statt und war von wochenlangem Dauerregen begleitet.

- Andererseits war es im März 1992 in Deutschland z.T. wärmer als in den Mittelmeerländern.
- Im Gegensatz dazu war der Mai 1991 der kälteste Mai dieses Jahrhunderts.
- Dafür war 1990 das wärmste Jahr seit 1880, ja der Februar 1990 der wärmste Februar seit Menschengedenken.
- Andererseits war es Ostern 1990 ein Grad kälter als Weihnachten 1989. Weiße Ostern und grüne Weihnachten sind möglich.

Dieses Spiel ließe sich beliebig fortsetzen. Die bloße Veränderung von Quantitäten wird schon als Ereignis gefeiert. Die Sensation entsteht in unseren Köpfen: Der Regen wird zur Sintflut, der Wind zum Orkan und der kühle Sommer zur Eiszeit. Nicht das Wetter, sondern unser Bewusstsein ändert sich im Zeitalter der Informationsflut. Dies bleibt nicht ohne Folgen: Wir neigen immer mehr zu Extremen, weil wir *täglich mit Extremen konfrontiert* werden: Wir leben in einem „Zeitalter der Extreme“ (Hobsbawm 1995). Extreme in Medien, Sport und Politik breiten sich explosionsartig aus und das Mittelmaß und manchmal auch das Augenmaß gehen zunehmend verloren.

Wenn alles schnelllebig und „trendy“ erscheint, ein Trend heute in und morgen schon wieder out sein soll, dann verkommt auch eine Trendforschung zur Trendomanie. Wird Trend zum „Unwort“ des 21. Jh.s? In manchen Trendbüros sind Trendjäger, nicht Trendforscher am Werk. Sie sind dem Zeitgeist von heute auf der Spur, der morgen schon wieder Schnee von gestern sein kann. Oder sie erspüren Modewellen für nur eine Saison.

Um es deutlich zu sagen: *Langfristige Zukunftstrends* dürfen nicht mit *saisonalen Modetrends* verwechselt werden:
- Zukunftstrends sind nicht schnelllebig, sondern zähflüssig.
- Zukunftstrends ändern sich nicht plötzlich, sondern behalten ihre Richtung („Trend-Linie“) bei, was jährliche Schwankungen bzw. Fluktuationen nicht ausschließt.

Während Modetrends und Zeitgeistströmungen kurzlebigen Charakter (von einer Saison bis zu etwa zwei Jahren) haben, beziehen sich *Zukunftstrends* auf einen *Zeitraum von mindestens fünf Jahren*. Zukunftstrends beschreiben individuelle und gesellschaftliche Entwicklungstendenzen, von denen wir alle früher oder später direkt oder indirekt betroffen sind. Zukunftstrends können globale Trends (z.B. Umweltprobleme) sein, sich auf die Lage in westlichen Industrieländern beziehen (z.B. Wertewandel) oder nur die deutsche Situation (z.B. Arbeitslosigkeit) im Blick haben.

Vor über 30 Jahren haben die amerikanischen Zukunftsforscher

Herman Kahn und Anthony J. Wiener in ihrem Buch „Ihr werdet es erleben“ (1967, deutsch 1968/1971) die Grundlagen für die heutige Zukunftsforschung geschaffen. Im Mittelpunkt ihrer Darstellungen standen sog. langfristige Trends wie z. B. Bevölkerungszunahme und Verstädterung. Beide hatten damals noch den Anspruch, zukunftsrelevante Trends zu ermitteln, die „wenigstens während der nächsten drei Jahrzehnte andauern“ (Kahn/Wiener 1971, S. 23).

15 Jahre später ging der Amerikaner John Naisbitt neue Wege. Er wollte Vorhersagen für morgen ermöglichen, aber „keine Zukunftsperspektiven liefern“. Dazu prägte er den Begriff *Megatrends* im Sinne von großen Trends (griech. „mega“ = groß). Erhebungstechnisch bediente er sich der sog. Flächenanalyse und griff dabei bewusst auf eine Methode amerikanischer Geheimdienstexperten (Paul Lazarsfeld, Harold Lasswell u. a.) zurück, die im Zweiten Weltkrieg deutsche Tageszeitungen analysiert hatten, um auf diese Weise aktuelle Informationen über die Lebensbedingungen der „Feindnation“ zu erhalten – von der Lebensmittelversorgung bis zu Transportschwierigkeiten, von Zugverspätungen bis zu Fabrikschließungen. Naisbitt rühmt sich, diese Methode als Erster für kommerzielle Zwecke entdeckt und genutzt zu haben. Die zuerst 1982 veröffentlichten „Megatrends“ musste er schon acht Jahre später in „Megatrends 2000“ umschreiben und umwandeln, weil sich die Informationsflut in weniger als 10 Jahren so verstärkt hatte, dass die Voraussagen nicht mehr haltbar waren (Naisbitt 1984).

Naisbitt bezeichnet sich selbst als der in den USA renommierteste Trendforscher, wobei Trendforschung in seinem Sinne sicher neu definiert werden muss. Denn Naisbitt begnügt sich damit, lediglich den *Inhalt von Zeitungen* zu analysieren, um mit dieser Flächenanalyse von Zeitungen aus allen Winkeln der Erde gesellschaftliche Veränderungen und Wandlungen zu erspüren. Ein eigenes Trend-Report-Redaktionsteam wertet für ihn über 6000 Lokalzeitungen aus. Darüber hinaus beschränkt sich Naisbitt im Wesentlichen nur auf *positive Trends*. Er will Schlaglichter auf positive Entwicklungen richten. Sein Zukunftsoptimismus gipfelt in bewusster Umkehrung der Thesen des Club of Rome in dem Satz: „Es wird keinerlei Grenzen des Wachstums geben“ (Naisbitt/Aburdene 1990, S. 26). Die natürlichen Ressourcen werden im Übermaß vorhanden sein; Probleme in der Zukunft blendet er bewusst aus. Die Folge: Seine Bücher sind ausnahmslos positiv und werden nicht nur von amerikanischen Lesern geradezu verschlungen. Sie machen zwar Mut zur Zukunft, aber vermitteln nur die halbe Wahrheit.

Auch Faith Popcorn beschreibt in ihrem Report Trends für die Zukunft – meint damit aber nur das Verbraucherverhalten. Sie leitet seit 1974 die Marketing-Beratungsfirma „BrainReserve" und bezeichnet sich selbst als „die erfolgreichste Marketingberaterin in den USA". Wie Naisbitt hält sie nichts von der Zukunft als einer schrecklichen Apokalypse. Das Ergebnis ihrer Trendrecherchen steht von vornherein fest: Die Zukunft wird immer besser sein als die Gegenwart. In ihren Trendprognosen haben wie bei Naisbitt Probleme und Pessimismus keinen Platz.

Ihre Ermittlungsmethode besteht darin, ihre Mitarbeiter etwa 300 Zeitungen und Zeitschriften, die 20 beliebtesten Fernseh-Shows, die Filmpremieren, die Bestseller- und Hitlisten auswerten sowie alle Arten von Geschäften systematisch durchkämmen zu lassen auf der Suche nach neuen Produkten und auf dem sicheren Weg in die Zukunft „mit guten Gewinnchancen" (Popcorn 1992, S. 34 f.). Sie spürt selbst kleinen Rinnsalen nach in der Hoffnung, dass sie zu bedeutenden Strömen werden. So macht sie sich zum Hoffnungsträger für viele Amerikaner: Pessimismus ist etwas Kurzfristiges, Hoffnung dagegen etwas Langfristiges.

Die deutsche Version der Naisbitt/Popcorn-Philosophie verkörpert Gerd Gerken mit seinem Worpsweder Institut. Auch er lässt massenhaft Zeitungen und Zeitschriften auswerten, insbesondere Pionier-Medien, die das Neue noch „vor dem Stern und dem Spiegel publizieren" (Gerken 1990, S. 18). Daneben arbeitet sein Institut mit dem Instrument der methodischen Beobachtung, d. h., seine Mitarbeiter sind aufmerksame Beobachter und Zuhörer bei Kongressen und Konferenzen, machen sich Notizen und vergleichen sie mit den eigenen Zeitungsanalysen. So sammeln sie eine Vielzahl aktueller und interessanter Einzeldaten – allerdings mit der Gefahr von isolierten Datenfriedhöfen. Auf diese Weise hat das Gerken-Team mittlerweile fast inflationär über 160 Trends ermittelt.

1992 gründete Matthias Horx das erste *Trendbüro* in Deutschland. Er arbeitet seither v. a. für die Medien und die Industrie, sorgt für „Zukunftsmusik" und „Zukunftsprognostik". Seine Arbeitsweise ist journalistisch, nicht wissenschaftlich – „eher sinnlich denn statistisch". Zu seinen Recherchefeldern gehören in erster Linie Fernsehen, Radio, Zeitungen und Zeitschriften („über 300 im Abonnement"), aber auch Szenefelder wie Theater, Museen, Diskotheken und Restaurants. Die Zukunft ist für ihn mehr eine Frage des Gefühls. So betreibt er keine wissenschaftliche Zukunftsforschung, sondern *sensibles Trendscouting*, bei dem Sprache und Verhalten von

Trendsettern (insbesondere jugendlicher Avantgarden in den Großstädten) beobachtet, erspürt und erahnt werden.

Horx ist ein *Scout* im Labyrinth der Konsumwünsche, ein Experte für Trendahnungen – von der Kuschelwelle und Teddybärenwelt bis zum virtuellen Einkaufen und Reisen. Horx macht keine Trends, aber er beeinflusst Modetrends. Modetrends entstehen aus der Eigendynamik der Medien. Die Konsumenten beginnen an sie zu glauben, wenn sie nur genügend oft in den Massenmedien und Trendzeitschriften wiederholt werden. In amerikanischer Manier neigt er zur Überschätzung: „Die Macht einer Fernsehshow oder eines Werbespots kann mehr über die Substanz unserer Gesellschaft aussagen als ganze soziologische Bibliotheken“ (Horx 1993, S. 15). „In“ wird beinahe täglich neu von ihm definiert. Der Eindruck entsteht: Der Trendscouter Horx schickt Schiffe ohne Kapitän auf die Zukunftsreise, die lediglich mit Echolot durch die Meere schlingern. Die Frage „Wo sollen, ja wo wollen wir eigentlich hin?“ bleibt unbeantwortet:

- Was wird aus den Menschen und ihren Bedürfnissen?
- Wie sieht das Leitbild einer menschenwürdigen Gesellschaft aus?
- Und was passiert mit den sozialen Schichten, die sich solche Modetrends nicht leisten können?
- Führt nicht die frohe Botschaft des „Everything goes“ am Ende in eine Sackgasse?

Trendscouting ohne Ethos (Horx: „Ich hätte keine Probleme, mit einem Rüstungskonzern zusammenzuarbeiten ...“) läuft Gefahr, Analysen ohne Orientierung zu liefern. Und wie stabil und verlässlich sind solche Trendahnungen überhaupt? Kann es nicht sein, dass wir uns nur virtuell in die Zukunft begeben, in Wirklichkeit aber dem „In“ und „Out“ von heute verhaftet bleiben und in den wirren schnelllebigen Zeiten gebannt auf die nächste Welle der „Amerikanisierung Deutschlands“ warten: „Ob wir das wollen oder nicht“ (Horx 1993, S. 223)?

Naisbitt und Popcorn, Gerken und Horx sind Zeitgeistanalysten, also präzise Beobachter von kurzlebigen Zeitströmungen, nicht von langfristigen Zukunftstrends. Als *Trendberater für die Wirtschaft* konzentrieren sie sich auf Konsumpioniere (z. B. „die jungen Städter“), die heute schon vor-konsumieren, was dann morgen als Massenware in Serie gehen soll. Als Trendscouter sind sie sensible Seismographen für sich ankündigende Änderungen des Konsumverhaltens – nicht mehr und nicht weniger. Soziale Probleme oder psychische Konflikte blenden sie weitgehend aus. Eigentlich sind sie nur Bindeglieder zwischen der Wirtschaft und den Verbrauchern. Sie prognostizieren keine verlässlichen Zukunftsentwicklungen, sondern analysieren in erster Linie den Lebensstil der maßgeblichen Trendsetter: Sie sind im richtigen Moment am richtigen Ort. Sie jagen die für die Werbewirtschaft besonders interessante Generation der 14- bis 49-Jährigen. Sie sind erfolgreiche Trendjäger.

Die wesentlichen *Unterschiede zwischen Zukunftsforschung und Trendforschung* sind:

1. Zukunftsforschung arbeitet wissenschaftlich, Trendforschung journalistisch.
2. Zukunftsforschung ist frei und unabhängig, Trendforschung macht Auftragsforschung für die Wirtschaft.
3. Zukunftsforschung entwickelt Problemanalysen und Problemlösungsstrategien, Trendforschung blendet Probleme weitgehend aus, ja versteht sich geradezu als „Gegengift gegen den allgegenwärtigen Pessimismus und die Jammerkultur der Deutschen" (Horx 1998).

Die sich in Deutschland ausbreitenden Trendbüros wollen *Think Tanks im modernen Marketing* sein. Das ist ihre zentrale Aufgabe.

Eine solche Trendforschung amerikanischen Stils erinnert an die Disney'sche Philosophie: „Happiness is our business." Glück ist unser Geschäft. Die Menschen sollen lächeln, gesellschaftliche Konflikte stören nur. Die Zukunft macht Hoffnung, weil sie sauber, fröhlich und konfliktfrei ist. Trendforschung in diesem Sinne ist nur als positive Entwicklung vorstellbar, die keine Grenzen des Wachstums kennt und immer neue Entdeckungen in Wissenschaft und Technik verheißt.

Die sozialen Folgen bleiben nicht aus: Auf der einen Seite breiten sich in der westlichen Welt *Entkirchlichung und Entchristlichung* aus. Andererseits „dampft diese Zeit geradezu von Religionsbereitschaft" nach einem Wort von Wolfgang Frühwald (vgl. Schilson 1999, S. 30). Gemeint ist die Inflationierung von Kult-Phänomenen in Musik, Kunst, Medien oder Sport, die durchaus religiös motiviert und aufgeladen sind. Dahinter steht ein erfolgreiches von Trendforschern initiiertes *Kultmarketing*, das die alte Religion durch die neuen Götter des Marktes ersetzen will.

Trendforscher wie Matthias Horx sowie der heutige Trendbüro-Leiter Peter Wippermann treten geradezu mit dem Anspruch auf, durch Rituale und Symbole von Marken für neue Orientierungen zu sorgen, ja „Sinnkontexte in die Welt der Waren" zu bringen. Ihr markenorientiertes Orientierungssystem soll zum *Ersatz für das fehlende Sinnsystem* werden. Und so lautet der Anspruch: „Wo die Markenkulte herrschen, ist die Zivilisation ein Stück weitergekommen." Wenn beispielsweise „statt des Hakenkreuzes" das Coca-Cola-Emblem über Deutschland zu leuchten beginne, dann sage dies doch etwas aus über das Demokratisierungspotential von Markenkulturen. An die Stelle des Kommunismus trete „das kultische Begehren in Richtung McDonald's und Sony". Und eines Tages werde gar „der rituelle Krieg der Marken den wirklichen Krieg" ersetzen. Mit anderen Worten: „Wo nicht genügend konsumiert wird, herrscht früher oder später Krieg." Dies ist die „Botschaft" der Trendforscher (Horx/Wippermann 1998, S. 10ff.).

Aus den Stempeln der Rinder mit Brandzeichen machen sie modernes „Branding" für Menschen. Indem sie Warenkonzepte mit ästhetischen Bedeutungen „aufladen", wollen sie die Rückkehr der Menschen zu den „heiligen, ewigen Dingen" erleichtern. Als maßlos, grenzenlos und gewissenlos müssen solche Markenkult-Ansprüche bewertet werden, weil sie wie eine *Ausbeutung menschlicher Nöte* erscheinen. Der Sound des westlichen Konsums soll die Sinnkrise vergessen machen. Die Ware wird zum Geist verklärt und die Marke wie eine echte Religion gehandelt – und auch verkauft. Es herrscht dann die *Religion des Marktes*.

Die Trendforscher treiben die Glücksversprechungen inzwischen auf die Spitze. Ihre Trendbotschaft lautet: „Posthuman: Schicksal wird zur Ware." Die Trendforscher spielen Gott und korrigieren den Menschen als Mängelwesen. Sie diagnostizieren eine neue posthumane Wirklichkeit zwischen Samenhandel, geklonten Eizellen und künstlicher Gebärmutter. Die Gesellschaft soll in eine Phase der künstlichen Evolution treten, die neue Märkte schafft: Das Leben kann dann ganz einfach als „Designaufgabe" vermarktet und verkauft werden.

So macht sich beispielsweise Trendforscher Peter Wippermann ernsthaft Gedanken über posthumane Angebote, d.h., er offeriert *kommerzielle Life-Services*, bezahlte Dienste am Leben. Schlechte Gesundheit, unglückliche Beziehungen und unerfüllte Liebe müssen nicht mehr schicksalhaft hingenommen werden. Gegen Geld kann alles optimiert werden. Denn wo unerfüllte Wünsche sind, gibt es auch neue Märkte. Das Schicksal wird zur Ware, Glück und Geborgenheit zu Service-Versprechen, Persönlichkeitsentfaltung zum Identitätsangebot auf Zeit.

Ein neues *posthumanes Marketing* will in Zukunft jeden individuellen Wunsch „bedienen", z.B. verschiedene Identitäten in kurzer

Folge zu leben, sich selbst jederzeit neu zu erfinden und zum Wunsch-Ich zu konstruieren: keine körperlichen Mängel mehr. Ästhetische Oberflächen sollen das Schicksalhafte verdecken oder vergessen machen. Der „neue Mensch" ist machbar – über alle traditionellen moralischen Bewertungen hinweg.

Karl Marx lässt grüßen. In der Einleitung zu seiner „Kritik der hegelschen Rechtsphilosophie" schrieb er, dass der Mensch das höchste Wesen für den Menschen sei – nicht Gott, ein höheres Wesen oder eine höhere Macht. Der Mensch und die von ihm geprägte Gesellschaft bestimmten und gestalteten allein unser Leben. Oder mit den Worten von Bertolt Brecht in seinem Stück „Die Mutter" nach dem gleichnamigen Roman von Maxim Gorki: „Das Schicksal des Menschen ist der Mensch."

Im 21. Jh. soll das posthumane Marketing diese Macht des Schicksals spielen. Erst *postmodern* („Lifestyle"), dann *posthuman* („Lebenstuning") – und ganz am Ende *posthum*, die letzte Chance für ein Leben nach Gott, für die bezahlte Erlösung am Rande des Himmels? Wenn eines Tages mit dem posthumanen Marketing nichts mehr zu verdienen ist, kommt dann das posthume Marketing? Death-Services, zum eigenen Todestag jedes Jahr ein Blumenstrauß auf das Grab, um das gekaufte Leben und die anonyme Beerdigung vergessen zu machen?

Der kanadische Kultschriftsteller Douglas Coupland könnte wieder einmal Recht behalten. In seinem Buch „Life after God" machte er sich schon 1995 Gedanken über ein *Leben nach Gott*: Der Preis, den wir für dieses angeblich goldene Leben bezahlen, ist die eigene Unfähigkeit zum Leben aus erster Hand und zum naiven Glauben an das Kultmarketing als Ersatzreligion. Life-Sciences und posthumane Schicksalsangebote werden außerstande sein, irgendeinen Zugang zu Tiefgründigem zu finden. Sie schüren eher die Angst, „jemand könnte sich in mich verlieben, mir äußerst nahe kommen, alles über mich erfahren und dann den Stecker ziehen" (Coupland 1995, S. 141). *Liebe und Lebenserfüllung* aus der Steckdose oder dem Warenregal? Das könnte den nächsten Generationen im 21. Jh. blühen, wenn sie weiter ohne Religion und ohne die Suche nach dem Wesentlichen oder einem Sinn des Lebens aufwachsen. Ihr Leben würde dann einem mit anderen geteilten elektronischen Traum von Homeservices, Anrufbeantwortern und halbstündigen Fernsehserien gleichen.

Kronzeugen einer qualitativen Zukunftsforschung

Gegen diese Art von Zukunfts-„Planung“ zwischen programmiertem Wachstum und maßlosem Wohlstand wendet sich bewusst eine westeuropäisch geprägte Zukunftsforschung in Frankreich (z.B. Bertrand de Jouvenel), England (z.B. Denis Gabor) und Österreich (z.B. Robert Jungk), die auch *sozialkritische, humanistische und ökologisch orientierte Aspekte* in ihre Zukunftskonzepte einbezieht. Solche Zukunftsforscher agieren mitunter als unbequeme Zivilisationskritiker, weshalb sie auch bei den Machern in Wirtschaft und Politik deutlich weniger Resonanz finden. In dieser Richtung forschten und publizierten in den 50er bis 90er-Jahren v.a. die Amerikaner David Riesman, Herman Kahn und Anthony Wiener, Vance Packard und Daniel Bell sowie der Österreicher Robert Jungk. Sie gelten als die *Kronzeugen einer qualitativen Zukunftsforschung*, in der lebensproblematische Aspekte genauso zur Sprache kommen wie lebenswerte Zukunftsperspektiven.

David Riesman (1950): Oberflächlichkeit

Erstmals vor einem halben Jahrhundert legte der amerikanische Soziologe David Riesman in seinem Buch „The Lonely Crowd“ (1950) (1958 deutsche Ausgabe: „Die einsame Masse“) eine umfangreiche Untersuchung über den Wandel des amerikanischen Charakters vor (Riesman 1965). „Der Amerikaner“ war für Riesman damals weitgehend ein Synonym für den modernen Menschen überhaupt. Und der moderne Mensch in der westlichen Wohlstandsgesellschaft – so Riesmans Hauptthese – entwickelt sich immer mehr zu einem *außen-geleiteten Menschen*, bei dem das Konsumverhalten prägend für die gesamte Lebensweise wird. Selbst gegenüber der Politik setzt sich eine Verbraucherhaltung durch. Wohlstand verwandelt Sparbedürfnis und Knappheitsbewusstsein in ein *Verbrauchsbedürfnis und Überflussbewusstsein.*

Dieser Wandel ist v.a. in Großstädten und Ballungszentren zu beobachten. Mit den lebensnotwendigen Gütern weitgehend versorgt, wendet sich der neue Verhaltenstyp in erhöhtem Maße dem Freizeitspaß und Konsumgenuss zu und wird dabei sehr stark von außen gesteuert, gelenkt und geleitet – von der Peergroup, der Clique, dem Freundeskreis, den Medien und der Werbung. Die Signale für das eigene Verhalten kommen weitgehend von außen. Groß ist das

Bedürfnis nach Anerkennung durch andere. Der außengeleitete Mensch will gerne überall und nirgends zu Hause sein und ist an *schnellen, auch oberflächlichen* Kontakten interessiert. Die von Riesman beschriebene Lebenshaltung ist typisch und angemessen für die westliche Welt. Hierbei kommt es weniger darauf an, was man ist oder was man tut, sondern darauf, was die anderen von einem denken.

Sein Hauptaugenmerk richtet der außen-geleitete Verhaltenstyp auf das Verbringen der Freizeit. Medien, Werbung und Warenhauskataloge bringen die entsprechenden „Vorbilder ins Haus“ und der „gelernte Verbraucher“ wird beinahe zu einem wichtigen zukünftigen Beruf. Konsum und Freizeit spielen sich nicht mehr wie früher auf einem Nebenschauplatz ab – sie werden immer mehr zur Hauptbühne des Lebens. Die Folge ist, dass Angst und Sorge jetzt auch in den privaten Freizeitbereich eindringen. Freizeit wird zum Zwang und die Gruppe der Zeitgenossen verlangt, dass man mitspielt.

Der massenhafte Freizeitkonsum schafft historisch völlig neue Probleme: „Die Entdeckung des Freizeitmenschen steht noch aus“ (S. 289), meinte Riesman in den 50er-Jahren und stellte zugleich die bange Frage, ob es sinnvoll und moralisch sei, die Freizeit „wissenschaftlich“ zu untersuchen, also einen Lebensbereich systematisch zu erforschen, der doch idealerweise privat und unorganisiert bleiben sollte. Wäre nicht eine Verschwörung, über diesen privaten Lebensbereich zu schweigen, ihr bester Schutz?

Doch Riesman sieht ein, dass es angesichts wachsender Freizeit- und Konsumprobleme keinen Sinn hat, die Augen zu verschließen. So ist beispielsweise die *steigende Scheidungsquote* für Riesman auch ein „Zeichen neuer Geselligkeits- und Freizeitbedürfnisse“ (1965, S. 293). Riesman meint, es wird notwendig, für „ein am Freizeitleben orientiertes Volk“ ein „neues Modell für eine Ehe zu entwickeln“ (S. 294). Zudem fördert die Außen-Lenkung neue Gefahren. Die Menschen geben sich ihren Beschäftigungen zwar hemmungsloser, aber auch schutzloser hin. Die Privatheit droht verloren zu gehen; es gibt dann kaum noch Tabus und Geheimnisse.

Andererseits: „Wird nicht jeder Versuch, die Freizeit für den außengeleiteten Menschen zu planen, ihm den letzten Rest an Spontaneität und Privatheit rauben, den er sich sonst vielleicht noch bewahren könnte?“ (S. 315). Riesman dachte am Ende ernsthaft darüber nach, ob man nicht eines Tages eine „Überflussorganisation“ (1965, S. 316) schaffen muss, die die Menschen von dem sozialen Druck der Gruppe, den Zwängen der Medien oder der Werbung befreit.

Herman Kahn/Anthony Wiener (1967): Wurzellosigkeit

17 Jahre später (Kahn/Wiener 1967) warfen der Leiter des New Yorker Hudson-Instituts Herman Kahn und sein Mitarbeiter Anthony J. Wiener einen Blick in die Welt von morgen. Damit verbanden die beiden Zukunftsforscher die Hoffnung, die aufgezeigten Szenarien könnten die Politik zu einer wirklichen „Umgestaltung der zukünftigen Welt“ motivieren. Die Prognosen sollten der Menschheit helfen, sich ihre Zukunft selbst zu wählen, also das *Wünschenswerte* wahrscheinlich und das *Unerwünschte* weniger wahrscheinlich zu machen. Es war eine Hoffnung nur: Die Politik ließ sich zwar in die Zukunft schauen, zog daraus aber keine Konsequenzen.

Kahn/Wiener sagten für die Zeit *bis zum Jahr 2000* für die westlichen Industrieländer Wohlstand und Überfluss voraus – ein Ansteigen der Freizeit und ein enorm vergrößertes Warenangebot. Da dann die Arbeit weniger Zeit im Leben des Menschen erfordert, wird sie aus diesem Grund auch an Bedeutung verlieren. Dieser Prozess wird nicht problem- und konfliktfrei verlaufen, weil Gesellschaft, Wirtschaft und Politik die traditionellen „Ideologien rund um die Arbeit“ aufrechterhalten und den „letzten Rest“ an Arbeit schützen möchten.

Kahn/Wiener entwickelten das Bild einer freizeitorientierten Gesellschaft, in der die Wochenarbeitszeit „drastisch gekürzt“ und die Urlaubszeit „drastisch verlängert“ wird. Diese „wahrscheinliche“ Zukunftsentwicklung ist zumindest in Deutschland Wirklichkeit geworden. Für diesen angenommenen Fall prognostizierten die beiden Futurologen: Eine Generation „verzogener Kinder“ wird das Interesse an der Verwaltung und Politik einer Gesellschaft verlieren. Der *Egoismus* wird sich rasch vermehren, ja „kindische Formen des Individualismus und eher asoziale Formen der Sorge um die eigene Person“ werden stärker hervortreten. Wohlstand und technologischer Fortschritt werden vom Individuum immer weniger verlangen, während sie paradoxerweise zugleich seine Aggressionen gegen die Gesellschaft verstärken.

So kommt es zur Entfremdung im Überfluss. Die Kultur des Wohlstands gleicht dann mehr einer Kultur des Materialismus, des Zynismus und der gefühlsmäßigen Distanz. Dafür wächst die Wertschätzung für Dinge, die man nicht mit Geld kaufen kann. Alte Arbeitstugenden werden zunehmend infrage gestellt. Schließlich ist die protestantisch-puritanische Berufsethik für das Bestehen der Gesellschaft nicht mehr zwingend geboten. Eltern haben keinen Grund mehr, ihren Kindern Charakterzüge wie Fleiß und Pünktlichkeit „einzuimpfen“. Die Neigung wächst eher, *neue Lebensformen* „rechtfertigen“ zu wollen. Zugleich wird es stimmungsverändernde *Drogen* geben, die von vielen als ein Mittel verwendet werden, dem Alltag zu entfliehen. Kahn und Wiener befürchteten, dass Verbrechen und *Kriminalität* sprunghaft ansteigen und sich andere Symptome des gesellschaftlichen Verfalls wie z.B. *instabile Ehen, Scheidungen, Selbstmorde und Neurosen* häufen. Auch *Extremistenbewegungen* werden aufblühen – von extremen politischen Ideen bis zum östlichen Mystizismus.

Die Futurologen sagten 1967 für die Zeit bis zum Jahr 2000 ein *Ende der Ideologien* voraus, sodass auch der Einfluss der traditionellen Religionen rapide zurückgeht. Die Folge wird eine allgemeine *geistige und politische Wurzellosigkeit* sein, in der Illusion, Wunschdenken und irrationales genusssüchtiges Verhalten vorherrschen. Selbstverständlich werden nicht alle Menschen in materiellem Überfluss leben. Doch die Armen werden von der Wohlstandsgesellschaft weitgehend unterstützt – von der Arbeitslosenunterstützung bis zur allgemeinen Wohlfahrt. Die neuen Armen werden sich insbesondere in den größeren Städten ausbreiten.

Kahn/Wieners Zukunftsreport wollte lediglich Probleme „aufzeigen“ und nicht lösen, nur einen „Rahmen“ für Überlegungen und eine Diskussionsgrundlage bieten. Beide verweisen am Ende auf Goethes „Faust“, der dem Teufel Mephisto seine Seele verkauft, um ganz schnell zu Glück und Reichtum zu gelangen.

Der wirksamste Schutz für die Zukunft besteht nach Kahn/Wiener (1971) noch immer in einer „Mäßigung des faustischen Strebens“ (S.409) – auch und gerade im Interesse kommender Generationen, die nicht wünschen, dass wir sowohl ihre natürliche als auch ihre soziale Umwelt unwiederbringlich verändern oder zerstören.

Vance Packard (1972): Verantwortungslosigkeit

Vance Packard ging fünf Jahre später (1972) der Frage nach, warum immer mehr Menschen seelisch unter Isolierung, familiärer Zersplitterung und unter dem Gefühl leiden, entwurzelt zu sein und in zunehmender Anonymität zu leben (Packard 1973). Wo sind die *Ursachen der Entwurzelung* zu suchen? Wie wirkt sie sich auf unsere Wertbegriffe, auf unsere Verhaltensweisen und unser seelisches

Wohlbefinden aus? Offensichtlich hat alles mit der *Ungebundenheit* der Amerikaner der Pioniertage begonnen, die sich in der modernen Mobilität fortsetzt und in einer ruhelosen Gesellschaft endet.

Wesentliche Bindungen an das Zuhause lösen sich auf und Verwandte, Kinder und Enkel leben immer seltener in erreichbarer Nähe. Die soziale Zersplitterung führt zum Entstehen neuer Institutionen und Dienstleistungen – von Mobilheimen und Seniorensiedlungen bis zu Anrufdiensten für einsame Menschen. *Entwurzelte Menschen* sind auf der Suche nach neuen Wurzeln – im Grunde genommen nicht auf irgendein Ziel hin, sondern immer von etwas weg. Packard nannte dieses Phänomen *Kalifornien-Syndrom*, das in Kalifornien weit verbreitet war:

- Wer den kalifornischen Lebensstil pflegt, ist mobil, nomadisch, progressiv, liebt den Nervenkitzel und sucht generell das Neue.
- Er hat keine Familienbindungen und keine Wurzeln. Ein Gefühl der Zugehörigkeit zu seinen Nachbarn ergibt sich nur durch Unfälle, Balgereien der beiderseitigen Hunde, Feuer, Springfluten oder Erdbeben.
- Groß ist die Abneigung gegenüber „zu engen" persönlichen Beziehungen. *Sofort-Freundschaften*, bei denen man darauf achtet, dass sie oberflächlich bleiben, auch wenn dies eine gewisse Glattheit in die menschlichen Beziehungen bringt. Kontakte sollen möglichst unverbindlich und leicht wieder *lösbar* sein. Man scheut die „Investition", die eine Freundschaft erfordert, weil man dann auch von sich selbst etwas geben muss und Angst hat, dabei verletzt zu werden. Anforderungsloser ist da das Fernsehen, das Menschen und „Nachbarn aus der Dose" präsentiert.

Das Kalifornien-Syndrom basiert auf den beiden Säulen *Geld* und *Zeit*: Aus jedem Tag und jeder Stunde muss so viel wie möglich herausgeholt werden. Man lebt und konsumiert im Hier und Jetzt und genießt den Augenblick: „Amüsiere dich – solange du kannst!" Dahinter verbirgt sich die Neigung, nur an den Lustgewinn zu denken und jedes mögliche Aufschieben der Befriedigung zugunsten eines langfristigen Lebensziels abzulehnen.

„Hauptsache, mir geht es gut." Diese Einstellung hat, so stellte Packard vor über einem Vierteljahrhundert fest, natürlich auch ein *Nachlassen des Verantwortungsgefühls* zur Folge, was die Jetzt-Generation am Ende selber zu spüren bekommt. Denn das Gefühl der Isolierung wird von der Angst vor Langeweile begleitet. Und Unwohlsein stellt sich öfters ein, weil niemand mehr da ist, der die eigenen Sorgen teilt oder auf den in der Not Verlass ist. So kann die wachsende Unverbindlichkeit das Ausleben von Aggressionen fördern. Mit der Bindungs-, Beziehungs- und Zusammenhanglosigkeit des Lebens breitet sich auch das Gefühl aus, das Leben als sinnlos zu empfinden.

Daniel Bell (1973/1976): Zügellosigkeit

1973 machte sich der Amerikaner Daniel Bell Gedanken über die Zukunft einer *nachindustriellen Gesellschaft* (Bell 1996a), die in den nächsten 30 bis 50 Jahren entstehen sollte, was also dem Zeitraum von 2003 bis 2023 entspricht. Sein Konzept einer nachindustriellen Gesellschaft wollte er nicht als Projektion der Gegenwart in die Zukunft verstanden wissen. Es sollte auch keine Vorhersage, ja nicht einmal eine Beschreibung der Zukunft sein. Er lieferte vielmehr eine „Als ob"-Fiktion, eine logische Konstruktion dessen, *was sein könnte*. Seine Art von Zukunftsforschung glich mehr einer „social science fiction". Dabei wagte er Prognosen, die etwas anderes sein sollten als bloße Vorhersagen:

- *Vorhersagen* beziehen sich in der Regel auf einzelne Ereignisse (z.B. Krisen, Kriege, Katastrophen).
- *Prognosen* hingegen sind möglich bei Phänomenen, die sich in einer bestimmten Regelmäßigkeit wiederholen, oder bei anhaltenden Entwicklungen, deren Richtung sich „mittels statistischer Zeitreihen erfassen lassen" (Bell 1996a, S.20). Und je weiter die Prognosen reichen, desto unsicherer werden sie natürlich.

Bell wusste seinerzeit natürlich, dass sein Ausblick in das 21.Jh. ein Wagnis in Richtung Zukunft war. Und dennoch gelangte er 1973 – auf der Basis statistischer Zeitreihen – zu folgenschweren Prognosen wie z.B.:

- War die Industriegesellschaft eine güterproduzierende Gesellschaft, so wird die nachindustrielle Gesellschaft eine *Informationsgesellschaft* (S.353) sein.
- Mehr Information ist aber keineswegs gleichbedeutend mit umfassender Information – „eher im Gegenteil" (S.353).
- Mit dem Ausbau des weltweiten Kommunikationsnetzes führen wir mehr Telefongespräche, verreisen öfter, besuchen mehr Tagungen, treffen mehr Leute. Aber um welchen Preis? „Entweder man begnügt sich mit oberflächlichen Beziehungen oder man stößt an eine ‚obere Grenze' des zu bewältigenden Ausmaßes von Interaktionen" (S.355).

– In Gesellschaften mit hoher Produktivität wird Zeit relativ teuer, was eine „allgemeine Zeitverknappung zur Folge hat“ (S. 359) (Bell 1996 a).

Dies gilt auch und gerade für den privaten Konsum. Denn alle Konsumfreuden wie z.B. ein Buch lesen, sich mit einem Freund unterhalten, eine Tasse Kaffee trinken oder ins Ausland reisen erfordern Zeit. Deshalb verfügen auch die Bewohner in der Dritten Welt, die sich nicht so viele Dinge leisten können, über mehr Zeit. Besitzt jemand hingegen ein Boot, ein Auto oder ein Konzertabonnement, wird Zeit sein knappstes Gut. Will er z.B. ins Konzert, muss er entweder sein Abendessen hinunterschlingen (wobei er, da Kochen Zeit kostet, gut daran tut, Tiefkühlkost mit kurzen Garzeiten zu wählen und einen Mikrowellenherd, der nur die halbe Zeit benötigt, anzuschaffen) oder hinterher essen, was wiederum bedeuten kann, dass er zu lange aufbleibt und nicht genügend Schlaf hat, will er am nächsten Tag pünktlich zur Arbeit erscheinen. Würde er es mit der Pünktlichkeit weniger genau nehmen, hätte er mehr Zeit, doch dazu müsste er entweder halbwegs wohlhabend oder bereits im Ruhestand sein. Andernfalls muss er mit seiner Zeit haushalten und sie einteilen (Bell 1996 a, S. 359). Ein Teufelskreis – erkannt und analysiert vor rund drei Jahrzehnten.

Drei Jahre später hat Bell in seinem Buch über „Die Zukunft der westlichen Welt“ die sozialen Folgen dieser Entwicklung zu Ende gedacht: In der westlichen Kultur werde der Einfluss des *Hedonismus zum maßgeblichen Wert*. Im Mittelpunkt würde die *Idee der Selbstverwirklichung* stehen. Nichts sei dann mehr verboten. Die kleinste soziale Einheit der Gesellschaft werde nicht mehr der Stamm, die Zunft oder die Gruppe sein, sondern der autonome Mensch, der Institutionen weitgehend ablehne. Im Extremfall werde das Laisser-faire-Prinzip zum *zügellosen Individualismus* in einer neuen Kultur der Modernität. Auf die klassische Frage „Wer bist du?“ hätte der Mensch früher geantwortet: „Ich bin der Sohn meines Vaters.“ In der modernen Gesellschaft laute hingegen die Antwort: „Ich bin ich“ (1996 b, S. 114).

Es fällt auf: Viele Schlag- und Schlüsselwörter, die der deutsche Soziologe Ulrich Beck ein Jahrzehnt später in seinem Buch „Risikogesellschaft“ zum Thema machte, sind bei Bell bereits genannt (Beck 1986: „Auf dem Weg in eine andere Moderne“ – „Individualisierung“ – „Ich bin ich“ u.a.). Für Bell war jedenfalls vor über einem Vierteljahrhundert schon klar: Der beschleunigte soziale Wandel werde zur Quelle einer *Identitätskrise*. In der post-modernen Kultur dominiere das Gefühl von Orientierungslosigkeit. Kontinuität werde durch Vielfalt ersetzt. Ein *Legitimationsverlust des politischen Systems* sei die Folge. Und mit dem „Auseinanderbrechen der Kommunistischen Welt“ (bereits 1976 erkannt!) (Bell 1996b, S. 218) werde es für nachwachsende Generationen immer schwieriger, noch ideologische Begründungen für eine neue Zukunft zu finden.

Robert Jungk (1951/1969/1973): Plädoyer für eine menschliche Zukunft

Als „der“ Zukunftsdenker im deutschsprachigen Raum gilt der 1913 in Berlin geborene österreichische Publizist und Futurologe Robert Jungk (Pseudonym und Autorenname für Robert Baum). Jungk war in den Nachkriegsjahren Auslandskorrespondent in England, Frankreich und den USA und veröffentlichte 1951 sein mittlerweile zum geflügelten Wort gewordenes Buch „Die Zukunft hat schon begonnen“. Er lehrte in den 60er- und 70er-Jahren an der Technischen Universität Berlin und engagierte sich in den 80er-Jahren in der Umweltschutz- und Friedensbewegung.

Jungk hat sich frühzeitig Gedanken um überlebensrelevante Zukunftsprobleme der Menschheit gemacht und auch Wege zur Problembewältigung aufgezeigt. Sein Hauptanliegen war eine *menschliche Zukunft*, seine besondere Stärke die soziale und politische Phantasie. Schon vor 30 Jahren forderte er von der Zukunftsforschung „mehr Phantasie für das Morgen“ (1969) (Jungk 1990b). Zukunftsforschung soll nicht unumstößlich verkünden: So wird es sein! Sie soll vielmehr „mögliche“ Zukünfte aufzeigen und sagen: Es könnte so sein – wenn wir nicht Einfluss nehmen auf den vermutlichen Lauf der Entwicklung. Jungk gab die Hoffnung nicht auf, Prognosen könnten zugleich auch Warnungen sein, sodass manche problematischen Prognosen nicht Wirklichkeit werden müssten.

Zukunftsforscher sollen also nicht unbedingt Recht behalten. Sie sollen sich eher abgrenzen von den Propheten, die immer nur sagen wollen, was sein *wird*, statt selbstkritisch und offen zu bleiben für das, was sein *kann*. In der Zukunftsforschung kann es daher Zukunft eigentlich nur im Plural („Zukünfte“) geben. Es gibt nach Jungk zahlreiche Zukünfte, zwischen denen wir wählen, die wir also selbst weitgehend beeinflussen und gestalten können. Das unterscheidet ihn von naturwissenschaftlich geprägten Zukunftsaussagen wie z. B. bei Karl Steinbuch, der nur das als echte Zukunftsforschung gelten lässt, was faktisch belegt und rational entwickelt werden kann. Die Verbindung von Wissen und Phantasie erscheint Steinbuch geradezu verdächtig (Steinbuch 1970; Steinbuch 1971).

Zukunftsforschung muss einerseits *intuitive Vorausschau* („intuitive forecasting") sein und andererseits *erkundende Vorausschau* („exploring forecasting") leisten. Als dritte große Richtung der Zukunftsforschung sieht Jungk die *normative Vorausschau* („normative forecasting") an, indem er Ziele setzt (z.B. das Ziel einer menschenfreundlichen Stadt). Um nicht vollends abzuheben, hält Jungk noch eine vierte Richtung der Zukunftsforschung für unverzichtbar, die *Vorausschau der Rückkopplung* („forecasting in feed-back"): So könnten einmal gesetzte Zukunftsziele ständig modifiziert werden und offen für neue Entwicklungen sein.

Jungk leitete daraus Konsequenzen für die politische Praxis ab. Die bisherige Gutachterpraxis von Experten sollte zunehmend ersetzt werden durch ein *Look-out-Institut* bzw. ein *Vorausschau-Institut*, das ständig die Gegenwart beobachtet und systematisch der Frage nachgeht: Wo gehen die Dinge hin? Eine Mischung aus Datenbank, „think tank" und Informationsservice für politische Entscheidungsträger. „Nur wenn wir die Zukunft offen und kritisch halten", so meinte Jungk abschließend, „wenn wir eine Zukunft anstreben, in der Kritik und Phantasie eine wichtige Rolle spielen, werden wir eine demokratische und menschliche Gesellschaftsform erreichen" (Jungk 1990b, S. 84). Es ist die Hoffnung auf eine bessere Welt und der erklärte Wille, gegen Zukunftsblindheit anzukämpfen.

Nie hatte dieser Denk- und Forschungsansatz eine so strategische Bedeutung wie jetzt zu Beginn eines neuen Kommunikationszeitalters, in dessen Zentrum das Internet steht: eine Erfindung des amerikanischen Militärs. So ist es auch kein Zufall, dass die entscheidenden Durchbrüche auf dem Gebiet der wissenschaftlichen Zukunftsforschung („Futurologie") unter dem Patronat des amerikanischen Verteidigungsministeriums erfolgt sind: Die 1946 von der US Air Force gegründete Rand Corporation in Santa Monica war die erste sog. Denkfabrik („think factory"), die seinerzeit schon mehrere hundert Experten beschäftigte. Das *Vorauswissen* wurde als *gesellschaftlicher Machtfaktor* angesehen. In England gab es bereits in den 60er-Jahren eine von der Regierung eingesetzte „Kommission für die nächsten 30 Jahre". In Deutschland wären wir heute schon froh, wenn es einen kompetenten *Zukunftsrat* gäbe, der mehr als nur die nächste Legislaturperiode im Blick hätte oder die nächste Landtagswahl überleben würde (wie z.B. in Bayern und Sachsen).

Robert Jungk gehörte zu den Zukunftsdenkern, die Perspektiven eröffnen und nicht nur die Gegenwart verlängern wollten. Ihm mangelte es nicht an Zivilcourage, um sich gegen die schicksalhaft anmutenden technologischen Neuerungen zur Wehr zu setzen, wenn sie die menschlichen Bedürfnisse außer Acht ließen. Er verstand sich eher als ein „human forecaster“: Humane Anliegen hatten in seiner Zukunftsforschung Priorität vor technologischen Werten. Im Unterschied zu den Delphi-Studien, in denen Experten lediglich prognostizierten, was sie in Zukunft alles für möglich oder wahrscheinlich hielten, agierte Jungk mehr als *kritischer Futurologe*, der in erster Linie danach fragte, was morgen überhaupt wünschbar oder wenigstens akzeptabel ist. Am liebsten hätte Jungk eine bessere Zukunft selbst erfunden.

Seine Stärke war zugleich seine Schwäche. Anstatt seine Imaginationsfähigkeit und Einbildungskraft durch belegbare Fakten abzustützen, verließ er sich lieber auf „Ahnungen, Tagträume, plötzlich aufblitzende Einsichten“ (Jungk 1990a, S. 96) und vertraute auf seine mystischen Erleuchtungen in einer Mischung aus „blitzartigen Inspirationen“ und „freischwebenden Spekulationen“ (S. 86ff.). So berechtigt seine Kritik an allzu mechanischen Trendberechnungen und Computersimulationen auch war, so unsensibel zeigte er sich gegenüber integrativen Forschungsansätzen, die beides miteinander verbanden: *Empirie* und *Phantasie*.

Offensichtlich ist Jungk sehr stark von dem Franzosen Bertrand de Jouvenel beeinflusst, der schon 1961 eine eigene Zeitschrift „Futuribles“ herausgab. Dieser von dem spanischen Jesuiten des 16. Jh.s Louis de Molina stammende Begriff „futurible“ kombinierte die Begriffe Zukunft und Möglichkeit und machte aus einem Objekt des Wissens einen Gegenstand der Spekulation über „futuribles“, also über *mögliche Zukünfte* (Flechtheim 1980, S. 7).

Der Überblick über *Kronzeugen der Zukunftsforschung* vermittelt den Eindruck, als gebe es nur zwei Formen der Zukunftsforschung:
- eine technokratische, die die Zukunft errechnet und erobert, und
- eine philosophische, die über mögliche Zukünfte spekuliert.

Wir brauchen beides. Konsequenterweise kann es nur eine *interdisziplinäre Zukunftsforschung* geben, in der Mathematik und Ökonomie genauso ihren Platz haben wie Philosophie und Soziologie. Rolf Kreibich, der Berliner Physiker und Soziologe in einer Person, bringt es systematisch auf den Punkt: Zukunftsforschung hat das

„zerfaserte zukunftsrelevante Wissen zu bündeln" (Kreibich 1991, S. 125f.) und in die öffentliche Diskussion einzubringen. Zur Zukunftsforschung gehört immer auch der *Gestaltungsanspruch im Sinne von Politikberatung*, ohne sich zum Zulieferer für Partialinteressen degradieren zu lassen.

Zur Begründung und Herleitung von Zukunftstrends

Ein Zukunftstrend muss *mindestens fünf bis zehn Jahre richtungweisend* sein. Wie zuverlässig können Trendaussagen heute sein? Müssen nicht angesichts der gegenwärtigen weltpolitischen Lage konkrete Aussagen, die sich auf Entwicklung, Veränderung und Zukunftsperspektiven beziehen, auf den ersten Blick unrealistisch erscheinen? Lässt die Globalisierung präzise Prognosedaten für die westliche Welt nicht schnell zur Makulatur werden? In den 70er-Jahren entdeckte der Naturwissenschaftler Karl Steinbuch einen erstaunlichen Zusammenhang: Aus einer simplen Neujahrsumfrage des Allensbacher Instituts für Demoskopie ließen sich überraschend präzise Rückschlüsse auf die Wirtschaftsentwicklung des kommenden Jahres ziehen: „Sehen Sie dem neuen Jahr mit Hoffnungen oder Befürchtungen entgegen?", hieß die einfache Repräsentativumfrage. Der Anteil der Hoffnungsträger bewegt sich seit 1949 fast parallel zur Wachstumskurve des Bruttoinlandsprodukts. Meinungen und Stimmungen der Bevölkerung spiegeln einen hohen Grad an *Realitätssinn* wider.

Die folgende Darstellung von 10 Zukunftstrends, die unser Leben von morgen bestimmen, konzentriert sich auf der Basis von Repräsentativforschungen nicht nur auf die Lebensgewohnheiten und Verhaltensweisen der Bevölkerung, sondern auch auf ihre Zukunftshoffnungen und -ängste. Die bisher abgeleiteten Analysen und Prognosen haben in den vergangenen 20 Jahren eine große *Treffsicherheit* erzielt, weil es immer nur um eine Frage ging und geht: *Was will der Mensch?* Nur am Rande interessiert die Frage, was wirtschaftlich und technologisch alles möglich wäre.

Daraus folgt: Große gesellschaftliche Veränderungen von der Perestroika bis zur deutschen Einheit sind nicht prognostizierbar, auch Kriege und Krisen von der Energiekrise über Tschernobyl bis zum Jugoslawien-Krieg nicht – *voraussagbar aber sind die Lebensgewohnheiten der Menschen im nächsten Jahrzehnt.*

Lebensgewohnheiten sind wie eine „zweite Natur" und haben

fast die Wirkung einer Kleidung aus Eisen, die nur schwer zu sprengen ist. Viele Tätigkeiten im Alltag werden so lange praktiziert, dass sie wie Aufstehen, Essen und Schlafengehen fast zur „lieben Gewohnheit“ bis ins hohe Alter werden. Dies erklärt auch, warum beispielsweise Urlauber auf Reisen am meisten das eigene Bett, die Zeitung aus der Heimat oder das gemütliche Zuhause vermissen. Gewohnter Lebensrhythmus und alltäglicher Regelkreis sind den Menschen „in Fleisch und Blut“ übergegangen. Viele können einfach nicht „aus ihrer Haut heraus“.

Die Sozialforschung geht davon aus, dass die Persönlichkeits- und Interessenstruktur eines Menschen im Wesentlichen ausgebildet ist, wenn er das Erwachsenenalter erreicht. Die Kindheits- und Jugenderfahrungen haben ein größeres Gewicht als die spätere Sozialisation. Im Einzelfall kann es zwar auch im Erwachsenenalter noch zu dramatischen Veränderungen kommen, aber die statistische Wahrscheinlichkeit einer grundlegenden Persönlichkeitsveränderung nimmt abrupt ab, wenn das Erwachsenenalter erreicht ist.

Der *Wertewandel einer Gesellschaft* besteht also nicht darin, dass wir uns sozusagen über Nacht verändern. Er vollzieht sich vielmehr allmählich in dem Maße, in dem die jüngere Generation einer Gesellschaft die ältere Generation Zug um Zug ablöst. Und eine Generation, die unter veränderten Lebens- und Gesellschaftsbedingungen aufwächst, gelangt zwangsläufig zu anderen Erfahrungen und Gewohnheiten. Damit verändern sich auch die Einstellungen zu Arbeit und Leben, zu Partnerschaft, Familie und Freundeskreis. Bei den folgenden 10 Zukunftstrends für das nächste Jahrzehnt handelt es sich um große gesellschaftliche Entwicklungen, von denen wir alle in der westlichen Welt (einschließlich USA und Japan) direkt und indirekt betroffen sind.

Erster Zukunftstrend: Die Globalisierung. Die weltweite Verteilung von Arbeit, Wohlstand und Freiheit

Global Player und Global Fighter

Vor über 100 Jahren kam es in den nordöstlichen Bundesstaaten Brasiliens unter Führung des Wanderpredigers Ibiapina zu einem *Bauernaufstand gegen das Dezimalsystem*. Die Bauern überfielen Geschäfte und Lagerräume und zerschlugen die neuen Kilogewichte und Metermaße, welche die Monarchie eingeführt hatte, um das brasilianische System an die übrige Welt anzuschließen und den weltweiten Handel zu erleichtern. Der Aufstand der sog. Kilobrecher gegen diese Globalisierung scheiterte kläglich. Das Rad der Zeit war einfach nicht mehr aufzuhalten.

Die heutigen Kilobrecher heißen Globalisierungsgegner. Bei der Diskussion um Globalisierung geht es weniger um den Widerstand gegen gesellschaftliche Neuerungen, als vielmehr um die *Frage nach der sozialen Gerechtigkeit*. Die Angst wächst, dass sich durch die Globalisierung die Schere zwischen Arm und Reich in der Welt weiter öffnet. Immer dann, wenn sich Vertreter der Weltbank, des Währungsfonds, der Welthandelsorganisation (WTO) oder der führenden Industrienationen irgendwo in der Welt treffen, formieren sich die Globalisierungsgegner und gleicht der Konferenzort einem Belagerungs- oder Ausnahmezustand (wie z.B. 1999 in Seattle). Globalisierung wird derzeit für fast alles Problematische in der Welt verantwortlich gemacht – für die Armut, für die Unterentwicklung oder für die Zerstörung des tropischen Regenwaldes.

Von Seattle (1999) über Nizza (2000), Davos (2001), Göteborg (2001) bis Genua (2001) haben Globalisierungsgegner rund um den Globus von sich reden gemacht. Die Demonstration von 50000 Menschen im November 1999 in Seattle gilt als die Geburtsstunde der *Anti-Globalisierungsbewegung*. In der Stadt musste erstmals eine Ausgangssperre verhängt werden. Global Player und Global Fighter stehen sich seither fast unversöhnlich gegenüber. Die einen preisen den weltweiten freien Handel, mehr Wohlstand und Reichtum, die anderen kritisieren, dass durch die Globalisierung die Kluft zwischen den Reichen und den Armen der Welt noch größer geworden sei. Ein Fünftel der Weltbevölkerung besitzt inzwischen 78-mal mehr Kapital als der Rest der Welt. Vor 40 Jahren war das Verhältnis noch 30 : 1. Während z. B. in Deutschland das Bruttosozialprodukt 25 850 $ pro Einwohner beträgt, bringen es Sierra Leone und Burundi lediglich auf 140 $, Äthiopien nur auf 100 $. Die UNO muss daher feststellen, dass der größte Teil der Menschheit in Armut lebt und unzureichend ernährt ist.

Der Prozess der Globalisierung hat die westliche Welt unvergleichlich wohlhabender gemacht, aber gleichzeitig viele Länder in der Dritten Welt in noch größere Armut gestürzt. Es sind der Gegensatz von Wohlstand und Elend sowie die wachsende Ungleichheit in der Welt, die den globalen Protest ausgelöst haben. Nicht die Globalisierung ist das Problem, sondern der *Grad der Ungleichheit* bzw. die *immer ungerechtere Verteilung* der Früchte der Globalisierung. Man muss also zu Recht fragen, ob diese Verteilung *fair* oder wenigstens *akzeptabel* ist und nicht nur, ob alle Parteien irgendeinen Gewinn aus der Kooperation ziehen (Sen 2001, S. 9). Es ist die Ungleichgewichtigkeit der Gewinn- und Wohlstandsverteilung, die weltweite Folgen hat: Denn mit mehr wirtschaftlicher Macht geht auch mehr politische und soziale Macht einher.

Vom Turbokapitalismus zum Globalkapitalismus

Der Turbokapitalismus wandelt sich zum Globalkapitalismus, in dem Global Player mehr Macht und Einfluss bekommen als nationale Volkswirtschaften. Wenn z. B. die Umsätze von General Motors höher sind als das gesamte Bruttosozialprodukt von Dänemark oder DaimlerChryslers Umsätze sich mit dem Bruttosozialprodukt von Indonesien, dem bevölkerungsreichsten Land der gesamten islamischen Welt, messen können – dann wird deutlich, wie schnell die wirtschaftliche Macht der einen die politische Ohnmacht der anderen nach sich zieht. In Zukunft könnte also eine weitere extrem ungleiche Verteilung der Wohlfahrtsgewinne zu einer *Bedrohung der politischen und sozialen Stabilität* in einigen Schwellen- und Entwicklungsländern führen. Schon ein zeitweiliges Konjunkturtief weltweit könnte die Verschuldung oder gar Zahlungsunfähigkeit einzelner Länder zur Folge haben.

Im Kern sind die Globalisierungsgegner nicht gegen Kapitalismus und freien Welthandel eingestellt. Eher ist es die Wut über die eigene Machtlosigkeit, das Gefühl, von bedeutenden politischen Entscheidungen ausgeschlossen zu sein und Politik und Wirtschaft nicht mehr kontrollieren zu können. Die Globalisierung wird als Bedrohung empfunden, als „Synonym für das Unvermögen von Bürgern, Einfluss auf ihre Angelegenheiten zu üben" (Dahrendorf 2001, S. 5). Die Exklusion der Bürger und der Dritten Welt hat auch die Gewalt auf den Straßen geschürt. Diese weltweite Bewegung kann in Anti-Kapitalismus umschlagen, wenn es nicht gelingt, über neue Formen der *Bürgerbeteiligung* nachzudenken und auch den armen Ländern in der Welt eine glaubwürdige *Zukunftsvision von Wohlstand und Freiheit* zu bieten.

„Mit Ausnahme der Atombombe ist der Kapitalismus die erfolgreichste Erfindung der Menschheit" (Luttwak 1999, S. 11). Mit dieser provokanten These eröffnet der Amerikaner Edward Luttwak seine Abhandlung über den „Turbo-Kapitalismus" von heute. Die Formel dieses neuen Kapitalismus zur Jahrtausendwende lautet: *Globalisierung + Privatisierung + Deregulierung = wachsender Wohlstand.* Hinter dieser Formel verbirgt sich ein rastloser europäischer Drang zu entdecken und zu erobern, der sich auf der ganzen Welt ausbreitet. Traditionelle Wirtschaftssysteme, geschlossene Wirtschaftskreise oder kommunistische Planwirtschaften könnten nur noch in abgelegenen Gebieten überleben oder würden einfach beiseite gefegt. Ansonsten werden Pfützen, Teiche, Seen und Meere dörflicher, provinzieller, regionaler und nationaler Märkte zu einem einzigen Wirtschaftsozean genannt „Globalisierung" vereinigt.

Globalisierung gilt als das am meisten gebrauchte und missbrauchte, das missverständlichste und nebulöseste und zugleich am seltensten definierte „Schlag- und Streit-Wort" (Beck 1997 d, S. 42) dieser Zeit. Die einen meinen mit Globalisierung die wachsende Internationalisierung, andere haben fast ausschließlich den Arbeitsplatz-Abbau bzw. den Arbeitsplatz-Export im Blick. Wieder andere sehen in der Globalisierung den *Übergang vom nationalen zum postnationalen Zeitalter*. Mit der Verbreitung der neuen Informationstechnologien sowie anderer technologischer Innovationen werden nationale, geographische und soziale Entfernungen zunehmend aufgehoben (vgl. Rosenau 1990, S. 17). Aus Nationalstaaten entwickeln sich Weltgesellschaften mit transnationalen Strukturen – via Computer und Erdsatelliten. Dazu gehören z. B.:

- *transnationale Organisationen* wie Weltbank, Greenpeace oder Amnesty International;
- *transnationale Probleme* wie Währungskrisen, Klimaveränderungen oder ethnische Konflikte;
- *transnationale Ereignisse* wie Olympiaden, Fußballweltmeisterschaften oder amerikanische Wahlkämpfe sowie
- *transnationale Orientierungen* wie westlicher Lebensstil, Umweltbewegung oder religiöse Auseinandersetzungen.

Zugleich breiten sich sog. globale Landschaften aus. Gemeint sind nach Arjun Appadurai (1997):

- *Ethnolandschaften*, also Landschaften von Personen (z. B. Flüchtlinge, Asylbewerber, Touristen);
- *Finanzlandschaften* (z. B. Devisenmärkte, Börsen, Spekulationsgeschäfte);
- *Medienlandschaften* (z. B. Produktion und weltweite Ausstrahlung elektronischer Bilder).

Werden wir im Zeitalter der Globalisierung alle „ortspolygam", wie Ulrich Beck dies nennt (1997d, S. 127): Sind wir dann *mit mehreren Orten verheiratet*? Die ganze Welt gibt es nicht mehr nur draußen, sondern auch im Zentrum unseres eigenen Lebens: in multikulturellen Ehen und Familien, in der Schule, im Betrieb und im Freundeskreis, im Kino und beim Einkaufen. Ortspolygamie, das Verheiratetsein mit verschiedenen Welten, käme einer *Globalisierung der Biographie* gleich. Ein Spagatleben zwischen verschiedenen Kulturen und Kontinenten, die Nomadisierung anstelle der Sesshaftigkeit: „An einem Ort leben, heißt nicht mehr am selben Ort leben. Die Leitfigur des eigenen Lebens ist nicht mehr die des Flaneurs, sondern das Leben mit dem Anrufbeantworter und der Mail-Box" (Beck 1997d, S. 130). Man ist da und doch nicht da. Die neuen Kommunikationsmedien sind dabei hilfreiche Zeit- und Raumüberbrückungsmedien zugleich.

Die Globalisierungsfrage als Klassenfrage

Nach Beck soll die *Globalisierungsfrage* im 21. Jh. für transnational agierende Unternehmen das sein, was die *Klassenfrage* für die Arbeiterbewegung im 19. Jh. war – mit einem wesentlichen Unterschied: Die Arbeiterbewegung agierte als gesellschaftliche Gegenmacht, die global agierende Wirtschaft heute hingegen nicht. Ganz im Gegenteil: Die Global Player bestimmen zunehmend die gesellschaftlichen Spielregeln – und das ohne Revolution:

- Sie exportieren Arbeitsplätze dorthin, wo die Kosten am niedrigsten sind.
- Sie verlegen sozusagen in Eigenregie Produkte und Dienstleistungen in die verschiedensten Orte der Welt.

Die Global Player agieren geradezu als Gladiatoren, die von der Politik umworben werden. Sie begreifen sich als die eigentlichen *Globalisierungsgewinner*, die „Traumgewinne erzielen und sich aus ihrer Verantwortung für die Demokratie der Zukunft stehlen" (Beck 1997d, S.21).

Im Zeitalter der Globalisierung muss auch die *Frage nach der sozialen Gerechtigkeit* neu gestellt werden. Denn die Schere zwischen Armen und Reichen öffnet sich immer weiter. Der französische Soziologe André Gorz brachte dieses Problem auf den Punkt: „Die Länder der EU sind in den letzen 20 Jahren um 50 bis 70% reicher geworden. Die Wirtschaft ist viel schneller gewachsen als die Bevölkerung. Trotzdem zählt die EU jetzt 20 Mio. Arbeitslose, 50 Mio. Arme und 5 Mio. Obdachlose. Was ist mit dem zusätzlichen Reichtum geschehen?" (Gorz 1997, S.35).

Globalisierung kann aber auch als „Aufholprozess der Dritten Welt" (Zukunftskommission FES 1998, S.56) gesehen werden. Dazu gehören
- die Verbesserung des Lebensstandards,
- die Steigerung des Pro-Kopf-Einkommens,
- die Erhöhung des Anteils am Weltprodukt.

Der Globalisierungsprozess ermöglicht es den Schwellen- und Entwicklungsländern, wirtschaftlich mehr zu den Industrieländern aufzuschließen. In Zukunft könnten so einige Länder der Ersten Welt die *Konkurrenz der Dritten Welt* durchaus zu spüren bekommen. Und auch eine gerechtere Umverteilung der Einkommen zwischen Erster und Dritter Welt wäre möglich, was zur Überwindung der Armut in der Welt beitragen würde.

Der Begriff „Globalisierung" ist erstmals Anfang der 70er-Jahre im Zusammenhang mit den Satellitenfotos vom *Blauen Planeten Erde* verwendet worden. In den folgenden Jahren entwickelte sich der Begriff zum *Synonym für Weltwirtschaft.* Heute gilt Globalisierung als Bezeichnung für weltweite Märkte, Produkte und Dienstleistungen. Die neuen Informationstechnologien machen aus nationalen Volkswirtschaften transnationale Unternehmen.

Von Roman Herzog stammt der Satz: „Globalisierung hat nicht nur einen Weltmarkt für Güter und Kapital, sondern auch einen *Weltmarkt für Ideen* geschaffen." So gesehen kann Globalisierung ebenso eine Zukunftschance sein – für Sport, Kultur, Kunst und das Zusammenleben der Menschen. Zu den Gewinnern gesellen sich aber auch Globalisierungsverlierer, zu denen Arbeitnehmer und Arbeitslose gehören können (vgl. Faulenbach 1999, S. 2). Genau genommen ist Globalisierung kein Begriff, sondern ein *Prozess*, durch den nach dem Verständnis der OECD (Organization for Economic Cooperation and Development) Märkte und Produktion in verschiedenen Ländern immer mehr voneinander abhängig werden – positiv wie negativ.

Selbst eine *Love Parade* zwischen Straßenparty und Life-Seeing-Event, die Hunderttausende von Menschen auf die Straßen lockt, ist das Produkt einer Globalisierung, das gleichzeitig in Berlin, Tel Aviv, im englischen Leeds oder anderen Städten stattfinden kann. Anliegen der politisch motivierten Globalisierungsgegner werden hier als *One World – one Love Parade* oder *Love Republic* ironisch umgedeutet und mit dem Motto „Friede, Freude, Eierkuchen“ als politische Botschaft verkauft: Friede (= für Abrüstung), Freude (= für eine bessere Völkerverständigung) und Eierkuchen (= für eine gerechtere Verteilung von Nahrungsmitteln). Eigentlich geht es nur um eins: um Geld (bei den Veranstaltern) und um Spaß (bei den Teilnehmern). Dafür spricht auch, dass die für Juli 2001 groß angekündigte Protestdemonstration gegen die Kommerzialisierung der Love Parade kläglich scheiterte. Sie wurde abgesagt, weil nur sieben Demonstranten protestieren, aber gleichzeitig 800 000 Techno-Fans auf den Straßen feiern wollten.

Insbesondere die junge Generation genießt heute die Vorzüge einer globalen Multioptions-Erlebniswelt: Die Welt wird wie eine Speisekarte betrachtet, aus der sich jeder sein Menü zusammenstellen kann – politisch motiviert genauso wie konsumorientiert. Im Sommer aktiv mit Greenpeace gegen Walfischfang demonstrieren, im Winter mit dem Snowboard die Pisten „runterbrettern“. Beides ist möglich. *Turbo-Kapitalismusgegner und Ultra-Konsumanhänger* sind keine Gegensätze mehr.

Subjektiv gesehen löst die Globalisierung bei den Menschen höchst widersprüchliche Gefühle aus:
- Die einen empfinden die Globalisierung geradezu als *Befreiung* aus allzu engen und längst überholten Grenzen. Aufbruchstimmung ist angesagt.
- Andere entwickeln *Angstgefühle* und sehen sich eher als Opfer einer Entwicklung, der sie fast schicksalhaft ausgeliefert sind.

Nur in einem stimmen beide Lager überein: Der Prozess der Globalisierung ist nicht mehr aufzuhalten und schon gar nicht zurückzudrehen. Keiner kann sich ihm mehr entziehen (Plate 1999, S. 3).

Unter globalem Vorzeichen verändern sich die Wettbewerbsbedingungen grundlegend. In den westlichen Industrieländern sind zunehmend Arbeitskräfte mit hohem Ausbildungsniveau und innovativen Fähigkeiten gefragt, während Arbeitsplätze, für die schon einfache Qualifikationen ausreichen, höchst gefährdet sind. Die Kluft zwischen den Spitzenverdienern und den Lohnempfängern am unteren Ende der Einkommensskala wird zugleich immer größer.

Die Folgen für die kulturelle, soziale und Werteentwicklung

Über das Ökonomische hinaus ist der Prozess der Globalisierung auch folgenreich für die kulturelle, soziale und Werteentwicklung:

- Die Kultur wird zum Global Player und damit auch global operierenden wirtschaftlichen Interessen untergeordnet. Wenn z. B. ein Zeichentrickfilm seiner Rolle als Träger einer konsumorientierten Massenkultur gerecht werden soll, muss er in Asien genauso verkaufbar sein wie in Europa und den USA.
- Bei der weltweiten Durchsetzung von Wertvorstellungen sind Angleichungstendenzen zu befürchten. Während in der westlichen Welt das Individuum im Mittelpunkt steht, hat in Asien die Gemeinschaft den Vorrang. Der sog. Werte- und Kulturimperialismus (Plate 1999, S. 7) nimmt darauf jedoch keine Rücksicht.

Kommt es zu einer Konfrontation verschiedener Kulturen und kultureller Werte? Oder besteht gar die Hoffnung, die Welt könnte durch die Globalisierung insgesamt offener und friedlicher werden (vgl. Schweigler 1999, S. 25)?

Ähnlich argumentiert Anthony Giddens. Für ihn ist Globalisierung nicht in erster Linie ein ökonomisches Phänomen. Vielmehr handelt es sich dabei um die *Verwandlung von Raum und Zeit*, um eine Art *Fernwirkung*, die in den letzten Jahren durch die direkte globale Kommunikation und den Massenverkehr ausgelöst wurde. Selbst alltägliche Aktivitäten werden mittlerweile von Ereignissen beeinflusst, die sich auf der anderen Seite der Welt abspielen. So wirken sich z. B. individuelle Entscheidungen für den Kauf bestimmter Kleidungsstücke auf die internationale Arbeitsteilung aus. Aber auch globale Einflüsse stellen beispielsweise lokale Traditionen in-

Verlust der Identität
Die Folgen der Globalisierung der Kultur

„Spielfilme, die wir Europäer im Kino oder Fernsehen sehen, kommen zu drei Vierteln aus den USA. Ziehen wir ein paar Independents und Außenseiter ab, können wir diese ‚Mainstream'-Ware das Globale nennen. Auf dem amerikanischen Markt dagegen machen ausländische Filme insgesamt etwa 2% aus. Unbestreitbar können wir also den Rest der Weltproduktion als das Regionale betrachten.
Dadurch ändern sich unser Weltbild und unsere Vorstellung von der Geschichte. Wir bummeln nicht mehr nachts mit Jeanne Moreau über die Champs-Elysées und wir blicken nicht mehr mit Liv Ullmann über die Schären. Dagegen kennen wir detailgenau die Ausstattung einer Polizeistation in der Bronx."

Volker Schlöndorff: Der Verlust der Liebe. In: Der Spiegel 7 (1999)

frage, die sich nun plötzlich rechtfertigen müssen, wenn sie aufrecht erhalten werden wollen. In kultureller Hinsicht sind geradezu kosmopolitische Gesellschaften gefragt, d.h., die Globalisierung ist auch für die Entstehung einer *posttraditionalen Gesellschaft* mitverantwortlich zu machen (Giddens 1997, S.24).

Insbesondere die Debatte um die „deutsche Leitkultur" hat gezeigt, dass Nationales oder gar Patriotisches vor dem Hintergrund von Europäisierung und Globalisierung heute auf den kleinsten gemeinsamen Nenner reduziert wird – und d.h. konkret: „die Verfassung achten, die Gesetze befolgen und die deutsche Sprache beherrschen" (Bundeskanzler Gerhard Schröder am 5. November 2000). Alles andere wird einem globalisierten Lebensstil geopfert – frei nach dem Motto des Preußenkönigs: „Zu einer toleranten Gesellschaft gehört, dass jeder nach seiner Façon selig werden kann." *Globale Leitkultur* und *totaler Individualismus* sind keine Widersprüche – zumindest auf den ersten Blick.

Die Glokalisierung als kreative Weiterentwicklung

In der Realität der Marktforschung von heute zeigt sich jedoch, dass die globale Methode, das gleiche Produkt überall in der Welt auf die gleiche Weise zu vermarkten, nicht immer funktioniert. Der

Zwischen Coca-Cola und Moschee
Möglichkeiten der Identitätswahrung trotz Globalisierung

Kapuscinski: Europa stellt sich im beginnenden 21. Jh. als ein kleiner Flecken Erde mit einer immer stärker überalterten Bevölkerung dar. Wir sind umgeben von Kontinenten und Kulturen, deren Gesellschaften jünger und dynamischer sind …
Für die große Mehrheit der Afrikaner, Asiaten und Lateinamerikaner von heute ist Europa kein Modell mehr. Sie mögen arm sein, aber sie sind sich ihrer Identität bewusst und stolz auf ihre je eigene Kultur.
Die Globalisierung deckt sich mit dem Bildausschnitt, den die Weltbank oder der amerikanische Sender CNN sich und uns von ihr machen. Sie ist nicht identisch mit der weltweiten Öffnung der Märkte. Für die Republik Tschad, für Paraguay oder für Georgien ist die „Öffnung der Märkte" eine leere Phrase: Sie haben kaum etwas zu verkaufen. Für sie bedeutet Globalisierung nur, von denen dominiert zu werden, die etwas zu verkaufen haben. Dagegen wehren sie sich, weil sie nicht verschluckt werden wollen.
Spiegel: Deutet der weltweite Siegeszug von Coca-Cola, McDonald's und Entertainment made in USA nicht auf eher geringen Widerstand hin?
Kapuscinski: Die westlichen Medien – ich bin versucht zu sagen: die Medien des weißen Mannes – interpretieren die Neugier auf solche Dinge oberflächlich und falsch. Auch wenn Leute in der Dritten Welt Michael Jackson hören, sind sie doch in ihrer Kultur verwurzelt und nicht für den American Way of Life gewonnen. Sie trinken Cola – und beten anschließend in der Moschee.

Ryszard Kapuscinski (polnischer Schriftsteller): Interview. In: Der Spiegel Nr. 42 (2000), S. 176–177

Traum von der globalen Vermarktung stößt an seine Grenzen. Von einigen wenigen Produkten wie z. B. Coca-Cola oder Harley Davidson einmal abgesehen hat die globale Vermarktung zu teilweise spektakulären Fehlschlägen geführt: „Der erfolgreiche Marlboro-Cowboy wirkte auf die Argentinier wie ein Tagelöhner, Shampooflaschen ‚für die Frau über vierzig' blieben im eitlen Spanien in den Regalen stehen, Chinesen lachten sich über die missverständliche Übersetzung des Limonadennamens 7Up (‚Tod durch Trinken') kaputt" (Fischermann 2000, S. 26). *Glaubwürdigkeit* bzw. *Authentizität* lässt sich nur durch nationale und lokale Bezüge herstellen.

Hier zeigen sich die psychologischen Grenzen eines sog. amerikanischen Kulturimperialismus oder einer „McDonaldisierung" der ganzen Welt – genauso wie die Amerikaner Ängste vor einer „Asianisierung“ oder „Hispanisierung“ Amerikas äußern. Vielleicht gehört die Zukunft der Globalisierung einer neuen *Epoche der renationalisierten Kultur*, die ohne die Einbeziehung eines nationalen Zugehörigkeitsgefühls nicht mehr auskommt. Gelebt wird nach der Formel „Denke global – handle lokal“. Am Ende steht eine Mixtur, in der beides durcheinander gewirbelt wird.

Der MTV-Sender beruft sich in diesem Zusammenhang auf einen ganz bewusst neuen Begriff: *Glokalisierung* – eine Mischung aus „Globalisierung“ und „Lokalisierung“. Gegen die von dem Soziologen George Ritzer geprägte These von der McDonaldisierung der Welt setzt MTV erfolgreich die weltweite Lokalisierung und strahlt von Brasilien bis China rund 30 regionale Programme aus, die sich an lokalen Besonderheiten orientieren. Glokalisierung schließt auf diese Weise Weltläufigkeit genauso ein wie Regionales, also Heimat und Nestwärme. Die ökologische Formel „Denke global – handle lokal“ findet in der Glokalisierung ihre ebenso kreative wie konkrete Weiterentwicklung.

Die Globalisierungsdebatte hat viele Facetten. Im Brennpunkt der Diskussion stehen jedoch nach wie vor die Fragen: Wie sieht die Zukunft der Arbeit aus? Geht der Arbeitsgesellschaft die Arbeit aus? Schafft der Kapitalismus die Arbeit ab? Gibt es ein Leben jenseits der Vollbeschäftigung?

- Noch in den 70er-Jahren waren in Deutschland und auch in Großbritannien über 80% der erwerbstätigen Bevölkerung im klassischen Sinne vollbeschäftigt.
- Zur Jahrtausendwende sind es in Deutschland nur mehr etwa 60%, in Großbritannien nur mehr ein Drittel.
- Breitet sich ein Kapitalismus ohne Arbeit aus? Geht es in Zukunft nicht mehr um die Umverteilung von Arbeit, sondern um die Umverteilung der Arbeitslosigkeit?

„Der Arbeitsgesellschaft geht die bezahlte Arbeit aus“ – dieser Satz ist in den 90er-Jahren zum geflügelten Wort geworden. Weite Verbreitung fand diese These aber schon Ende der 70er-Jahre, als der Soziologe Ralf Dahrendorf seinen Beitrag veröffentlichte: „Wenn uns die Arbeit ausgeht“ (Dahrendorf 1978). Dahrendorf stützte sich dabei auf Grundgedanken der Politologin Hannah Arendt (1906–1975), die in ihrem Buch „Vita Activa oder vom tätigen Leben“ (1960) die Zukunft der Arbeitsgesellschaft schon Ende der 50er-Jahre infrage stellte und sich Gedanken über eine Arbeitsgesellschaft machte, „der die Arbeit ausgegangen ist“.

Die einzig auf die Erwerbsarbeit abgestellte Welt habe keine Zukunft mehr: „In ihrem letzten Stadium verwandelt sich die Arbeitsgesellschaft in eine Gesellschaft von Jobholders“, ja die Gefahr bestehe, dass die Neuzeit „schließlich in der tödlichsten, sterilsten Passivität enden wird, die die Geschichte je gekannt hat“ (Arendt 1960, S. 314f.). Die von Arendt prognostizierte Gesellschaft der Jobholders zeichnet sich heute schon sehr konkret als *Gesellschaft der McJobber* am Horizont ab. Jetzt liegt es an uns, ob wir den strukturellen Arbeitsmangel zu tödlicher Langeweile werden lassen. Arendt schlug seinerzeit vor, den Arbeitsbegriff zu überdenken und alle ernst zu nehmenden Tätigkeiten als gleichwertige und gleichberechtigte Formen der Arbeit anzuerkennen. *Sein Leben machen* („to make a living“) wäre dann so lebensnotwendig wie das Geldverdienen.

Die 40-zu-60-Gesellschaft

Man stelle sich einmal folgende Zukunftsperspektive vor: Die technologische Entwicklung ermöglichte nur mehr 40% der Bevölkerung eine bezahlte Tätigkeit am Arbeitsplatz. Diese gingen regelmäßig ihrer Alltagspflicht nach, um die übrigen 60% der Bevölkerung mit dem Lebensnotwendigen zu versorgen: „Das soziale Netz wäre nicht mehr so engmaschig wie früher, der Lebensstandard geringer, die Lebensweise bescheidener. Arbeit wäre nur mehr für wenige da. Die Arbeitsgesellschaft würde – unter Einbußen zwar – weiterleben können, doch die Vollbeschäftigungsgesellschaft wäre am Ende, die Anspruchsgesellschaft auch. Weniger arbeiten und weniger verdienen gehören wohl unmittelbar zusammen. An einer Senkung der Realeinkommen kommt kaum einer vorbei.“ Dies ist keine Beschreibung von heute, es war vielmehr eine Prognose für heute – geschrieben in den 80er-Jahren (Opaschowski 1983).

Andererseits: Sind wir nicht schon auf dem besten Wege dorthin? Wie sähe das Szenario eigentlich heute aus? Fast genauso! Nehmen wir ein konkretes Beispiel: Zurzeit werden immer mehr Autos mit immer weniger Mitarbeitern gebaut. Und in den nächsten fünf Jahren soll die Produktivität weiter gesteigert werden. Jeder Arbeiter soll dann pro Jahr 22 Autos (und nicht mehr nur wie heute 14) bauen. Die Produktivität nähme in fünf Jahren um über 50% zu, obwohl im gleichen Zeitraum nur 26% mehr Autos benötigt würden. Daraus folgt: *Die Produktivität* steigt in Zukunft schneller als *der Absatz und die Nachfrage.*

Das in den 80er-Jahren prognostizierte Modell einer *40-zu-60-Gesellschaft* droht mittlerweile in Deutschland fast Wirklichkeit zu werden: Nur mehr 34 Mio. Erwerbstätigen stehen heute 48 Mio. Nichterwerbstätige gegenüber, was der *Formel 41 zu 59* entspricht. Zwei Beschäftigte müssen für drei Nichtbeschäftigte aufkommen. Doch dies scheint nur die Spitze eines Eisbergs zu sein. 500 führende Politiker, Wirtschaftsführer und Wissenschaftler aus allen Kontinenten hatten auf einer Weltkonferenz ein ganz anderes zynisch anmutendes Zahlenpaar ernsthaft diskutiert: die *20-zu-80-Gesellschaft*. 20% der arbeitsfähigen Bevölkerung sollen in diesem Jahrhundert ausreichen, um die Weltwirtschaft in Schwung zu halten: „Mehr Arbeitskraft wird nicht gebraucht" (vgl. Martin/Schumann 1996, S. 12). 80% der Bevölkerung sollen ohne Job bleiben. Alles dreht sich dann nur noch um die Frage, wie das wohlhabende Fünftel den sog. überflüssigen Rest auf Dauer beschäftigen könne. Eine solche Horror-Vision kann Wirklichkeit werden, wenn wir die Richtung nicht ändern oder radikal gegensteuern.

Lässt George Orwell grüßen? In seinem Zukunftsroman „1984" beschreibt er eine Arbeitswelt, die dem Silicon Valley der Jahrtausendwende gleicht: „Winstons *Arbeitswoche hatte 60 Stunden*, Julias sogar noch mehr. Und ihre freien Tage hingen vom jeweiligen Arbeitsdruck ab und deckten sich selten ... Der Teleschirm schlug vierzehn. In 10 Minuten musste er aufbrechen. Um vierzehn Uhr dreißig hatte er wieder an der Arbeit zu sein." Und genauso beschreibt Bill Joy, der Mitbegründer von Sun Microsystems, den Arbeitsalltag im Silicon Valley 2000: „Im Valley ist kein normales Leben möglich, die Leute sind besessen. Sie verbringen den ganzen Tag im Internet, sie reden übers Internet, sie träumen vom Internet und vergessen, dass es noch eine riesige Welt da draußen gibt ... Es gibt nur noch einen Maßstab für Erfolg: Geld" (Bill Joy/Der Spiegel Nr. 18 vom 1. März 2000, S. 102).

Ist dies die Arbeitswelt des 21. Jh.s? Was George Orwell als *Zeitalter der Uniformität* beschrieben hat, das ist mittlerweile das *Zeitalter der Globalisierung* geworden. Und genauso wie sich Individualisierung in Individualismus verwandelt, kann Globalisierung zum *Globalismus* mit zwanghaften Zügen werden: Kleinere Firmen fühlen sich dann permanent in ihrer Existenz bedroht, Arbeitnehmer bangen ständig um ihre Arbeitsplätze. Und schnelles Geldmachen wird vielen wichtiger als vorausschauende Unternehmensplanung.

Für die Zukunft ist absehbar: Für die privilegierten Vollzeitbeschäftigten wird die Arbeit immer intensiver und konzentrierter, zeitlich länger und psychisch belastender, dafür aber auch – aus der Sicht der Unternehmen – immer produktiver und effektiver. Die *neue Arbeitsformel* für die Zukunft lautet: *0,5 × 2 × 3*, d.h., die Hälfte der Mitarbeiter verdient doppelt so viel und muss dafür dreimal so viel leisten wie früher. Die ständige Produktivitätssteigerung bewirkt, dass immer weniger Mitarbeiter immer mehr leisten müssen.

Höhere Produktivität erweist sich dabei kaum als Mittel zur Verhinderung von Arbeitslosigkeit. Ganz im Gegenteil gilt: produktivere Jobs = weniger Jobs (vgl. Handy 1998). In die Zukunft projiziert bedeutet dies: Die Mitarbeiter von morgen werden etwa 20 bis 30 Jahre lang *Höchstleistungen in der Erwerbswelt* erbringen und danach nicht mehr gebraucht, verbraucht oder nur schwer vermittelbar sein, obwohl noch etwa 30 Lebensjahre auf sie warten.

Die Langzeit- oder Lebenszeitbeschäftigten sterben also langsam aus. In Zukunft wird es kaum noch Jobs geben, die man ein Leben lang ausüben kann. Dies stellt das gesamte Berufs- und Ausbildungssystem vor ein Dilemma:

- Jugendliche werden nach wie vor *auf eine lebenslange Berufsbiographie vorbereitet* und ausgebildet – wohl wissend, dass es in Zukunft fast nur noch Flickwerk- bzw. Patchwork-Biographien geben wird.
- Arbeitgeber und Gewerkschaften fordern weiterhin *lebenslanges Lernen für den Beruf* – ebenfalls wohl wissend, dass die eigene Lebenszeit nur mehr zu einem geringen Teil mit Berufstätigkeit ausgefüllt sein wird.

Die *Normalarbeitszeit* löst sich auf, der um die Erwerbsarbeit zentrierte Normallebenslauf auch. Verliert damit die Erwerbstätigkeit als Orientierungsgröße in der Biographiegestaltung ihre Bedeutung? Sozialwissenschaftliche Forschungen weisen nach, dass unterbrochene Erwerbsverläufe wie auch Berufswechsel heute zur Normalität geworden sind, was aber nicht mit Instabilität gleichgesetzt werden kann. Kontinuierliche Erwerbsbiographien werden immer seltener, Unterbrechungen, Brüche, Umwege und Schleifen immer alltäglicher.

Die *Diskontinuität* wird zur Normalität, ohne dass die Institution des Berufs in ihren Grundfesten erschüttert wird, eine Erosion der Erwerbsarbeit oder eine Entberuflichung befürchtet werden muss. Job-Hopper-Karrieren bleiben die Ausnahme; wohl aber stirbt die traditionelle erwerbsbezogene Dreiteilung des Lebens in Vorbereitungs-, Aktivitäts- und Ruhephase, also in Ausbildung, Beruf und

Ruhestand. Die Anforderungen an *Flexibilität und Mobilität* bewirken, dass „der erlernte Beruf nicht unbedingt ein ganzes Leben lang trägt" und dass auch „Berufswechsel keine Ausnahmeerscheinung darstellen" (Schaeper u. a. 2000, S. 9). Phasen der Erwerbstätigkeit, der Familienpause, der Arbeitslosigkeit und auch der Lern- und Weiterbildungsarbeit lösen sich permanent ab.

Die Zeichen der Zeit sprechen eine deutliche Sprache: Der Sachverständigenrat zur Begutachtung der gesamtwirtschaftlichen Lage, der sog. Rat der „Fünf Weisen", beschreibt den Arbeitsmarkt so:

1. Jede siebte Erwerbsperson hat *keinen regulären Arbeitsplatz* mehr.
2. Am Arbeitsmarkt zeichnet sich trotz konjunktureller Belebung keine grundlegende Besserung ab.
3. Die *hohe Arbeitslosigkeit* bleibt uns auch im nächsten Jahrzehnt erhalten: Unter den 4 Mio. Arbeitslosen wird jeder Dritte (1,3 Mio.) ein Ostdeutscher sein.
4. Die Koalition, mit dem Hauptziel angetreten, die Arbeitslosigkeit *nachhaltig* zu verringern, wird dieses Ziel nicht erreichen.
5. Das Bündnis für Arbeit droht sich in *Formalkompromissen* zu erschöpfen, ja grundlegende Neuerungen geradezu zu hemmen. Die Hoffnung, durch das Bündnis für Arbeit die Beschäftigung wesentlich erhöhen zu können, erweist sich als *Illusion*.

Ein grundlegender Strukturwandel würde einen radikalen Einstellungswandel in Deutschland voraussetzen, an dem sich alle beteiligen müssten.

Westliche Industrieländer müssen sich immer mehr mit dem joblosen Wirtschaftswachstum (*jobless growth*) arrangieren. Bezogen auf Deutschland bedeutet dies beispielsweise:

- Siemens hat in den 90er-Jahren die Zahl der Mitarbeiter um 41 000 verringert, aber gleichzeitig 46 000 neue Arbeitsplätze im Ausland geschaffen.
- Philips hat in Deutschland in den 90er-Jahren 12 000 Arbeitsplätze abgebaut und gleichzeitig 12 000 Arbeitsplätze in Polen aufgebaut. Mittlerweile gibt es mehr Philips-Mitarbeiter in Polen als in Deutschland.
- Adidas produziert als deutsches Unternehmen keinen einzigen Sportschuh mehr im Inland.

Die Formel „Wirtschaftswachstum = Mehr Arbeit = Weniger Arbeitslosigkeit" ist überholt. Dafür spricht auch die realistische Einstellung und Sichtweise der Bevölkerung. Wie das Institut für Demoskopie in Allensbach ermittelte, ist inzwischen eine deutliche

Mehrheit der Bevölkerung (56%) davon überzeugt, dass es der Wirtschaft mehr um eigene Interessen als darum geht, dem Land eine gute Zukunft zu sichern. *Partikularinteressen siegen über Gemeinwohlinteressen.* Zwei Drittel der Bundesbürger (67%) erwarten eigentlich von weitsichtigen Unternehmern und Managern, dass sie *neben* dem Wohlergehen des Unternehmens *auch* das Wohl des Landes im Auge haben (Köcher 1999).

Wirtschaft vor Politik

Fast unbemerkt hat sich in den letzten Jahren ein folgenschwerer Wandel vollzogen: *Das Primat der Politik wurde erschüttert.* Und auch Kirche, Künstler, Kulturschaffende, Gewerkschaften, Erziehungs- und Bildungswesen bestimmen nicht mehr die Anforderungen an das Leben und die Gesellschaft. Es sind zunehmend die Wirtschaftskonzerne, die global fusionieren und das Tempo und die Richtung der gesellschaftlichen Veränderung bestimmen: *Wirtschaft vor Politik?* Das kann nicht ohne soziale Folgen bleiben. Wird Politik, am Gemeinwohl orientiert und als Daseinsvorsorge für alle Bürger definiert, abgelöst von Unternehmensstrategien, die in erster Linie die wirtschaftliche Entwicklung im Blick haben, insbesondere Produktivität und Qualifizierung?

In Zeiten der Globalisierung verschwinden nationale Konzerne von der Bildfläche oder gehen traditionsreiche Namen in der weltweiten Fusionswelle unter: So wurde z.B. aus den Schweizer Chemieriesen Ciba und Sandoz über Nacht „Novartis“ und aus 135 Jahren Hoechst plötzlich „Aventis“. Daimler-Benz konnte gerade noch wenigstens z.T. seinen ruhmreichen Namen retten, um „Daimler-Chrysler“ zu schaffen. Der Abschied von traditionsreichen Namen ist auch ein *Abschied von alten Werten* (wie z.B. „Made in Germany“). Für Sentimentalitäten ist da kein Platz mehr. Für Mitarbeiter ist in erster Linie Flexibilität gefordert; die Suche nach Identität wird fast zur Privatsache.

In der Rund-um-die-Uhr-Gesellschaft der Zukunft „purzeln“ die Zeitblöcke von Arbeit und Freizeit „durcheinander“ (Gross 1994, S.80). Und mit der zunehmenden Doppelerwerbstätigkeit von Mann und Frau steigt auch die Wahrscheinlichkeit, dass bei einem berufstätigen Paar zumindest einer der Partner am Wochenende tätig ist, auf „fast 90%“ (vgl. Vaskovics/Gross 1994, S.10). Da sich bisher die familiären Aktivitäten auf das Wochenende konzentrier-

Mut zur Zukunft?
Die Realitäten der Wirtschaftspolitik

Variante 1	**Variante 2**
Spiegel: „Während sich die Mitarbeiterzahl halbierte, hat sich der Aktienkurs fast verzwanzigfacht. Waren Ihnen die Portemonnaies der Aktionäre wichtiger als die Familien Ihrer früheren Angestellten?"	*Focus*: „Die Auftragseingänge im April stiegen um 3%. Da müssen doch neue Jobs entstehen. Wo bleiben die von den Politikern geforderten neuen Arbeitsplätze?"
General-Electric-Chef Jack Welch: „Sie können in einer globalen Wirtschaft ein Unternehmen nicht paternalistisch führen, nur weil es sich besser anfühlt. Wenn Sie Ihren Laden nicht rechtzeitig in Ordnung bringen, wird er Ihnen irgendwann um die Ohren fliegen. Dann müssen Sie brutal werden und grausam."	*VW-Chef Ferdinand Piëch*: „Arbeitsplätze um ihrer selbst willen schaffen bringt nichts. Das Produkt bliebe so teuer wie es früher war – und wäre unverkäuflich. Wir haben einen Markt, wo der Käufer sagt, was das Auto kosten soll. Wir brauchen neue Kunden. Die bekommen wir nur durch Rationalisierungsfortschritte."
Spiegel Nr. 29 (1997)	*Focus Nr. 18 (1997)*

ten und der Sonntag als gemeinsamer Ausflugs- und Besuchstag galt, kommt es bei zunehmender Wochenendarbeit zwangsläufig zu Einschränkungen in den familiären und sozialen Kontakten.

Unter der wachsenden *Desynchronisation der Zeit* werden die Familie und die Kinder am meisten zu leiden haben. Das kann die Gesellschaft nicht gleichgültig lassen: Eine neue Zeitpolitik ist geradezu gefordert. Diese *neue Zeitpolitik* müsste wieder für eine Synchronisierung der Lebensbereiche Sorge tragen. Wir müssen einfach zur Kenntnis nehmen, dass ein immer größerer Teil der Berufstätigen nicht mehr in der Normalarbeitszeit arbeitet, auf die doch bisher die meisten Angebote zugeschnitten sind. Konkret: Ein Kindergarten muss vielleicht in Zukunft schon um 6.00 Uhr geöffnet sein, eine Theatervorstellung auch nachmittags um 16.00 Uhr beginnen und eine Jugendfreizeitstätte nach 22.00 Uhr noch zugänglich sein.

Was schon vor einem Vierteljahrhundert von der Forschung gefordert wurde, nämlich für eine „synchrone Neuordnung von Raum und Zeit" Sorge zu tragen und sich über die „Neuordnung der Arbeitszeit und die alternative Verteilung der freien Zeit" Gedanken zu machen (Opaschowski 1974, S.32), hat bis heute nichts an Aktualität und Relevanz verloren. Die Probleme der *Zeitsynchronisation* (z.B. Öffnungszeiten) und *Raumsynchronisation* (z.B. Infrastruktur-, Verkehrsplanung) werden sich verschärfen.

Daraus ergeben sich neue Fragestellungen für Wirtschaft und Politik:

- Wie verändern sich aufgrund anderer individueller Arbeitszeitgestaltung die Karrierevorstellungen der Berufsgeneration von morgen?
- Welche Folgen haben die neuen Arbeitszeitmodelle für den Kommunikations- und Führungsstil in den Betrieben?
- Wie weit ist die immer notwendiger werdende Dienstleistungsmentalität „Freundlichkeit" durch Motivations- und Verhaltenstraining von Mitarbeitern überhaupt vermittel- und erlernbar?
- Müssen Arbeitnehmer in Zukunft mehr nach Leistung und Erfolg und weniger nach Anwesenheit und Arbeitszeit bezahlt werden?
- Wie wirken sich die Zunahme von Teilzeitbeschäftigungen bzw. mehreren Teilzeitarbeitsverhältnissen (neben- oder nacheinander) auf das gesellschaftliche und politische Leitbild „Vollbeschäftigung" aus?
- Gerät nicht auch das gesamte gesellschaftliche Zeitgefüge im Dienstleistungsbereich (z.B. Öffnungszeiten von Läden, Behörden, Praxen, Bildungs-, Kultur- und Freizeiteinrichtungen) ins Wanken?

Zudem zeichnet sich ein *Paradigmenwechsel* ab. Muss nicht der Begriff „Arbeit" um den Aspekt „Nichterwerbstätigkeit" erweitert und die Arbeitsgesellschaft sehr viel umfassender als Tätigkeitsgesellschaft verstanden werden? Gesellschaftliches Leitbild wäre dann nicht mehr primär der Erwerbstätige bzw. abhängig Beschäftigte, sondern – idealiter – „der freie tätige Mensch" (Opaschowski 1987, S.7).

Abschied vom Leitbild der Vollbeschäftigung

Die Abnabelung von der Arbeit als alleinigem Zentrum des Lebens ist in vollem Gange. Und die Häutung von der lust- und sinnenfeindlichen Berufsethik fällt vielen traditionellen Institutionen schwer. Zur Arbeit als Ernst des Lebens gesellen sich zunehmend neue Lebenswerte zwischen Leistungs- und Genussorientierung, die auch von der Politik akzeptiert werden müssen und zu veränderter Präsenz und Positionsbestimmung zwingen. Aus spezialisierten Arbeitnehmer-Parteien müssen in Zukunft *Interessenanwälte für Lebensqualität* werden, wenn der Wertewandel nicht verschlafen werden soll. An die Stelle der traditionellen Solidarität, dem Markenzeichen der Arbeiterklasse, tritt dann *ein neues Credo: Lernen. Leisten. Leben.* Eine wichtige Zukunftsaufgabe wird es sein, beim individuellen Wohlbefinden den Gemeinsinn nicht aus den Augen zu verlieren.

Darüber hinaus wird die demographische Entwicklung in Deutschland in den nächsten Jahren erhebliche Auswirkungen auf die Gestaltung der Arbeit haben. Die *Überalterung der Arbeitnehmerschaft* kann den „Lebensnerv des Standortes Deutschland in seiner zukünftigen Entwicklung" (BMFT 1993) berühren. Ein *steigendes Frauenerwerbspotential* wird die Frage nach der Vereinbarkeit von Beruf und Familie verschärfen. Mehr als je zuvor werden die Wechselwirkungen von Arbeit und Technik, Freizeit und Konsum und ihre Folgen für den Standort Deutschland im 21. Jh. von zentraler gesellschaftlicher Bedeutung sein.

Für die überwiegende Mehrheit der erwerbstätigen und nichterwerbstätigen Bevölkerung ist Lebensqualität zunehmend *im außer- und nachberuflichen Bereich* angesiedelt. Diese veränderte Lebenseinstellung kann Gesellschaft und Politik in Zukunft nicht gleichgültig lassen. Parteien und Gewerkschaften müssen umdenken und sich im 21. Jh. neu positionieren und ein zukunftsorientiertes Profil gewinnen. Es genügt nicht mehr, allzu defensiv einen Perspektivenwechsel zur Kenntnis zu nehmen, bei dem die Übergänge von der Erwerbs- zur Nichterwerbsarbeit „stärker beachtet" (Meyer 1994, S. 12) werden sollen. Gewerkschaften und Parteien müssen sich vielmehr offensiv auch solchen Lebenskonzepten stellen, in denen es um mehr als nur um Gelderwerb geht.

Gleichzeitig werden *informelle Arbeitsverhältnisse* weiter zunehmen, sodass „Arbeitszeit und Freizeit nicht mehr strikt getrennt werden" (Ernst 2000, S. 88).

- Das setzt die Fähigkeit zu *eigenverantwortlichem Zeitmanagement* in allen Lebensbereichen voraus.
- Die Entwicklung einer *ganzheitlich abgerundeten Persönlichkeit* für viele Lebenszusammenhänge wird immer wichtiger.
- Das Selbstwertgefühl definiert sich nicht länger nur über traditionelle Berufsausbildungen oder die berufliche Position.
- Ein Umdenken *von der Berufskarriere zum Lebenserfolg* zeichnet

sich ab. Der Lebensunternehmer muss sich seine Erfolgserlebnisse selber schaffen.

Der Begriff „Arbeitszeitflexibilisierung“ wird heute in vielfältiger Weise verwendet. Versteht man darunter alle vom Normalarbeitsstandard abweichenden Arbeitszeitformen, dann arbeiten bereits 85% aller Beschäftigten in Deutschland in einem *Beschäftigungsverhältnis mit flexibler Arbeitszeit.* Immer mehr Unternehmen passen ihren Arbeitskräfteeinsatz den Nachfrageschwankungen an. So ist beispielsweise der Anteil der Überstundenarbeiter seit den 80er-Jahren um 35% gestiegen. Vielfach werden die geleisteten Überstunden nicht bezahlt, sondern in Freizeit durch sog. transitorische Überstunden ausgeglichen. Arbeitnehmer verfügen dabei über ein *Arbeitszeitkonto,* das sie je nach persönlichem und familiärem Bedarf ausgleichen und dadurch Erwerbs- und Familienarbeit besser koordinieren können (Bach u.a. 2000, S.20). Arbeitszeitkonten gelten aus unternehmerischer und gewerkschaftspolitischer Sicht als *beschäftigungsstabilisierend.*

Die erstarrte Zeitordnung, nach der alle zur gleichen Zeit dasselbe tun sollen, ist überholt. In Zukunft gilt, was vor einem Vierteljahrhundert noch eine utopische Forderung war: „Verpflichtende Zeitpläne müssen durch dynamische Zeitpläne ersetzt werden“ (Opaschowski 1974, S.31), bei denen nur einige wenige Stunden festgelegt, die übrigen aber variabel und frei einteilbar sind. Zeitsouveränität statt Zeitdisziplin, Flexibilisierung statt Normierung heißt die Forderung für die Zukunft. Protestantisch-preußische Zeitpläne gehören der Vergangenheit an.

Der zeitsouveräne Arbeitnehmer von morgen will *frei und selbstständig über Zeit-Eigentum verfügen.* Seine Schlüsselfragen bei Einstellungsgesprächen lauten:

- Welche persönlichen Entfaltungsmöglichkeiten habe ich?
- Welche Spielräume zum Gestalten und Handeln bietet mir der Job?
- Und wie groß sind meine Freiräume – von der selbstständigen und eigenverantwortlichen Tätigkeit bis hin zur freien und flexiblen Regelung der Arbeits-, Frei- und Urlaubszeiten?

In Zukunft wird mehr nach Arbeitsinhalten, Verantwortung und Kompetenz gefragt – eine große Herausforderung für die Unternehmen. Denn für viele Arbeitstätigkeiten wird es strukturelle Grenzen der Gestaltbarkeit geben, auch ökonomische Grenzen – wenn z.B. eine Arbeitsplatzqualität so erhöht wird, dass sie für ein Unternehmen kaum mehr bezahlbar bzw. zu teuer wird.

Wie würden sich die Arbeitnehmer entscheiden, wenn sie über längere oder kürzere Arbeitszeiten selber bestimmen könnten? Zunächst einmal will etwa jeder dritte Arbeitnehmer (Westdeutsche: 40% – Ostdeutsche: 28%) möglichst „alles beim Alten" belassen, ist also mit den bisherigen Regelungen durchaus zufrieden. Die überwiegende Mehrheit aber wünscht sich für die Zukunft *neue Arbeitszeitmodelle*. So wollen zwei von fünf Arbeitnehmern auch weiterhin genauso viel arbeiten und verdienen wie bisher, aber die Arbeitszeit „flexibler und individueller einteilen". Sie wollen lieber Freiraum als Freizeit. Und je jünger die Arbeitnehmer sind, umso stärker sind ihre Individualisierungswünsche ausgeprägt.

Der Anteil der Arbeitnehmer, die *länger arbeiten wollen*, ist deutlich größer als die Anhängerschar, die sich für weitere Arbeitszeitverkürzungen ausspricht. Jeder fünfte Arbeitnehmer wäre sogar zu einem *10-Stunden-Tag* bereit, wenn die Arbeitszeitverlängerung mit einem entsprechenden Mehrverdienst einherginge. Ebenfalls ein Fünftel der Berufstätigen kann sich mit dem Gedanken einer *Wochenendarbeit* (= Samstags- oder Sonn- und Feiertagsarbeit) anfreunden. An Wochenendarbeit sind mehr Singles als Familien, mehr Arbeiter als Angestellte und mehr Ostdeutsche als Westdeutsche interessiert.

Relativ gering ausgeprägt ist das Interesse an Teilzeitarbeit, also an der Möglichkeit, weniger zu arbeiten, aber auch weniger zu verdienen. Zurzeit sind 11% aller Vollzeitbeschäftigten zu kürzerer Arbeitszeit mit Lohnverzicht bereit, d.h., 3,8 Mio. Erwerbstätige würden „gerne täglich etwas kürzer arbeiten", auch wenn sie dabei weniger Lohn bekommen. Und 9% der Erwerbstätigen in Deutschland, also 3,1 Mio. Beschäftigte, könnten sich auch mit der Möglichkeit einer *Vier-Tage-Woche mit Lohnverzicht* anfreunden (Westdeutsche: 10% – Ostdeutsche: 6%).

Rund 3,8 Mio. Arbeitslose suchen in Deutschland einen Job – und etwa genauso viele Vollzeitbeschäftigte wollen *lieber weniger arbeiten und auch weniger verdienen*. Wenn das vorhandene Potential besser genutzt und das Angebot an Teilzeitarbeitsplätzen erweitert werden würde, könnte dann nicht auf Subventionen, Geldprämien und materielle Anreize zur Schaffung von Teilzeitarbeitsplätzen verzichtet werden? Und wenn es gelänge, das Arbeitsplatzangebot mehr auf die individuellen Arbeitnehmerwünsche auszurichten, würden dann nicht weniger Vollzeitarbeitsplätze mehr Teilzeitarbeitsplätze schaffen und Massenarbeitslosigkeit abbauen helfen?

Eine Problemlösung nur auf den ersten Blick: Arbeitsplätze sind nicht einfach teilbar und austauschbar. Von dem Angebot zur Reduzierung der Arbeitszeit – vom kürzeren Arbeitstag bis zur Vier-Tage-Woche – wollen v. a. drei Bevölkerungsgruppen Gebrauch machen: die *Großstädter*, die *Höhergebildeten* und die *Besserverdienenden*. Dies deutet auf eine fast unlösbare Aufgabe hin, die einer Quadratur des Kreises gleicht. Viele Höherqualifizierte wollen weniger arbeiten, aber Geringerqualifizierte können ihre Arbeiten nicht ohne weiteres übernehmen.

Eine solche Übernahme wäre an eine unabdingbare Voraussetzung gebunden, wie sie der französische Soziologe André Gorz schon Anfang der 80er-Jahre als Vision auf dem „Weg(e) ins Paradies“ gezeichnet hatte. Eine gerechtere Verteilung und Umverteilung der Arbeit würde eine „Banalisierung der Berufe“ (Gorz 1983, S. 76) voraussetzen. Hoch qualifizierte Arbeiten und Berufe müssten dann so banalisiert, also vereinfacht werden, dass sie jederzeit austauschbar bzw. rasch erlernbar wären. Eine soziale Utopie. Dagegen spricht auch, dass ein Umsteigen von Vollbeschäftigung auf Teilzeit mit Einkommens- und Prestigeverlusten verbunden ist. Dazu sind die meisten Arbeitnehmer nicht bereit. Der Einstieg in die Vier-Tage-Woche wird von ihnen eher als *sozialer Abstieg* empfunden, jedenfalls nicht als Startschuss in eine neue Epoche des Arbeitslebens gefeiert.

Groß ist die Bereitschaft der Berufstätigen für neue Arbeitszeitmodelle, die den Unternehmern mehr Flexibilisierung und den Beschäftigten mehr Individualisierung ermöglichen. Hingegen werden Arbeitszeitverkürzungen mit entsprechenden Lohnkürzungen lediglich als *Notmaßnahme* akzeptiert, um weitere Massenentlassungen zu verhindern. Die Vier-Tage-Woche taugt nur als *Modell auf Zeit*. Andererseits ist absehbar: Arbeitszeitverkürzungen werden sich in den nächsten Jahren fast nur noch über den Weg *mehr Zeit, weniger Geld* realisieren und finanzieren lassen.

Damit sich der Niedriglohn nicht in gravierende Einbußen an Lebensqualität verwandelt, halten viele Arbeitnehmer Ausschau nach neuen Einnahmequellen und Erwerbsmöglichkeiten: vom Zweitberuf und Teilzeitjob über Nebentätigkeiten bis hin zur Schwarzarbeit. Der amerikanische Soziologe David Riesman wusste schon vor über 30 Jahren zu berichten, dass bei plötzlicher Arbeitszeitverkürzung selbst Gewerkschaftsfunktionäre einen *zweiten Beruf* als Taxifahrer, Barkeeper oder Grundstücksmakler in den USA ausübten. Sie taten dies nicht etwa aus Geldnot oder Geldgier heraus. Vielmehr hatten sie das Gefühl, sie wären auf einmal „von voller Arbeitszeit auf Kurzarbeit gesetzt" (Riesman 1973). Die Arbeitszeitverkürzung hatte für viele *ein Vakuum geschaffen*, das durch zusätzliche Arbeiten wieder ausgeglichen werden sollte.

Das plötzliche Mehr an freier Zeit konfrontiert die Arbeitnehmer mit neuen Problemen: Denn bisher waren sie ja gewohnt, bei mehr Zeit auch mehr Geld zur Verfügung zu haben. Deswegen stellt sich bei vielen ein fast innerer Zwang zum Jobben und Geldverdienen ein, um den gewohnten Lebensstil beibehalten zu können. Damit können sie auch psychischen Problemen aus dem Wege gehen. Insbesondere die Alleinstehenden sind bei Teilzeit- und Kurzarbeit v. a. an Wochenenden von Depressionen bedroht. Das Fernsehen muss dann eine „Ausfüll-Funktion" übernehmen.

Etwa jeder siebte Arbeiter ist nicht abgeneigt, bei weiterer Arbeitszeitverkürzung „im Freundes- und Bekanntenkreis handwerklich tätig zu werden", was nur eine andere Umschreibung für *Schwarzarbeit* ist. Jeder neunte Beamte und Angestellte will gerne einer beruflichen Nebentätigkeit nachgehen. Und 3 % der Bevölkerung wären sogar bereit, noch einmal neu anzufangen und einen praktischen Zweitberuf (z. B. Tischler) zu erlernen. Damit könnte sich eine Zukunftsprognose aus den 70er-Jahren bewahrheiten, wonach die *Freizeit* zunehmend den Charakter einer *Zweitberufszeit* bekommt und sich die „Grenzen zwischen Heim- und Handwerker" verwischen (Opaschowski 1972). Dies kann auch als Zukunftschance begriffen werden. Denn in solchen Tätigkeiten suchen und finden die Menschen das, was vielen hauptberuflichen Tätigkeiten bereits verloren gegangen ist: Sinnbezug, Selbstdarstellung und Erfolgserleben.

Noch aber haben Teilzeitbeschäftigte unter der gesellschaftlichen Norm und dem öffentlichen Leitbild der Vollbeschäftigung zu leiden. Wer heute „nur" *teilzeitbeschäftigt* ist, muss mit der Einschätzung leben, *minderbezahlt*, *minderqualifiziert* oder gar *minderwertig* zu sein. Solange nicht das Leitbild der Vollbeschäftigung von Wirtschaft, Politik und Gesellschaft neu definiert wird, sehen sich Teilzeitbeschäftigte Verdächtigungen von mangelnder Arbeitsmotivation über Arbeitsunlust bis zu Faulheit ausgesetzt.

Arbeit in virtuellen Unternehmen?

Wir brauchen neue Leitbilder einer sich wandelnden Arbeitsgesellschaft, damit sich nicht Teilzeitbeschäftigte der Inquisition von Kollegen, Freunden und Nachbarn unterziehen, zur eigenen Glaubwürdigkeit permanent Leistungsnachweise erbringen oder symbolisch nach Feierabend Dauerstress dokumentieren müssen. Hauptgewinner sind in jedem Fall die Betriebe. Mehr Teilzeitarbeit führt zu einem Anstieg der Produktivität, lastet Maschinen und Anlagen besser aus, ermöglicht flexibleres Reagieren auf saisonale Marktschwankungen, verringert die Ausfälle durch Krankheiten, Betriebsunfälle und Fehlzeiten für Besorgungen und verbessert das Arbeitsklima und die Arbeitsmoral.

Ist es in Zukunft vorstellbar: Die Arbeitswoche beginnt – und kaum einer verlässt das Haus, weil die Arbeit zum Arbeitnehmer kommt? Per Telekommunikation „pendelt" der Mitarbeiter zwischen Homeoffice und virtuellen Unternehmen – so *könnte* die Telearbeit der Zukunft aussehen. Sie würde Kosten sparen, Fehlzeiten reduzieren und die Produktivität erhöhen helfen. Die Hoffnung ist derzeit groß, dass die Telearbeit im 21.Jh. für Texter und Kontakter, Buchhalter und Sekretäre neue Arbeitsmöglichkeiten in virtuellen Unternehmen schafft. Telearbeiten umfassen alle bildschirmorientierten Arbeiten, die unabhängig vom Sitz des Arbeitgebers geleistet werden können. Dazu zählen

- Tätigkeiten von einem *Heimarbeitsplatz* aus,
- *mobile Telearbeiten* an wechselnden Orten mit Laptop und Handy sowie
- Beschäftigungen in dezentralen *Nachbarschafts-* oder *Satellitenbüros*, die vom Sitz des Unternehmens örtlich unabhängig, aber elektronisch mit ihm vernetzt ausgeübt werden.

Bei allen Arbeitsformen sind die Telearbeiter mit PC, Telefon, Modem, ISDN-Anschluss und Drucker ausgestattet. Die Telearbeit soll Fahrzeiten zum Arbeitsplatz einsparen, die Vereinbarkeit von Familie und Beruf erleichtern, kann aber auch die Isolation verstärken.

Von gewerkschaftlicher Seite nimmt die Besorgnis zu, dass die künftigen Telearbeiter mit ihrer Devise „Nie mehr ins Büro" (aber auch „Nie mehr Feierabend") vor sich selbst geschützt werden müssten. Die Gefahr besteht, dass Telearbeit zur „(Schein-)Selbstständigkeit" (Detlef Hensche/IG Medien) wird, die sich zwischen Abhängigkeit und Selbstständigkeit bewegt. Wo fängt das Zuhause an und wo hört das Büro auf? Die Grenzen zwischen *Work-Station und Home-Center* verwischen sich. Die Arbeitseinstellung wird sicher flexibler und individueller, aber auch kontaktärmer und einsamer sein. Mehr Produktivität, dafür weniger Kommunikation?

Aus der Sicht der Bevölkerung halten sich die künftigen Chancen und Risiken der Telearbeit die Waage. Einerseits wird auf die Möglichkeit hingewiesen, beim Teleworking die Arbeitszeit individueller einteilen zu können (23%). Andererseits wird auch ein Problem darin gesehen, dass die Telearbeiter *die sozialen Kontakte am Arbeitsplatz vermissen* (22%). Berufstätige Frauen betonen eher die Risiken, berufstätige Männer mehr die Chancen von Telearbeit. Nach wie vor liegen zu wenig Erfahrungen in Deutschland vor.

Neuere durchgeführte Unternehmensbefragungen (Krömmelbein 2000) weisen nach, dass tatsächlich der Umfang an Telearbeitsplätzen weit hinter den bisherigen Prognosen zurückbleibt. So haben beispielsweise in der Region Rhein-Main gerade einmal 4,6% der Betriebe Telearbeitsplätze eingerichtet, während die Prognosen nach wie vor zwischen 4,1 und 22,1% schwanken. In der Region Rhein-Main verteilen sich die Telearbeitsplätze auf

- 1,7% *alternierende Telearbeit* (= Kombination aus Büroarbeit im Unternehmen und Telearbeit zu Hause)
- 1,2% *mobile Telearbeit* (= Arbeit unter Nutzung der Informations- und Kommunikationstechnik wie z.B. Notebook mit Funktelefon)
- 1,1% *Satellitenbüroarbeit* (= Auslagerung einer Büroabteilung in die Wohnortnähe der beschäftigten Telearbeiter)
- 1,1% *Teleheimarbeit* (= ausschließliche Arbeit zu Hause unter Nutzung der Informations- und Kommunikationstechnik)
- 0,5% *Telecenterarbeit* (= gemeinsame Nutzung einer mit Informations- und Kommunikationstechnik ausgestatteten Einrichtung).

Zudem bleibt auch der Anteil der Frauen unter der Telearbeiterschaft weit hinter den Erwartungen und Prognosen zurück. Die „neue" Vereinbarkeit von Familie und Beruf findet praktisch nicht statt, denn der Anteil der Telearbeiterinnen (22%) ist fast um die Hälfte geringer als der Anteil der sonst in der Region beschäftigten Frauen (40%). Die pauschale These, „Telearbeit hat einen positiven Einfluss auf die Beschäftigungshöhe" (Krömmelbein 2000, S. 143), ist nicht länger haltbar. Dafür spricht auch, dass die größte Zahl der Telearbeiter über relativ hohe Schulabschlüsse verfügt. Neue Beschäftigungschancen für niedrig qualifizierte Personen sind bisher nicht erkennbar.

Es ist bezeichnend, dass in der öffentlichen Diskussion die Verbreitung der Telekommunikation auch als ein Beitrag zur Verkehrsentlastung angesehen wird. In Wirklichkeit gleicht das Ganze wohl eher einem *Nullsummenspiel*: Was z. B. Teleworker an Berufswegen einsparen, gleichen sie durch gesteigerte Freizeitmobilität wieder aus. PC-Nutzer haben nachweislich und verständlicherweise *ein größeres Mobilitätsbedürfnis als die übrige Bevölkerung*. Sie sind mehr als andere Bundesbürger mit dem Auto unterwegs. Ihr Auto-Mobilitätsverhalten ist deutlich höher (32%) als bei der übrigen Bevölkerung (22%). Nach Feierabend schalten sie den Computer aus und die Zündung im Auto ein.

Der erwartete Substitutionseffekt, also die Verkehrsentlastung durch mehr Heimarbeit wird vermutlich gleich null sein. Lediglich die berufsbedingte Rushhour könnte sich zeitlich verlagern – mit der Konsequenz, dass *der Verkehr dann rund um die Uhr* stattfindet und die Grenzen zwischen Berufsverkehr und Freizeitverkehr immer fließender werden. Mehr illusionär als realistisch muss also die Vorstellung erscheinen, Teleworker würden in Zukunft mehr auf den Datenautobahnen als auf richtigen Straßen hin- und herpendeln.

Zweiter Zukunftstrend: Die Dienstleistung. Service als Produkt

Ein neuer Typus von Gesellschaft

Bereits in den 70er-Jahren gab es etwa 350 verschiedene Bezeichnungen für die moderne Gesellschaft (Marien 1977, S. 416). Heute ließe sich problemlos die Sammlung von Gesellschaftsbezeichnungen beliebig erweitern. Eine Schlüsselfrage der Soziologie lautet geradezu: „In welcher Gesellschaft leben wir eigentlich?" (Pongs 1999). Die inflationäre Verwendung von Begriffen wie Informations-, Wissens-, Kultur-, Bildungs-, Bürger-, Risiko- oder Erlebnisgesellschaft mündet am Ende in die Formel „Gesellschaft X", die beinahe zeitlos für jedes Zeitalter verwendet werden könnte. Gibt es bald so viele Gesellschaftsbezeichnungen wie Gesellschaftswissenschaftler? Schafft sich jeder seine eigene „Selbstbedienungsgesellschaft" (Gershuny 1981)?

Anders verhält es sich mit dem Begriff „Dienstleistungsgesellschaft", der zum Ausdruck bringt, dass Dienstleistung heute ein dominantes Merkmal der Beschäftigungsstruktur ist, d. h., die Mehrheit der Beschäftigten verdient ihr Einkommen durch Dienstleistungen. Dienstleistungen haben also ein deutliches Übergewicht auf dem Arbeitsmarkt bekommen. Der „Trend zur Dienstleistungsgesellschaft" meint, dass die Zahl der Erwerbstätigen, die nicht mehr mit der Gewinnung, Verarbeitung oder Bearbeitung von materiellen Gütern befasst sind, ständig zunimmt (Häußermann/Siebel 1995, S. 23).

Ein *neuer Typus von Gesellschaft* bildet sich heran, der sich von den bisherigen Arbeits- und Lebensbedingungen grundsätzlich unterscheidet. Es werden nicht nur immer mehr Menschen im Dienstleistungssektor beschäftigt, auch das Interesse der Konsumenten richtet sich immer mehr auf Dienstleistungen. Diese Ansicht geht auf den Franzosen Jean Fourastié zurück, der vor einem halben Jahrhundert die Auffassung vertrat: Die Konsumenten würden *neue Wünsche und Bedürfnisse* anmelden, die Nachfrage nach Dienstleistungen steigern und so für mehr Arbeitsplätze im sog. tertiären Sektor sorgen.

Mit der subjektiv empfundenen Knappheit der Zeit wachse geradezu der „Hunger nach Tertiärem“ (Fourastié 1954, S. 274). Die gekauften Dienstleistungen sollten *Zeit sparen helfen*. Auf den Punkt gebracht: Der Konsument lässt sich die Waren „lieber ins Haus bringen, als selbst den Gang zum Krämer zu machen. Er gibt seine Wäsche lieber in die Wäscherei, als sie selber zu waschen. Und sehr bald verlangt er, daß die Wäsche bei ihm abgeholt und acht Tage später wieder zurückgebracht wird“ (S. 275). Für Fourastié war – aus der Sicht von 1949 (!) – das Industriezeitalter nur eine *Übergangsperiode* auf dem Weg zur großen Hoffnung des 20. Jh.s.

Die Prognose des Franzosen Jean Fourastié aus den 50er-Jahren ist in der westlichen Welt heute weitgehend Wirklichkeit geworden. Sein *Drei-Sektoren-Modell*, wonach der primäre Sektor (*Landwirtschaft*) im Laufe der Jahre seine Führungsrolle zunächst an den sekundären Sektor (*Industrie*) und danach an den tertiären Sektor (*Dienstleistung*) abgibt, ist binnen weniger Jahrzehnte Realität geworden.

Die günstigsten Zukunftsperspektiven weisen die sog. Sonstigen Dienstleistungen auf. Ursprünglich waren sie eine Restkategorie, zu der die privatwirtschaftlich erbrachten Dienstleistungen gehörten. Sie umfassten (vgl. Krämer 1997, S. 184)

- *Unternehmensbezogene Dienstleistungen* (77 %)
  (z. B. Immobilien/Vermietung/Verwaltung/Büros, Vermögensberatung, Leasing/Renting, Datenverarbeitung) sowie
- *Personenbezogene Dienstleistungen* (23 %)
  (z. B. Versorgung/Krankenhäuser/Heime, Freizeit/Kultur/Unterhaltung/Sport/Hygiene).

Bei den personenbezogenen Dienstleistungen ist der Bereich Versorgung (einschließlich Pflegedienste) heute am bedeutendsten. Hinzu kommen *Freizeitdienste aus Kultur und Unterhaltung, Spiel und Sport* wie z. B.

- Kinos
- Theater
- TV- und Hörfunksender
- Konzertveranstalter
- Sport (Betrieb von Sportanlagen, Sportveranstaltungen u. a.)
- Spiel (Erlebnisparks, Lotteriewesen, Spielhallen u. a.).

Die Freizeitdienste zählen zu den Zukunftsbranchen mit den besten Wachstumserwartungen.

Industrieunternehmen als Dienstleister

Heute gilt: Immer mehr Industrieunternehmen wandeln sich zu Dienstleistungsunternehmen (vgl. Preussag, Siemens). Zugleich aber wird der *Servicegedanke* im gesamten produzierenden Gewerbe immer wichtiger. Der Markt für Investitionsgüter ist vielfach gesättigt. Produkte unterscheiden sich in ihrer Qualität kaum noch voneinander. Infolgedessen gehen immer mehr produktionsorientierte Unternehmen dazu über, sich von Wettbewerbern durch innovative Dienstleistungen abzugrenzen. Ein Wandel von produktorientierten zu kundenorientierten Unternehmen ist feststellbar. Die Unternehmenskultur wird um eine Service-Mentalität bei den Mitarbeitern erweitert. Der Bauingenieur entwickelt sich zum Dienstleistungsingenieur, dessen Hauptaufgabe es ist, gemeinsam mit dem Kunden Probleme zu lösen. Das ist gelebte Dienstleistungskultur.

„Wie anders sähe die Welt heute aus, hätte Henry Ford das Automobil nicht als Produkt verkauft, sondern das Automobilgeschäft als Dienstleistung betrachtet und sich dafür entschieden, Autos zu verleasen statt sie zu verkaufen?" So lautet beispielsweise die Frage des Amerikaners Jeremy Rifkin (2000, S. 100). Hätte sich dann das 20. Jh. ganz anders entwickelt? In den USA jedenfalls zeichnet sich ein deutlicher Trend ab. Jedes dritte neue Auto bleibt Eigentum von Herstellern und Händlern, die es an ihre Kunden verleasen. Nach etwa zwei bis drei Jahren wird das Fahrzeug gegen ein neues Auto eingetauscht. Autohändler bauen auf diese Weise *langfristige Dienstleistungsbeziehungen* auf. Die Kundentreue ist hierbei erfahrungsgemäß doppelt so hoch wie beim Verkaufsgeschäft.

Im 21. Jh. werden Dienstleistungen aufhören, bloße Anhängsel von Gütern oder der Verteilung von Gütern zu sein. Und je mehr z. B. Frauen erwerbstätig werden, desto mehr werden Tätigkeiten wie

- Kinderbetreuung,
- Nahrungsmittelzubereitung,
- Gesundheitsfürsorge oder
- Betreuung älterer Menschen

zunehmend als kommerzielle Dienstleistung angeboten.

Die demographische Entwicklung mit geradezu dramatischer Zunahme der Lebenserwartung lässt die *Nachfrage nach Pflege-Dienstleistungen* deutlich ansteigen, zumal gleichzeitig die Geburtenquote sinkt. Soziale Hilfsdienste auf staatlicher und privatwirtschaftlicher Basis werden immer dringender. Dazu gehört (vgl. Enquête-Kommission 1994, S. 176 f.) der Ausbau hauswirtschaftlicher und pflegerischer Dienste, die das selbstständige Wohnen der zu betreuenden bzw. zu pflegenden Person weitgehend ermöglichen sollen.

Servicequalität als Zeitgeschenk

Über diese soziale Notsituation hinaus gilt für die Zukunft: *Sozialprestige* gewinnt man dann nicht mehr dadurch, dass man alles selber macht, sondern Arbeiten und Erledigungen des täglichen Lebens selber kaufen kann. In der neuen Dienstleistungsgesellschaft wird *mit (Lebens-)Zeit gehandelt.* Und auch die verbleibenden Güter bleiben nicht länger nur Produkte. Güter werden zu Vehikeln für Lebens- und Wissenswertes. Nicht Häuser, Autos oder Bücher werden in erster Linie verkauft, sondern Häuser-, Auto- und Bücherservices. Da zudem die Gewinnspannen für die Herstellung von Produkten immer geringer werden, lässt sich in Zukunft mehr Geld mit zunehmend ausgefeilteren Dienstleistungen verdienen. Manche verschenken lieber die erste Generation eines Produktes, wenn sie dafür *langfristige Beziehungen zu Kunden* knüpfen können (Rifkin 2000, S. 128). Produkte können kurzlebig, Beziehungen zum Kunden aber dauerhaft sein.

Die Dienstleistungsgesellschaft ist bis heute – im Sinne von Jean Fourastié – ein Hoffnungsträger geblieben, ihre Verwirklichung lässt aber zu Beginn des 21. Jh.s noch weiter auf sich warten. Zudem muss – historisch gesehen – auch kritisch danach gefragt werden, ob nicht die Industriegesellschaft nur die Ausnahme, die *Dienstleistungsgesellschaft eher die Regel* war: Jahrhundertelang gab es ein Heer von Dienstboten, Zofen, Ammen, Köchen und Gouvernanten. Insbesondere das 16., 17. und 18. Jh. glichen mehr einer Dienstleistungsgesellschaft als einer Agrarwirtschaft.

Andererseits: Der Anteil der *Dienstleistungen am Weltsozialprodukt* ist in den 70er- bis 90er-Jahren des 20. Jh.s um über 10 Prozentpunkte auf etwa 65 % gestiegen. Entsprechend rückläufig ist die Entwicklung des Industriesektors gewesen. In Deutschland trägt z. B. die Industrie nicht einmal ein Drittel mehr zur gesamten Wertschöpfung bei – mit weiter sinkender Tendenz. Amerikanische Verhältnisse kommen auf uns zu. Von den 126 Mio. Beschäftigten in den USA sind nur mehr 20 Mio. in der Industrie tätig, dagegen 90 Mio. im Dienstleistungsbereich. Und entgegen einem verbreiteten Vorurteil ist bei den Dienstleistern lediglich eine Minderheit von

40% dem sog. lower level zuzurechnen, während rund 60% aller in der Serviceindustrie Beschäftigten höherwertige Tätigkeiten ausüben. Die *Nachfrage nach höherwertigen Dienstleistungen* nimmt weiter zu.

Für die Zukunft gilt: Beide – Industrie und Dienstleistung – bleiben aufeinander angewiesen. Zur hochwertigen Dienstleistung gehört eine wettbewerbsfähige Industriebasis. Daraus folgt: „Wir brauchen in Zukunft nicht nur Produktions-Know-how, sondern auch ‚*Betreiber-Know-how*'" (Mangold 1997, S. 13). Zur Automobilindustrie gehören ebenso Dienstleistungsbereiche wie z. B. Verkehrsleitsysteme, Telematik sowie Fahrzeug- und Fuhrparkmanagement.

Experten gehen davon aus, dass sich insbesondere in westlichen Industrieländern die Einstellung zum Dienen grundlegend ändern muss. Dienen ist hier nicht gerade „in" und die beinahe theologische Forderung nach einer *Tugend des Dienens* wird mehr belächelt als ernst genommen. Gemeint ist hierbei eine Atmosphäre natürlicher Dienstleistungsbereitschaft, „damit die Dienstleistungsgesellschaft nicht an perfektionierter Kälte" stirbt (Schorlemmer 1997, S. 26). Dennoch: Dienen und Leisten gehören in der Dienstleistungsgesellschaft zusammen.

Vom Dienstleistungsboom der letzten 20 bis 30 Jahre profitierten bisher in besonderer Weise (vgl. Piepenbrock 1997, S. 95)
- Bildung, Wissenschaft und Kunst,
- Gesundheits- und Veterinärwesen,
- Wirtschaftsprüfung, Rechts-, Steuer- und Wirtschaftsberatung,
- Hotel- und Gaststättengewerbe,
- Gebäudereinigung und Abfallbeseitigung.

Zu diesen sog. primären Dienstleistungen gesellen sich immer mehr sog. sekundäre Dienstleistungen in
- Forschung und Entwicklung,
- Organisation und Management,
- Beratung und Informationsvermittlung.

Bei den sekundären Dienstleistungstätigkeiten sind die akademischen Qualifikationsprofile besonders hoch. Hier verfügen bereits 35% der Beschäftigten über eine Hochschul- oder Fachhochschulausbildung. In diesem Bereich sind auch die meisten *Beschäftigungsimpulse für die Zukunft* zu erwarten. Nach Berechnungen des Instituts für Arbeitsmarkt- und Berufsforschung (IAB) sind hier bis zum Jahr 2010 1,2 Mio. neue Arbeitsplätze zu erwarten, während bei den Produktionstätigkeiten von einem Verlust von 333000 Stellen auszugehen ist (Jagoda 1997, S. 126).

Dienstleistungsmentalität: Was ist das eigentlich?

„Wir brachten ihnen bei, jeden Tag zur Arbeit zu kommen und den Kunden in die Augen zu schauen. Sie lernten, die Kunden zum Lächeln zu bringen und sich so zu verhalten, dass sich die Kunden einfach wohlfühlten.“

Herman Cain: USA – Das Mutterland der Dienstleistung (1997)

Der französische Soziologe André Gorz (1994) unterscheidet zwei Formen konsumorientierter Dienstleistungen:

1. Konsumorientierte Dienstleistungen, die Haushaltsarbeit durch professionelle Arbeit ersetzen (z. B. Kochen, Erziehen, Pflegen).
2. Konsumorientierte Dienstleistungen, die dem Ausfüllen von freier Zeit dienen und für Abwechslung und Unterhaltung der Menschen sorgen.

Der erste Typus trägt durchaus zur Produktsteigerung und damit auch zur Verbesserung der sozialen Wohlfahrt bei. So werden insbesondere Frauen von Haushaltsarbeit entlastet und frei für andere produktive Tätigkeiten. Der zweite Typus hat mehr freizeitorientierten Dienstleistungscharakter, weshalb er auch in die Nähe von *Fun-Diensten* bzw. *fun services* (Esping-Andersen 1990, S. 199) gerückt wird.

Immer mehr Mitarbeiter werden in *Arbeitsverhältnisse auf Abruf* gedrängt: „Lebenslange Dauerstellungen beim gleichen Arbeitgeber werden durch Mitarbeiter-Leasing oder auch projektgebundene Zeitverträge abgelöst. Von den Angestellten des oberen Managements bis zu den Arbeitern in der Produktion haben sich alle an die Vorstellung gewöhnt, nach der der Arbeitsmarkt immer flüchtiger wird, und darauf vorbereitet, sich ständigen Arbeitsplatzwechseln anzupassen“ (Rifkin 2000, S. 170). Wer will unter solchen Arbeits- und Lebensbedingungen noch ein „Haus fürs Leben“ bauen, wenn es den „Beruf fürs Leben“ nicht mehr gibt? Für die Zukunft gilt: *Mieten, Leasen und Time-Sharing* nehmen an Bedeutung zu. Der Immobilien-Besitz wird mehr zum Eigentum auf Zeit.

Weltweit ist der Anteil der Dienstleistungen am Weltsozialprodukt seit den 70er-Jahren von 55 auf 65 % angestiegen. Auch in Deutschland übertrifft die Bruttowertschöpfung der Dienstleistungsunternehmen diejenige des Produzierenden Gewerbes – mit steigender Tendenz: Der Dienstleistungssektor wird geradezu zum Beschäftigungsmotor (Mangold 1997, S. 13). Andererseits ist aber auch zu befürchten, dass immer mehr Unternehmen bestimmte Dienstleistungen wegen der Effizienz- und Kostenvorteile ins Ausland auslagern (*Outsourcing*). Das Wachstum der Dienstleistung kann daher nicht grenzenlos sein. Dennoch gilt: Deutschland wird – wie andere westliche Länder auch – in Zukunft keine Industrienation mehr sein, weil sich der Dienstleistungssektor zum größten Wirtschaftsbereich entwickelt (vgl. Krämer 1997).

Dienstleistung wird zum Innovationspotenzial, wie die folgende anschauliche Geschichte andeutet: „Unlängst traf ich eine Krankenschwester. ‚Welche Art von Pflege machen Sie?', fragte ich sie. Sie strahlte. ‚Ich habe mich auf Zwillinge spezialisiert. Ich zeige ihren Eltern, wie man in den ersten Monaten nach der Geburt mit ihnen umgehen sollte.' Dann fügte sie streng hinzu: ‚Keine Drillinge, nur Zwillinge.' ‚Das muss aber doch ein ziemlich kleiner Nischenmarkt sein', überlegte ich laut. ‚Gar nicht. Sehen Sie, hier leben eine Menge Doppelverdiener, die erst einmal Karriere machen wollen. Sie warten gewöhnlich mit dem Kinderkriegen, bis sie Ende Dreißig, Anfang Vierzig sind. Da brauchen sie oft schon fruchtbarkeitsfördernde Mittel, und dann endet es mit Mehrfachgeburten. Jetzt wollen sie Hilfe, aber sie haben Geld und sind bereit, sehr gut für die Art von Dienstleistung zu zahlen, die ich anbiete. Die Nachfrage ist so groß, dass ich nur Zwillinge übernehme'" (Handy 1998, S. 54).

Diese Geschichte macht deutlich, welche Zukunftschancen sich für eine neue Dienstleistungsgesellschaft ergeben. In der westlichen Welt gehört die Zukunft der Erwerbsarbeit mehr der Dienstleistung als der industriellen Produktion. Vom Industriezeitalter heißt es Abschied nehmen. In den 90er-Jahren sind in Deutschland in der Industrie 2,5 Mio. Arbeitsplätze verschwunden, während der Personalbestand im Dienstleistungsbereich um etwa 1,5 Mio. zugenommen hat.

Vom Warenexport zum Wissensexport

Natürlich löst sich die Industriegesellschaft nicht als Ganzes auf, weil es industrielle Güterproduktion auch in Zukunft geben muss und keine Volkswirtschaft darauf verzichten kann. Mit dem sich abzeichnenden Strukturwandel von der Industrie- zur Leistungsgesellschaft ergeben sich jedoch Zukunftschancen für eine neue Dienstleistungsgesellschaft in dreifachem Sinne:

1. In der künftigen Dienstleistungsgesellschaft findet eine Verlagerung *vom Warenexport zum Wissensexport* statt. Dabei wird beispielsweise das Know-how über neue Recycling-Verfahren oder neue Verkehrssysteme als produktionsbegleitende Dienstleistung verkauft. Dies erklärt auch, warum ein Industriekonzern wie z.B. Siemens derzeit schon über 50% seines Umsatzes mit Dienstleistungen macht.
2. Das Kapital, auf das sich die künftige Dienstleistungsgesellschaft stützt, besteht hauptsächlich aus *F- und E-Kompetenzen*, also Forschung und Entwicklung, Planung und Konzeption, Marketing und Vertrieb, Beratung und Betreuung, Gestaltung und Design, Wartungs- und Kundenservice. Die hoch qualifizierte Dienstleistung bleibt im eigenen Lande, während die industrielle Produktion zunehmend in andere Länder (insbesondere die Dritte Welt) verlagert wird. Das Unternehmen Adidas z.B. produziert – wie schon erwähnt – keinen einzigen Sportschuh mehr in Deutschland.
3. Die künftige Dienstleistungsgesellschaft erschließt auch *neue Märkte und Arbeitsfelder*. Neben dem notwendigen Ausbau von Sicherheits-, Vorsorge- und Gesundheitsdiensten entwickelt sich eine expansive Erlebnisindustrie als Anbieter von Tourismus-, Medien-, Kultur-, Sport- und Unterhaltungsdienstleistungen.

Die neue Dienstleistungsgesellschaft stellt vielfältige Anforderungen an die Beschäftigten. Daher heißt es Abschied nehmen von der Legendenbildung, hier gebe es nur Jobs für ungelernte Hilfsarbeiter mit Billiglöhnen. Wie der Produktionsbereich stellt natürlich auch der Dienstleistungssektor ein Betätigungsfeld für Geringqualifizierte dar, aber genauso für Beschäftigte mit hohem Qualifikationsniveau. Die Verunglimpfung der Dienstleistungsgesellschaft als „Blaupausengesellschaft" mit Homeservice, bei dem wir uns gegenseitig kostenlos die Haare schneiden, hat schließlich Tradition: Denn 400 Jahre Arbeitsethos und über 100 Jahre Industriegesellschaft haben einfach ihre Spuren hinterlassen und ganze Generationen geprägt.

Dienstleistungsqualität ist allerdings in Deutschland noch immer mehr Mythos als Wirklichkeit. Die überwiegende Mehrheit spürt bisher von Gast- oder Kundenorientierung herzlich wenig:

- Gerade 41% der Bevölkerung können sich bei ihrem letzten Behördenbesuch in der Stadtverwaltung an ein *freundliches Personal* erinnern.
- Lediglich zwei von fünf Befragten (39%) fühlen sich von ihrer Bank *fachkundig beraten*.

- Und nur 29% der Bevölkerung haben bei ihrem letzten Kaufhaus-Besuch eine *aufmerksame Bedienung* vorgefunden.

Vorliegende Erfahrungswerte aus der Praxis weisen nach: Von 100 unzufriedenen Kunden wandern nur 14 wegen schlechter Produktqualität ab – aber über zwei Drittel, wenn sie von den Mitarbeitern schlecht beraten oder unfreundlich bedient wurden. Und nur 4 von 100 Unzufriedenen beschweren sich, 11 aber erzählen ihre Negativerfahrungen anderen weiter (Roland Berger – Mövenpick/Bern 1995).

Der frühere *Industriekonzern* Preussag AG verkaufte 1999 seine Steinkohlezechen sowie die Howaldt-Werft und setzte voll auf die *touristische Dienstleistung* vom Reisebüro über das Flugzeug bis zum Hotelbett. Zwei Drittel seines Umsatzes erwirtschaftet der neue Komplettanbieter inzwischen mit Touristen. Und seine Umsätze wachsen zweistellig: TUI und Hapag-Lloyd machen es möglich. Das ist Strukturwandel par excellence.

Der Wandel von der Industrie- zur Dienstleistungsgesellschaft ist in der *Touristikbranche* besonders weit fortgeschritten. Die Urlaubsreise gilt als ein Stück Lebensqualität. Wer also eine Urlaubsreise bucht, hat geradezu *Anspruch auf Servicequalität.* Der Traum vom Traumurlaub ist einklagbar. Fehlende oder verminderte Dienst-Leistungen am Urlaubsort stellen eine Beeinträchtigung des Urlaubsgenusses dar, ja gelten als Verlust von Lebensfreude. Dies hat konkrete Folgen: Servicemängel führen zu Preisminderungsansprüchen. So können Urlauber z.B. nach der sog. „Frankfurter Tabelle" die Höhe ihrer Ansprüche ablesen, die Gerichte ihnen zusprechen. Als mangelhafte Reiseleistungen gelten beispielsweise:

- Fehlende Unterhaltung an Bord, z.B. kein Film oder Radio (Minderungsanspruch 5% vom Reisepreis),
- Gerüche im Hotel (minus 5 bis 15%),
- Lärm am Tage (minus 5 bis 25%),
- Lärm in der Nacht (minus 10 bis 40%).

Wenn es zu erheblichen Flugverspätungen kommt, statt des Seeblicks eine Hinterhofperspektive geboten wird oder das Hotelpersonal zeitweise streikt – der Urlaubsreisende kann sich seines Preisnachlasses sicher sein. Urlaubsqualität ist kontrollierte und garantierte Lebensqualität.

Es gibt kaum einen anderen Dienstleistungsbereich, bei dem der Kunde wirklich so *König sein kann* wie in der Touristikbranche. Daher sollten sich andere Branchen auch nicht wundern oder ärgern, dass die Urlaubsreise eine so hohe Konsumpriorität besitzt. Servicequalität im Urlaub gehört zur Inklusivleistung; wer hingegen zu Hause im Kaufhaus schlecht beraten wird, kann allenfalls auf Kulanz hoffen. Man stelle sich einmal vor: Der Kunde könnte Preisabschläge verlangen, weil er im Kauf- oder Warenhaus unfreundlich bedient wurde. Ein Alptraum für Handel und Dienstleistung!

Servicequalität gleicht im Idealfall einem Zeitgeschenk: Das Personal schenkt den Kunden Zeit, hat Zeit für sie, ja widmet ihnen für Augenblicke die ganze Aufmerksamkeit. Und die Kunden genießen diese schönen Momente – das Eingehen auf individuelle Wünsche. Sie haben das Gefühl, die Mitarbeiter sind so aufmerksam – nicht, weil sie es sein „müssen", sondern weil sie es gern und freiwillig tun. Der Eindruck entsteht: Viele Kunden sind schon froh, wenn sie beim Abendeinkauf überhaupt noch bedient werden oder nach dem Kino- oder Theaterbesuch im Restaurant noch essen dürfen. Im internationalen Dienstleistungsvergleich mit den südlichen Urlaubsländern, aber auch mit den USA und Asien können westeuropäische Industrieländer bisher kaum bestehen. Die Wiederentdeckung der Dienst-Leistung, die mehr sein will als bloßer Verkauf, steht noch aus.

Gesellschaft unterbezahlter Dienstboten?

Andererseits ist die Gefahr nicht von der Hand zu weisen, dass – wie z.B. der französische Philosoph André Gorz befürchtet – die Zukunft auch einer *Gesellschaft von Dienstsklaven* gehören kann, dass sich also die „Wiedergeburt einer Dienstbotenklasse" (Gorz 1994, S.21) ankündigt, die doch in der Industriegesellschaft abgeschafft worden war.

- Geht nun das Ende der Industriegesellschaft mit einer Zunahme von Schuh- und Windschutzscheiben-Putzern, von Botengängern und Einkaufshelfern, von Tagesmüttern und -vätern einher, sodass die Dienst-Leistung eher einer Bediener-Arbeit gleicht?
- Droht gar die Südafrikanisierung der Gesellschaft, die fast kolonialistisch einen großen Teil der Bevölkerung in die Rolle von Dienstboten zwingt, während die privilegierte Minderheit der Voll-Erwerbstätigen von jeder Hausarbeit entlastet wird?
- Entsteht eine gefährliche Kluft zwischen hoch bezahlten Wissensarbeitern und unterbezahlten Dienstboten, die Babysitter spielen, Betten machen oder Einkäufe tätigen? Damit aber wäre sozialer Zündstoff vorprogrammiert.

Die These von der Rückkehr zur alten Dienstbotengesellschaft birgt sozialen Zündstoff. Denn gerade das Beispiel USA zeigt, dass es einen nachweisbaren Zusammenhang zwischen der Entwicklung zur Dienstleistungsgesellschaft und einer Verschärfung der Einkommensungleichheit gibt.

Bereits Ende der 80er-Jahre wiesen die Amerikaner Harrison/Bluestone (1988) auf die wachsende Polarisierung der Einkommensstruktur hin. Das Job-Wunder ging damals v.a. zu Lasten schlecht bezahlter Arbeitsplätze. Die Entwicklung glich eher dem *Bild einer Sanduhr*: Die Mitte brach weg, d.h., die Zahl der Bezieher von mittleren Einkommen hatte deutlich abgenommen und der Anteil der Spitzenverdiener ein wenig zugenommen, während die unteren Lohngruppen sehr starke Zuwächse zu verzeichnen hatten. Die Kluft zwischen oberen und unteren Einkommensgruppen wurde immer größer.

Das Vorurteil, bei Dienstleistungen handle es sich weitgehend um unproduktive Tätigkeiten, ist nach wie vor weit verbreitet und sicher auch historisch begründet. Seit jeher werden Dienstleistungen weitgehend negativ definiert – als etwas, was sie *nicht* sind: nicht materiell, nicht lagerfähig, nicht transportabel. In dem Dienstleistungsbegriff wird letztlich alles das untergebracht, was *nicht* Landwirtschaft oder *nicht* Industrie ist. So erinnert Dienstleistung nicht selten an eine „geräumige Schublade“ oder gar an ein „Sammelsurium“ (Häußermann/Siebel 1995, S. 148f.). In einem solchen historisch gewachsenen Verständnis ist Dienstleistung eigentlich nur eine *Restkategorie*.

Jetzt ist ein Umdenken erforderlich: Statt sich nur über die mangelnde Dienstleistungsmentalität in der „Servicewüste“ lustig zu machen, ist eher ein Mentalitätswechsel in der öffentlichen Diskussion zwingend geboten. Gemeint ist die Akzeptanz der *Gleichwertigkeit von Produktions- und Dienstleistung*, von Hardware und Software. Infolgedessen muss sich auch das Ausbildungswesen verändern, denn eine neue Dienst-Leistungskultur verlangt neue Berufsbilder: Auch Dienen will gelernt sein. Millionen von Menschen üben schon heute Dienst-Leistungstätigkeiten aus, für die es bisher weder eine gültige Ausbildungsordnung noch eine anerkannte Berufsbezeichnung gibt.

Zu viele Jugendliche lernen in der Industrie, zu wenige bei Dienstleistern. Die Berufsausbildung ist traditionell eine Industriedomäne. Infolgedessen werden Jugendliche hier weit über Bedarf ausgebildet. Umso größer ist der Qualifizierungsbedarf im Dienstleistungsbereich. Für viele Dienstleistungstätigkeiten gibt es bisher keine geregelte Ausbildung. Die Folge: Viele Produktionsberufe dilettieren wie Amateure im Dienstleistungsbereich, weil es ihnen an Qualifikation und Professionalität mangelt. Das Ausbildungssystem hat bisher den Anschluss an den globalen Trend zur Dienstleistungsgesellschaft verpasst.

Ein Ende der Servicewüste ist erst dann in Sicht, wenn die Qualifizierung des Personals durch systematische Aus- und Weiterbildung sichergestellt ist, sodass z. B. auch

- Touristikmanager und Erlebnisgastronomen,
- Messegestalter und Eventplaner,
- Fitness- und Gesundheitsberater,
- Fremdenführer und Reiseleiter

in Zukunft anerkannte Ausbildungsberufe im Dienstleistungsbereich sein können.

Mit dem Trend zur Dienstleistungsgesellschaft ist auch die *Entstehung neuer Berufe* verbunden wie z. B.

- Infomanager,
- Bildschirmdesigner,
- Medienrechercheur,
- Telelehrer,
- Telemediziner u. a.

Dienstleistungsberufe setzen ein hohes Maß an Individualität voraus: Dienstleister sind personenorientiert und „im Optimalfall Individualisten" (Mangold 1997, S. 17). In diesem Zusammenhang muss beispielhaft auch die Wirtschaftsoffensive der Handelskammer Hamburg gesehen werden. Sie hat der Bundesregierung und den Sozialpartnern 100 neue Ausbildungsberufe vorgeschlagen mit einem besonderen Schwerpunkt im Dienstleistungssektor: vom neuen Lehrberuf Tagesmutter bzw. Tagesvater über den Seniorenberater, Kurierfahrer, Pförtner oder Barkeeper, von der Parkplatzaufsicht und Gepäck-Service-Kraft bis zum Detektiv. Hintergrund und Auslöser dieser Initiative: Mindestens jeder vierte Arbeitnehmer geht in Hamburg einer Tätigkeit nach, für die es keinen Ausbildungsberuf gibt.

Aurelio Peccei (1908–1984), der Gründer des Club of Rome, gab auf der internationalen Konferenz des Club of Rome in Tokio folgende Prognose ab: „Die Helden der Zukunft werden voraussichtlich nicht mehr die ‚Macher' sein, die ihre ganze Energie auf die Schaffung von materiellem Wohlstand konzentrieren – Unternehmer und Arbeiter –, sondern eher die *Inspiratoren,* die sich um Mittel und Wege bemühen, wie sie ihren Mitmenschen dazu verhelfen können, ihre körperlichen, intellektuellen und geistigen Fähigkeiten zu entwickeln, ohne von Arbeit abhängig zu sein" (vgl. Friedrichs/Schaff 1982, S. 13 f.).

Diese Aussagen sind in doppelter Hinsicht folgenschwer:

1. Die Struktur der Arbeitswelt verändert sich grundlegend. Aus Arbeitern und Produzenten werden Mithelfer und Dienstleister, die sich in den Dienst der Persönlichkeitsentfaltung und der Verbesserung der allgemeinen Lebensqualität stellen.
2. Die Berufe selbst bekommen eine andere Qualität. Aus aktiven Machern werden kreative Inspiratoren, die insbesondere im und für den arbeitsfreien Teil des Lebens tätig sind.

Neue Sehnsüchte prägen neue Märkte

Gerade weil die Erwerbsarbeit ihren Charakter als zentrale Lebensäußerung und Grundbedürfnis des Menschen verliert, bekommen viele Berufe den Charakter von *Freizeitberufen*: Subjektiv-motivational wird die berufliche Tätigkeit selbst als Teil der eigenen Freizeit empfunden. Objektiv-intentional steht ihre Tätigkeit im Dienst der privaten Lebensgestaltung der anderen. Eine neue Qualität beruflichen Tätigseins, die ihren Charakter abhängiger Beschäftigung verliert, zeichnet sich ab.

Die neuen Tätigkeitsfelder zählen nach dem Bericht an den Club of Rome, der sich mit den Auswirkungen der elektronischen Revolution befasst, zu den *expandierenden Beschäftigungsbereichen*, die von Automation und struktureller Arbeitslosigkeit weitgehend verschont bleiben (vgl. Friedrichs/Schaff 1982, S. 356 ff.). Zu den überlebenden bzw. sich neu entwickelnden und expandierenden Bereichen menschlichen Tuns gehören in Zukunft:

- *Berufsfeld I: Erziehung, Bildung und Kultur*
  Lehrer, Lernmentoren, Berater, Inspiratoren und Animatoren in staatlichen und privaten Tagesstätten, Kinderhorten, Ganztagsschulen, Lernstudios, Instituten, Workshops, Seminaren, Tagungshäusern, Verbraucherberatungsstellen, Ferienakademien, Museen, Theatern, Büchereien, Bibliotheken, Werkstätten für Mode und Design, Kunsthandwerk und kreatives Gestalten sowie Kommunikationszentren.
- *Berufsfeld II: Information, Medien und Öffentlichkeitsarbeit*
  Informatoren, Moderatoren, Mediatoren, Kommunikatoren und Öffentlichkeitsarbeiter in privaten und öffentlich-rechtlichen

Neue Dienstleistungen in Freizeit und Touristik
Ein exemplarischer Überblick

- *Animateur/Animator*
  Sportanimateur, Länderkundlicher Animateur, Clubanimateur in Ferienclubs und Ferienzentren; Stadtteil-Animator; Pädagogischer Animator/Freizeitlehrer in Ganztagsschulen
- *Freizeitberater/Freizeitkonsulent*
  in Kliniken, Sanatorien, Rehabilitationszentren und Kurorten, auch in Großbetrieben
- *Freizeitmanager/Freizeitassistent*
  in Sport- und Fitnesszentren, Ferienzentren und Freizeitparks, Shopping- und Erlebniszentren
- *Fremdenführer*
  Stadtrundfahrtleiter, Touristikhostess in städtischen Verkehrsämtern
- *Fremdenverkehrsfachwirt*
  im Reisebüro- oder Fremdenverkehrsgewerbe
- *Fremdenverkehrsleiter*
  in Verkehrsämtern, -vereinen und -verbänden
- *Gästebetreuer*
  in Hotels und Urlaubsorten
- *Reiseleiter*
  Ortsreiseleiter, Studienreiseleiter, wiss. Reiseleiter, Reisebegleiter in der Touristik bei Reiseunternehmen
- *Reiseverkehrskaufmann*
  in Reisebürobetrieben, Fremdenverkehrsstellen und Kurverwaltungen
- *Touristikassistent*
  in Verkehrsämtern, -vereinen, im Kur- und Bäderbereich, bei Touristikunternehmen.

Fernseh- und Rundfunkanstalten, Presse- und Medienkonzernen, Verlagen, Buchläden, Kinos, Infotheken, Videotheken, Mediatheken, Computershops, in der Film- und Multimediaindustrie.

- *Berufsfeld III: Gesundheit, Wellness und Sport*
  Trainer, Übungsleiter, Anleiter, Assistenten, Berater, Lehrer, Ärzte und Physiotherapeuten in Sport- und Gymnastikstudios, Fitness-Centern, Wellness-Oasen, Sportanlagen, Rekreationszentren für Meditation, Entspannung und Selbstfindung, medizinischen Bäderzentren, Beratungsstellen, Altersheimen und Sanatorien, im Kur- und Bäderbereich sowie im gesamten Gesundheitswesen.

- *Berufsfeld IV: Gastronomie, Unterhaltung und Vergnügen*
  Manager, Entertainer, Showmaster, Künstler, Kellner und Kassierer in Fast-food-Betrieben, Spezialitätenrestaurants, Restaurant- und Hotel-Ketten, Gasthäusern, Musik-Kneipen, Dinner-Discos, Bistros, Straßen-Cafés, Literatur-Cafés, Unterhaltungs- und Vergnügungszentren, Freizeitparks, Shopping-Centern (Urban Entertainment Center) und Erlebniswelten.
- *Berufsfeld V: Reisen, Urlaub und Tourismus*
  Manager, Planer, Organisatoren, Orts- und Studienreiseleiter, Animateure, Wander-, Städte-, Fremdenführer und Reisebüro-Kaufleute in Reisebüros, Reiseläden, Urlaubsberatungscentern, bei Reiseveranstaltern und Touristikunternehmen, in Fremdenverkehrsverbänden und Tourismuszentralen, in Kur- und Urlaubsorten, Ferienzentren, Ferienclubs und in der Kreuzschifffahrt.
- *Berufsfeld VI: Technik, Service und Kundendienst*
  Handwerker, Techniker, Ingenieure, Spezialisten, Berater, Kuriere, Fahrer, hoch qualifizierte Verkäufer und Wartungsdienste in den Bereichen Fernsehen, Bildschirmtext, Radio, Multimedia, Video, Haushaltsgeräte, Pkw, Bau- und Heimwerkermärkte, Do-it-yourself-Werkstätten und Hobby-Clubs.

Die Gefahr der industriellen Vermarktung kann durchaus auch zur großen beruflichen Chance für wirklich qualifizierte Fachkräfte werden, die im Feld der Information und Aufklärung, Erziehung und Bildung tätig sind. Gesucht werden Dienstleister mit psychologisch-pädagogischem Background und didaktischer Kompetenz. Sie könnten die Gründer und Initiatoren neuer Schulen und Lernstudios, Workshops und privater Seminare sein. Auf diese Weise würden Lernorte entstehen, wo man das Lernen wieder durch das Leben selbst erleben kann. Ein freier Wettbewerb unter staatlichen und privaten Lernstätten kann sich entwickeln, ein *Bildungsmarkt* bzw. ein *Markt der Erziehung*, ein pädagogischer Service für persönlichkeitsbezogene Weiterbildung.

In einem solchen freien Lernmarkt könnten dann anregende Lernmentoren, unternehmerische Lehrer mit Ausstrahlung und Überzeugungskraft, didaktisch geschulte Informatoren, kreative und innovative Denker, sensible Vermittler von Intuitionstechniken, „Motivatoren von Lernprozessen" (Opaschowski 1973, S. 59) und Trainer für ganzheitliches Leben tätig werden. Sie würden zum freiwilligen Lernen ermutigen, *sanfte Lernkonzepte* entwickeln, nach Prinzipien des Lautdenkens arbeiten, auf Soft-Signale, Gefühle und Stimmungen hören. Und sie könnten auf die Tarnkappe der Intellektualität und die Rolle des Überlegenen verzichten. Der inspirationsfreudige und animatorisch tätige Mitmensch ist in Zukunft gefordert, der so viel Persönlichkeit besitzt, dass er auch persönlichkeitsfördernd für andere wirken kann.

Die Frage ist allerdings: Kann man dies eigentlich lernen? Was die neuen Zukunftsberufe praktizieren und weitergeben sollen, müssen sie doch selbst erst einmal in ihrer eigenen Ausbildung gelernt und erfahren haben. Die Ausbildung muss also selbst inspirierend wirken, damit Inspiration und Begeisterung auch später in der beruflichen Praxis verwirklicht werden können.

Die Dienstleistungsberufe von morgen erfordern eine andere Ausbildungsqualität, eine veränderte Motivationsbasis und auch eine andere Einstellung zum Beruf. Weder die „Schaffer" nach dem Krieg noch die „Macher" in wirtschaftlichen Wohlstandszeiten werden die Ideenanreger und Interessenberater in den nächsten Jahren ersetzen können. Fachwissen und Wissenschaftlichkeit verleihen zwar nach wie vor Ersatz-Sicherheit. Intuitionskraft und Imaginationsfähigkeit aber sind die eigentlichen Auslöser für Innovationen und Visionen einer Dienstleistungsgesellschaft, in der grundsätzlich jeder zum Dienstleister für den anderen werden kann. Was als Hobby beginnt, kann vielleicht als Beruf zu Ende geführt werden. Und für manch einen wird die berufliche Tätigkeit dann mehr eine Lebenseinstellung als ein Lebenserwerb.

In Zukunft werden die materiellen Güter mit immer geringerem Aufwand produziert und die immateriellen Ansprüche an die Lebensqualität immer größer. Der Dienstleistungssektor muss sich zwangsläufig zu einem Wachstumssektor entwickeln. Aus dem Produktionsstandort Deutschland kann im 21. Jh. ein Dienstleistungszentrum werden, in dem v. a. Kernkompetenzen wie

- Forschung und Entwicklung,
- Planung und Konzeption,
- Beratung und Betreuung sowie
- Marketing und Vertrieb

gefragt und gefordert sind.

Immer weniger Menschen in der Produktion genügen, um die übrige Mehrheit zu versorgen. Mit dem schrittweisen Ausstieg aus der Produktionsgesellschaft ist zugleich der kontinuierliche *Einstieg in Tätigkeitsfelder der Dienstleistungsgesellschaft* verbunden. Nur mehr knapp ein Drittel aller Erwerbstätigen ist mit der Herstellung von Gütern, der Bedienung und Wartung von Maschinen und der Ausführung von Reparaturen beschäftigt. Alle übrigen leisten Dienste.

Die neuen Dienstleistungsmärkte bieten zukunftsorientierte Arbeitsplätze im Fremdenverkehr und Medienbereich, im Messe- und Ausstellungswesen, in der Sportorganisation oder in der Seniorenbetreuung. Mit dem Wandel zur Dienstleistungsgesellschaft bieten sich auch neue Arbeitsplätze und Ausbildungsmöglichkeiten an.

Gesünder, geselliger und genussorientierter leben: Diese Lebensziele werden zunehmend an individueller und auch ökonomischer Bedeutung gewinnen. *Neue Sehnsüchte prägen neue Märkte* in Wachstumsfeldern wie Tourismus und Mobilität, Medien und Kultur, Sport, Spiel und Unterhaltung. Innovationen in der Automobil-, in der Medien-, in der Bekleidungs- oder Möbelindustrie werden immer mehr von Interessen wie Erlebnis- und Unterhaltungsorientierung beeinflusst. Und auch die Planung und Gestaltung von Einkaufszentren und Warenhäusern nimmt deutliche Züge einer „Erlebniswelt Shopping“ an, die mehr Erlebniskonsumenten als Versorgungskonsumenten anzieht.

Erlebnisökonomie und Erlebnismärkte

Die von dem Amerikaner Ronald Inglehart vor einem Vierteljahrhundert prognostizierten *postmaterialistischen Ansprüche* der Bürger in westlichen Wohlstandsgesellschaften nehmen stetig zu. Von einem gewissen Wohlstandsniveau an werden andere Dinge im Leben wichtiger (vgl. Hondrich 1975, S. 4) wie z. B. größere Frei- und Gestaltungsräume in den sozialen Beziehungen oder mehr Zeit zum und mehr Freude am Leben. Dies könnte eine Chance für neue soziale Dienstleistungen und für die Schaffung von Lebensqualität als Voraussetzung für Lebensglück sein. Auch und gerade an der Schwelle zum 21. Jh. gilt: Der Mensch lebt nicht vom Brot allein.

Kann es in Zukunft heißen: Wer ein Problem hat, löst es nicht mehr selbst, sondern lässt es andere lösen? Die persönliche Hilfe verkommt dann zur Markt-Lücke: Terminplaner und Stauberater, Wohnraum- und Outfitgestalter, Partyhelfer und Persönlichkeitstrainer. Vor dem Hintergrund einer fast inflationären Entwicklung *erlebnisorientierter Dienstleistungsberufe* vom „Erlebnismacher“ bis zum „Eventmanager“ sollte frühzeitig vor dem Aufkommen einer „Miesen-Job-Mentalität“ (Roszak 1978) gewarnt werden. Erlebnisorientierte Dienstleister sind in der Gefahr, die moralischen Grenzen der Vermarktung zu überschreiten. Auf drei Job-Ebenen sollten sie sich also nicht begeben:

1. Sie dürfen keine *Höker-Jobber* sein, die sich alles nur Mögliche einfallen lassen, um es an leichtgläubige Kunden zu verkaufen.
2. Sie dürfen keine *Kompensations-Jobber* sein, die einzig und allein dafür da sind, Frust und Langeweile des Lebens zu vertreiben.
3. Sie dürfen keine *Schmieröl-Jobber* sein, die sich auf die Outcasts unserer Gesellschaft konzentrieren und sie durch kleine Freuden des Alltags so ruhig stellen, dass ihre soziale Unzufriedenheit unter dem kritischen Siedepunkt gehalten wird.

Wie auch immer eine *Berufsethik für künftige Dienstleister* aussehen mag, ihre berufliche Tätigkeit wird zentral im Dienste der Lebensqualität stehen müssen. Folgende Perspektiven für künftige Berufsmöglichkeiten zeichnen sich bereits heute ab:

Saisonarbeiter

In Zukunft wird es einen Boom von Billigjobs geben, in dessen Sog v. a. sog. Freizeitberufe geraten. Manche Arbeitslose – ehemals in höher dotierten Berufen beschäftigt – werden *Freizeitberufe* wie z. B. Fremdenführer, Reiseleiter oder Sportlehrer *als neue Chance zum Umsteigen* begreifen. Wichtiger als die bloße Einkommenssteigerung wird ihnen dabei die persönliche Erfüllung in der Berufsarbeit sein. Doch die berufliche Chance der Zeitflexibilität wird zwangsläufig mit geringerem Einkommen und geringerer sozialer Sicherung erkauft. Die individuelle Wahlfreiheit, mal tags oder nachts, während der Woche oder am Wochenende, in der Sommer- oder Wintersaison zu arbeiten, macht viele Freizeitberufe zu Zeitberufen: heute Fitnesstrainer, morgen Reiseleiter und übermorgen Gastwirt.

Solche Berufe können nur selten auf Kontinuität bauen. Flexibel müssen sie auf spontane Bedürfnisse reagieren und immer auf der Höhe der Zeit sein, wenn der eine Verhaltenstrend gerade „in", der andere jedoch „out“ ist. Fast täglich werden ebenso viele neue berufliche Tätigkeiten entstehen wie gleichzeitig alte von der Bildfläche verschwinden.

Erlebnisberater

Immer mehr Waren-Anbieter werden sich in den nächsten Jahren zum Dienstleistungs-Anbieter wandeln, wenn sie ihre Produktion nicht einschränken oder gar einstellen wollen. Dazu sind sie auf die Hilfe und den Sachverstand von Erlebnisberatern angewiesen. Erlebnisberater denken über neue Erlebnisfelder nach und kennen die persönlichen Interessen unterschiedlicher Zielgruppen. In dieser Funktion und Qualifikation werden sie für Produktionsbetriebe unentbehrlich sein.

Die Japaner prägten den Begriff „Softnomics" und meinen damit die notwendige Verbindung der Produkte mit den Bedürfnissen der Nutzer. Das traditionelle Marketing ging bisher vom Leitbild des passiven Konsumenten aus: „Wie erreichen wir die Zielgruppen mit unseren Produkten?" Das neue Softnomic-Denken fragt umgekehrt: „Wie müssen die Produkte aussehen, die die Zielgruppen haben wollen?" Produkte passen sich dem Bedarf an und nicht umgekehrt. Produktphilosophien müssen immer auch *Erlebniskonzepte* sein. Der strukturelle Wandel vom Nur-Produzenten zum Und-auch-Dienstleister ist mit eigener Manpower kaum zu leisten. Die Produktpalette muss um eine Erlebnispalette erweitert werden. Dazu bedarf es kreativer und innovativer Konzepte und Konzeptentwickler.

Incentivevermittler

Immer mehr Unternehmen werden dazu übergehen, das Berufsleben der Mitarbeiter mit dem Privatleben zu verbinden. *Incentive* heißt das Zauberwort, d.h., attraktive Anreize und Gratifikationen (z.B. Abenteuerreise, Sabbatjahr, Zeitkonto) sollen die überholte materielle Anreiz-Strategie (z.B. durch Lohnerhöhung) ersetzen: Incentives liegen jenseits von Konto und Karriere und zielen auf Lebenserfüllung.

Hier bietet sich ein Markt für Incentivevermittler an, die Angebote als Ansporn für Mitarbeiter ausarbeiten und vermitteln: Sportkurse am Feierabend, Überlebenstraining am Wochenende, Erlebnistouren über mehrere Tage oder Psychourlaub unter Palmen – nicht allein, sondern mit Kollegen und Lebenspartnern. Berufs- und Privatsphäre werden wieder in einen Lebenszusammenhang gebracht. Die Totalität der Berufsrolle wird aufgegeben, um – vor dem Hintergrund der wachsenden Konkurrenz der Konsumangebote – die Leistungsmotivation der Mitarbeiter überhaupt noch aufrechterhalten zu können. Wohnwert und Lohnwert sind kaum mehr zu steigern. Der Erlebniswert hingegen wird zum größten Stimulus für neue berufliche Leistungen. Für Incentive-Vermittler ein reiches Betätigungsfeld.

Glücksbringer

Wird die künftige Hauptwirkungsstätte für neue Berufe das totale Programmbüro sein, das fast alles bietet, rund um die Uhr geöffnet ist und in dem Glücksbringer alle Wünsche erfüllen: Beifall, Stimmung oder Jubel auf Bestellung? Werden Funmaker und Fluchthelfer ein schier unbegrenztes Sortiment an Waren und Dienstleistungen bereithalten?

Machbar erscheint eine Mischung aus Ladengeschäft, Versandhaus oder virtuellem Hobbyclub mit Info-Kombinat von TV und PC. Es bietet an: Tickets, Hotelaufenthalte und Veranstaltungsprogramme und viele kleine „Problemlöser" des täglichen Alltags: Gesellschaftsspiele und Rätselhefte, Videokassetten und Entspannungslektüre, Sonnenschutzmittel und Bräunungsluftmatratzen, Strandtücher und Wasserbälle, Insektenschutz und Kopfschmerztabletten. Zusätzlich zaubern die Berater am Computer Informationen aus dem Bildschirm: Reisewetter, Straßen- und Schneeberichte. Selbst Souvenirs können für den Tag der Rückkehr gleich mitgebucht werden, brauchen also nicht mehr aus dem Reiseland mitgeschleppt zu werden. Außerdem liegen informative Videofilme bereit, werden Arrangements für einen Theater- und Restaurantbesuch am Feierabend organisiert oder eine Shopping-Reise am Wochenende, die Vermittlung von Babysittern, Partys oder Selbsterfahrungsgruppen, individueller Beratung, Lebenshilfe oder Verbraucherschutz. Die Hauptzielgruppen dieser neuen Glücksbringer werden nicht mehr die Kinder, Jugendlichen und Familien, sondern Singles und kinderlose Paare sein.

Wellnessberater

Die Emotionalisierung im Alltagsleben wird in Zukunft eine immer größere Rolle spielen. Das Gefühl braucht nicht mehr verdrängt zu werden, weil sich die Persönlichkeit als Ganzheit entfalten kann. Gegen die Überbetonung des Verstandes im traditionellen Berufsleben will der Wellnessberater die Ganzheit von Körper, Geist und Seele setzen: Dieser Ganzheitstrainer soll ein Leben mit dem ganzen Körper ermöglichen, hautnahe Kontakte, Gruppenkommunikation als Bewegungserlebnis, psychische Fitness und persönliche Ausstrahlung. Wellness-Oasen werden wie Pilze aus dem Boden schießen.

Die moralischen Grenzen der Vermarktung

Der amerikanische Sozialkritiker Jeremy Rifkin diagnostiziert in seiner neuen Studie „Access“ einen nachhaltigen *Wandel von der traditionellen Arbeitsethik zur neuen Spaß- und Spielethik.* Die Vermarktung des Spiels würde in Zukunft die Vermarktung der industriellen Arbeit ablösen. In einer neuen *Erlebnisökonomie* werde das Verhältnis von Kultur und Kommerz neu bestimmt. Schon heute gebe das reiche obere Fünftel der Weltbevölkerung für den Zugang zu kulturellen Erlebnissen genauso viel Geld aus wie für den Erwerb von Gütern und Dienstleistungen.

Zum Erlebnismarkt der Zukunft gehören kulturelle Ressourcen in Gestalt bezahlter persönlicher Unterhaltung wie z.B. Rituale und Festivals, soziale Bewegungen und spirituelle Aktivitäten, Gemeinschaftserlebnisse und staatsbürgerliches Engagement. Gezielte Marketing-Maßnahmen konzentrieren sich auf das Leben des Menschen und seine Vermarktung. Eine Art *kultureller Kapitalismus* sorgt sich um die ganz persönliche Unterhaltung, um kulturelle Erlebnisse und erlebnisreiche Massenveranstaltungen. Zum shareholder value gesellt sich *lifetime value* als Leitlinie wirtschaftlichen Handelns.

- Setzt im 21. Jh. der systematische Angriff auf das private Leben der Konsumenten ein?
- Wird das ganze Leben zum bezahlten Erlebnis, die Lebenszeit zur bloßen Ware und die soziale Beziehung zur Geschäftsverbindung?

Das wäre in der Tat die *totale Vermarktung des letzten unabhängigen Teils unseres Lebens* – mit beunruhigenden Folgen für das soziale Zusammenleben der Menschen. Das Kommerzielle würde das Soziale geradezu verschlingen. Die Spaßkultur würde wichtiger als Arbeitsethos werden.

Die Rifkin’sche Access-Philosophie zu Ende gedacht hat fast Albtraum-Charakter: „Wir erwachen eines Tages, nur um herauszufinden, dass jeder Aspekt unseres Daseins gekauft ist, dass unser ganzes Leben zum *ultimativen Shopping* geworden ist“ (Rifkin 2000, S. 130).

- Werden menschliche Beziehungen regelrecht zur Ware „gemacht“ – nur mit dem Unterschied, dass sich der Warenverkäufer nun *Lebensberater* nennt?
- Werden aus Informations- und Kommunikationstechnologien in Zukunft *B(eziehungs)-Techniken*, die persönliche Daten und Interessen zu kommerziellen Zwecken nutzen?

Ein langes Leben gliche dann nur einer langen kommerziellen Reise, die von Reiseleitern und -agenten geplant und bedient würde – mit der Gefahr allerdings, die Kontrolle über das eigene Leben zu verlieren und als Klient vom eigenen Lebensberater wie von einem Therapeuten abhängig zu werden. Und mit Hilfe der neuen B-Techniken würden die Menschen sog. I(nteressen)-Gemeinschaften zugeordnet werden.

Das wäre das *Ende der Privatsphäre*, denn der Aufbau einer „Kundenintimität" würde zur Marketingstrategie. Beim amerikanischen Unternehmen Hallmark gibt es bereits einen *Reminder Service*: Dieser Erinnerungsdienst führt in seinen elektronischen Dateien eine Liste mit den wichtigsten familiären Geburts- und Jahrestagen. Rechtzeitig schickt das Unternehmen eine E-Mail zur Erinnerung mit ganz konkreten Vorschlägen für passende Grußkarten. Und wenn Burger King seinen 4 Mio. jungen Mitgliedern im „Kids Club" Rabatte und Vergünstigungen gewährt und sie mit speziellen Schreibwaren versorgt, steht dahinter nur ein Ziel: „Wir wollen die Herzen und Köpfe der Kinder fangen und sie halten, bis sie 60 sind" (Rifkin 2000, S. 150). So soll eine lebenslange Loyalität zum Produkt und zum Unternehmen entwickelt werden.

In Zukunft wird jeder Mensch als Objekt von *Beziehungs-Dienst-Leistungen* umworben. Ist dies die letzte Stufe kapitalistischer Ausbeutung? Und was passiert mit dem „Wesenskern der menschlichen Existenz, wenn sie von einem allumfassenden Netz kommerzieller Beziehungen aufgesaugt wird?" (Rifkin 2000, S. 151). Wie wirkt sich diese Kommerzialisierung auf die übrigen privaten Beziehungen aus, die auf Sympathie oder Zuneigung beruhen und nicht käuflich erworben werden wollen? Heißt es schon bald: *Rent a Lifestyle*?

Was hier so kulturpessimistisch bewertet erscheint, wird bald an seine ökonomischen Grenzen stoßen. Insbesondere Familien- und Rentnerhaushalte werden sich kostspielige Lifestyle-Produkte nur bedingt leisten können und wollen: Singles, junge Erwachsene und kinderlose Paare, die allerdings in Zukunft die Mehrheit der Bevölkerung bilden, werden die vorrangigen Zielgruppen solcher Produkte sein: „Haushalte mit zwei Einkommen oder von Singles fühlen angesichts beschränkter Budgets und begrenzter Zeit die Belastung, traditionellen häuslichen Verpflichtungen nachzukommen. Deshalb sind Verfahren, Produkte und Dienstleistungen überaus notwendig, die der Zeit zusätzlich Wert verleihen oder *Zeit sparen oder zeitraubende Tätigkeiten abschaffen*" (Cross/Smith 1995, S. 121 f.).

Der Amerikaner Mike Featherstone vermutet, dass die *Erlebnis-*

macher von morgen unsere sozialen Werte und Normen beeinflussen, prägen und vielleicht sogar diktieren können. Denn sie produzieren „populäre Pädagogiken und Leitfäden für Leben und Lebensstil“ (Featherstone 1991, S.44). Als *cool hunters* und *trendscouts* beobachten sie systematisch neue Entwicklungen in der Jugendkultur und machen sie zur populären Ware, die leicht verkäuflich ist. Wenn z.B. Madonna einen Hindipunkt trägt, wird dies sofort als neue Sehnsucht nach Spiritualität interpretiert und vermarktet. Schnell wird ein hinduistisch inspirierter Körperschmuck kreiert oder werden chinesische Talismanarmbänder produziert und verkauft. Jugendkulturen werden systematisch ausgeplündert, kulturelle Grenzen verwischt, nivelliert und zu einem *Cocktail ohne Kontext* gemixt. Aus Lebenswerten werden Konsumwerte. Heute so und morgen so – ein Leben für den Augenblick: „Ein Leben für sich selbst – nicht für die Vorfahren oder Nachkommen“ (Lasch 1982, S.33).

Wird die Kurzlebigkeit sozialer Dienste und sozialer Beziehungen nicht bald auf Widerstand stoßen und Gegenbewegungen auslösen? Werden die Menschen nicht erkennen, dass bezahlte Beziehungstechniken natürliche und gewachsene Beziehungen nie ersetzen können? Der *Wunsch nach Beständigkeit* wird immer stärker werden. Die Erkenntnis setzt sich durch: Kommerziell geregelte Beziehungen haben nur Ersatzfunktion, dienen vorübergehend als *Krücke* und im besten Fall als *Brücke* auf dem Weg zu festen sozialen Beziehungen. So gesehen können kommerzielle Verträge immer nur Vereinbarungen auf Zeit oder auf Abruf sein. Stabile Lebensplanung kann man nicht kaufen.

Plädoyer gegen posthumane Dienste

Das Thema des 6. Deutschen Trendtags 2001 in Hamburg lautete: „Posthuman: Schicksal wird zur Ware“. Die Trendforscher wollen Gott spielen und den Menschen als Mängelwesen korrigieren. Sie diagnostizieren eine neue posthumane Wirklichkeit zwischen Samenhandel, geklonten Eizellen und künstlicher Gebärmutter. Die Gesellschaft soll in eine Phase der künstlichen Evolution treten, die neue Märkte schafft: Das Leben kann dann ganz einfach als „Designaufgabe“ vermarktet und verkauft werden. Die selbst ernannten Trendforscher machen sich ernsthaft Gedanken über posthumane Angebote, d.h., sie offerieren kommerzielle Life-Services, bezahlte

Dienste am Leben. Schlechte Gesundheit, unglückliche Beziehungen und unerfüllte Liebe müssen nicht mehr schicksalhaft hingenommen werden. Gegen Geld kann alles optimiert werden. Denn wo unerfüllte Wünsche sind, gibt es auch neue Märkte. Das Schicksal wird zur Ware, Glück und Geborgenheit zu Service-Versprechen, Persönlichkeitsentfaltung zum Identitätsangebot auf Zeit.

Ein neues posthumanes Marketing soll in Zukunft jeden individuellen Wunsch „bedienen", z. B. verschiedene Identitäten in kurzer Folge zu leben, sich selbst jederzeit neu zu erfinden und zum Wunsch-Ich zu konstruieren: keine körperlichen Mängel mehr. Ästhetische Oberflächen sollen das Schicksalhafte verdecken oder vergessen machen. Der „neue Mensch" ist machbar – über alle traditionellen moralischen Bewertungen hinweg.

Karl Marx lässt grüßen. In der Einleitung zu seiner „Kritik der hegelschen Rechtsphilosophie" schrieb er, dass der Mensch das höchste Wesen für den Menschen sei – nicht Gott, ein höheres Wesen oder eine höhere Macht. Der Mensch und die von ihm geprägte Gesellschaft bestimmten und gestalteten allein unser Leben. Oder mit den Worten von Bertolt Brecht in seinem Stück „Die Mutter" nach dem gleichnamigen Roman von Maxim Gorki: „Das Schicksal des Menschen ist der Mensch."

Wird im 21. Jh. das posthumane Marketing diese Macht des Schicksals spielen? Erst postmodern („Lifestyle"), dann posthuman („Lebenstuning") – und ganz am Ende posthum, die letzte Chance für ein Leben nach Gott, für die bezahlte Erlösung am Rande des Himmels? Wenn eines Tages mit dem posthumanen Marketing nichts mehr zu verdienen ist, kommt dann das posthume Marketing? Death-Services, zum eigenen Todestag jedes Jahr ein Blumenstrauß auf das Grab, um das gekaufte Leben und die anonyme Beerdigung vergessen zu machen?

Steigender Lebensstandard und wachsende Zeitnot, mangelnde Phantasie und nachlassende Verbindlichkeit echter sozialer Beziehungen bescheren schon heute zahllosen Serviceagenturen einen wahren Boom. Das Geschäft mit den Ängsten und Nöten der Menschen entwickelt sich zur cleveren Ausbeutung menschlicher Bedürfnisse:

- Vom Geschäft mit der Zeitnot profitieren Partyservice und Festeveranstalter, Homeshopping und Sofortkredite.
- Das Geschäft mit der Angst boomt bei Babysittern und Bodyguards in Haus und Garten, bei Diebstahl- und Reiseversicherungen.

- Vom Geschäft mit der Einsamkeit leben Singleclubs und Singlereisen, Telefon- und Kontaktdienste.
- Am Geschäft mit der Langeweile verdienen Kinos und Kneipen, Erlebnisparks und Fernsehanstalten.
- Das Geschäft mit den Träumen beherrschen die Traumfabriken Ferienclubs und Reiseveranstalter, Shoppingcenter und Badelandschaften.

Im 24-Stunden-Service ist und wird alles möglich: der Telefondienst für Blinde oder der Bodyguard für Friedhofbesucher. Der kanadische Kultschriftsteller Douglas Coupland könnte wieder einmal Recht behalten. In seinem Buch „Life after God" machte er sich schon 1995 Gedanken über ein Leben nach Gott: Der Preis, den wir für dieses angeblich goldene Leben zahlen, ist die eigene Unfähigkeit zum Leben aus erster Hand und zum naiven Glauben an das Kultmarketing als Ersatzreligion.

Life-Sciences und posthumane Schicksalsangebote werden außerstande sein, irgendeinen Zugang zu Tiefgründigem zu finden. Sie schüren eher die Angst, „jemand könnte sich in mich verlieben, mir äußerst nahe kommen, alles über mich erfahren und dann den Stecker ziehen". Liebe und Lebenserfüllung aus der Steckdose oder dem Warenregal? Das könnte der nächsten Generation im 21. Jh. blühen, wenn sie ohne die Suche nach dem Wesentlichen oder einem Sinn des Lebens aufwächst. Ihr Leben würde dann einem mit anderen geteilten elektronischen Traum von Homeservices, Anrufbeantwortern und halbstündigen Fernsehserien gleichen. Und der Traum vom neuen Sinnzeitalter wäre ausgeträumt.

Dritter Zukunftstrend: Die Leistungsorientierung. Leistung als Lebenssinn

Die Leistungsgesellschaft als realistische Zukunftsvision

Über die Zukunft nachdenken, heißt, sich die Frage stellen: Wie *werden,* wie *wollen,* ja wie *sollen* wir im 21. Jh. leben? Zukunftsforschung muss auch und mit Hilfe sozialer Phantasie bzw. der Szenario-Technik variantenreich vorgehen und eine Vielfalt von Möglichkeiten beschreiben. Aus heutiger Sicht sind vier Zukunftsentwürfe vorstellbar – ein illusionärer, ein utopischer, ein realistischer und ein visionärer.

- Im illusionären Zukunftsentwurf wird unsere heutige Erwerbswelt einfach in die Zukunft projiziert: Wir bleiben, was wir sind, *lebenslang lohnabhängige Arbeitnehmer.*
- Im utopischen Zukunftsentwurf verdienen wir unser Geld im Schlafe, weil wir die Maschinen für uns arbeiten lassen: Auf dem Boden einer schlaraffischen Faulheitsethik leben wir in den Tag hinein als *gedankenlose Müßiggänger.*
- Im realistischen Zukunftsentwurf lebt die Arbeit „rund um die Uhr" weiter: Morgens, mittags oder abends die Arbeit im Beruf oder mehrere Nebenjobs, danach im Keller die elektrische Bohrmaschine fest im Griff und ansonsten hektische Betriebsamkeit zwischen Surfen, Mailen und Telefonieren. Wir verwandeln uns in *rastlose Nomaden*, die nicht zur Ruhe kommen.
- Im visionären Zukunftsentwurf geht das Wunschdenken mit uns durch: Immer kre-aktiv und kommunikativ entwickeln wir uns zu *souveränen Lebenskünstlern.*

Diese vier Zukunftsszenarien erwecken nur scheinbar den Eindruck beliebiger Wahl- oder Gestaltungsmöglichkeit. Unsere Zukunft hat längst begonnen, noch ehe wir sie wahrgenommen haben. Während wir am Fahrkartenschalter stehen, sind zwei Züge schon abgefahren und wir können gerade noch auf den dritten oder vierten aufspringen.

Im ersten Zukunftsbild *Illusionäre Erwerbsgesellschaft* bleibt die Mythologie des gefesselten Prometheus, der an den Kaukasus geschmiedet ist, am Leben erhalten. Prometheus verkörpert die leidvolle und lebensnotwendige Seite der Arbeit – zugleich als moralische Legitimation für Konsum und Lebensgenuss. Produzenten und Konsumenten, Macher und Mitmacher leben direkt und indirekt von der Arbeit als Quelle der Sinnfindung und Einkommenssicherung. An der Erwerbsethik und Arbeitszentrierung des Lebens wird, ja muss unter allen Umständen festgehalten werden.

Vollbeschäftigung ist das erklärte und unverrückbare Leitziel der Erwerbsgesellschaft, um den hohen gesellschaftlichen Stellenwert der Arbeit zu erhalten. Jahrhundertelang stellte der Homo faber die solide psychische Grundlage unserer Existenz dar. Jetzt, da den westlichen Industriegesellschaften die *bezahlte Arbeit* „ausgeht", ist der Homo faber infrage gestellt und nicht mehr ausgelastet. Und auch die Gesellschaft als Ganzes kann sich nicht mehr allein durch Erwerbsarbeit definieren und legitimieren.

Die ständige Produktivitätssteigerung in der Arbeitswelt hat Massenarbeitslosigkeit zur Folge. Die Arbeit als bezahlte *und* unbezahlte Tätigkeit ist sicher nicht am Ende und wird auch in Zukunft unerlässlich sein. Aber: Von der Erwerbsgesellschaft als Vollbeschäftigungsgesellschaft muss Abschied genommen werden. Die klassische Arbeitsgesellschaft hat keine Zukunft mehr, weil die Erwerbsarbeit für immer mehr Menschen ihren Charakter als „zentrale Lebensäußerung des Menschen verliert" (Club of Rome) und für einige der „Beruf geradezu zur Nebenbeschäftigung wird" (O. v. Nell-Breuning) – gleichwertig neben unbezahlten sozialen, kulturellen und politischen Tätigkeiten. Die klassische Arbeitsgesellschaft, die Erwerbstätigkeit und bezahlte Arbeit für alle garantiert, wird im 21. Jh. zur Illusion. In Zukunft leben immer weniger Menschen von Erwerbsarbeit. Noch 1991 bestritten 44,5 % der Bevölkerung ihren Lebensunterhalt überwiegend durch eigene Erwerbstätigkeit. 10 Jahre später waren es nur noch 40,9 %. Werden in 30 Jahren zwei Drittel der Bevölkerung leben – ohne erwerbstätig zu sein?

Im zweiten Zukunftsbild *Utopische Mußegesellschaft* lebt das Paradies wieder auf. Alte Menschheitsträume werden wach. Der Müßiggang ist das einzige „Fragment von Gottähnlichkeit, das uns noch aus dem Paradies blieb", schrieb schon Friedrich Schlegel in seinem Roman „Lucinde". Bereits im 5. Jh. v. Chr. malte sich der Athener Telekleides realistisch aus, was zum Müßiggang immer dazugehört: *Frieden und Wohlstand*. Der Müßiggänger genießt den Wohlstand und lebt in Frieden mit sich und der Welt, weil auch auf der übrigen Welt Frieden herrscht. 1494 – zwei Jahre nach der Entdeckung Amerikas – erwähnt Sebastian Brant in seinem „Narrenschiff“ das „schluraffen landt“, das nach Hans Sachs dort liegt, wo es hingehört: „Drei Meilen hinter Weihnachten“.

Die Mußegesellschaft kennt keine Unterscheidung zwischen Pflicht und Neigung, Tätigsein und Müßigsein. Getragen von einer *Non-Mühsal-Ethik* setzt sie materielle Sicherheit und höhere Bildung auf breiter Ebene voraus (oder die Rückkehr in das Leben „edler Wilder“). In einer Mußegesellschaft ist die Arbeitswelt so weit automatisiert, dass nur mehr wenige die notwendigen Kontrollfunktionen wahrnehmen. Alle übrigen leben im Reich der Freiheit ohne Arbeitszwang. Sie haben Zeit zum Leben nach Lust und Laune. In der Mußegesellschaft ist die Abhängigkeit von der Arbeit aufgehoben. Es kommt zur völligen Umwertung der Werte: Aus menschlicher Faulheit wird göttliches Faulenzen, aus unerträglicher Langeweile glückliche Beschaulichkeit. Eine solche Mußegesellschaft kann nur eine Utopie sein.

Die Müßiggänger haben die Arbeit nicht erfunden, ja sie schauen nicht einmal müßig zu, wenn andere arbeiten. Denn in der Mußegesellschaft gibt es praktisch kaum oder gar keine menschliche Arbeit mehr. Roboter steigern das Bruttosozialprodukt, das die Müßiggänger dann beim Glücksspiel verjubeln. Ihre einzige Lebensaufgabe besteht darin, die Zeit totzuschlagen. Es ist ein Leben in chronischem Überfluss, in der friedlichen Idylle von Lebensfreude und Dauerglück. Doch dieses Leben erweist sich als ein mythologischer, zutiefst antiökonomischer Traum, der auch im Jahr 3000 noch nicht ausgeträumt sein wird.

Das dritte Zukunftsszenario *Visionäre Tätigkeitsgesellschaft* verkörpert eine jahrhundertealte Vision der Philosophie vom menschlichen Glück. Ihre geistigen Ursprünge reichen von Sokrates und Aristoteles über die mittelalterliche Philosophie bis hin zu Hannah Arendt und Ralf Dahrendorf. Nach der *Vita-activa-Ethik* der Tätigkeitsgesellschaft sind Arbeit und Freizeit zwar noch existent, stellen aber zusammen mit Kultur, Bildung, Unterhaltung und Politik gleichwertige Lebensqualitäten dar. Leitbild wird der *freie tätige Mensch* sein, der sich vom Verdikt des immer nur Nützlichen und Lebensnotwendigen befreit. Es ist der souveräne Mensch, der – aus freien Stücken – gleichermaßen für sich und die Gemeinschaft tätig ist und ebenso individualistisch wie sozialaktiv lebt.

In der Tätigkeitsgesellschaft agiert der Mensch als selbstbewusster Lebenskünstler, der zu leben versteht und weder unter Stress noch Phlegma leidet. Mal arbeitet er im Schweiße seines Angesichts, mal entspannt er sich beim kreativen Tun. Immer geht die Initiative von ihm selbst aus, er wartet nicht auf den Anstoß von außen. Untätigkeit ist dem Lebenskünstler fremd. Selbst das Genießen wird zum Ausdruck innerer Aktivität. Was Karl Marx einst als „freie bewusste Tätigkeit" vorschwebte, lebt der Lebenskünstler intensiv vor: Ihm geht das Tätigsein nie aus. Nicht Aktionismus und Geschäftigkeit bestimmen seinen Lebensstil. Der Lebenskünstler besinnt sich auf die eigenen Fähigkeiten, gibt seinem Leben Sinn durch produktives Tätigsein in Übereinstimmung mit sich und seinem sozialen Umfeld.

Das Problem: Dieser eigenaktive Lebenskünstler, der das *savoir vivre* der *vita activa* beherrscht, muss erst noch geboren werden. Der heutige Mensch – weitgehend an abhängige Beschäftigung und verordnete Arbeiten und Pflichten gewöhnt – würde sich erst einmal selbst im Wege stehen. Die Tätigkeitsgesellschaft setzt ein verändertes Werte- und Wirtschaftssystem und einen neuen Menschen voraus. Ein solcher Wandel wird – wenn er kommt – Zeit brauchen, vielleicht Zeitabläufe mehrerer Generationen beanspruchen. Die freie Tätigkeit als Quelle der Sinn- und Identitätsfindung des Menschen kann daher nur das visionäre Ziel für eine wünschbare Zukunft sein.

Im vierten Zukunftsszenario *Realistische Leistungsgesellschaft* heißt es: „Arbeit für alle: Leistung von allen". Es gibt für alle genug zu tun – nur nicht immer gegen Geld. In der Produktion werden für die gleiche Leistung nur mehr halb so viele Arbeitskräfte benötigt. „Erwerbsarbeit für alle" wird zur historischen Reminiszenz. Schon heute gibt es in jedem zweiten Haushalt keinen Erwerbstätigen mehr. Bezahlte Arbeit ist nur noch für wenige da.

In dieser Übergangssituation müssen sich die Menschen wieder auf sich selbst und ihre Fähigkeiten besinnen und die Erfahrung machen, dass Berufsarbeit allenfalls das halbe Leben ist. Die *neue Ressource Leistungsfähigkeit* entwickeln sie zu ihrem größten Produktivfaktor. Erwerbsarbeit ist dabei lediglich Mittel zum Zweck und nicht mehr höchster Lebenszweck. Genauso wichtig wie die berufliche Karriere werden außer- und nachberufliche Leistungen im Familien- oder Freundeskreis, im Sport, in der Politik oder im sozialen Engagement.

Die realistische Leistungsgesellschaft wird in der Übergangsphase eine Art „Freizeit-Arbeitsgesellschaft" (vgl. Opaschowski 1988, S. 11) sein: Freizeitelemente dringen in die Arbeitswelt wie umgekehrt auch die Arbeit schattenhaft im Freizeitbereich weiterlebt.

Neue Lebensformen entstehen, bei denen notwendige Arbeitstätigkeiten mit persönlichen Freizeitinteressen verbunden werden. Der Leistungsbegriff wird quantitativ und qualitativ erweitert und die alte Berufsethik wandelt sich zu einer *neuen Gleichgewichtsethik* („Freizeitarbeitsethik"). Die Grenzen zwischen Erwerbs- und Freizeitarbeit, Hand- und Heimwerken verwischen sich. Viele Rollen sind dann in der Person der neuen Leistungsträger vereinigt: mal Werk- oder Freizeittätige, mal Jobholder oder Jobsharer, mal Aufsteiger oder heimliche Aussteiger.

Was nach Feierabend erfahren wird, muss auch in der Erwerbsarbeit möglich sein: Lust an der Leistung, v.a. sinnvolles Tun. Die Menschen möchten auch in der Arbeit auf Erfolgs- und Prestigeerlebnisse nicht verzichten. Die neuen Leistungsträger sind *Vielbeschäftigte und Multiaktive*. Sie wollen Herr über ihre eigene Lebenszeit und keine „getarnten Arbeitstiere" sein. Der Gewinn von mehr Zeitsouveränität und mehr Freude am Leben ist ihnen mitunter wichtiger als ein höheres Einkommen. In der neuen Leistungsgesellschaft kann die Bezahlung mit Lebenssinn genauso wichtig wie die Bezahlung mit Einkommen werden.

Suche nach neuen Beschäftigungen

„Der Soziologe fühlt sich stets versucht, den Propheten zu spielen." An diese Aussage des amerikanischen Soziologen Daniel Bell (Bell 1996a, S.58) mag man sich bei diesen vier Zukunftsszenarien erinnert fühlen. Der deutsche Soziologe Ulrich Beck hat in seiner Veröffentlichung „Schöne neue Arbeitswelt" ein ganz anderes Szenario entwickelt, das er statt „Tätigkeitsgesellschaft" *Weltbürgergesellschaft* nennt, dabei allerdings weitgehend verschweigt, wie die Brücke zu diesem Ziel hin überhaupt gebaut werden kann. Fast unversöhnlich stehen sich nämlich die alte Arbeitsgesellschaft und die neue Weltbürgergesellschaft gegenüber. Ein konkretes Übergangsstadium ist nicht erkennbar. Wo soll denn plötzlich „die politisch gewendete, selbsttätige, selbstbewusste, politische Bürgergesellschaft" (Beck 1999, S.14) herkommen? Wie kann sich der abhängig Beschäftigte auf einmal zum Selbst-Tätigwerdenden entwickeln, zum selbstbewussten Do-it-yourselfer und eigenständigen Lebensunternehmer?

„Wie viel Arbeit braucht der Mensch?", fragte schon vor 20 Jahren die Sozialforscherin Marie Jahoda die gesamte westliche Welt

(Jahoda 1983). Arbeit hat eine Zukunft, weil es weiterhin sinnvolle Aufgaben für alle gibt. Die *Suche nach neuen Beschäftigungen* muss zum Credo für das 21. Jh. werden. Im gleichen Maße, wie die bezahlte Arbeit zur Mangelware wird, muss ernsthaft Ausschau nach neuen Beschäftigungsformen gehalten werden, die Existenzsicherung und Lebenserfüllung gleichermaßen gewähren.

Jetzt ist soziale Phantasie gefordert, die heute schon eine Antwort auf die Frage gibt, wie wir morgen arbeiten wollen. Diesseits und jenseits des Erwerbs warten neue Arbeitswelten auf uns. Alte Unternehmensstrukturen lösen sich zusehends auf, neue Organisationsformen entstehen: High-Tech-Arbeitsplätze und virtuelle Unternehmen, Telearbeiten zu Hause und Nebenjobs außer Haus, nachberufliche Zweitkarrieren für sich selbst und unbezahlte soziale Dienstleistungen für andere. Neue Arbeitswelten lösen „die" alte Arbeitswelt ab. Multiple Beschäftigungen rücken in das Zentrum des Lebens. An Ideen und Initiativen mangelt es den Bürgern nicht, denn sie wollen weiterhin im Leben etwas leisten. Und alle können auch etwas leisten – wenn Politik und Gesellschaft ihnen bescheinigen, dass sie und ihre Leistungen auch gebraucht werden.

Nichts anderes meint die 1999 in Berlin von Bundespräsident Rau gemeinsam mit den ehemaligen Bundespräsidenten Herzog, v. Weizsäcker und Scheel veröffentlichte Erklärung. Die Politik, so hieß es, muss vielfältige *Gelegenheiten schaffen* und *Wege ebnen*, damit die Bürger auch die Möglichkeit haben, sich in Diensten für die Gemeinschaft freiwillig zu engagieren. Dies setzt allerdings voraus, dass die Politik (gemeint sind die Politiker, die Parteien, die Parlamente) den Bürgern mehr *Orientierungen* gibt und nicht nur primär am Erhalt von Mehrheiten interessiert ist.

Bereits vor einem Jahrzehnt hatte der Autor vor dem Hintergrund des Struktur- und Wertewandels von der Politik mehr *Orientierungsleistungen* gefordert. Konkret: Die Politik soll „Orientierung leisten (z. B. über Verlautbarungen, Veröffentlichungen, symbolhafte Handlungen, öffentliche Reden) und Sinnfindung fördern – auch und gerade im Kontakt mit sinnstiftenden Organisationen (z. B. Kirchen, Gewerkschaften, Verbänden)" (Opaschowski 1990, S. 66). Orientierungen leisten, heißt v. a., *der jungen Generation Zukunftsperspektiven bieten*, damit sie sich diesseits und jenseits des Erwerbs entfalten und engagieren kann. Die Zeichen der Zeit zwingen geradezu zum politischen Handeln.

Es reicht heute und in Zukunft nicht mehr aus, für eine bloße Umverteilung der Erwerbsarbeit Sorge zu tragen. Viel dringlicher wird eine „bessere, flexiblere Abstimmung" (Dombois 1999, S. 20) zwischen Erwerbsarbeit und Nichterwerbsarbeit, zwischen Erwerbstätigkeiten und bisher nicht marktvermittelten Tätigkeiten wie Familien-, Gemeinschafts- und Eigenarbeit. Es geht also um Tätigkeiten diesseits und jenseits des Marktes. Dazu zählen Vollzeit- und Teilzeitbeschäftigungen genauso wie Elternurlaub und Sabbatical, Arbeitslosigkeit und Ruhestand. Die Politik muss solche *Arbeitsmarktübergänge* bzw. *Übergangsmärkte* fördern, erleichtern und regeln helfen (vgl. Rabe/Schmid 1999).

Für die Beschreibung der Übergangssituation und die Akzeptanz der veränderten gesellschaftlichen Wirklichkeit werden vielfach neue Namen und Begriffe gesucht wie z. B.

- „Wissensgesellschaft" (Bell 1996 a),
- „Leistungsgesellschaft" (Opaschowski 1973),
- „Risikogesellschaft" (Beck 1986),
- „Erlebnisgesellschaft" (Schulze 1992),
- „Optionsgesellschaft" (Klages 1993),
- „Multioptionsgesellschaft" (Gross 1994),
- „Überlebensgesellschaft" (Hillmann 1998).

Aus der Sicht einer zeitdiagnostisch orientierten Sozialwissenschaft sind dies Versuche, ein Verständnis für die Gegenwartsdynamik zu gewinnen und diesem gesellschaftlichen Wandel auch einen prägnanten Namen zu geben, der sich deutlich von früheren Gesellschaftsformen unterscheidet. Nicht selten enthalten diese neuen Begriffe eine *futuristische Dimension*, deuten also eine Entwicklung an, die zum gegenwärtigen Zeitpunkt noch gar nicht abgeschlossen sein muss. Mit solchen Kurzformeln lässt sich sicher nicht die Gesellschaft als Ganzes beschreiben, wohl aber ein *wesentlicher Aspekt* und eine *zentrale Perspektive*.

Wie schätzt die Bevölkerung selbst die derzeitige gesellschaftliche Situation ein? Identifizieren wir uns noch mit der Arbeitsgesellschaft oder leben wir schon in einer Spaßgesellschaft, in der es mehr um das Vergnügen für sich und weniger um die Arbeit für andere geht? 3000 Personen ab 14 Jahren wurden mit folgender Aussage konfrontiert: „Unsere Gesellschaft befindet sich im Wandel. Für die Beschreibung der gesellschaftlichen Entwicklung in Deutschland gibt es eine Vielzahl von Bezeichnungen. Welche der folgenden Bezeichnungen treffen nach Ihrer persönlichen Auffassung am ehesten auf die Situation in Deutschland zu?" Das Ergebnis (vgl. Opaschowski 2001 b) überrascht: Nach Einschätzung der Bevölkerung hat der mentale *Abschied von der Industriegesellschaft* in Deutschland längst begonnen. Nur mehr ein Drittel der Bundesbürger (34%) ist der Meinung, dass wir in einer Industriegesellschaft leben. Selbst die in der Produktion tätigen Arbeiter glauben kaum mehr daran (33%). Von dem „Leitbild Industriegesellschaft" sind lediglich die Leitenden Angestellten noch am meisten überzeugt (43%).

Ein Wandel von der Industrie- zur Leistungsgesellschaft zeichnet sich derzeit ab. Fast zwei Drittel der Bevölkerung (60%) vertreten die Auffassung, dass *die Leistungsgesellschaft* die bundesdeutsche Wirklichkeit am treffendsten beschreibt. Vor allem Befragte mit höherer Schulbildung wie z.B. Universitätsabsolventen (67%) sowie Berufstätige in leitenden Positionen wie z.B. Höhere Beamte oder Leitende Angestellte (69%) betonen besonders das Leistungsprinzip. Im gleichen Maße, wie die Industriegesellschaft in Deutschland an Bedeutung verliert, lebt die Leistungsgesellschaft auf. Mit dem Begriff Leistungsgesellschaft kann sehr viel umfassender jede Form von gesellschaftlicher Leistung zum Ausdruck gebracht werden. Die Bevölkerung hat offenbar ein Gespür dafür, was im Berufsleben genauso zählt wie im privaten Bereich: *Soziale Anerkennung verdient, wer im Leben etwas leistet.* Die Zukunft in Deutschland hat einen Namen: Leistungsgesellschaft. Jugendliche im Alter von 14 bis 19 Jahren sind davon genauso überzeugt (63%) wie etwa die 25- bis 59-Jährigen (63%). Offen ist eigentlich nur noch die Frage: Leistung – wofür? In der Arbeit? Im Sport? Oder im sozialen Engagement?

Die Arbeitsgesellschaft ist jedenfalls kein dominantes Paradigma für die Zukunft mehr. Lediglich eine Minderheit der Bevölkerung kann sich damit noch identifizieren (24%) – auch die Freizeitgesellschaft (24%) kann weder Ersatz noch Alternative dafür sein. Werden im 21.Jh. die beiden Gegenwelten Arbeit/Freizeit durch die Spannungspole Leistung/Lebensgenuss ersetzt? Die junge Generation befindet sich bereits auf dem Wege zu dieser neuen Lebensbalance. Leistung und Lebensgenuss sind für sie keine Gegensätze mehr. Lust auf Leistung und Lust durch Leistung werden und bleiben attraktiv, wenn dabei die Lebensfreude und der Lebensgenuss nicht zu kurz kommen. Ganz anders, als es in den 70er- bis 90er-Jahren befürchtet und diagnostiziert worden war (z.B. Noelle-Neumann: „Nachlassende Freude an der Berufsarbeit" – „Entfernung vom Leistungsdenken") hat sich die Einstellung der jungen Generation zu Arbeit und Leistung entwickelt.

Symbiose von Leistung und Lebensgenuss

Die befürchtete *Leistungsverweigerung* fand und findet nicht statt. Im Zeitvergleich der 80er- und 90er-Jahre ist erkennbar, dass Leistung immer bedeutsamer eingeschätzt wird. Auf die Frage, ob sie

- in der Arbeit etwas tun und *leisten* möchten, was Sinn hat und Spaß macht, oder ob sie lieber
- ihr Leben *genießen* möchten und sich nicht mehr abmühen wollen als nötig, oder ob für sie
- *Leistung und Lebensgenuss* gleich wichtig sind,

antworten die jungen Leute im Alter von 18 bis 29 Jahren klar und eindeutig. Ein Hang zu Hedonismus und Leistungsdistanz lässt sich hieraus nicht ableiten. Die Beantwortung lässt eher darauf schließen, dass Leistung und Lebensgenuss ihren Alternativ- oder gar Konfrontationscharakter verloren haben. Offensichtlich gehören Leistung und Lebensgenuss heute zum Leben wie Ein- und Ausatmen auch. Kein Lebensgenuss ohne Leistung. Umgekehrt gilt auch: Lebensgenuss lenkt nicht mehr automatisch von Leistung ab. Und wer sein Leben nicht genießen kann, wird auf Dauer auch nicht leistungsfähig sein.

In den letzten Jahrzehnten haben sich die Wertvorstellungen in allen westlichen Gesellschaften grundlegend verändert: „Die Ergebnisse weisen international eine fast atemberaubende Übereinstimmung auf" (Inglehart 1989, S. 116). Stand früher materielles Wohlergehen im Vordergrund, so wird heute und in Zukunft mehr Gewicht auf die Lebensqualität gelegt. Der in der Sozialforschung diagnostizierte *Wandel von den Pflicht- und Akzeptanzwerten zu den Selbstentfaltungswerten* (vgl. Klages 1993) verändert zwangsläufig auch das Wesen und die Einstellung zu Arbeit und Leistung.

Der Lebenssinn muss im 21. Jh. neu definiert werden: Leben ist dann die Lust zu schaffen. Schaffensfreude (und nicht nur Arbeitsfreude) umschreibt das künftige Leistungsoptimum von Menschen, die in ihrem Leben weder über- noch unterfordert werden wollen. Schaffensfreude schließt Lust und Leistung gleichermaßen ein.

Schon heute wird in Deutschland mehr unbezahlte als bezahlte Arbeit geleistet. Etwa 60 Mrd. Stunden Erwerbsarbeit stehen rund 100 Mrd. Stunden unbezahlte Arbeit, insbesondere Familienarbeit durch Kindererziehung und Haushaltsarbeit gegenüber.

- Die unbezahlte Arbeit ist bisher in der alten Arbeitsgesellschaft überrepräsentiert, aber unterbewertet.

– In der neuen Leistungsgesellschaft von morgen könnte mehr die effektive Leistung zählen – ob bezahlt oder unbezahlt. In Zukunft würde sich Leistung wieder lohnen.

Das gesellschaftliche *Leistungsprinzip*, in der Nach-68er-Zeit höchst frag- und diskussionswürdig geworden, erlebt dann eine *Renaissance*: Die Leistungskriterien werden auf alle Bereiche des Lebens übertragen – über Schule und Arbeit hinaus auf die Kindererziehung, die Haus- und Gartenarbeit, auf Fitness und Sport, auf soziale Kontakte und soziales Engagement. Eine solche neue *Leistungsorientierung im Berufs- und Privatleben* würde zugleich das subjektive Gefühl aufkommen lassen, dass die persönlich frei verfügbare Zeit immer knapper und kostbarer wird.

Leistung – wofür?

Jahrzehntelang daran gewöhnt, Leistungen nur daran zu messen, ob sie beruflich verwertbar sind oder sich in barer Münze auszahlen, entwickeln sich dann *neue Leistungsmotivationen*, die sich auch in individuellen und sozialen Erfolgserlebnissen verwirklichen lassen. Damit könnten humane und soziale Leistungen im zwischenmenschlichen Bereich wieder stärker zum Zuge kommen wie z. B. Rücksichtnahme und Hilfsbereitschaft. Die Leistungsmotivation bliebe also ungebrochen. Ein Rückgang von Leistungsbereitschaft wäre nur dann zu erwarten, wenn die Anforderungen von der Sinnfrage abgekoppelt würden und die Frage „Leistung – wofür?" unbeantwortet bliebe.

„Man soll die Fähigkeiten eines Menschen nach seinen *alltäglichen Leistungen* messen", empfahl Blaise Pascal vor über 300 Jahren („Pensées"). Im Leben etwas leisten bedeutet seit jeher etwas schaffen, bieten, vollbringen, erfüllen und bewirken. Das schließt „eine Arbeit leisten" genauso ein wie „Hilfe leisten" oder „Widerstand leisten". Wir unterscheiden daher im alltäglichen Sprachgebrauch körperliche, geistige, künstlerische, sportliche, technische oder wissenschaftliche Leistungen und sprechen von Leistungsprinzip und Leistungsdruck, Leistungsgrenze und Leistungsgesellschaft.

Den Begriff und das Verständnis von *Leistung im heutigen Sinne* gibt es eigentlich erst seit Ulrich Zwingli (1484–1531), der vor rund 500 Jahren als Feldprediger an verschiedenen Schlachten (z. B. Novara 1513, Marignano 1516) teilgenommen und als Reformator der deutschen Schweiz und als Widersacher von Martin Luther bekannt geworden ist. Infolgedessen ist Leistung bis heute ein Schlüsselbegriff im *Spannungsfeld von Protestantismus und Kapitalismus* geblieben. In der Tradition einer fast ausschließlich ökonomisch ausgerichteten Leistungsgesellschaft wurde der Wert Leistung fast als Fetisch gehandelt. Im Mittelpunkt stand das Leistungsprinzip, wonach „soziale Ränge und Chancen, Entlohnung und Einfluss nach der und nur nach der persönlich erbrachten beruflichen Leistung gemessen und verteilt" wurden (Lenk 1973, S.13).

Eine Gesellschaft, die ihren Mitgliedern Rollen und Ränge fast ausschließlich nach dem Leistungsprinzip zuteilt, wird Leistungsgesellschaft genannt. Dies gilt auch für die künftige Leistungsgesellschaft – nur mit einem wesentlichen Unterschied: Das Leistungsprinzip bemisst sich nicht mehr nur nach wirtschaftlichen Konkurrenzkriterien. Zum neuen erweiterten Leistungsprinzip einer nachindustriellen Gesellschaft gehört auch eine *soziale und kulturelle Komponente* als Ergänzung und humanes Korrektiv.

In einer solchen neuen Leistungsgesellschaft können grundsätzlich alle Bürger etwas leisten. Der Wert und die Anerkennung dieser persönlichen Leistungen bemessen sich dann an dem, was dabei *für die Gemeinschaft* (z.B. Betrieb, Familie, Nachbarschaft, Gemeinde, Verein) erbracht wird. Die soziale Bewertung bleibt nicht mehr nur an die Arbeitssphäre gebunden. Und auch das Gegensatzpaar Leistung/Lust wird sinnlos. Denn die neuen Leistungsträger können gleichermaßen Puritaner wie Hedonisten sein. Und Leistungsorientierung schließt neben Leistungszwängen auch Leistungslust ein.

Die Kulturkritik von Adorno, Habermas und Marcuse in den 50er- bis 70er-Jahren entzündete sich zu Recht an der *Diktatur des ökonomischen Leistungsprinzips*. Wer hingegen in Zukunft auf freiwilliger Basis soziale Leistungen vollbringt und dies hoch motiviert mit „Lust" oder „Spaß" tut, wird sich keineswegs als Opfer von Leistungsdruck fühlen. Wohl können freiwillige Leistungen auch Anstrengungs-, ja Arbeitscharakter haben, also arbeitsähnlich strukturiert und organisiert sein.

Leistung zwischen Stress und Spaß

Eine neue Leistungskultur wird zur Brücke zwischen Berufs- und Privatleben – eine Art Vermittler zwischen traditionellen Gegenwelten. Ehemals dominante Aspekte der Leistung gibt es zwar auch heute noch, sie spielen aber nur mehr für Minderheiten eine Rolle:

- Verzicht leisten (20%)
- Gehorsam leisten (13%)
- Bürgschaft leisten (5%)
- Eid leisten (5%)
- Buße leisten (4%).

Das neue Leistungsverständnis hingegen hat eine *Bedeutungserweiterung* erfahren. Nach der Jahrtausendwende verbinden die Menschen mit dem Begriff Leistung zunehmend positive Assoziationen:

- Produktives leisten (66%)
- Soziale Dienste leisten (31%)
- Kreatives leisten (29%)
- Praktische Hilfe leisten (22%)
- Freiwillige Engagements leisten (17%).

Insbesondere die junge Generation der 14- bis 29-Jährigen lebt und erlebt die neue Leistungskultur. „Verzicht" und „Gehorsam" leisten wird von den Jugendlichen im Vergleich zur übrigen Bevölkerung geringer bewertet; dafür schätzen sie *kreative Leistungen* höher ein. Und auch *soziale Dienste leisten* hat bei den Jugendlichen einen höheren Stellenwert (32%) als etwa bei den 30- bis 49-Jährigen (27%). Wird die Jugend zum Hoffnungsträger für das 21. Jh.? Der Leistungsgedanke lebt weiter in erweiterter Bedeutung. Zum Pflicht- und Zwangscharakter der Leistung gesellt sich der Selbstbestimmungs- und Selbstverwirklichungscharakter.

„Leistung 21" hat also viele Gesichter und ist gleichermaßen zwischen Pflicht- und Lebenserfüllung angesiedelt. Die alte Redensart „Ohne Fleiß kein Preis" hat ihre Gültigkeit bis heute bewahrt. Wer in Schule, Ausbildung, Beruf, Hobby, Sport und Freizeit etwas erreichen will, muss sich dafür anstrengen. Die Frage „Welche persönlichen Vorstellungen verbinden Sie am ehesten mit dem Wort ‚Leistung'?" wird von der überwiegenden Mehrheit der Bevölkerung mit „Fleiß" beantwortet. Danach folgen fast auf dem Fuße „Erfolg" und „Können". Fremdbestimmte Leistungsanforderungen wie „Druck" (23%), „Zwang" (18%) und „Erschöpfung" (17%) haben dagegen eine marginale Bedeutung bekommen. Leistungsanreize sind durchweg positiv motiviert.

Zur Leistung will man in der Regel nicht gezwungen werden. Die meisten setzen sich ihre Leistungsnormen selbst („*Ich* bringe die Leistung nicht für den Verein, sondern für *mich*"). Erfolg bedeutet dabei in erster Linie persönliches Erfolgserleben: „Man ist befriedigt hinterher, wenn man etwas geleistet hat." Zunächst einmal klopft man sich selbst auf die Schulter. Und mit dem Erfolg lässt auch der Spaß nicht lange auf sich warten: „*Ich* versuche immer, der Beste zu sein. Sonst habe *ich* keinen Spaß daran." Wer auf der Verliererseite steht, verliert – verständlicherweise – auch schnell den Spaß daran.

Mit dem Wort „Leistung" verbinden einige Bevölkerungsgruppen ganz unterschiedliche Vorstellungen:

- Für Jugendliche im Alter von 14 bis 29 Jahren hat Leistung zwei Gesichter: Im Vergleich zur übrigen Bevölkerung betonen die Jugendlichen deutlich mehr die *Anstrengung*, aber auch das *Erfolgserlebnis* – den *Stress*, aber auch den *Spaß*.
- Auf den *Fleiß*-Charakter der Leistung verweist v. a. die ältere Generation über 50 Jahre.
- Ostdeutsche geben an, mehr als Westdeutsche bei Leistung auch an *Erschöpfung* zu denken.
- Männer begreifen Leistung eher als *Herausforderung*, Frauen verbinden damit mehr die Vorstellung von *Anerkennung*.
- Befragte mit höherem Bildungsabschluss – insbesondere Universitätsabsolventen – machen deutlich, dass Leistung auch *Können* voraussetzt, damit sich *Erfolg* einstellt.

Nach Einschätzung der Bevölkerung ist Leistung nicht mehr zentral an Erwerbsarbeit gebunden, sondern kann vielmehr in allen Lebensbereichen erbracht werden. Das ist die Zukunftschance für eine *multiaktive Leistungsgesellschaft*, in der alle etwas leisten und vielfältige Erfolgserlebnisse haben können.

In die Zukunft projiziert bedeutet dies: Je weniger Leistungsnachweise in der Erwerbswelt möglich sind, desto wichtiger wird es, sich selbst in Leistungen jenseits des Erwerbs zu bestätigen. Denn: *Der menschliche Leistungsdrang bleibt ungebrochen*. Der Wille zur Leistung scheint uns buchstäblich „in die Wiege gelegt" (Heiko Ernst) worden zu sein. Leistungslust und Lebenslust werden auch im 21. Jh. zusammengehören.

Die in der neuen Leistungskultur vorherrschenden Prinzipien

- Spaß am Tun und an einer sinnvollen Aufgabe,
- Suche nach Erfolgserlebnissen,
- Stolz auf die Anerkennung durch andere

können langfristig das gesellschaftliche Leistungsbewusstsein verändern: Einen eigenen Lebensstil entwickeln und kultivieren, soziale Kontakte und Beziehungen ausbauen, sich produktiv betätigen, praktische Nachbarschaftshilfe leisten, an der Verbesserung und Gestaltung des Wohnumfelds mitwirken, eigene Lebensziele ver-

Leistung
Das Leben als Herausforderung

... in Arbeit und Beruf(ung)

„Engagiertes Zupacken ist für mich Leistung.“
Wendelin Wiedeking (Porsche-Chef)

„Leistung bedeutet für mich, großes Stehvermögen aufzubringen und Ziele trotz widriger Umstände zu erreichen – v. a. dann, wenn es darum geht, neue Ideen durchzusetzen.“
Ulf Merbold (Astronaut)

... im Sport

„Leistung heißt für mich, die eigenen Grenzen zu erreichen. Leistung kann man sich erarbeiten und durch Arbeit und Training steigern. Leistung macht Spaß.“
Frank Busemann (Zehnkämpfer)

„Beständigkeit und Konzentrationskraft. Dauerhaft so gut bleiben, dass alle Kraft auf Abruf auf einen Punkt zu konzentrieren ist.“
Katharina Witt (Eiskunstläuferin)

... in der Kultur

„Leistung ist eine subjektive Angelegenheit,
die Bewertung kommt immer von mir selbst.“
Dieter Hildebrandt (Kabarettist)

„Leistung ist für mich, dass ich das, was mir an Veranlagung mitgegeben wurde – Schreiben und Zeichnen –, umsetze und bis aufs Äußerste ausreize, wobei ich oft an die Grenzen stoße.“
Günter Grass (Schriftsteller)

... im sozialen Engagement

„Gut Fußballspielen und anderen helfen.“
Matthias Fischer (Schüler, 15, rettete einen Fünfjährigen vor dem Ertrinken)

„Für andere da zu sein, ohne mich dabei selbst zu vergessen.“
Marion Kutzner (Krankenschwester in einem Sterbehospiz)

... im Lebensalltag

„Eine von Erfolg gekrönte Anstrengung: ein gut zubereitetes Essen,
ein gepflegter Garten, eine gelungene Radiomoderation.“
Maria Jepsen (Bischöfin in Hamburg)

„Wenn man im Alter alles tut, um geistig und körperlich fit zu bleiben.“
Herta Beyer (80 Jahre)

Eigene Zusammenstellung nach Heiko Ernst:
Lebensziel: Leistung (Stern vom 2. Oktober 1996)

wirklichen, soziale Aufgaben wahrnehmen, sich einer Initiative anschließen, einen Verein gründen – dies alles sind Leistungen, die

- einerseits mit persönlicher Selbstdarstellung verbunden sind und soziale Anerkennung ermöglichen und
- andererseits Erlebnisqualitäten beinhalten und das persönliche Wohlbefinden fördern helfen.

Auf dem Wege zur multiaktiven Leistungsgesellschaft, in der die selbstbestimmte Eigenleistung wieder an Bedeutung zurückgewinnt, muss über das traditionelle Begriffsumfeld *Leistung/Leistungsprinzip* neu nachgedacht werden. Die Leistungsdiskussion, die sich jahrzehntelang fast nur im ökonomischen Fahrwasser bewegte, muss um humane und soziale Dimensionen erweitert werden. Mit der neuen erweiterten Leistungskultur stirbt keineswegs das traditionelle Leistungsverständnis aus. In Schule, Ausbildung und Beruf müssen auch in Zukunft Leistungen mitunter hart erarbeitet und verdient werden – auch mit gelegentlicher Unlust oder partiellem Zwang. Die neuen Leistungsqualitäten – jenseits von Notengebung oder Geldverdienen – kommen in Zukunft *zusätzlich* hinzu, sorgen nicht nur für den notwendigen Ausgleich, sondern stärken auch das Selbstwertgefühl.

Wir entwickeln uns zu einer neuen Leistungsgesellschaft, die auch die jüngere Generation voll bejaht. Wenn Leistung nicht nur als Ergebnis (von anderen!) gemessen, sondern auch als Erlebnis (selbst!) erfahren werden kann, kommt es nicht zum Bedeutungsverlust, sondern zur Bedeutungserweiterung der Leistung. Leistungsstarke können Leistungsschwache unterstützen. Leistung hat Zukunft, weil Leistung Glück und Erfüllung im Tun ist.

Der Umbau der alten Erwerbsgesellschaft in eine neue Leistungsgesellschaft kann gelingen auf dem Wege über die Gleichwertigkeit von bezahlter und unbezahlter Arbeit, von Erwerbsarbeit und gemeinnütziger Arbeit. Zur neuen Leistungsgesellschaft gehören vier Arbeitswelten:

1. Die *Erwerbsarbeit* mit multiplen Beschäftigungsverhältnissen.
2. Die *Gemeinschaftsarbeit* mit Freiwilligenleistungen für Familie und Gesellschaft.
3. Die *Lernarbeit* mit lebenszeitbegleitender Fort- und Weiterbildung.
4. Die *Eigenarbeit* mit Eigenleistungen für sich und auch mit „Arbeiten an sich selbst“ zur Erhaltung von Gesundheit und Lebenszufriedenheit.

In den westlichen Industrieländern geht der Erwerbsgesellschaft nachweislich die „bezahlte Arbeit“ aus. Die Schlüsselfrage lautet daher: Was kann für den wachsenden Anteil der Nichterwerbstätigen (2002: 59% der Bevölkerung) zum neuen Lebensinhalt werden, wenn es weiter an bezahlten Jobs mangelt? Während Politik und Wirtschaft noch über Lösungsmöglichkeiten nachdenken, sind die meisten Bundesbürger schon einen Schritt weiter. Sie suchen sich selbst einen Lebenssinn, machen sich selbst zum Unternehmer und schaffen sich selbst neue Arbeitsplätze, in denen sie Leistungen im Leben erbringen und Erfolgserlebnisse haben können: *Familienarbeit* (66%), *Lernarbeit* (52%) durch Fort- und Weiterbildung sowie *Gartenarbeit* (52%) heißen die neuen Beschäftigungsmöglichkeiten: Sie haben Sinn und machen Spaß.

Natürlich nennen zunächst einmal zwei Drittel der Bevölkerung die *Erwerbsarbeit* (66%) als allgemein anerkannten Leistungsbereich – allerdings gleichauf bewertet mit der Familienarbeit, also der Kindererziehung und Haushaltsarbeit. Mit deutlichem Abstand folgen Gemeindearbeit (47%), ehrenamtliche Bürger- und Freiwilligenarbeit in sozialen Organisationen (41%) sowie Vereinsarbeit (30%). Deutlich höher bewertet wird die Eigenarbeit, weil man hier etwas nach eigenen Vorstellungen gestalten und jederzeit Erfolgserlebnisse haben kann. Solche Eigenarbeiten wirken wie ein Lebenselixier und verhindern Leere, Langeweile und Depressionen.

Freiwillige Gemeinschaftsleistungen

Eine *neue Sinnfindung* des Lebens kann beginnen: Die Menschen werden *aktiv – auch ohne Bezahlung*. Der klassischen Arbeitsgesellschaft geht zwar die bezahlte Arbeit aus, nicht aber den Menschen die Lust auf Leistung. Dies bedeutet: Wenn die Maschinen in Zukunft fast alles tun, bleibt dennoch für die Menschen genug übrig. Denn: Nach der Erwerbsarbeit ist die Lebensarbeit nicht zu Ende. Zu den Arbeiten in Familie, Haus und Garten kommt insbesondere die persönliche Weiterbildung hinzu. *Gemeinnützige Tätigkeiten* wie z.B. Gemeindearbeit, Freiwilligenarbeit und Vereinsarbeit werden allerdings etwas nachrangiger eingestuft, weil solche sinnstiftenden Bürgerengagements im Dienste der Gemeinschaft bisher v.a. eine Frage der Bildung sind. Befragte mit höherer Schulbildung schätzen im Vergleich zu Haupt- und Volksschulabsolventen die Vereinsarbeit (+8 Prozentpunkte), die Freiwilligenarbeit (+9) und die Gemeindearbeit (+12) als Tätigkeitsbereiche, in denen sie etwas leisten können, deutlich höher ein.

Arbeit muss in Zukunft neu definiert werden: Erwerbsarbeit bringt Geld, Familien- und Gemeinschaftsarbeit sparen Geld. Dass sich bezahlte Leistung im Beruf weiterhin lohnt, darüber sind sich Frauen und Männer gleichermaßen einig. Hingegen gehen die Ansichten noch weit auseinander, wenn es um die Einschätzung unbezahlter Arbeit geht. Während Männer eher dazu neigen, z. B. Do-it-yourself und Heimwerken als Leistungsäquivalent zur Berufsarbeit anzuerkennen (44% – Frauen: 33%), stufen Frauen mehr die Gemeindearbeit, die Nachbarschaftshilfe, die Kranken- und Altenpflege höher ein (52% – Männer: 41%). Und in der Bewertung von Familienarbeit und Kindererziehung liegen geradezu Welten zwischen Frauen und Männern: Während drei Viertel der Frauen (75%) diese Tätigkeiten als besondere Leistungen im Leben würdigen, sind dazu nur 56% der Männer bereit. Männer können sich nach wie vor mit Familienarbeit und Kindererziehung weniger identifizieren, weil sie der Meinung sind, dass *man(n)* in der Erwerbsarbeit mehr anerkannte Leistungen vollbringen kann als in der Familienarbeit zu Hause. Frauen sehen das genau umgekehrt.

Für die Zukunft zeichnet sich als Tendenz ab: *Erwerbsarbeit bekommt Konkurrenz.* Gemeinschaftsarbeit, Familienarbeit und Eigenarbeit entwickeln sich zu „den“ ernsthaften Konkurrenten, weil sie Spaß mit Sinn verbinden. Sie geben zudem den Unternehmen auch eine Antwort darauf, warum manche Mitarbeiter nicht mehr länger arbeiten oder gar früher aufhören wollen. In vielen Erwerbsarbeiten kommt der Sinnfaktor zu kurz. Bei unbezahlten Tätigkeiten hingegen bemisst sich der Erfolg einer Arbeit nicht mehr nur an der Höhe des Einkommens. Wer hier etwas leistet, steigert sein Selbstwertgefühl. An die Stelle der Honorierung mit Geld tritt dann die *Honorierung mit Sinn*, der in naher Zukunft allerdings auch die entsprechende gesellschaftliche Anerkennung folgen muss.

In der Übergangsphase wird man auf materielle Honorierungen und Vergünstigungen nicht ganz verzichten können. *Freiwilligenleistungen* müssen dann durch angemessene steuerfreie Aufwandsentschädigungen gefördert und honoriert werden. Dabei handelt es sich um *leistungsbezogene Pauschalen*, die das Ein- und Auskommen verbessern oder die Rente spürbar aufstocken helfen. Über ähnliche Vergünstigungen muss im Bereich der Familienarbeit nachgedacht werden. Wer sich kontinuierlich um Kinder kümmert oder längerfristig kranke Menschen betreut, sollte einen *arbeitnehmerähnlichen Status* bekommen.

Die Forderung „Arbeit für alle“ muss um die Zukunftsformel „Leistung von allen“ erweitert werden. In der künftigen Leistungsgesellschaft ist Arbeit für alle da, können auch alle etwas leisten, sodass es dann eher heißen wird: „Erst Eigenleistung, dann Fremd- oder Transferleistung.“ So ergeben sich *Zukunftschancen für außerberufliche Leistungsfelder* im sozialen, humanitären, kulturellen und ökologischen Bereich.

Je nach Geschlecht, Alter oder sozialer Schicht zeichnen sich unterschiedliche Leistungsbewertungen ab. Es ist sicher kein Zufall, dass z.B. die Ein-Personen-Haushalte das Leistungspotential der *Erwerbsarbeit* am höchsten einschätzen. Schon Ulrich Beck hatte 1986 den vollmobilen Single geradezu als „Urbild der durchgesetzten Arbeitsmarktgesellschaft“ (Beck 1986, S.200) bezeichnet. In dem zu Ende gedachten Marktmodell der Erwerbsgesellschaft wird fast ein familien- und eheloses Dasein unterstellt. Hingegen identifiziert sich die überwiegende Mehrheit der Frauen in der mittleren Lebensphase sehr viel stärker mit der *Familienarbeit* (79%) und weniger mit der Erwerbsarbeit (66%). Die größte Aufgeschlossenheit für unterschiedliche Formen der *Lernarbeit* zeigen derzeit die jungen Erwachsenen im Alter von 18 bis 24 Jahren. Ehrenamtliche Arbeit und *Freiwilligenarbeit* werden v.a. von den Höhergebildeten favorisiert. Arbeiter schätzen die *Heimarbeit* (Do-it-yourself/Heimwerken) besonders hoch ein. Und Ruheständler sehen in der *Gartenarbeit* Möglichkeiten für Leistungsanforderungen und Erfolgserlebnisse.

Grundzüge einer sozialen Leistungsgesellschaft

Eine multiaktive Leistungsgesellschaft kann für die individuelle Lebenserfüllung und auch für das soziale Zusammenleben der Menschen eine große Chance sein – birgt aber auch erhebliche Risiken:

- Müssen wir vielleicht in Zukunft *permanent Leistung* demonstrieren, sodass der gesellschaftliche Erwartungsdruck „Haben Sie heute schon etwas geleistet?“ zwar nicht so massiv wie der traditionelle Leistungszwang erscheint, dafür aber umso subtiler und bedrückender wirkt?
- Heißt es schon bald: *Leistung rund um die Uhr* ist nicht nur erwünscht, sondern geradezu vorgeschrieben? Lebensgenuss ja –

aber immer verbunden mit dem Nachweis, den Genuss auch „verdient" zu haben?

- Haben wir in Zukunft geradezu eine *Pflicht zum privaten Glück* im Sinne von vorher erbrachter Leistung?

Diese Problematisierung heißt nicht, das Bedürfnis des Menschen, von Kindheit an etwas leisten und sich mit anderen messen zu wollen, infrage zu stellen. Andererseits ist es nur realistisch: Bei jedem ernsthaften Leistungsvergleich muss es *Gewinner und Verlierer* geben. Insofern kann auch eine neue Leistungsgesellschaft inhumane Züge tragen. Welche Chancen haben in Zukunft eigentlich die Menschen, die nicht so flexibel und souverän, nicht so selbstständig und selbstbewusst, nicht so leistungsorientiert und erfolgshungrig sind? Müssen sie nicht selbst erst einmal angespornt und geleitet werden?

Die Gefahr besteht durchaus, dass die Leistungsgesellschaft eine Gesellschaft der Starken sein kann, die dann die Schwächeren doppelt benachteiligt – beruflich und privat. Doppelte Benachteiligung heißt:

1. Im Wettbewerb um einen sicheren Arbeitsplatz und im Kampf um den beruflichen Aufstieg drohen die Schwächeren auf der Strecke zu bleiben.
2. Im außer- und nachberuflichen Leistungswettbewerb mangelt es ihnen an Selbstvertrauen, Kontakt- und Konfliktfähigkeit, sodass andere wiederum das Rennen machen und sie bei der Vergabe verantwortungsvoller Aufgaben, Ämter und „Pöstchen" in Verein, Kirche, Partei oder sozialer Organisation das Nachsehen haben.

Aus der sozialpsychologischen Forschung ist bekannt: Wer sich beruflich und/oder privat über lange Zeit bis an die Grenzen seiner Leistungsfähigkeit fordert, ist vom *Burnout-Syndrom* bedroht, der körperlichen, emotionalen und geistigen Erschöpfung. Bedroht sind v.a. hoch motivierte Menschen (z.B. Manager, Politiker, Sportler, Künstler), die aus eigenem Antrieb Topleistungen vollbringen, aber zugleich das Gefühl haben, nie richtig fertig zu werden oder gar versagen zu können. Die Besten, die Leistungsfähigsten und auch und gerade die wirklichen Idealisten haben mit dem Problem chronischer Belastung und Überlastung zu kämpfen. Die Gefahr ist groß, dass sie das Ausbrennen mit gesundheitlichen Beeinträchtigungen (Rhythmus-, Schlafstörungen, Herz-Kreislauf-Erkrankungen) büßen oder mit leistungssteigernden Drogen verdrängen. Weil fast alle persönlichen Energien verbraucht werden, kommen schnell Flucht- und Ausstiegsgedanken auf.

Dies trifft nicht nur für Profis zu. Wer sich z.B. ehrenamtlich engagiert und freiwillig anderen Menschen helfen will, kann so in der Tätigkeit aufgehen, dass am Ende Ausbrennen droht. Die freiwilligen Helfer sind ständig den intensiven Gefühlen anderer ausgesetzt und müssen selbst auch Emotionen einbringen und geben. Und sie müssen sich mit den Grenzen abfinden, die ihren persönlichen Hilfeleistungen gesetzt sind. Was also freiwillige Helfer lernen und einüben müssen, wäre insbesondere *distanzierte Anteilnahme*, die Fähigkeit, einfühlsam und verständnisvoll zu helfen, aber gleichzeitig hinreichend distanziert und objektiv zu bleiben. Die „Ausgewogenheit von Distanz und Anteilnahme" (Aronson 1983, S.67) ist die Voraussetzung für eine freiwillige Hilfeleistung über längere Zeit oder gar auf Lebenszeit.

In der Leistungsgesellschaft von morgen, in der alle ihr Leben lang etwas leisten wollen und auch leisten müssen, wird die *permanente Überforderung* zum größten Lebensrisiko. Wenn alle „immer gut drauf" und rund um die Uhr leistungsfähig sein müssen, können sich schnell Depressionen, Überreizungen und Erschöpfungszustände ausbreiten. Oder die Modedroge der Kreativen und Prominenten (wie z.B. Kokain bei Diego Maradona, Whitney Houston, Konstantin Wecker, Christoph Daum) wird gesellschaftsfähig und als „Zauberstoff der Web-Gesellschaft" gefeiert (Der Spiegel Nr. 44/2000: „Deutschland geht online"). Im künftigen Zeitalter der Leistungen und Höchstleistungen können *Versagensängste* zu einer neuen Zeitkrankheit werden. Die Angst breitet sich dann aus, dem *Leistungsdiktat* der Nonstop-Gesellschaft nicht mehr folgen zu können.

Einer sozialen, nicht einer perfekten Leistungsgesellschaft muss die Zukunft gehören. Denn:

- Die perfekte Leistungsgesellschaft wäre eine „unmenschliche Gesellschaft" (Siebel 1973, S.142). Das ganze Leben würde durch das Leistungsprinzip bestimmt. Nur die Kompetentesten – in welchem beruflichen oder privaten Bereich auch immer – würden sich im Leistungswettbewerb durchsetzen.
- Genauso unmenschlich wäre aber eine Gesellschaft ohne das individuelle Leistungsstreben, weil dann gesellschaftliche Positionen einfach zugeteilt würden und Selbstverwirklichung unmöglich wäre. Das individuelle Sichbemühen würde sinnlos werden.

In einer neuen Leistungsgesellschaft müssen also das *Leistungsprinzip* und das *Sozialprinzip* (z.B. soziale Gerechtigkeit, soziale Verantwortung, soziale Sicherung) zusammenwachsen und auch

Leistungen und Gegenleistungen (vgl. Hartfiel 1977, S. 19) in ein Gleichgewicht gebracht werden.

Die Leistungsgesellschaft von morgen muss ihre *Probe auf die Menschlichkeit* erst noch bestehen, indem sie auch die zu ihrem Recht kommen lässt, die es selber nicht fordern können. Die Leistungsgesellschaft darf sich zu ihren Schwächsten nicht unsozial verhalten. Sie darf nicht zulassen, dass die Starken immer nur die Schwachen verdrängen oder gar zu Versagern degradieren. Hier sind alle und in besonderer Weise Kirchen und Wohlfahrtsverbände aufgerufen, für eine *soziale Leistungsgesellschaft* zu sorgen, die nicht nur die materielle Absicherung im Blick hat, sondern auch für eine gerechte Verteilung der Lebenschancen Sorge trägt.

Vierter Zukunftstrend: Die Mediatisierung. Leben in einer vernetzten Welt

Wandel der Gesprächskultur

Elektronische Medien wie z.B. Telefon, Radio und Fernsehen haben schon immer die Kommunikationskultur im privaten Lebensbereich verändert. Keine tausend Bundesbürger besaßen beispielsweise 1953 ein Fernsehgerät. Im gleichen Jahr startete das Institut für Demoskopie in Allensbach eine Repräsentativbefragung zur *Gesprächskultur von Ehepaaren* und wiederholte die Befragung in den 70er- und 80er-Jahren sowie im Jahr 2000. Was hat sich seither verändert? Mit der Einführung und Verbreitung des elektronischen Mediums Fernsehen in Deutschland haben die Gespräche zwischen Ehepartnern beträchtlich an Intensität verloren: Kaum war das erste Fernsehgerät in der Wohnung aufgestellt, sprachen die Ehepaare weniger miteinander. Die mediale Kommunikation drohte die Kommunikation in der Partnerschaft zu verdrängen. Das Allensbacher Institut spitzte die Auswirkungen des Fernsehens auf die Frage zu: Ist der Gesprächsfaden gerissen? (Allensbach 2000/Nr. 9, S. 1).

Was war passiert? In den 50er-Jahren, als das Fernsehen noch nicht weit verbreitet war, konnten 42% der Frauen davon berichten, dass ihr Mann fast alles mit ihnen besprach, was er während der Arbeit erlebt hatte. Ende der 70er-Jahre, nachdem das Fernsehen als Massenmedium Alltag geworden war, sagten das nur noch 31% der Frauen. Und zur Jahrtausendwende im Februar 2000 sind es lediglich 16% gewesen. Auch aus der Sicht der Männer wird der krasse *Verlust der Gesprächsintensität* bestätigt. 1953 haben noch 39% der Männer „alles" mit ihrer Frau besprochen, im Jahr 2000 nur noch 18%. Umgekehrt ist ebenso feststellbar: Gerade einmal 9% der Frauen haben heute den Eindruck, dass ihr Mann sich wirklich für das interessiert, was sie tagsüber tun oder erlebt haben. In den 50er-Jahren war das Interesse mehr als dreimal so hoch (30%).

Das Kunstwort „Compunikation" (Opaschowski 1980) meint *Netzkommunikation* und bedeutet mehr als bloße Information. Wer im PC und Internet „compuniziert", ist interaktiv (und nicht nur reaktiv), gestaltet selbst (und lässt sich nicht nur konsumtiv berieseln). *Compunikatoren* sind *Zuschauer* und *Nutzer* zugleich. Wenn eines Tages TV und PC zusammenwachsen, die TV-Zuschauer und PC-Nutzer vom Wohnzimmer genauso wie vom Arbeitszimmer aus kommunizieren und agieren, dann werden die neuen Compunikatoren auch *Viewser* (Koziol 2000, S.13), also *Viewer* und *User* zugleich sein.

Und wie wirkt sich dies auf die zwischenmenschliche Kommunikation aus? Wird das Internet zu einem neuen Kommunikationsmedium, das die Menschen in aller Welt näher bringt? Nach Aussagen des amerikanischen Computer-Wissenschaftlers Joseph Weizenbaum (MIT) werden lediglich Daten herumgeschickt, ohne dass sich die Menschen persönlich kennen lernen. So können Schulkinder in Deutschland zwar ihre Daten mit amerikanischen Schülern austauschen. Die Schüler sitzen dann „hinter dem Computer, statt draußen mit ihren Nachbarskindern zu spielen" (Weizenbaum 1996). Und was im Internet an sog. Botschaften hin- und hergeschickt wird, hat manchmal mehr mit Sprachgeröll als mit Verständigung zu tun. Da wird Bedeutungsloses ausgetauscht und die Texte sind eher trivial.

Auch sprachwissenschaftliche Untersuchungen in Deutschland (vgl. Lenk 1995) weisen nach, dass das „Chatten" im Internet nicht zufällig an Quasseln und Quatschen erinnert. Die Kommunikation ist hölzern und spartanisch, umgangssprachlich und jargonhaft, Rechtschreibung und Zeichensetzung werden vernachlässigt, Fehler nicht korrigiert und Grußformeln entfallen z.T. ganz. Das gleicht nicht gerade einer Bereicherung der zwischenmenschlichen Kommunikation.

Compunikation als *computervermittelte Kommunikation* wird mitunter als künstliche Kommunikation kritisiert, in der künstliche Identitäten bzw. „Chiffreexistenzen" miteinander in Beziehung treten (vgl. Krämer 1997). Dem steht die Auffassung gegenüber, dass auch unter den Bedingungen computervermittelter Interaktion personalisierte Kommunikation stattfindet. Diese Kommunikationsform benötige im Unterschied zur Face-to-face-Kommunikation zwar mehr Zeit, um persönliche Bezüge aufzubauen, dafür werde sie aber z.T. *intensiver erlebt*. Auch über Chats, E-Mails oder Newsgroups könnten Freundschaften oder Partnerschaftsbeziehungen entwickelt werden (vgl. Walther 1996). Dies treffe insbesondere für *Chattertreffen* zu, bei denen sich die Chat-Kommunikation in eine Face-to-face-Kommunikation verwandelt.

Die kulturpessimistisch begründete *Zerfallsthese*, wonach mit

Einführung der neuen Informationstechnologien andere Kommunikationsformen zerfallen, muss mit Skepsis aufgenommen werden. Denn die Kommunikation „zerfällt" hier nicht, sondern findet lediglich „zusätzlich" über ein anderes Medium statt. Die Kommunikation wird eher ausgeweitet als eingeschränkt. Insbesondere Lehrer erhoffen sich bei den Jugendlichen eine *neue Lust am Schreiben*, die durch die Möglichkeiten des weltweiten E-Mail-Austausches ausgelöst würde, von dem dann auch der Deutsch- und Fremdsprachenunterricht profitieren könnte.

Netzkommunikation mit schwachen Bindungen

Compunikation, die vernetzte Kommunikation von Mobiltelefon und Telefax, E-Mail und Internet, macht die Menschen überall erreichbar. Kommunizieren wird immer leichter, aber *Verstehen und Verstanden-Werden* eher schwerer. Nächtelang mit Menschen chatten, die man nicht kennt? Das kann nur ein schwacher Ersatz für die persönliche Kommunikation sein. Besteht nicht eher die Gefahr, dass z.B. Jugendliche den persönlichen Umgang mit ihren Freunden zunehmend aus den Augen verlieren oder gar verlernen? Fremde Welten und Menschen rücken mit Hilfe der modernen Kommunikationstechnologien ganz nah, während gleichzeitig Nachbarn zu Bewohnern einer fremden Welt werden können.

Immer mehr Kinder und Jugendliche gewöhnen sich an die *virtuelle Kommunikation* bzw. an die *Compunikation per PC und Handy.* Sie greifen ganz selbstverständlich zum Handy, um sich mit Nachbarskindern zum Spielen zu verabreden (vgl. Petzold 2000, S. 18). Das Kinderzimmer wird zur Telefonzelle, zur Insel im Meer der Mediennetze. Hinzu kommen Kommunikationsmöglichkeiten in Chat-Rooms oder Internet-Cafés. Das wirkliche Leben („Real Life") stirbt deshalb nicht, muss sich aber immer mehr gegen die *Konkurrenz des virtuellen Lebens* behaupten. Insbesondere für Kinder und Jugendliche gilt: Sie bewegen sich in der Welt der virtuellen Kommunikation freier und problemloser als Erwachsene, weil sie ganz selbstverständlich mit dem Cyberspace, in dem wirkliche und künstliche Räume verschmelzen, aufwachsen.

Und wie ist die Interaktion mit dem Computer z.B. bei Videospielen zu bewerten? Jedes zweite Kind, das selbst einen PC besitzt, spielt – allein. Die Informationen und Anregungen dafür kommen von Freunden oder Schulkameraden. Die Familie spielt dabei eine untergeordnete Rolle. Der PC wird gerne als *Pausenfüller und Langeweilevertreiber* genutzt (wie das Fernsehen auch). Klagen über mögliche Spiel- oder Internetsucht greifen zu kurz. Nicht das Medium macht süchtig, sondern Persönlichkeitsstruktur und Sozialisationsumfeld entscheiden über mehr abhängige oder eher selbstständige Lebensgewohnheiten. Dies darf allerdings kein Freibrief für den maßlosen Medienkonsum von Kindern sein. Interessengeleitete Empfehlungen von Medienpädagogen im Sinne von „Neue Medien = Neue Chancen", die selbst vor PC-Empfehlungen im Babyalter nicht Halt machen, sind abzulehnen: „Wenn aber ein zweijähriges Kind Interesse am Computer zeigt, sollte man das ruhig fördern" (Stefan Aufenanger. In: Geo Wissen Nr. 21/2001, S. 39).

Sehr viel akzeptabler müssen dagegen Alternativ-Positionen sein wie z. B.: „Gebt den Kindern erst einmal das, was in der Welt selten geworden ist: wichtige und wunderbare Primärerfahrungen" (Hentig 2001, S. 45), um darauf aufbauend ebenso kritisch wie klug später mit Computer und Handy umgehen zu können. Kinder sollten also nicht gleich „Hals über Kopf" den neuen Technologien ausgeliefert sein. Es wird für sie eher immer wichtiger, vorher *Erfahrungen mit Alternativen* zu machen.

Kontakte unter dem Vorzeichen des Temporären

Wie die Enquête-Kommission des Deutschen Bundestages nachweist, geben 56 % der jugendlichen Internet-Surfer an, dass sie die Online-Dienste nutzen, um „mit anderen in Kontakt kommen" zu können – allerdings immer unter dem Vorbehalt jederzeitiger Kündbarkeit. Die Netzkommunikation ist in der Regel auf Vorläufigkeit angelegt. Begrenzte Haltbarkeit, nicht dauerhafte Beheimatung ist angesagt. Das Sozialverhalten im Netz steht unter dem Vorzeichen des *Temporären und Flüchtigen.* Wie wirkt sich dies auf die übrigen sozialen Beziehungen aus, auf Bindungen und Verbindungen, auf Hilfsbereitschaft und Solidarität? Zugespitzt in der Frage: „Wie viel Verlässlichkeit muss ich einbringen und darf ich erwarten, um nicht den zwischenmenschlichen Super-GAU zu erleben?" (Koziol 2000, S. 15).

So sind in Zukunft mehr flexible Sozialgebilde zu erwarten, *Netzwerke mit schwachen Bindungen*, Kommunikationsgemeinschaften auf Zeit. Es werden sogar Vermutungen laut, nach der die traditionelle Familie immer stärker durch die *Geräte-Familie* enteignet werde, weil die Kinder inmitten einer Unmenge von elektronischen Geräten aufwachsen und in den Bann einer *Geräte-Sozialisation* geraten würden (Eisenberg 2000).

Mit der wachsenden Medienvielfalt im privaten Bereich wächst auch die chronische Zeitnot. Wirklich wichtige Gespräche stoßen deswegen nicht auf taube Ohren, aber der lange Atem für Langatmiges, die Geduld und die Konzentration für längeres Zuhören gehen zunehmend verloren. Im elektronischen Zeitalter der schnellen Schnitte müssen auch die privaten Gespräche schnell auf den Punkt kommen – *sonst hört keiner mehr zu*. Dies trifft über die familiäre Situation hinaus insbesondere für die wachsende Zahl informeller und unverbindlicher Freizeitkontakte zu.

Die Bürger gaben sich noch nie so erlebnishungrig und gesellig wie heute – und doch wächst der Anteil der Menschen, die über innere Vereinsamung klagen. Jeder dritte Bundesbürger fühlt sich in zwangloser Geselligkeit unwohl und sehr allein: 36% leiden unter Vereinsamung, wenn sie „unter vielen Leuten sind, aber keine echten Gesprächspartner finden" (Opaschowski 1997, S. 200). An Gelegenheiten für Besuche und Einladungen, Feten, Partys und Empfänge mangelt es nicht, wohl aber an tiefer gehenden Beziehungen, die über oberflächliche Kontakte hinausgehen.

Im Anfang war das Wort – und nicht der Smalltalk. Bei geselligen Anlässen scheint jedoch alles anders zu sein. Es wird mehr konsumiert als diskutiert, mehr untereinander als miteinander geredet. Als moderner Typ hat man spontan und flexibel zu sein. Wer das Stichwort verpasst, wird geschnitten. Lieber Unterhaltung aus zweiter Hand als gar keine. Manche sind geradezu Meister im *Lauern auf das Stichwort*. Anders als zu Zeiten Theodor Fontanes oder Thomas Manns lässt sich heute aus der Literatur herauslesen, wie die Gesprächskultur im Argen liegt: von Uwe Johnson über Peter Handke bis Thomas Bernhard. In ihren Büchern unterhalten sich die Akteure fast durchweg kurzatmig und sprunghaft „in Wortschablonen, die Gedankenabläufe geschehen nicht im freien Austausch des Gesprächs, sondern in introvertierter Monologform" (Schwedler 1984, S. 79).

Von allen Altersgruppen sind die 14- bis 29-Jährigen derzeit von der Unverbindlichkeit oft sekundenschneller Kontakte am meisten betroffen: 41% vermissen echte Gesprächskontakte und Bezugspersonen. In der Clique, der Disco oder auf der Fete werden Zuhören-Können und Gefühle-Zeigen „auf Null heruntergefahren". Wer hier unter Gleichgesinnten ankommen will, muss sich cool geben und

Sprüche auf Lager haben. Auch die Spontaneität hat ihre Zwänge: Lässigkeit verdrängt Natürlichkeit. Zu Kurzkontakten gehören Kurzgefühle. Auf der Strecke bleibt die Sehnsucht nach einem Leben, in dem man wieder ernsthaft miteinander reden und echte Gefühle zeigen kann. Der Kult der Lässigkeit fordert seinen Tribut. Aus Lässigkeit wird schnell Nachlässigkeit. Was in den Augen der jungen Generation als Zeichen von Spontaneität erscheinen mag, ist nicht selten ein Mangel an Mitgefühl, ein Ausdruck von Gedankenlosigkeit sowie ein Anzeichen für wachsende Wahrnehmungsunfähigkeit im sozialen Umfeld.

Auf die Frage, was Merkmal eines unzufriedenen, nicht erfüllenden Lebens ist, antworten Jugendliche: „Viele Leute kennen, sich aber mit niemandem wirklich verstehen" – „Keine Freunde haben" – „Einsam sein". Vielleicht wird jetzt auch verständlich, warum gerade junge Leute zu Einsamkeitsgefühlen und Depressionen neigen. Die Amerikaner Rubinstein, Shaver und Peplau fanden heraus, dass die Einsamkeitsgefühle von jungen Leuten nicht davon abhängig sind, ob sie allein sind oder allein leben. Jugendliche sind einfach unzufriedener mit ihren sozialen Beziehungen und Bindungen, mit der Anzahl ihrer Freunde, v. a. mit der „Qualität dieser Freundschaften" und „mit ihren Liebesbeziehungen" (Rubinstein u. a. 1980, S. 28). Junge Leute empfinden die Diskrepanz zwischen der Suche nach Intimität und dem Scheitern dieser Suche am krassesten. Im Vergleich zu den älteren Menschen haben sie ein geringeres Selbstwertgefühl. *Subjektiv* fühlen sich Jugendliche oft einsamer als ältere Menschen.

Die psychosozialen Folgen dieser Entwicklung können nicht ausbleiben. Wegen der Fülle und Vielfalt der Medienangebote werden viele Eindrücke und Informationen nur noch konfettiartig nebeneinander aufgenommen: Kennzeichen einer *Konfetti-Generation*. Die Impressionen bleiben bruchstückhaft und oberflächlich. Zwischen Wortfetzen und Bildsplittern hin- und hergerissen hat sie am Ende nur wenig Zusammenhängendes gehört und gesehen. Mit der Gewöhnung an das Trommelfeuer ständig neuer Reize bekommt selbst das Außergewöhnliche den Charakter des Vorübergehenden – auf dem Weg zum nächsten Ereignis. Sobald etwas uninteressant zu werden droht, springt der Erlebniskonsument einfach weiter. So muss die „Hopping-Manie" unweigerlich in Überreizung enden. Der hastige Konsument kommt nicht zur Ruhe. Innere Unruhe weitet sich zum Dauerstress aus. Der Wunsch kommt auf: „Am besten mehrere Leben leben" (Popcorn 1992) – der vermessene Traum eines hybriden Menschen. Eine *Ära des Multi-Zapping* droht, in der die Fernbedienung zum Symbol für Spontaneität, Schnelligkeit und Oberflächlichkeit wird.

E-Mail als virtueller Kontakthof

Zugleich geht die Postkarten-Ära zu Ende. Immer weniger Briefe werden noch mit der Hand geschrieben. *E-Mails* revolutionieren – wie Telefon und Fax auch – den Kommunikationsstil im Alltag. Die Allgegenwart des neuen Mediums E-Mail eröffnet ein *neues Kommunikationszeitalter*: Jeder kann mit jedem an jedem Ort und zu jeder Zeit kommunizieren. 6% der Bevölkerung erhalten und verschicken bereits regelmäßig E-Mails. Vor allem die jungen Leute können sich für das elektronische Briefeschreiben begeistern. Die elektronische Post wird zur Kommunikationsbörse. Sie ersetzt das traditionelle Briefeschreiben und ermöglicht das Kennenlernen von Gleichgesinnten. Wunsch und Wirklichkeit klaffen allerdings noch weit auseinander. Nur 10% der 14- bis 29-Jährigen erhalten öfter elektronische Post, 51% aber warten sehnsüchtig darauf. Ein Mega-Markt kündigt sich hier für die Zukunft an. Auf einen jugendlichen E-Mail-Nutzer kommen fünf Interessenten. In der Altersgruppe der 14- bis 17-Jährigen sind sogar fast zwei Drittel (62%) daran interessiert.

Das Wandeln in Mailboxen kann sich zu einem neuen *Jugend-Kult* mit außergewöhnlichen Wachstumsraten entwickeln. E-Mail ist ein Medium, das Individualisierung ermöglicht, aber auch Anonymität nicht ausschließt. Hier können Jugendliche neue Beziehungsnetze aufbauen, ohne sich dauerhaft binden zu müssen. Per Mausklick am PC können sie die Schwächen des Kontaktpartners in gewünschter Distanz halten. So lassen sich freundschaftliche Netze knüpfen, die frei von lästigen Verpflichtungen sind, aber „fast" den Halt einer Familie geben. E-Mail-Kontakte gleichen mehr einer temporären Allianz, die Bindungen auf Dauer ersetzt.

Der PC wird zum *virtuellen Kontakthof*, in dem auch Schüchterne ohne Blickkontakt miteinander plaudern bzw. „chatten" können, ohne ihr Gesicht zu verlieren. Unter den regelmäßigen Nutzern von elektronischen Briefen sind die männlichen Kontaktpartner im Alter von 14 bis 29 Jahren bisher deutlich überrepräsentiert (Frauen: 19% – Männer: 28%). Bis zur Akzeptanz des PC als Massenmedium für alle – wie Handy und TV auch – ist noch ein weiter

Weg, damit es in Zukunft nicht mehr nur heißt: „e-m@il für dich", sondern auch „e-m@il für mich".

Kritische Stimmen werden laut, die in der Netzkommunikation v.a. einen Verfall der Sprachkultur befürchten wie z.B.

- „Verunstaltet E-Mail unsere Sprache?" (Thimm 1999) oder
- „Reknuddel & cu cygirl-Sprache im Internet" (Rieder 1999).

Dem stehen eher medienenthusiastische Stellungnahmen gegenüber, die in der neuen Netzkommunikation eine Möglichkeit sehen, frühere *Mündlichkeitskulturen* wiederherzustellen. Als eine Art elektronische Agora leben verloren gegangene Kommunikationsformen der Salons und Kaffeehäuser des 18. Jh.s wieder auf. Der Computer bzw. die SMS beim Handy wird hierbei als neues Beziehungsmedium gesehen, das Kommunikationsformen erlaubt, die bisher nur der mündlichen Kommunikation (z.B. beim Klönen, Klatschen, Plauschen, Schnacken) vorbehalten blieben (vgl. Thimm 2000, S. 10).

Die Internetkontakte lösen auch die traditionellen Kontaktanzeigen in Zeitungen und Zeitschriften zunehmend ab. Aus den Kontaktanzeigen entwickeln sich Kontaktbörsen. Das Internet eröffnet neue Kontaktchancen. Die Erfahrung zeigt, dass mit fortschreitender Kontaktdauer im Internet das *Bedürfnis nach echten Face-to-Face-Beziehungen* wächst (Döring 1998). Existentiell bedeutsam ist der Computer v.a. als Kontaktmedium.

Identitätstäuschung im Netz

Nicht verschwiegen werden darf aber die Tatsache, dass die durchaus gebräuchliche *Identitätstäuschung im Netz* (z.B. Frauen geben sich als Männer aus und umgekehrt) eine durchaus problematische Erfahrung sein kann, wenn der Identitätsschwindel aufgedeckt wird. Die Folgen können Verletzung, Beschämung, Vertrauensverlust und Selbstzweifel sein. Die Empfehlung kann daher nur lauten, „sich bei der individuellen Lebensgestaltung lieber auf authentische Begegnungen außerhalb des Netzes zu konzentrieren anstatt zu viel Zeit in virtuellen Scheinwelten zu vergeuden" (Döring 2000, S. 67). Andernfalls helfen nur *kritische Identitätsprüfungen* (z.B. durch gezielte Fangfragen).

Unbestritten aber bleibt die besondere Compunikationsqualität: Die Anonymität baut Ängste und Hemmungen ab. Die Kontakte finden in einer entspannten und offenen Atmosphäre statt. Und der

Umgang mit virtuellen Identitäten kann ein ganz persönliches Lern- und Entwicklungsfeld für *Probehandeln* sein. Dazu gehören auch sog. romantische Netzbeziehungen. Nicola Döring hat sie systematisch untersucht und ist dabei der Frage nachgegangen, warum einige Menschen sich überhaupt auf so etwas einlassen, anstatt ganz normale Beziehungen zu pflegen, ohne deswegen vorschnell problematisieren oder pathologisieren zu wollen. Denn nach Döring sind Personen, die sich im Netz verlieben, in psychosozialer und soziodemographischer Hinsicht unauffällig. Drei verschiedene Funktionen von *Cyberromanzen* sind feststellbar:

1. *Eskapismus*
   Hierbei handelt es sich um eine Realitätsflucht. Das Eintauchen in eine Scheinwelt entlastet vorübergehend von unbewältigten Problemen.
2. *Kompensation*
   In einer anregungsarmen Lebenssituation bietet die Cyberromanze Ausgleich und Abwechslung. Dahinter verbergen sich ungelebte Sehnsüchte. Nicht selten bekommen Netzpartner mit äußeren Handicaps (z.B. schwere Körperbehinderung) dadurch neue Kontaktchancen, die sie in Face-to-Face-Situationen nicht hätten.
3. *Exploration*
   Netzbeziehungen sind geeignet, sich über romantische und erotische Sehnsüchte klar zu werden, die im realen Leben als zu riskant oder beängstigend angesehen werden, um sie zu verwirklichen. Die Selbsterkundung kann im Idealfall befreiend wirken.

Die moderne Mediengeschichte ist schon immer eine Geschichte der Kulturschocks gewesen (vgl. Faulstich 1997). Befürchtet wurde beispielsweise,

- dass das Telefon zum Verfall der Briefkultur führe,
- die Schallplatte dem guten Theater schade,
- der Kinofilm die Jugend kriminalisiere oder
- das Fernsehen zur Droge im Wohnzimmer werde.

Dahinter stand immer die Angst, Vertrautes bzw. den Boden unter den Füßen zu verlieren. Der Psychologe Heiko Ernst spricht in diesem Zusammenhang von *Multiphrenie* und meint damit die ständige Angst, „etwas zu verpassen und zu versäumen, von seinen Möglichkeiten nicht den rechten Gebrauch gemacht zu haben. Selbst wenn ein Wunsch befriedigt wird – es bleiben noch so viele andere“ (Ernst 1991, S. 25). Der innere Zwang, überall dabei sein, aber sich nirgends binden zu müssen, kann am Ende orientierungslos machen.

Brauchen wir in Zukunft ein *Informationsmanagement*, das uns hilft, die wesentlichen Informationen aus dem maßlosen Überangebot herauszufiltern, damit wir nicht in der Flut der Daten untergehen? Dabei können wir uns technologischer Hilfen wie z. B. Suchmaschinen bedienen. Das Informationsmanagement müssen wir aber schon selber leisten wie z. B.

- wissen, wo und wie Wissen zu haben ist,
- Mut zur Auswahl haben und
- Prioritäten setzen können, also Hierarchien der Wichtigkeit bilden.

Notwendig wird eine neue „Lebenskunst im Cyberspace" (Schmid 2000, S. 7 ff.), die für eine *Vereinfachung der Vielfalt* sorgt. Dies kann im Extremfall Verweigerung bedeuten, aber auch Gelassenheit statt bloßer Unterwerfung und insbesondere: *Begrenzung statt Entgrenzung*. Dazu bedarf es einer eigenen Informationskompetenz, die erst entwickelt, ja erarbeitet werden muss. Wer diese Kompetenz nicht erwirbt und besitzt, läuft Gefahr, von der Technologie und den Technologen beherrscht zu werden.

Inszenierte Lebenskünstler: Sich anders geben, als man wirklich ist

Die Seifenopern leben es schon lange vor: Täglich müssen Rollen, Szenen und Ereignisse regelrecht erfunden werden. Die TV-Darsteller – sozusagen „in Seife gemacht" – verkörpern *multiple Persönlichkeiten*, die mitunter „in drei Monaten mehr erleben als unsereiner in 10 Jahren" (Süß 1999, S. 2). Über allem schwebt die Erlebnisformel: *Leben minus Langeweile*. Da müssen Konflikte und Emotionen her. Langatmige Sonnenuntergänge kann man sich nicht mehr leisten, Happy Ends auch kaum: Immer wieder geht die Sonne auf – damit das Leben spannend, konflikt- und erlebnisreich bleibt.

Nimmt auch das Leben der jungen Generation soaphafte Züge an? Die Kinder von VIVA und MTV haben ihr Lebensgefühl jahrelang aus dem Bildschirm gezogen, einer Art Jugendzimmer mit Spaß, Musik, Clique und netten Leuten. Dabei wurde ihnen suggeriert, ihr Leben jetzt anzunehmen – „sich aber v. a. immer wieder neu zu erfinden" (Gorny 1998, S. 28). Leben mit vielen Facetten, in einer Welt voller Drehtüren – wie atomisierte Individuen, die ihr Leben aus lauter kleinen Bausteinen ständig neu zusammensetzen: Familienleben, Schulleben, Cliquenleben, Vereinsleben, Berufsleben, Privatleben ... Diese Generation ist von Musikkanälen geprägt: Aufgewachsen mit 24-Stunden-Nonstop-Programmen zwischen Werbung und Videoclips ist bei ihr das Gefühl für Kontinuität und zusammenhängende Ideen nicht gerade gefördert worden.

Die schnelle Aneinanderreihung von Bildern im maximal 2-Sekunden-Takt lässt kaum Raum für zeitraubende Erzählungen und geduldiges Zuhören. Denn innerhalb eines bestimmten Videoclips kann ein und dieselbe Person mehrere Male ihre Identität verändern. Alle tradierten Vorstellungen von persönlicher Identität, die etwa mit ruhiger und kontinuierlicher Entwicklung zu tun haben, werden so weitgehend außer Kraft gesetzt (vgl. Gergen 1996, S.220). Denn nach Erik Erikson (1968) gehört zum Gelingen einer normalen Entwicklung ein festes und beständiges Identitätsgefühl, das bei der Generation von morgen verloren zu gehen droht.

Schon 1950 hat David Riesman den Typus des „außen-geleiteten“ Menschen beschrieben, der zunehmend dem Normierungsdruck von außen (Freunde, Clique, Medien, Werbung) unterliege und von der Meinung seiner sozialen Umwelt immer abhängiger werde. Die Ausbreitung einer Multimedia-Kultur verdränge die Innen- bzw. Traditionslenkung in Arbeit und Beruf. Der außengeleitete Mensch lebe mehr im *Gefühl des Dabeiseins*, mache sich abhängig davon und sei geradezu *überangepasst* („overadjusted“), weil er ständig versuche, sich den Charakter anzueignen, den man von ihm erwarte (Riesman 1965, S.252). Unechte Persönlichkeitsbilder und -typen („false personalization“) würden dargestellt und *wechselnde Identitäten mehr gespielt* – vergleichbar der erzwungenen Freundlichkeit in manchen Büros und Werbeagenturen heute: Man „gibt sich“ freundlich, „gestaltet“ die Beziehungen untereinander persönlich und setzt dabei eine Maske auf, die die wirklichen Gefühle verbirgt, ohne die Beziehungspartner wirklich als Persönlichkeit anzusehen oder gar anzuerkennen. Die Folge kann eine gesteigerte *seelische Verarmung* bzw. *Entpersönlichung* sein. Die Privatheit droht verloren zu gehen.

Mit der Computerkultur entsteht eine neue Art von virtuellem Gesellschaftsspiel: „Man ist der, für den man sich ausgibt“ (Turkle 1998, S.12) – fast wie in der berühmten Karikatur, in der ein Hund – die Vorderpfote auf einer Tastatur – vor sich hin sagt: „Im Internet weiß niemand, dass du ein Hund bist.“ Im Netz erscheint alles möglich: Drehbuchschreiben und Theaterspielen – von der Improvisation bis zur Commedia dell'arte. Das ganze Leben wird zur Bühne. Verändern sich in Zukunft unsere Identitätskonzepte? Mehr als jeder vierte Bundesbürger (1999: 23% – 2001: 27%) vertritt derzeit die Auffassung: „Im Internet kann man selbst eine Rolle spielen und sich anders geben als man wirklich ist.“ Die Internet-User haben Spaß am Rollenspiel und Rollenwechsel. Die Bandbreite, sich eine andere Identität zu geben, ist praktisch unbegrenzt. Viele Jugendliche geben sich in Chatrooms älter als sie wirklich sind. Sie experimentieren gerne mit wechselnden Rollen und Personen und entwerfen ein multiples Selbst.

Die Psychologin Sherry Turkle vom MIT/Massachusetts Institute of Technology in Boston spricht zwar noch von multiplen Identitäten (z. B. „mühelos in multiple Identitäten hineinschlüpfen“; Turkle 1998, S. 375), meint aber eigentlich Masken und Rollen. Vielleicht verbietet es sich in Zukunft, überhaupt noch von Identität zu reden, wenn jemand zeitweise wechselnde Charakter-Rollen abruft bzw. Persönlichkeits-Typen spielt, aber nicht mehr dauerhaft lebt. Im Internet können „Windows“ zu *Schau-Bühnen* werden, auf denen man ebenso spielen wie *probeleben* kann. Dies können auch Bühnen des Banalen sein, wenn das wirkliche Leben aus dem Blick gerät.

Den Computer zum „zweiten Selbst“ oder „intimen Freund“ zu erklären, gleicht doch mehr einer menschlichen Anmaßung und Überschätzung. Und alle Versuche, dem Computer Persönlichkeit zu verleihen oder auf Cyberspace-Ehen und virtuellen Sex zu vertrauen, können vielleicht zeitweilig erlebnisreich sein, werden aber nie die qualitativen Unterschiede zwischen Mensch und Maschine verwischen können. Menschen sind keine lebenden Maschinen und Maschinen keine künstlichen Lebewesen.

Der Computer hat kein Bewusstsein. Er verfügt lediglich über Informationen, die er allerdings nach vorgegebenem Programm durchaus besser verarbeiten kann als wir. „Wir aber können“, so der Religionsphilosoph Richard Schröder, „außerdem über uns erschrecken, wenn wir bemerken, dass wir bloß noch automatisch – ohne Sinn und Verstand und ohne Rücksicht auf die Welt, in der wir leben – Programme abarbeiten. Wenn auch Computer dergestalt Buße tun können, sollten wir ihnen Menschenrechte einräumen: Bis dahin sind sie *bloß Maschinen und unser Produkt*“ (Schröder 1998, S. 3). Damit können wir ganz gut und problemlos leben. Denn: Ein Computer schreit uns nie an.

In einer postindustriellen Gesellschaft, die Erwerbsarbeit für alle nicht mehr versprechen und schon gar nicht garantieren kann, entwickeln sich zunehmend multiple Identitäten jenseits des Erwerbs:

viele Ichs. Dazu trägt insbesondere das Zeitalter der Telekommunikation bei. So können sich beispielsweise Internet-Benutzer „ein Selbst schaffen, indem sie durch viele verschiedene Identitäten vagabundieren“ (Turkle 1998, S.287). Jahrhundertelang prägten soziale Schicht und berufliche Tätigkeit fast schicksalhaft die Identität für das ganze Leben: „Din ordenunge ist der phluog“, hieß es im mittelalterlichen Epos „Meier Helmbrecht“: Ein „Bauer“ konnte und durfte nicht „Ritter“ sein wollen. Wer aus dieser schicksalhaften Bestimmung gewaltsam ausbrechen wollte, musste zwangsläufig im Leben scheitern. Und auch das Sprichwort „Schuster bleib bei deinem Leisten“ ist schon ein paar tausend Jahre alt und griechischen Ursprungs. Identität in diesem traditionellen Sinne hatte den Charakter des Zusammengeschmiedeten, einer Kleidung aus Eisen, die kaum zu sprengen war.

Leben aus zweiter Hand: Die mediale Inszenierung des Lebens

Heute verführt eine *multioptionale Mediengesellschaft* geradezu zum rasanten Wechsel der Identitäten, die mehr sein sollen als Masken oder soziale Rollen. Insbesondere das Internet suggeriert die Möglichkeit der neuen Selbsterfahrung: „Ich bin viele“ mit der konkreten Aufforderung: „Du kannst alles sein, was du willst. Du kannst der sein, der du sein möchtest. Wenn du möchtest, kannst du dich völlig umkrempeln“ (vgl. Turkle 1998, S.297). Hier stellt sich wirklich die Frage, ob solche Optionen nur *Pseudo-Identitäten* verleihen, die gar nicht in der Persönlichkeit verankert sind, weil sie dem Leben nur bedingt, also zeit- und leihweise Sinn geben. Solche Pseudo-Identitäten können doch kaum eine Antwort auf die Frage geben, wer man ist.

Das Leben als eine einzige Inszenierung? Mal inszenieren wir uns selbst, mal werden wir inszeniert. Das Informationszeitalter beschert uns immer mehr ein *Leben aus zweiter Hand*. Eine deutliche Mehrheit der Bevölkerung (1999: 55% – 2001: 56%) hat das Gefühl, dass „Werbung, Medien und Computerkultur zunehmend unser Leben inszenieren und unseren Lebensstil prägen“. Auf der Bühne des Lebens agieren inszenierte Lebenskünstler. Sie glauben zu leben und werden gelebt. Auch die junge Generation der 14- bis 29-Jährigen (57%) ist davon überzeugt. Es ist eine Generation, die das Spiel mitmacht, weil sie einfach „dazugehören“ will.

Diese Entwicklung gleicht eher einer „McDonaldisierung der

Gesellschaft", wie dies der amerikanische Sozialwissenschaftler George Ritzer nennt: Gemeint ist ein Vorgang, durch den die Prinzipien der Fast-food-Restaurants fast alle Lebensbereiche wie Ausbildung und Arbeitswelt, Freizeit und Reisen, Familie und Politik beherrschen. Die gesamte Alltagskultur bekommt das Fast-food-Schema aufgedrückt und trägt *Züge einer Häppchen-Kultur* (Ritzer 1995). Und um die Vielfalt überhaupt noch bewältigen zu können, muss man sich fast zur *Multiple-Choice-Persönlichkeit* entwickeln, die in der Lage ist, die jeweils richtigen Antworten im richtigen Moment „anzukreuzen". Doch wandern die Optionen nicht wie ein Wanderpokal an einem vorbei, ohne tiefer gehende Sinn-Spuren zu hinterlassen?

Genervte Einzelgänger: Der PC als letzte Rückzugsnische

Die „Generation @" driftet durch das Dasein, lebt temporär und kommt kaum zur Ruhe. Bekanntlich führt zu viel Zeitdruck zu Stress, zu wenig zu Langeweile. Die Generation @ droht aus dem Gleichgewicht des Lebens zu geraten. Sie verliert das Gefühl für die Balance zwischen schnell und langsam, Anspannung und Entspannung. Sie verlernt, in mittlerem Tempo zu leben. Doch gerade im Mittelbereich zwischen zu viel und zu wenig Zeitdruck können Menschen die Glückserfahrung des „flow" machen, wie der Psychologe Csikszentmihalyi dies nennt (Csikszentmihalyi 1991 und 1992). Und die Sozialpsychologen Freedman und Edwards haben nachgewiesen, dass das persönliche Wohlbefinden dem Bild eines umgekehrten „U" gleicht. In der Mitte, also bei einem Mittelmaß an Zeitdruck, ist das Wohlbefinden am größten.

Die genervte Generation @, die zu viel gleichzeitig macht und sich übermäßig oft im Stress befindet, wird zunehmend mit gesundheitlichen Problemen zu kämpfen haben – von Erschöpfungszuständen bis zu koronaren Herzerkrankungen –, wenn sie ihren Lebensstil nicht ändert. Die „frei flottierende Existenz" zwischen Überall und Nirgendwo – eine neue Ortslosigkeit, ein „Neunomadentum" (Guggenberger 1997, S. 9f.). Gibt es bald kein Heim mehr, weil das heimische Sofa zum fliegenden Teppich wird? Das Heim als Kaufhaus und Kneipe, Bank und Fußballstadion zugleich?

Selbstkritisch gesteht jeder vierte Bürger (1999: 25% – 2001: 27%) ein: „Um dem Stress und der Hektik des Lebens zeitweilig zu entfliehen, nutzen viele Menschen den Computer als letzte Rückzugsnische, *um allein zu sein und in Ruhe gelassen zu werden.*" Der PC wird zur Entspannungsoase. Der genervte Einzelgänger kann sich hier vom Kontaktstress befreien. Auch wenn der User vor dem Bildschirm angespannt bleibt und nicht zur Ruhe kommt – der Relaxfaktor „In Ruhe gelassen werden" wird viel höher bewertet.

Vielleicht entwickelt sich schon bald eine neue *Inselsehnsucht*, die Suche nach der *Rückzugsnische* für Privatmenschen und Solitäre, um wenigstens für Augenblicke sagen zu können: „Verweile doch, du bist so schön." Entwickeln wir uns zu einer Gesellschaft elektronischer Einzelkämpfer? Der größte anzunehmende Unfall wäre dann der Bildausfall. Zurück blieben Einsamkeitsjunkies. Der PC-Nutzer würde selbst zur Insel. Eher ist anzunehmen, dass sich die neue Mediengeneration, um nicht im Meer der Angebotsflut unterzugehen, ihre kleinen Rückzugswelten selber schafft: Chat-Groups und Mailing-Lists, PC-Studios und Internet-Cafés.

Virtuelle Kontakter: Beziehungen ohne Bestand

Das Schlüsselwort der Zukunft heißt „Compunikation". Die Menschen hasten von Netzkommunikation zu Netzkommunikation – sie kommunizieren mehr, als dass sie miteinander reden: „Der Siegeszug der Kommunikation ist der Siegeszug des Unverbindlichen" (Guggenberger 1997, S. 62). *High Tech statt Human Touch?* Die Auswirkungen der modernen Kommunikationstechnologien auf das persönliche, soziale und kulturelle Leben der Menschen ist „die" offene Frage im 21. Jh. Es ist unbestreitbar, dass die Technologien das Tempo unseres Alltagslebens in einer Weise beschleunigen wie nie zuvor. Darüber hinaus sorgen sie für eine fast inflationäre Verbreitung von Kontakten zwischen E-Mail, Anrufbeantworter und Faxgerät, die nicht ohne Einfluss auf die Intensität der ganz persönlichen Beziehungen in Familie und Freundeskreis bleiben.

Die sich ständig erweiternden Kommunikationstechnologien zwingen uns fast, mit immer mehr Personen und Institutionen in Kontakt zu treten. Wenn diese Zunahme ins Extreme führt, erreichen wir – so die These des amerikanischen Sozialforschers Kenneth Gergen – ein *Stadium sozialer Sättigung*, eine Folge des ständig zunehmenden Gefühls von Kontaktstress.

Eine von Hightech-Firmen wie z.B. Apple, Intel und Hewlett Packard geförderte Untersuchung über die Wirkungen der Internetnutzung auf die sozialen Beziehungen erbrachte den Nachweis, dass die intensive Internetnutzung mit einer zwar kleinen, aber doch signifikanten Verringerung des sozialen Engagements einhergeht, was sich bei der Kommunikation innerhalb der Familie, dem Umfang des engeren sozialen Netzes und im Anwachsen von Vereinsamung und Depressionen zeigt. Die beiden Psychologen Robert Kraut und Vicki Lundmark nannten das Forschungsergebnis ihrer Langzeituntersuchung von 256 Internetnutzern „Internet Paradoxon" (Kraut/Lundmark 1998): Das als Kommunikationsmedium gepriesene Internet lässt danach die „realen" Kontakte mit Familie und Freunden zurückgehen und erweist sich eher als *Kommunikationsbremse*. Oberflächliche Kontakte lassen sich durch das Internet problemlos herstellen, aber tiefer gehende Beziehungen und Verbindungen zu anderen Menschen nehmen eher ab. So kann für die vernetzte Generation von morgen vermutet werden, dass sie viele neue soziale Fernkontakte gewinnt, dafür aber enge Nahkontakte zunehmend verliert.

Zwei von fünf Befragten (1999: 41 % – 2001: 42 %) müssen bereits jetzt selbstkritisch eingestehen: „Die Kontakte im elektronischen Netz bleiben oberflächlich und können beständige Beziehungen nicht ersetzen." Das Beziehungsnetz wird immer vielfältiger, aber *es kommt kaum zu einer Verknüpfung der Beziehungen*, weil man sich auf Beziehungen ohne Bestand auch nicht verlassen kann. „Kein Anschluss unter dieser Verbindung" – der Kontaktstress hat kein Ziel. Wie soll man sich in Zukunft mit der Flut von Kontakten abfinden, wenn man nicht einmal genug Zeit für die eigenen Freunde hat?

Mann und Frau haben mittlerweile ganz unterschiedliche Arbeits- und Freizeitbeziehungen, was auch mit der zunehmenden Doppelerwerbstätigkeit zusammenhängt. Immer mehr Mütter von minderjährigen Kindern sind heute in Deutschland erwerbstätig. Fast zwei Drittel der Mütter gehen regelmäßig ihrem Beruf nach mit wachsender Tendenz (1991: 59,1 % – 1999: 62,3 %). Und auch die sozialen Aktivitäten der Kinder sind immer öfter über die Stadt und Region verstreut. Hinzu kommen abendliche oder Wochenendverpflichtungen in Verbindung mit ganz individuellen Sport- und Freizeithobbys. Die Folge ist: „Das Heim ist weniger ein Nest als ein Boxenstopp" (Gergen 1996, S. 120). Und die ganze Familie wird – wenn sie überhaupt einmal zusammentrifft – zum Naherholungsgebiet auf Zeit.

Lebenslange Bindungen und echte Freundschaften werden in Zukunft immer seltener, weil eine *Beziehung auf Dauer* fast zur Lebenskunst wird. Das Partielle wird wichtiger als das Dauerhafte, um auch Interessen-Kollisionen aus dem Wege zu gehen (vgl. Gergen 1996, S.290):

- „Ich spiele sehr gern Bridge mit ihm, aber ansonsten ist er ein Langweiler."
- „Auf Partys ist er der Größte, aber zu einer ernsthaften Unterhaltung ist er außerstande."
- „In diesen Workshops teilen wir unsere tiefsten Gefühle, aber ich möchte kein Wochenende mit ihm zusammen sein."

Interessengeleitete Beziehungsnetze – fast wie ein Geschäftsvertrag aufgebaut – können zu einer großen Belastung für Partnerschafts- und Familienbeziehungen werden. Identitätsprobleme sind vorprogrammiert. Das *sozial übersättigte Selbst* leidet am Ende inmitten lauter Kontakten unter Beziehungsarmut. Kurzkontakte und Kontaktstress bleiben an der Oberfläche. So bleibt zu fragen:

- Ist die junge Generation auf dem Weg in eine Terra incognita, in eine Landschaft, für die es noch keine Karte und keine Navigatoren gibt?
- Kommt es zur Anthropologie des Cyberspace?
- Oder manövriert sich der hybride Mensch in eine neue Steppe, wo menschliche Arbeit und Kommunikation wiederum von vorne beginnen und neu organisiert werden müssen?
- Wie kommt die künftige Generation mit der Geschwindigkeit und der Beschleunigung des Lebens zurecht?
- Und was bedeuten ihr noch soziale Beziehungen und Bindungen, wenn sie jederzeit ihre soziale Orientierung verlieren oder gar ihre Identität auflösen kann?
- Brauchen wir in Zukunft gar Fluchthelfer, die uns helfen, dem Labyrinth oder der Odyssee der Telekommunikation wieder zu entkommen?
- Wird die Generation von morgen zum *Alptraum jedes Marktforschers* (vgl. Goebel/Clermont 1997, S.43), weil sie ständig wechselnd durch das Leben „zappt"?

Das hätte zur Folge: In Zukunft ließen sich Millionen individualistischer Lebenskonzepte kaum mehr in Serie produzieren.

Individuelle Bastelexistenzen: Leben nach Belieben

In einer PC-Kultur der Simulation muss das Sinn- und Lebensbasteln neu bewertet werden: User sind es gewohnt, in *simulierten Lebenswelten* herumzubasteln und auszuprobieren. Manche entwickeln sich geradezu zu *Bastelvirtuosen* (vgl. Turkle 1998, S. 89). Sie basteln sich je nach Bedarf eigene Kommunikations-, Konsum- und Kulturexistenzen, die flexibel auf Kurzzeitbedürfnisse reagieren können. Diese individuellen Bastelexistenzen leben ein Leben nach Belieben und wissen das auch. Jeder dritte Bundesbürger (1999: 31 % – 2001: 33 %) ist sich darüber im Klaren, dass – „wenn alles beliebig und zur freien Auswahl steht" – am Ende jeder Einzelne „sein Lebenskonzept selber basteln und Lebenssinn suchen muss". Das Lebenskonzept steht zur freien Disposition und der *Lebenssinn wird individualisiert*, weil es an sicheren Orientierungen und gültigen Wertmaßstäben mangelt.

Zur mentalen kommt die materielle Unsicherheit. Das Leben nach der Jahrtausendwende gleicht mehr einem Balanceakt auf einem Drahtseil: Mit ein wenig Glück und geradezu artistischem Geschick müssen die Menschen ihr Leben meistern, um nicht abzustürzen. Die „Drahtseil-Biographie" (Beck 1997 d) sorgt für Dynamik und ständige Bewegung, lässt die Menschen aber auch nicht zur Ruhe kommen. Gleichzeitig werden Erwerbsbiographien mit dem „Beruf fürs Leben" immer seltener: Aus der Normalbiographie wird notgedrungen eine „Bastelbiographie" (Beck-Gernsheim 1997, S. 76): Jeder bastelt sich sein Leben zusammen, macht das Familienleben zur „Teilzeitgemeinschaft" (Imhof 1988, S. 57) und das Berufsleben zur vorübergehenden Lebensphase. Viele Menschen bauen sich eine individuelle Bastelexistenz auf. Sie sind dabei weniger Ingenieure oder professionelle Konstrukteure ihres Lebens, sondern betätigen sich eher wie Amateure, Heimwerker oder Hobbybastler: „Sie montieren aus dem, was ihnen gerade so zur Verfügung steht bzw. sich ohne allzu hohe ‚Kosten' besorgen lässt, ‚irgendwie' das zusammen, was ihnen je nötig erscheint" (Hitzler 1997, S. 57). *Lebensbasteln* wird zur Lebensaufgabe für Monteure, wozu auch das Basteln von Lebenssinn gehört.

Lebenssinn-Basteln wird immer notwendiger, weil es *keinen Konsens des Sinnvollen* mehr gibt. Sinn kann nicht mehr – wie früher durch Kirchen und Handwerkszünfte – von außen gesetzt werden. Jeder muss aus der Pluralität möglicher Sinnorientierungen „seine" individuelle Auswahl treffen können. Wie soll sich der Einzelne in Zukunft im *Optionenkarussell* zwischen konkurrierenden Sinnangeboten entscheiden? Wird nicht in einer „Multioptionsgesellschaft" (Gross 1994) das Auswählen aus einer Vielzahl von Sinnangeboten materieller, ideeller oder emotionaler Art selbst zu einem *Puzzle-Spiel für Sinn-Bastler*? Mit anderen Worten: Alle müssen mitspielen und ihr Lebenskonzept so konstruieren, dass es auch nach dem Ausscheiden aus dem Erwerbsleben bis ins hohe Alter Bestand und Sinn hat.

Die moderne Soziologie spricht mittlerweile von *Wahlbiographien* (Ulrich Beck 1997) und *Bastelexistenzen* (Ronald Hitzler 1997): Aus den Zwängen von Familie und sozialer Schicht, Organisationen und Institutionen weitgehend befreit, macht das Individuum auch die Solidarität zu einem freiwilligen Akt, um den Initiativen und Institutionen, Kirchen, Parteien und Gewerkschaften systematisch werben müssen. Solidarität wird so zu einer „marktgesteuerten" Handlung (Beck 1997, S. 12). Verpflichtungen und Bindungen gelten nicht mehr ein ganzes Leben lang, sondern werden nur noch unter bestimmten (Vor-)Bedingungen aufrechterhalten – wie im Familienleben auch. So unterscheidet die moderne Familienforschung folgerichtig „Partnerschaftskarrieren", „Nichteheliche Lebensgemeinschaften", „Fortsetzungsehen", „Mehreltern-Familien", „Patchwork-Familien" u. a. m. (Beck-Gernsheim 1997, S. 77). Das traditionelle Familienmodell wird immer brüchiger, die Basis für soziale Hilfsdienste auf freiwilliger Basis auch.

Außerberufliche Karrieristen: Web-Welt als Prestigefaktor

Mit der wachsenden Freizeit- und Erlebnisorientierung des Lebens verändern sich auch die Einstellungen zu Arbeit, Beruf und Karriere. Neuere Sozialforschungen weisen nach: Karrieren bleiben nicht mehr nur auf den beruflichen Bereich beschränkt – sie bekommen Konkurrenz vom Freizeitbereich. Es entwickeln sich neue „Freizeitkarrieren" (vgl. Eckert/Drieseberg/Willems 1990, S. 27) mit *eigenen Qualifikationsprofilen* z. B. als Sportler, Heimwerker oder Computerfreak, die fast professionelle Ansprüche erfüllen und Hobby- und Berufsinteressen miteinander verbinden. Heißt es schon bald: „Ich bin Surfer, nicht Banker."? Die Generation @ hat einen neuen Prestigefaktor entdeckt: die Web-Welt. Jeder fünfte Bürger (1999: 17 % – 2001: 20 %) identifiziert sich mit der Aussage: „In Zukunft wird man auch *außerhalb des Berufs Karriere machen* und Prestige erwerben können." In 90 Sekunden um die Welt: Das kann nicht jeder. Wer die Kompetenz und Gelegenheit dazu hat, darf sich zur Info-Elite zählen – auch ohne Bezahlung.

Der Struktur- und Wertewandel in der Arbeitswelt erschüttert das Primat der bezahlten Arbeit und macht aus abhängig Beschäftigten neue Selbstständige, für die die Honorierung mit Sinn genauso wichtig wird wie die Honorierung mit Geld. Gegen das große Heer der Gelegenheits- und Aushilfsjobber, Teilzeit- und Telearbeiter müssen die Vollzeitbeschäftigten in Zukunft in besonderer Weise motiviert werden. Das „Selbst" zwischen Selbstständigkeit und Selbstverwirklichung wird zur größten Antriebsfeder für Arbeitsleistungen und Effizienzsteigerungen. Das „Ich" macht Karriere – nicht selten auf Kosten des sozialen Betriebsklimas. Das Ende der Gemütlichkeit im Arbeitsleben erscheint beinahe unausweichlich. Und ansonsten schreibt jeder sein eigenes Drehbuch für das Leben. Der Kanadier Douglas Coupland bringt es auf den Punkt: „Die ‚Mein-Job-ist-mein-Leben'-Phase dauert vielleicht 10 Jahre" (Coupland 1996, S. 365). Mittelpunktlose Langeweile kann sich ausbreiten, wenn es nicht gelingt, sich eine neue Identität zu schaffen. Wer nicht zum Regisseur seines eigenen Lebens wird, verpasst den Zug in die Zukunft.

Fünfter Zukunftstrend: Die Überalterung. Revolution auf leisen Sohlen

Auf dem Weg zur Sechs-Generationen-Gesellschaft

„Wie heißt das einzige Lebewesen, das zuerst auf vier, dann auf zwei und zuletzt auf drei Beinen läuft?", ließ die Sphinx die Reisenden fragen, die auf dem Weg nach Theben waren. Ödipus löste das Rätsel: Das Kind kriecht auf Händen und Füßen, der Erwachsene geht aufrecht, und der Greis nimmt den Stock zu Hilfe. Seither ist die Dreiteilung des Lebens fast schicksalhaft „festgeschrieben". Doch die *Dreiteilung des Lebens* in Ausbildung, Beruf und Ruhestand stimmt so nicht mehr.

Traditionell bezeichnet man als Generation den Altersabstand zwischen den Geburtsjahren der Eltern und deren Kindern, der bei etwa 25 bis 30 Jahren liegt. In fast allen Industriegesellschaften mit ihren Strukturmerkmalen von Dynamik und Mobilität hat sich jedoch der Generationsbegriff gewandelt. Der quantitative Zeitbegriff reicht zur Beschreibung qualitativer Veränderungen in relativ kurzen Zeitabständen nicht mehr aus. Die Verlängerung der Ausbildungsphase in der Jugend, die veränderten Anforderungen an die Erwerbstätigen in der Arbeitswelt, der Anstieg der Lebenserwartung und der gesellschaftliche Wertewandel erfordern einen neuen Generationsbegriff, der nicht nur eine Gruppe von Gleichaltrigen beschreibt, sondern auch gemeinsame Lebenssituationen, Ereignisse, Schicksale, Lebensinteressen und Lebensstile charakterisiert.

Unter qualitativen Aspekten können die Abstände zwischen den Generationen ebenso 30 wie 20 oder 15 Jahre betragen. Selbst 15 Jahre können manchmal beträchtlich sein, wenn man beispielsweise den Zeitabstand zwischen der *68er-Generation*, der *Generation Golf* der 80er-, der *Generation X* der 90er-Jahre oder der *Generation @* nach 2000 sieht. Traditionell ging man von einer Dreiteilung des Lebens in

- Ausbildung für den Jugendlichen,
- Berufsarbeit für den Erwachsenen,
- Ruhestand für den alten Menschen

aus. Doch die derzeitigen dynamischen Veränderungen in der Generationenfolge kann man mit dem starren Modell der Dreigenerationengesellschaft nicht mehr voll erfassen.

Schon vor drei Jahrzehnten bezeichnete der französische Politiker Edgar Faure auf der OECD-Arbeitszeitkonferenz in Paris die Dreiteilung als einen überholungsbedürftigen Mythos, wonach man

- im ersten Lebensabschnitt nur lerne und studiere,
- im zweiten Lebensabschnitt dagegen ausschließlich arbeite, ohne zu lernen oder zu studieren,
- während man dann im dritten Lebensabschnitt weder arbeite noch lerne und studiere (OECD: New Patterns for Working Time. Final Report, Paris 1973, S.16).

Die technologische und soziale Entwicklung setzt die griechische *Mythologie von der Trias des Lebens* außer Kraft. Die Übergänge und Grenzen zwischen den einzelnen Lebensphasen werden fließender, weniger starr. Und aus dem dritten Lebensalter entwickeln sich drei neue Lebensphasen mit generationsspezifischem Charakter: Jungsenioren (50plus), Senioren (65plus) und Alte bzw. Hochaltrige (80plus).

Aus dem traditionellen Lebensbogen Ausbildung/Beruf/Ruhestand kann in Zukunft eine abschüssige Strecke geworden, auf der man *jung, noch jung – oder schon ein Pflegefall* ist! Zwischen 18 und 80 gibt es dann allenfalls noch senile Erwachsene oder kindische Greise (vgl. Gronemeyer 1996, S.27). Alte Junge und junge Alte nähern sich immer mehr an. Der Lebensweg, der einmal als Weg von der Wiege in die Bahre beschrieben worden war, gleicht dann mehr einem Sprung von der Wiege in die wieder als Wiege simulierte Bahre: einem „Sprung in die Infantilisierung“ (Kurnitzky 1994, S.100)? Die französische Schriftstellerin Simone de Beauvoir hat unsere Altersangst auf den Punkt gebracht: „Ehe es nicht über uns hereinbricht, ist das Alter etwas, das nur die anderen betrifft.“ Machen wir uns also nichts vor. Alter betrifft mittlerweile jeden, auch die 30- und 40-Jährigen unter uns. Heute noch als Vielbeschäftigte im Beruf, morgen vielleicht schon als Frührentner oder Pensionäre.

Mit der Geschichte des Alters und der Entdeckung der verschiedenen Lebensalter ist seit der frühen Neuzeit das *Bild von der Treppe des Lebens* verbunden: Gemeint ist die Glorifizierung des Jugendalters als eine Art Idealalter. Die Lebenszeit „davor“ dient dem Aufstieg, die Lebenszeit „danach“ wird als Abstieg empfunden. Bereits Mitte der 17.Jh.s wird vom „Auff und Nidergang“ des Lebens gesprochen.

In den letzten 300 Jahren hat sich offensichtlich die Bewertung der einzelnen Lebensalter nicht grundsätzlich geändert. Das Jungsein gilt noch immer als ideales Lebensalter: Jeder vierte Bundesbürger (27%) denkt heute bei der Vorstellung von der schönsten Zeit des Lebens an die *Jung-Erwachsenen-Zeit* im Alter von 18 bis 24 Jahren, in der man noch weitgehend frei von der Sorge um Familie und Beruf sein kann. Ebenfalls ein Viertel der Bevölkerung (25%) betrachtet als die beste Zeit im Leben das *Erwachsenenalter von 25 bis 49 Jahren*. Danach aber fällt die Treppe des Lebens – subjektiv gesehen – steil ab.

Innerhalb der Bevölkerung gibt es durchaus unterschiedliche Ansichten:

- Für Jugendliche ist z.B. die Jugendzeit am schönsten und für junge Erwachsene die eigene Lebensphase zwischen 18 und 24 Jahren. Auch kinderlose Paare identifizieren sich mit ihrem eigenen Lebensalter von 25 bis 49 Jahren.
- Alle übrigen Bevölkerungsgruppen neigen mehr zum „Blick zurück“, indem sie die zurückliegenden Jahre als die schönsten Lebensjahre bezeichnen – die 25- bis 49-jährigen Singles genauso wie die über 65-jährigen Rentner und Pensionäre.

Das Lied „Ich möchte noch mal zwanzig sein …“ spiegelt nur die halbe Wahrheit wider: Die Lebensphasen zwischen 18 und 49 Jahren kommen der *Wunschvorstellung vom schönen Leben* am nächsten.

Jeder sechste Bundesbürger (17%) und fast jeder vierte Ruheständler (23%) ist heute davon überzeugt: „Jede Lebensphase ist gleich schön.“ Im Generationenvergleich ist feststellbar, dass die positive Einstellung mit dem Alter sogar zunimmt (insbesondere bei den Frauen). Dies könnte eine Zukunftschance und Zukunftsperspektive zugleich sein: nicht immer nur vom schönen Leben träumen oder die Wirklichkeit verträumen, sondern den Traum vom schönen Leben auch verwirklichen – in jedem Lebensalter. Lebensglück und Lebenszufriedenheit sind keine Frage des Lebensalters.

Die ganze Gesellschaft altert

Mit dem demographischen Wandel vollzieht sich ein grundlegender sozialer Wandel in Deutschland: *Die ganze Gesellschaft altert.* Die Enquête-Kommission des Deutschen Bundestages spricht von der „älter werdenden Gesellschaft“ (Enquête-Kommission 1994), die Sozialforschung von der „alternden Gesellschaft“ (*aging society*) bzw. vom „Alterungsprozess der Gesellschaft" (Möhle/Glatzer 2000, S. 67) oder gar von der *Überalterung*. Der Begriff „Überalterung" bezieht sich – bildlich gesehen – auf die *Umkehrung der Alterspyramide*, die nicht mehr auf einem breiten Sockel junger Menschen basiert. Damit verbunden sind gesellschaftliche Probleme wie z. B. die Finanzierbarkeit der Alterssicherung, die Erhöhung von Pflegekosten sowie der Mangel an Arbeitskräften (Möhle/Glatzer 2000, S. 67). Dies ist nicht nur ein spezifisch deutsches Phänomen. Noch liegt das Durchschnittsalter der Weltbevölkerung bei 28 Jahren, im Jahr 2030 aber wird es bereits etwa 35 Jahre betragen. Viele Gesellschaften werden sich in den nächsten Jahrzehnten zu *grauen Gesellschaften* entwickeln.

Medizinische Fortschritte und ein verändertes Gesundheitsbewusstsein, mehr Bildung sowie ein höherer Lebensstandard sorgen insbesondere in der westlichen Welt dafür, dass die Menschen mindestens ein Drittel ihres Lebens als Ältere verbringen. Im Vergleich zu früheren Generationen werden sie chronologisch älter, aber in ihrer subjektiven Befindlichkeit *fühlen sie sich jünger* – auch und gerade im Hinblick auf ihre Leistungsfähigkeit: „Die Älteren halten sich für jünger, sehen im Durchschnitt jünger aus, sind hinsichtlich ihrer Gesundheit, ihrer Selbständigkeit und Kompetenz jünger und vitaler als frühere Generationen" (Schroeter 2000a, S. 91). Im gleichen Maße also, wie die Gesellschaft altert, „machen" sich die Menschen jünger. Eine Folge dieses *Verjüngungsprozesses* ist die zwangsläufige Verschiebung der Altersgrenze in der subjektiven Einschätzung der Bevölkerung. Dieser Bewusstseinswandel ist allerdings in Wirtschaft und Politik noch nicht angekommen. 50plus-Arbeitnehmer werden nach wie vor *künstlich alt gemacht* oder gelten als kaum mehr vermittelbar. Und für die Politik – so die Enquête-Kommission der Deutschen Bundestages – setzt das Alter weiterhin bereits mit 60 ein.

Weil es bisher keine eindeutige oder allgemein gültige Definition des Begriffs „Alter" gibt, greift die Politik notgedrungen auf einen Erfahrungswert zurück. Der Ausstieg aus dem Erwerbsleben beginnt heute nicht mehr mit 65, sondern liegt bei 60 Jahren. Also hat die Enquête-Kommission des Deutschen Bundestages die „Altersgrenze von 60 Jahren" als angemessenen Altersbegriff festgelegt. Und bei der Berechnung des sog. Altenquotienten in Deutschland wird ganz selbstverständlich das zahlenmäßige Verhältnis „der ab 60-Jährigen" zu den 21- bis 59-Jährigen in Beziehung gesetzt (Enquête-Kommission 1998).

Die 60- bis 79-Jährigen werden als *Alte*, die 80- bis 99-Jährigen als *Hochaltrige* und die über 100-Jährigen als *Langlebige* bezeichnet. In dieser Sichtweise wird Alter zeitlich so ausgeweitet, dass die Altersphase eine Spanne von 40 bis 50 Jahren umfasst. Teilt sich die Bevölkerung bald nur noch in Junge und Alte – und sonst nichts? Dem stehen allerdings die Erkenntnisse der modernen Alternswissenschaft entgegen, wonach sich aus dem ehemals dritten ein viertes Lebensalter entwickelt hat und das vierte Lebensalter „die Merkmale des früheren dritten annimmt" (Kohli 2000, S. 13). Die Dreigenerationengesellschaft stirbt; meine frühe Zukunftsprognose aus dem Jahr 1984 wird Wirklichkeit: „Die nachberufliche Lebensphase ist ein Novum in der Geschichte der modernen Industriegesellschaft. Eine neue Generation entsteht: Die Generation der Fünfziger und Sechziger in der nachberuflichen Lebensphase – die noch Erwerbsfähigen, aber nicht mehr Erwerbstätigen. Sie leben als dritte Generation zwischen Lebensmitte und Lebensabend. Sie haben – um im Bild zu bleiben – den ‚Lebensnachmittag' vor sich: Zeit genug, um noch etwas zu unternehmen. Sie zählen weder zu den Jungen noch zu den Alten. Sie sind eine neue Generation des Übergangs … Sie gibt es amtlich eigentlich gar nicht. Es ist eine *Generation (noch) ohne Namen*" (Opaschowski 1984, S. 36f.).

Hinzu kommt, dass sich die traditionelle Altersgrenze für den Eintritt in den Ruhestand immer weiter nach vorne verlagert – trotz ständig steigender Lebenserwartung. Vor rund 100 Jahren waren noch mehr als zwei Drittel der Männer im Alter von über 60 Jahren (1895: 68 %) erwerbstätig; heute ist es nur noch jeder Achte (13 %) – und das bei gleichzeitiger Verdoppelung der Lebenserwartung (1870: 37 Jahre – 2001: 75 Jahre). Und ein Ende der Lebensverlängerung – auch und gerade vor dem Hintergrund der Genforschung – ist noch lange nicht absehbar (Kohli 2000, S. 12). Der *Trend zur Frühpensionierung* hält weiter an und ist über Deutschland hinaus eine in allen Industrieländern zu beobachtende Entwicklung.

Der Bewusstseinswandel in der Bevölkerung kommt einem *Bedeutungswandel des Alters* gleich: Der Ruhestand gilt nicht mehr als „Restzeit", die irgendwie durchlebt oder zu Ende gelebt werden muss. Wie nie zuvor erleben die Menschen heute das Ende der Erwerbsphase mit besserer gesundheitlicher Verfassung und besseren Qualifikationen. Aus der Alterslast ist ein *gesellschaftliches Innovationspotential* geworden. Das Leben nach der Arbeit bekommt ein eigenes Gewicht und ist keine Marginalie des Lebens mehr.

Vom Jahrhundert des Kindes zum Jahrhundert der Senioren

Das im Jahr 1900 ausgerufene „Jahrhundert des Kindes“ ist zu Ende. Kommt jetzt das *Jahrhundert der Senioren*? In den letzten 100 Jahren hat sich die Zahl der über 60-Jährigen in Deutschland von 4,4 Mio. auf 18 Mio. vervierfacht. Im Jahr 2030 wird etwa jeder dritte Bürger in Deutschland über 60 Jahre „alt“ – oder vielleicht nur „relativ alt“? – sein. Denn der demographische Wandel hat die Altersgrenze spürbar verschoben: Alt ist man in Deutschland erst mit 76 Jahren. Das geht aus unserer Repräsentativbefragung hervor, in der wir danach gefragt haben, „ab wann man heute wirklich alt“ ist.

An der traditionellen Altersgrenze von 65 Jahren halten heute nur noch die Jugendlichen fest. Aus ihrer persönlichen Sicht ist man in Deutschland nach wie vor mit 65 Jahren „alt“. Schon im Alter von 18 bis 24 Jahren ändert sich die Einstellung und als Altersgrenze werden 73 Jahre genannt. Alle übrigen Bevölkerungsgruppen votieren für eine *flexible Altersgrenze zwischen 75 und 78 Jahren*. Die offizielle Altersgrenze von 65 Jahren steht also nur noch auf dem Papier. Weil die Gesellschaft in Deutschland immer älter wird, das Durchschnittsalter steigt und die Jugend zur Minderheit wird, wandelt sich zwangsläufig auch die Einstellung der Bevölkerung zum Alter. Zu allen Zeiten hat die Gesellschaft „Alter“ unterschiedlich definiert. Der soziale und demographische Wandel von heute prägt daher auch den Altersbegriff. Wenn die Lebenserwartung weiter so kontinuierlich ansteigt, gilt man im Jahr 2030 vielleicht erst mit 90 Jahren als alt.

Mit steigendem Bildungsgrad nimmt zudem auch die differenziertere Betrachtungsweise zu, die nicht mehr nur das Lebensalter als Bestimmungsmerkmal für das Altsein ansieht. Mehr als zwei von fünf Universitätsabsolventen (42 % – übrige Bevölkerung: 26 %) vertreten die Auffassung: „Alt ist keine Frage des Lebensalters“ – ganz im Sinne des Philosophen Jean-Jacques Rousseau, der schon vor fast zweihundertfünfzig Jahren verkündete: „Mancher wird mit 100 Jahren begraben, der bei seiner Geburt gestorben war.“ Je nach Lebensziel und Lebensstil können gewonnene Jahre auch zerronnene Jahre sein. *Immer länger leben* muss nicht zwangsläufig ein Gewinn sein. Auch und gerade für die Zukunft gilt: Nicht dem Leben immer noch mehr Jahre geben, sondern den Jahren mehr Leben.

Wir kennen es alle aus dem Wetterbericht: „Gefühlte Temperaturen“ sind etwas anderes als objektiv ablesbare Temperaturen auf dem Thermometer. Ähnlich verhält es sich mit dem *gefühlten Alter*, das sich immer mehr vom biologischen Alter abkoppelt. Die „Man-ist-so-alt-wie-man-sich-fühlt"-Devise soll die *Mitte des Lebens festhalten* helfen: Der 50-Jährige spielt Tennis wie ein 40-Jähriger. Die 60-Jährige wirkt wie eine Powerfrau mit 48 und die 70-Jährigen entdecken Abenteuerreisen in die Antarktis, die eigentlich die Kondition mittlerer oder gar jüngerer Generationen voraussetzen. Die „Jungen Alten" sind also kein Phantom; es gibt sie wirklich. Objektiv werden sie immer älter, subjektiv aber halten sie an den Konsum- und Lebensgewohnheiten der Lebensmitte fest und sehen tatsächlich auch so aus.

Mode-, Sport-, Kosmetik- und Tourismusindustrien helfen allerdings nach Kräften nach: Hinter dem gefühlten Alter verbirgt sich nicht selten ein gekauftes Lebensgefühl. Jugendlichkeit muss man sich schließlich auch leisten können. Halten wir fest: Die Blütezeit des Lebens wird einfach um eine Generation verlängert und das wirkliche Altsein fängt für die meisten Menschen erst mit der Pflegebedürftigkeit an.

Andererseits gibt es auch gegensätzliche Entwicklungen, bei denen Menschen regelrecht „alt gemacht" werden. Der Deutsche Tennisbund (DTB) hat beispielsweise ein neues Marketingkonzept entwickelt: Das *Seniorenalter* im Tennis beginnt jetzt bereits *mit 30 Jahren*. Bisher begannen die Senioren bei den Männern bei 45 und bei den Frauen bei 40 Jahren. Das ist nun vorbei. „30 plus" soll nun die endgültige Altersgrenze für alle sein. Ähnliches gilt für die *TV-Werbeszene*. Wer derzeit Zuschauer ab 50 anspricht, begeht bei Privatsendern geradezu eine Todsünde. Und in der Werbebranche ist man ab 30 ohnehin schon „tot". Müssen wir wirklich ein Leben lang „wie 30 aussehen" oder uns wenigstens so fühlen? Unbestritten ist, dass private Fernsehanstalten die über 50-Jährigen als Zielgruppe ausblenden, weil sie für Werbewirtschaft und Medienplaner ebenso unattraktiv wie unrentabel sind. Wahrscheinlich zu Recht. Denn Privatsender sind eigentlich keine Fernsehanstalten, sondern *elektronische Werbemedien*, die in erster Linie Werbung – auf dem Umweg über das Lockmittel Fernsehen – *für junge Konsumenten* machen wollen und sollen. Und die Werbeagenturen haben es verstanden, die TV-Sender „wie pawlowsche Hunde auf die Zielgruppe der 14- bis 49-Jährigen abzurichten" (SAT 1). Und niemand will der Verursacher gewesen sein. Die jungen Werbeteams verkünden ungeniert: „Ab 50 bist du praktisch tot." Danach ist eigentlich nur noch das *Bankkonto als Wirtschaftspotential* relevant. Jugend ist zum Fetisch und Jugendlichkeit zu einem Wert an sich geworden.

Alternswissenschaft als Multidisziplin

Ökonomisch, kulturell und sozial wird sich die Dominanz älterer Menschen in Zukunft gesellschafts- und lebensstilprägend auswirken. Ältere besitzen – im Unterschied zu den Jüngeren – eine Vielzahl unterschiedlicher sog. Kapitalien (vgl. Schroeter/Prahl 1999, S. 121). Ältere Menschen verfügen über:

- *Ökonomisches Kapital*
  (z. B. Eigentum, Besitz, Erbschaft, Einkünfte, materielle Kulturgüter)
- *Kulturelles Kapital*
  (z. B. Wissen/Kenntnis, soziale Kompetenzen, Einflussnahme, handwerkliches/praktisches Geschick, Durchsetzungsvermögen, Entscheidungs-, Anpassungsfähigkeit)
- *Soziales Kapital*
  (z. B. familiäre Eingebundenheit, Kinder/Enkelkinder, (Ehe-) Partner, Freundschaften, Nachbarn, Vereinszugehörigkeit).

Ältere Generationen bekommen in Zukunft als Anbieter ökonomischer, kultureller und sozialer Leistungen eine immer größere Bedeutung. Die moderne Altersforschung steht vor neuen Herausforderungen. Aus der Altersforschung wird geradezu eine *Multidisziplin Alternswissenschaft*, deren Gegenstandsbereiche sich zwischen Älterwerden und Altern, Lebenslauf und Lebensphase bewegen. Heute erscheint die traditionelle „Lebensphase Alter" fragwürdig und kaum mehr abgrenzbar. Ursache hierfür ist eine doppelte Ausdehnung dieser Lebensphase über einen immer längeren Zeitraum hinweg:

- Einerseits findet eine *Verjüngung des Alters* statt, d. h., die Entberuflichung bzw. das Ausscheiden aus dem Berufsleben verlagert sich in eine immer frühere Lebensphase.
- Andererseits ist eine *Hochaltrigkeit des Lebens* feststellbar, d. h., die steigende Lebenserwartung in Verbindung mit einer besseren gesundheitlichen Verfassung verschiebt die Altersgrenze in ein immer höheres Alter.

Die Altersforschung löst derzeit dieses Dilemma, indem sie sich einfach in „Entwicklungsforschung" (Schroeter 2000 b), „Soziologie der Altersentwicklung" (Clemens 2000) und „Soziologie des Lebenslaufs" (Kohli 2000) umbenennt oder sich zur Wissenschaft von der „zweiten Lebenshälfte" (Kohli 2000) erklärt.

Die ausschließliche Ausrichtung auf die über 65-Jährigen wird aufgegeben, die *Biographie- und Lebenslaufforschung* neu entdeckt

– wie in der Jugendforschung auch. Das Jugendalter endet ja heute nicht mehr mit 17 Jahren, vielmehr wird die Jugendphase bis 24 Jahre, z.T. sogar auf den Zeitraum von 13 bis 29 Jahre ausgedehnt. Daraus folgt: Die Kategorien „Jugend“ und „Alter“ lösen sich zusehends auf oder gehen im allgemeinen Zeitgeist unter, indem sie als Lebensgefühl oder Lebenskonzept beschrieben werden. Aus der wissenschaftlichen Ausdifferenzierung („Differenzielle Gerontologie“) droht eine „Ausfransung“ (Clemens 2000, S.51) zu werden.

Der chronologische bzw. kalendarische Altersbegriff hat sich überlebt, seitdem immer mehr biologische, medizinische, psychische und soziale Aspekte in den Blick der Forschung geraten. Die Alternswissenschaft konzentriert sich mittlerweile schon im offiziellen Auftrag des Bundesministeriums für Senioren in ihrem sog. Alters-Survey auf die *40- bis 85-Jährigen*, die *zweite Lebenshälfte* oder gar auf die *Spannbreite zwischen ca. 35 bis jenseits von 100 Jahren.*

Daraus folgt: *Neben* dem Lebensalter müssen in Zukunft ergänzend lebenszyklische Ereignisse wie z.B. Verrentung *und* Verwitwung *und* Pflegebedürftigkeit als Bestimmungsfaktoren für „Alter“ einbezogen werden, d.h., zum *chronologischen* Lebensalter muss das *funktionale* Altwerden hinzukommen, wie bereits 1984 gefordert: „Das Ausscheiden aus dem Berufsleben *und* die erhebliche Verschlechterung des Gesundheitszustandes *und* der Tod des Lebenspartners *u.a.*“ (Opaschowski 1984, S.37). Um sich „alt zu fühlen“, reichen die bloßen Lebensjahre oder der formale Eintritt in den Ruhestand allein nicht aus.

Was bereits im gesellschaftlich-politischen Bereich gilt wie z.B. der Name des Bundesministeriums für „Senioren“, hat auch für das ganz persönliche Selbstverständnis der älteren Bevölkerung seine Gültigkeit: Der Begriff „Senioren“ findet bei den älteren Generationen die größte Akzeptanz. Jeder vierte Bundesbürger im Alter von über 50 Jahren (26%) kann sich damit am ehesten identifizieren. Fast genauso viele (22%) sind damit einverstanden, wenn sie zur „älteren Generation“ gezählt werden.

Die 50plus-, 65plus- und 80plus-Generation

Unterschiedliche Sichtweisen deuten sich bei einzelnen Altersgruppen an. Nach den repräsentativ ermittelten Selbsteinschätzungen ergibt sich folgende persönliche Rang- und Reihenfolge:

- Die *50plus-Generation* (50 bis 64 Jahre) will am liebsten „Senioren" (22%), „Ältere" (18%) oder „Junge Alte" (17%) genannt werden.
- Die *65plus-Generation* (65 bis 79 Jahre) entscheidet sich auch für „Senioren" (45%) und „Ältere" (25%), kann sich aber genauso mit dem Begriff „Ruheständler" (12%) anfreunden.
- Und die *80plus-Generation* (80 Jahre und älter) votiert ähnlich. Favorisiert werden „Ältere" (32%) und „Senioren" (30%). Erhebliche Vorbehalte bzw. psychologische Sperren gibt es noch bei dem Begriff „Alte". Nur 13% der über 80-Jährigen wollen sich „Alte" nennen lassen.

Der heute vielfach verwendete Begriff „Junge Alte" wird eigentlich nur von den über 50-Jährigen akzeptiert, von einer Altersgruppe also, die selbst noch nicht alt ist.

Für die älteren Generationen (im Plural!), die in Zukunft an Zahl und Bedeutung gewinnen, muss ein *produktives Leitbild jenseits der Erwerbsarbeit* geschaffen werden. Die Forderung für sie kann eigentlich nur lauten: „Schafft den Ruhestand ab!" (Opaschowski 1984, S.42). In den USA gibt es ein solches Leitbild „Produktives Älterwerden" (productive aging) schon lange, in dem Aktivität und gesellschaftliches Engagement einen hohen gesellschaftlichen Stellenwert haben. Die nicht mehr Erwerbstätigen, aber noch voll Leistungsfähigen wollen keine bloßen Kostgänger des Sozialstaates mehr sein – auch und gerade vor dem Hintergrund einer Generationengerechtigkeit. Das kann die unentgeltliche Wahrnehmung von Aufgaben und Ämtern, die freiwillige Mitarbeit in sozialen Netzwerken oder die Betreuung von wirklich alten Menschen sein.

Im Unterschied zur traditionellen Ehrenamtsarbeit, in der man nur „für andere" tätig war, versteht sich die *produktive Freiwilligenarbeit* auch und gerade als „Tätigkeit für sich", in der Selbstentfaltungsmotive mindestens so wichtig wie Verpflichtungsmotive sind. Kritisch auf den Punkt gebracht: eine Art *sozialer Egoismus*, bei dem die eigene Freude am Helfen und nicht die Pflicht zum Helfen im Vordergrund steht. Produktive Freiwilligenarbeit wie z.B. aktive Vereinsarbeit oder persönliche Betreuung und Pflege von Enkeln, Kindern und Eltern machen derzeit bei den über 59-Jährigen in Deutschland etwa 40 Stunden im Monat aus, was etwa 3,5 Mrd. Stunden Freiwilligenarbeit im Jahr bzw. einem Netto-Wert von über 40 Mrd. € entspricht (Künemund 2000, S.290). In Zukunft müsste es in jeder Kommune *Helferbörsen* geben, in denen insbesondere ältere Bürger unentgeltliche Hilfen anbieten, aber auch in Anspruch nehmen können.

Freiwilligenarbeit aber kann – wie staatliche oder kommerzielle Dienste auch – die familiäre Unterstützung nur bedingt ersetzen (vgl. Kohli u. a. 2000, S. 196f.). Noch immer

- ist die *Familie sofort da*, wenn Hilfe gebraucht wird („Wenn meine Angehörigen Hilfe brauchen, werde ich immer einspringen"),
- gibt es innerhalb der Familie eine *normative Verpflichtung* zur Hilfe („Ich finde, dass ich einfach die Pflicht habe, meinen Angehörigen zu helfen") und
- hat auch der *Aspekt des Zurückgebens von bereits Erhaltenem* ein großes Gewicht („Was meine Eltern mir gegeben haben, das möchte ich an die folgende Generation weitergeben").

Das gemeinsame Leben im selben Haushalt findet zwar immer seltener statt. Dafür aber bewährt sich das moderne Familienprinzip „innere Nähe durch äußere Distanz". Die Familiensolidarität funktioniert auch dann, wenn Kinder oder Enkel nicht im gleichen Haus oder in der Nachbarschaft wohnen. Die viel diskutierte „Krise der Familie" betrifft nicht die Familie selbst, sondern nur die, die es zeitlebens versäumt haben, eine Familie zu gründen oder für einen generationsübergreifenden *Familien-Ersatz* zu sorgen. Dazu zählen v. a. *Freunde und Nachbarn*. Als Familien-„Ersatz" haben sie allerdings manchmal nur „Lückenbüßer"-Funktion (Lang/Schütze 1998), d. h., sie sind hilfreich bei kleinen Erledigungen oder erster Hilfe bei Unfällen, nicht aber bei kontinuierlicher Betreuung oder gar körperlicher Pflege (Künemund/Hollstein 2000, S. 216).

Deutschland im 21. Jh.: Eine Gesellschaft vergreist. Aus der zunehmenden Alterung der Bevölkerung droht eine *Überalterung der Gesellschaft* zu werden. Der Geburtenrückgang liegt mittlerweile etwa ein Drittel unter dem Generationenersatz. Immer weniger Jüngeren stehen immer mehr Ältere gegenüber. Zugleich nimmt die Lebenserwartung stetig zu. Selbst unter Einbeziehung weiterer Zuwanderungen nach Deutschland ist mit einer *demographischen Alterung* zu rechnen. Zunehmende Kinderlosigkeit in Partnerschaften in Verbindung mit rückläufiger Heiratsneigung und gleichzeitig wachsender Zahl der Scheidungen deuten nicht gerade auf eine Trendwende hin. Die Enquête-Kommission „Demographischer Wandel" des Deutschen Bundestages nennt als Hauptursache hierfür die *zunehmende Individualisierung* in unserer Gesellschaft (Enquête-Kommission 1998, S. 67), wozu v. a.

- die Scheu vor längerfristiger Verantwortung und
- die zunehmende Instabilität von Partnerschaften

gehören.

Weil es weniger Kinder gibt, wird das Durchschnittsalter in Deutschland in den nächsten Jahrzehnten auf über 50 Jahre ansteigen. Nur mehr jeder siebte Bundesbürger wird nach dem Jahr 2020 unter 20 Jahre alt sein. Die künftige Bevölkerungsentwicklung lässt sich auf der Basis von Geburtenrate und Lebenserwartung relativ präzise ermitteln. Die größte Unsicherheit stellt allerdings der Faktor Wanderungsbewegung dar. Alle Zukunftsprojektionen gehen ganz selbstverständlich davon aus, dass die Zuwanderungen weiterhin die Abwanderungen übertreffen, Deutschland also *Zuwanderungsland* bleibt bzw. *Einwanderungsland* wird.

Hochaltrigkeit und Pflegewahrscheinlichkeit

Der demographische Wandel wird zum größten Problemfaktor für die soziale Absicherung von Gesundheitsvorsorge und Krankheitsbehandlung werden. Mit der höheren Lebenserwartung nimmt auch der Anteil der Hochaltrigen zu. Während „nur“ etwa 24 von 1000 65- bis 69-Jährigen Leistungsempfänger der gesetzlichen Pflegeversicherung sind, sind es bei den über 80-Jährigen zwölfmal so viele (280 von 1000). Die *Pflegefallwahrscheinlichkeit* nimmt mit der Hochaltrigkeit rapide zu.

Das Pflegesystem ist bisher darauf kaum vorbereitet. Die Zahl der Demenz- und Alzheimer-Kranken wird bis zum Jahr 2030 um etwa 60 % zunehmen. Über 2 Mio. Menschen wären dann davon betroffen. Schon heute sind 350000 Deutsche mindestens 90 Jahre alt, im Jahr 2020 werden es etwa 1 Mio. sein: eine ganze Großstadt nur mit über 90-Jährigen. Fast jeder Dritte von ihnen (ca. 30 %) wird an Demenz oder Alzheimer erkranken. Vor diesem Hintergrund kann sich ein Kirchenwort des Berliner Kardinals Joachim Meisner bewahrheiten: „Die Gesundheit wird unter den irdischen Wohligkeiten der erste Wert. Dann nimmt das *Gesundheitswesen die Form einer Kirche* an“ (Meisner 1999, S. 6).

Hochaltrigkeit wird in Zukunft v. a. durch *Multimorbidität* gekennzeichnet sein: Hochaltrige leiden gleichzeitig an mehreren Krankheiten, die mit ihnen alt werden. Nach vorliegenden Erkenntnissen (vgl. Naegele 1999, S. 8) kann man schon bei den 70- bis 90-Jährigen von etwa fünf bis neun nebeneinander existierenden Krankheiten ausgehen. Kommen amerikanische Verhältnisse auf uns zu? In den USA weigern sich mittlerweile Versicherungsgesellschaften, ältere Menschen aufzunehmen. Das Gegenteil ist eher der

Fall: Man möchte die Älteren so schnell wie möglich wieder loswerden. Die Folge: Mehr als jeder dritte Amerikaner ist nicht gegen Arzneimittelkosten versichert. Wird das *Altern* der Gesellschaft bald nur noch als Kostenfaktor thematisiert und traumatisiert?

Die Alternsforschung in Deutschland hat in den letzten drei Jahrzehnten viel getan, um das in der Öffentlichkeit vorherrschende Klischee „Alter = Krankheit = Hilfsbedürftigkeit“ zu revidieren. Es begann damit, dass sich die *Altersforschung als Alternsforschung* umdefinierte und damit zunehmend jüngere Jahrgänge und Lebensabschnitte in den Blick nahm. Aus den „alten Alten“ wurden zunehmend die „jungen Alten“, aus der Altersphase der Alternsprozess. Das gerontologische Forschungsgebiet erschien plötzlich grenzenlos, denn Altern setzt bekanntlich schon nach der Geburt ein.

Bei dieser Betrachtungsweise gerät aus dem Blick, dass sich inzwischen durch die Fortschritte der Medizin und durch gesündere Ernährungs- und Lebensgewohnheiten die Altersgrenze in ein immer höheres Lebensalter verlagert: *Die 80-Jährigen von heute gleichen den 60-Jährigen von früher.* Die Gleichung „alt = krank = hilfsbedürftig“ gilt aber nach wie vor – nur eben jetzt für die über 80-Jährigen: denn diese Hochbetagten von heute sind wirklich alt. Aus dem „Dritten Alter“ ist das „Vierte“ oder gar „Fünfte Alter“ geworden. Jenseits von 80 – also in der Altersphase von heute – nehmen die ernsten Krankheiten deutlich zu und zeigt sich nach wie vor die Unausweichlichkeit des körperlichen und geistigen Abbaus. Die sog. Senesquenz-Phase, die für Altersbeschwerden und Krankheitssymptome besonders anfällig ist, weitet sich aus: Allein im vergangenen Jahrhundert stieg die Zahl der 100-Jährigen in Deutschland von etwa 40 auf derzeit über 7000. Bis Mitte unseres Jahrhunderts werden fast eine viertel Million Bundesbürger über 100 Jahre alt sein.

Hoffnungsfaktor Familie

Im Zeitvergleich ist auffallend, welchen spürbaren *Bedeutungszuwachs* inzwischen die Familie, das Zusammensein mit Kindern und Enkelkindern bekommen hat: Der harmonisch verbrachte Tag im Kreis der Familie wird als Glanzlicht und Höhepunkt der Woche oder des Monats erlebt. Spiegelt sich im familiären Zusammensein in besonderer Weise die Sinnhaftigkeit des eigens Tuns wider? Der Anteil der Senioren, der die Gemeinsamkeit mit Kindern und Enkelkindern als Schlüsselerlebnis betont, hat sich in den letzten 15 Jahren verdreifacht (von 7% auf 22%). Im gleichen Maße, wie es objektiv immer weniger Familien und immer weniger Kinder gibt, nimmt offensichtlich subjektiv die Familie im Alter an Bedeutung zu. Glücklich kann sich schätzen, wer zeitlebens am Lebenswert Familie festgehalten hat. Die *Intaktheit familiärer Beziehungen* kann auf dem Weg in das 21. Jh. die *beste Altersversicherung* sein, weil sie Glück, Harmonie und Lebenserfüllung verspricht.

Nicht auszuschließen ist allerdings auch, dass sich die Senioren heute mehr nostalgisch auf die Familie „zurückbesinnen" bzw. die Familie als letzten Hort geradezu „festhalten" wollen, weil sie als Ort der Beständigkeit und sozialen Geborgenheit empfunden wird. In Zeiten eines immer schnelleren technologischen und sozialen Wandels muss die Familie wie ein Naherholungsgebiet erscheinen, in dem Menschen noch Zeit haben und sich Zeit schenken, in dem sie nicht wie in den 80er-Jahren permanent „Rentnerstress" demonstrieren müssen, sondern anderen zuhören können, weil auch ihnen geduldig zugehört wird.

Die Familie entwickelt sich zur wichtigsten Lebensversicherung im höheren Alter. Sie trägt in dreifacher Hinsicht zur Lebenserfüllung bei:

1. Die Familie gibt das Gefühl, noch gebraucht zu werden.
2. Die Familie bringt Abwechslung in das Leben.
3. Die Familie gibt das Gefühl, nicht allein dazustehen.

Die Familie wirkt als Therapeutikum gegen Gefühle von Einsamkeit und Nutzlosigkeit. Eine deutliche Mehrheit der Senioren spricht der Familie diese *wichtige soziale Funktion* zu. Andere in der Öffentlichkeit mehr im Vordergrund stehende Gesichtspunkte wie z. B. Krankenpflege oder materielle Unterstützung erscheinen dagegen fast zweitrangig. Solche familiären Leistungen gibt es „wenn nötig" – wenn es also die (Not-)Situation erfordert.

Existentiell viel bedeutsamer ist der *psychosoziale Rückhalt*, den die Familie auf Dauer gibt. Sie ist nicht nur eine gut funktionierende Notgemeinschaft. Die Familie stellt vielmehr eine Lebensbegleiterin dar, die gleichzeitig *fordert* und *fördert*. Die Familie sorgt z. B. dafür,

- dass man im Alter nicht nur gepflegt, sondern auch gebraucht wird,
- dass man um Rat gefragt und bei wichtigen Entscheidungen beteiligt wird und
- dass man gelegentlich mit noch so kleinen Gefälligkeiten helfen und aushelfen kann.

Die Familie wirkt stabilisierend und identitätsstiftend. Vor allem die Frauen legen besonderen Wert darauf, familiäre Bindungen zu erhalten, während Männer eher Wert auf Stammtischkontakte und Vereinsleben legen.

Die Senioren von heute haben sich zugleich weitgehend vom bloßen „Immer-Mehr“ verabschiedet. Im Vergleich zur Ruhestandsgeneration der 80er-Jahre geht es jetzt mehr um Fragen der *Intensivierung des Lebens* sowie um die stärkere *Einbeziehung der Sinndimension*. Die Senioren haben in ihrem Leben viel erreicht und geben sich auch mit dem Erreichten weitgehend zufrieden. Nicht ihren Lebensstandard wollen sie verbessern, sondern ihre Lebensqualität. Sie wollen eine Antwort auf die Frage haben, wofür sie leben.

Eigentlich könnten sie sich den Luxus erlauben, die verdiente Muße ohne schlechtes Gewissen zu genießen. Andererseits wollen sie aber noch mehr aus ihrem Leben machen. Seit Anfang der 80er-Jahre hat es für sie eine erhebliche Ausweitung des Angebots im Bereich von Hobby, Sport und Urlaubsreisen gegeben. Das scheinbar grenzenlose Angebot an Möglichkeiten hat zugleich aber auch die Sinnfrage verschärft. Glück ist schließlich nicht käuflich. Mit der Entdeckung und zunehmenden Kommerzialisierung des „Zukunftsmarktes Senioren“ ist auch eine Verlagerung von Handlungsautonomie verbunden: Ein *Rundum-sorglos-Service für Senioren* kann manche Selbstständigkeit verkümmern lassen. Die Senioren spüren dies und wollen sich nicht zwischen „Doppelherz“, „Melissengeist“ und „Knoblauchpillen“ einlullen lassen.

Hinter dem „Muss“, auch jenseits der Erwerbsarbeit ein sinnerfülltes Leben zu leben, verbergen sich Forderungen nach Leistung und Erfolg, weil nur dies soziale Anerkennung auf Dauer garantiert. Die Sinnfrage der Senioren an die Zukunft lautet: Lebensqualität ist nicht das, was mir geboten wird, sondern das, was ich daraus mache. Die Muße bekommen sie nicht einfach zum Zeittotschlagen geschenkt. Sie „müssen“ schon selber etwas daraus machen, um auch vor sich selbst bestehen zu können. In dieser Spannung zwischen Muss und Muße bekommt das Leben seinen Sinn. Die Senioren haben erkannt: Jeder Mensch braucht – in jedem Lebensalter – eine Aufgabe, will also weder über- noch unterfordert werden.

Die Bevölkerung in Deutschland altert dramatisch. Die Lebenserwartung steigt weiter an. Bis zum Jahr 2040 wird sich der *Anteil der über 60-jährigen Bevölkerung in Deutschland verdoppeln* (vgl. Statistisches Jahrbuch 1998). Diese demographische Revolution bleibt nicht allein auf Deutschland beschränkt. Nach Berechnungen des UN-Bevölkerungsfonds (unfpa) wird die allgemeine Lebenserwartung in den westlichen Industrieländern bis Mitte des Jahrhunderts auf 87,5 Jahre (bei Männern) und 92,5 (bei Frauen) steigen. Immer mehr Menschen können uralt werden.

Natürlich, das dürfen wir nicht verkennen, ist das sprichwörtlich lange Leben auch ein Wohlstandsphänomen insbesondere der westlichen Industrieländer. Während viele von uns einer Lebenserwartung von 80 und mehr Jahren relativ gelassen entgegensehen, *sinkt* die Lebenserwartung in den südlichen Afrika-Ländern aufgrund der außer Kontrolle geratenen Aids-Epidemie. Rund zwei Drittel aller Aids-Infizierten leben in Afrika. In den 29 betroffenen Ländern liegt die durchschnittliche Lebenserwartung nach UN-Angaben mittlerweile nur mehr bei 47 Jahren.

Wie nie zuvor in der Geschichte der Menschheit können wir dagegen in den westlichen Industrieländern mit einem langen Leben „rechnen". Also lohnt es sich auch, in dieses lange Leben in jeder nur möglichen Weise (geistig, psychisch, physisch, sozial) zu „investieren". Dies macht das besondere Profil der Neuen Senioren von morgen aus. Unbestritten ist, dass von dem Begriff „Neue Senioren" ein besonderer Reiz ausgeht. Damit ist zumeist die Vorstellung einer modernen und jungen Einstellung zum Leben verbunden:

- Die Neuen Senioren werden biologisch älter, bleiben aber mental jung.
- Sie bejahen das Leben, werden immer älter, ohne sich alt zu fühlen.

„Neu" soll dabei zum Ausdruck bringen, dass sie auf der Höhe der Zeit sein, mit der Zeit gehen, ihre nachberufliche Lebensphase als Neuorientierung verstehen, ihr Leben bewusst gestalten bzw. mehr aus ihrem Leben machen wollen. Was ist nun wirklich neu an den Neuen Senioren?

Pioniere neuer Werte und neuer Märkte

Die Wachstumsmärkte sterben also auch in Zukunft in der älter werdenden Gesellschaft nicht aus. Ganz im Gegenteil. Ohne die ältere Generation müssten Gartencenter und Heimwerkermärkte schließen, die Ärzte, Apotheker und Gesundheitsdienste um ihre Existenz bangen, verlören Zeitungsverlage, Konzerthäuser und Theater ihre wichtigsten Abonnenten, stünden leer stehende Kirchengebäude zur Disposition und hätten Sportvereine keine Zukunft mehr, weil die meisten Ehrenämter „unbesetzt“ blieben.

Vergleicht man z.B. die Alltagsbeschäftigungen der älteren Generation im Alter von 50 bis 74 Jahren mit den Aktivitäten der von der Wirtschaft besonders umworbenen Zielgruppe der 14- bis 49-Jährigen, so müssen viele Vorurteile gegenüber der vermeintlichen „Kukident“-Generation revidiert werden. Denn mit dem höheren Lebensalter wachsen auch die Qualitätsansprüche an das Leben. Eine *neue Anspruchsrevolution*, nicht etwa eine neue Bescheidenheit kündigt sich für die Zukunft an. 50plus-Generationen gehören beispielsweise zu den regelmäßigen Zeitungs- und Zeitschriftenlesern. Deutlich geringer ist hingegen der Anteil der jüngeren Leser. Auch beim Fernsehen und Hörfunk sind die Älteren stärker vertreten: eine Zukunftschance für die Unterhaltungselektronik, insbesondere für den Absatz von TV-Geräten, Videorekordern und Zubehör.

Auch der *Kulturbereich* geht einer sicheren Zukunft entgegen: Oper, Konzert und Theater sowie Museums- und Kunstausstellungen bleiben stabile Wachstumsfelder in einer älter werdenden Gesellschaft. Wachstumschancen zeichnen sich ebenso für die Körperpflege- und Kosmetikbranche ab. Denn: „Sich in Ruhe pflegen“ gehört zu den wichtigsten Alltagsbeschäftigungen einer Generation, die jung aussehen will, obwohl sie immer älter wird. Die 50plus-Generationen können für Wirtschaft und Werbung ebenso attraktiv wie rentabel sein, wenn das von den durchschnittlich unter 30-jährigen Werbeteams vermittelte Klischee („alt“, „beige“, „gebrechlich“) aufgegeben wird. Der Zukunftsmarkt der Neuen Senioren ist nicht einfach nur eine Spar-Version des Jugendmarktes, sondern etwas völlig anderes, eine *eigene Anspruchs- und Erlebniswelt*. Die Neuen Senioren wollen keine Inline-Skates mit Stützrädern, sondern Sinn- und Serviceangebote rund um die Uhr.

Vor einem Vierteljahrhundert kündigte der amerikanische Sozialforscher Ronald Inglehart in den westlichen Industriegesellschaften eine *Revolution auf leisen Sohlen* an („The Silent Revolution“): einen Wertewandel von den materiellen Zielen zu den nichtmateriellen Bedürfnissen. Insbesondere jüngere Menschen im Alter bis zu 39 Jahren würden weniger zu materialistischen Wertvorstellungen neigen. Die „Postmaterialisten“ von damals sind inzwischen in die Jahre gekommen und heute über 50 Jahre alt. Sie verfügen über ein relativ hohes Bildungs- und Einkommensniveau. Ein schönes Leben, innere Ausgeglichenheit, Sicherheit und soziale Bedürfnisse stehen für sie im Mittelpunkt.

Insofern kann es nicht überraschen, dass diese Generation derzeit in Parteien, Gewerkschaften, Kirchen und Vereinen den Ton angibt und mehr ehrenamtliches Engagement beweist als die jüngere Generation bis zu 49 Jahren. Die Werbewirtschaft muss also umdenken: Lebensqualität – vom Kulturangebot über den Wellnessurlaub bis hin zum sozialen Ehrenamt – war für die jungen Werbeteams bisher weitgehend ein „blinder Fleck". Zu vorschnell und zu vordergründig hatten sie Lebensqualität mit Lebensstandard verwechselt und Lebenslust einfach mit Kauflust gleichgesetzt.

Wer in Zukunft an dem prognostizierten 175-Mrd.-€-Markt der Neuen Senioren partizipieren will, muss sich ihren Bedürfnissen anpassen und eine doppelte Dienstleistung erbringen: den erworbenen *Lebensstandard* (z.B. durch Spareinlagen, Versicherungen, Aktien oder Immobilien) sichern und zugleich die ganz persönliche *Lebensqualität* (z.B. durch Kulturangebote, Gesundheitsdienste und Reiseservice) verbessern helfen. Nicht mit Glanz und Glamour, sondern mit Atmosphäre und Ambiente kann man die ältere Generation für sich gewinnen. Was Fitness, Sun und Fun für die Jüngeren, sind Sinn, Vitalität und Lebensfreude für die Älteren. Der *Sinnfaktor* ist für die Älteren genauso wichtig wie der *Spaßfaktor* für die Jüngeren. Wenn sich in den nächsten vier Jahrzehnten die Zahl der über 60-Jährigen in Deutschland verdoppelt, dann kann es auch zu einer Verdoppelung dieses Zukunftsmarktes kommen.

Älterwerden als Zukunftsinvestition

Wer also heute auf die drei Generationen 50plus, 65plus und 80plus setzt, besetzt und besitzt die Wachstumsfelder der Zukunft. Ein gesellschaftlicher *Paradigmenwechsel* steht unmittelbar bevor: Jugend wird Vergangenheit und Älterwerden eine Zukunftsinvestition! Über die Jugendlichen von heute wissen wir fast alles, über diese Neuen Senioren von morgen fast nichts. Sinkende Geburtenquoten und steigende Lebenserwartung zwingen jedoch zum Umdenken. Wir müssen Abschied nehmen vom Zeitalter der Kids-Kultur und uns mehr öffnen für die Welt der Neuen Senioren, die doch Autokäufer und Theaterbesucher, Buchleser und Golfer, Kur- und Kurzurlauber, Kirch- und Kneipengänger zugleich sind. Wie wird eigentlich die *Szene, die Erlebniswelt dieser Neuen Senioren* von morgen aussehen? Werden die Kultmarken der Jugend überhaupt überleben? Oder wird es schon bald heißen: Nivea statt Nike, Audi statt Adidas, Tango statt Techno? Und werden Nestlé, Miele und Mercedes grüßen lassen, während Swatch, Levi's und MTV ihren Marken-Mythos verlieren, weil sie zu spät erkennen, dass wieder *mehr Lebensart als Lifestyle* gefragt ist?

In drei Jahrzehnten ist jeder dritte Bundesbürger über 60 Jahre alt. Wer dann dieses Alter erreicht, wird – relativ gesehen – genauso alt wie ein 20-Jähriger vor 200 Jahren sein: Beide haben eine Lebenserwartung von etwa 20 Jahren vor sich. Die Übergänge und Grenzen zwischen den einzelnen Lebensphasen werden fließender, weniger starr. Und aus dem dritten Lebensalter entwickeln sich *drei neue Generationen* (Jungsenioren *50plus*, Senioren *65plus* und Hochaltrige *80plus*), die in ihren Lebensstilen und Lebenszielen kaum miteinander vergleichbar sind – so wie 14- und 44-Jährige auch nicht. Wäre es anders, würden 44-Jährige in die Disco gehen, während derweil die 14-Jährigen die Haus- und Gartenarbeiten erledigen.

In allen westlichen Ländern ist in den letzten beiden Jahrzehnten ein *Trend zum frühen Ruhestand* zu beobachten – entgegen allen politischen Erklärungen, wonach der frühe Austritt aus dem Erwerbsleben als Luxus gilt, den sich die Solidargemeinschaft nicht länger leisten könne und leisten solle. Das Alter von 65 Jahren kann heute nicht mehr als „normale" Ruhestandsgrenze angesehen werden, wenn z. B. nur mehr 10% der über 60-Jährigen erwerbstätig sind.

Können die heute 30-Jährigen ihrem künftigen Ruhestand gelassen entgegensehen? Wann hört ihre Gelassenheit auf und wann fängt ihre (Vor-)Sorge an? Die bisherige Lebensdevise „Meine Altersversorgung ist die Arbeit" reicht als Zukunftssicherung nicht mehr aus. Es ist davon auszugehen, dass das Vertrauen der jüngeren Generation in die gesetzliche Rentenversicherung zunehmend verloren geht. Schon heute ist klar: Ein Durchschnittsverdiener benötigt mindestens 25 Versicherungsjahre, um eine Rentenhöhe zu erreichen, die dem derzeitigen Sozialhilfeanspruch gleichkommt. Welche Garantie aber haben junge Menschen noch auf eine 25-jährige Berufslaufbahn?

In der aktuellen Werbung klingt es leicht und lustig: „Wenn ich groß bin, werde ich Opa. Dann habe ich immer Zeit – und Geld habe ich auch" (TV-Werbung). Dem steht die Vorstellung von der *Zeitbombe Alterssicherung* gegenüber: Die betriebliche Altersversorgung ist rückläufig und die staatlichen Sicherungssysteme haben unter zunehmend größeren Engpässen zu leiden. Immer weniger Beschäftigte müssen immer mehr Rentner versorgen. Der Generationenvertrag stößt an seine Grenzen.

Vor diesem gesellschaftlichen und ökonomischen Hintergrund wird die *private Altersvorsorge* eine Lebensaufgabe für alle, die Altersarmut verhindern wollen. Fast jeder zweite Bundesbürger (45%) sorgt derzeit konkret für das Alter durch private Lebensversicherung bzw. Rentenversicherung vor. Dies gilt v.a. für die jüngere und mittlere Generation im Alter von 30 bis 49 Jahren. Die ältere Generation, die davon am meisten profitieren könnte, hat es im Laufe ihres Lebens versäumt bzw. sich nicht leisten können, für das Alter vorzusorgen. Die private Vorsorge durch Versicherungen hat bei ihnen einen deutlich geringeren Stellenwert (65plus-Generation: 35%; 80plus-Generation: 28%).

Mentale und soziale Altersvorsorge

Das Wort „Altersvorsorge“ ist bis heute beinahe ein Synonym für Geldanlage geworden. Und beim Stichwort „Risikofaktor Rente“ geht es ohnehin nur um die Frage, ob die Renten-„Zahlungen“ in 10 Jahren auch noch sicher sind. Wer sich ernsthaft um die eigene Zukunft Gedanken macht, wird die Altersvorsorge nicht nur als Geldthema begreifen können. *Altersvorsorge ist Daseinsvorsorge* im Sinne von materieller und mentaler Zukunftssicherung.

Die Befragung der Ruheständler von heute hat u.a. erbracht, wie wichtig der psychosoziale Rückhalt der Familie im Alter ist, welchen Bedeutungszuwachs das Zusammensein mit Freunden inzwischen erfahren hat und wie bereichernd die Weiterentwicklung eigener Interessen und die Ausübung von Hobbys ist. Über die materielle Absicherung hinaus erweist sich die *mentale und soziale Altersvorsorge* als unverzichtbare Investition in die Zukunft. Der Verlust von Familie oder Freunden lässt sich im Alter durch Geld nicht mehr ausgleichen.

- Jeder zweite Bundesbürger sieht in der *Erhaltung familiärer Bindungen* eine geradezu lebensnotwendige Vorsorgemaßnahme für das Alter – und handelt auch danach. Die Frage „Haben Sie über die materielle Absicherung hinaus etwas unternommen, um für den Ruhestand vorzusorgen?“ beantwortet jeder zweite Befragte mit dem Hinweis auf die Familie. Die Frauen legen etwas mehr Wert darauf als die Männer, die Landbewohner deutlich mehr als die Großstädter.
- Zur Familie gesellt sich als zweite wichtige Zukunftsinvestition für das Alter die *Pflege des Freundeskreises*. Die Hälfte der Be-

völkerung in Deutschland pflegt systematisch den Kontakt mit Freunden – nicht nur aus Freude am geselligen Leben, sondern auch und gerade mit dem Gedanken, dadurch etwas Dauerhaftes für das ganze Leben zu schaffen, was sich im Alter vielleicht sogar „auszahlt" bzw. „rechnet". Bei aller Freundschaft spielen rationale Erwägungen eine nicht unbedeutende Rolle. Die 50- bis 64-Jährigen, die kurz vor dem Ruhestand stehen, schätzen daher die Bedeutung des Freundeskreises genauso hoch ein wie die eigene Familie.

- Man muss sich im Alter auch selber helfen und beschäftigen können. Dies erklärt den Stellenwert von *Do-it-yourself und Hobby* als Vorsorgemaßnahme für das Alter.
- Etwa jeder sechste Bundesbürger verbindet sogar mit dem *Vereinsbeitritt* den Gedanken an die Altersvorsorge.

Zu Recht stellt die Enquête-Kommission des Deutschen Bundestages fest: „Es gibt bislang keinerlei Hinweise, dass die Bereitschaft zum solidarischen Verhalten innerhalb der Familie geringer wird" (Enquête-Kommission 1994, S. 147). Nur: Wenn es in Zukunft weniger Kinder und weniger familiäre Bindungen gibt, dann muss zwangsläufig auch das *Solidaritätspotential von Familien geringer* werden. Die bisher bewährte Unterstützung des familiären Netzes muss in Zukunft vermehrt durch andere „Leistungen" ersetzt werden.

Es bleibt festzuhalten: Das System der Altenfürsorge hat ausgedient. In Zukunft muss jeder eine *doppelte Vorsorgeplanung* für sein Alter treffen – eine materielle und eine mentale:

- Die *materielle* Altersvorsorge garantiert, den erreichten Lebensstandard auch im Alter zu sichern.
- Die *mentale und soziale* Altersvorsorge hilft, die gewünschte Lebensqualität auch im Alter zu erhalten.

„Mit 60 in die Rente": Diese vorschnell ausgegebene Formel ist an die Grenzen ihrer Finanzierbarkeit gestoßen. Deshalb wird über andere Lösungen nachgedacht, die das Kostenproblem verdrängen und Lebensqualität suggerieren sollen. „Zeitarbeitskonto" heißt die neue Zauberformel. Arbeitnehmer sollen ein ganzes Berufsleben lang (z. B. vom 30. bis zum 60. Lebensjahr) Mehrarbeit und Überstunden leisten, damit sie dann mit 60 und vollem Gehalt vorzeitig „in Rente gehen" können. Statt sieben oder acht sollten sie dafür täglich neun oder zehn Stunden arbeiten. Mit dem angesparten Zeit- und Finanzpolster gehen sie aber unter Umständen ein *doppeltes Risiko* ein:

1. In vielen Unternehmen sind die Arbeitszeitkonten im Konkursfall nicht abgesichert. Wenn die Rückstellungen der geleisteten, aber nicht bezahlten Mehrarbeit nicht von einem Treuhänder verwaltet werden, gehen die Arbeitnehmer im Konkursfall leer aus.
2. Ein Leben lang für die Rente voraus- und mehrarbeiten gleicht einem Glücksspiel mit hohem Risikoeinsatz. Die Gewerkschaften hatten jahrzehntelang die Wochenarbeitszeitverkürzung auch und gerade aus arbeitsmedizinischen Gründen erkämpft, weil dann die Leistungsreserven am Nachmittag, die die Hauptursache von Erschöpfungszuständen und Verschleißerscheinungen sind, nicht mehr zusätzlich herausgefordert werden. Ist es wirklich erstrebenswert, mit *dickem Finanzpolster*, aber *eingeschränkter Gesundheit* in Rente zu gehen?

Vielleicht eignen sich Zeitarbeitskonten ohnehin nur für Schicht- und Fließbandarbeiter in der Produktion (wie z.B. bei VW). Aber gerade der Industriezweig Produktion hat keine expansive Zukunft für Arbeitnehmer mehr vor sich. Mit dem sich abzeichnenden Wandel zur Informationsgesellschaft ist eher Mehrarbeit und Auspowerung verbunden. Wie das Institut der deutschen Wirtschaft auf der Basis von Daten des Multimedia-Verbandes (dmmv/1999) nachweist, sind die „Normalarbeitszeiten" in der Medienbranche ohnehin schon überdurchschnittlich hoch: Bei den Angestellten sind es im Schnitt 47,5 Stunden und auf der mittleren Führungsebene 58,7 Stunden in der Woche. Einzelne Geschäftsführer und Abteilungsleiter kommen sogar auf mehr als 80 Wochenstunden. Wer will da freiwillig noch mehr arbeiten?

Mit zunehmendem Alter werden Gesundheit und Lebensqualität (und nicht etwa Konsum und Lebensstandard) immer wichtiger. Die Lebensdevise lautet dann: „Lieber ein neues Knie als ein neues Auto!" – eine lohnende Investition in die Zukunft angesichts der Tatsache, dass die meisten Menschen in Zukunft ein Vierteljahrhundert im Ruhestand leben „müssen".

Die heutige Erlebnisgeneration will verständlicherweise davon bisher wenig wissen. Schließlich gibt es für sie eine erfindungsreiche Langeweileverhinderungsindustrie, die sie geradezu systematisch von der Sorge um die Zukunft abzulenken weiß. Beim Erlebniskonsum im Umfeld von

- Handy, PC und Internet,
- Kino, Shopping und Essengehen,
- Auto, Sport und Urlaubsreise

„verpulvern" immer mehr Menschen ihr Geld, anstatt für das Alter vorzusorgen. Für diese Jetzt-Generation wird fast das ganze Leben zum Event. Die sozialen Folgen sind absehbar: Weil sich die Erlebnisgeneration in den letzten Jahren zunehmend von Ehe, Kindern und Familie verabschiedet hat, wird sie in Zukunft die Enkel auch nicht einfach „abkassieren" können, zumal es dann kaum noch Enkel gibt. Die Generation der Singles und Doppelverdiener von heute wird eine *enkellose Generation*, eine Generation ohne Kinder und Enkel im 21. Jh. sein. Ihre ganze Liebe muss sich dann am Lebensabend auf Haus und Garten, Hund und Katze, Golf- und Tennisclub, Seniorenstift und Altentagesstätte konzentrieren.

Bessere Lebensbedingungen und medizinischer Fortschritt haben in den letzten Jahren nicht nur die Lebenserwartung, sondern auch die *durchschnittliche Rentenbezugsdauer* verlängert (z. B. 1960: 10 Jahre – 2000: 20 Jahre). Doch wie lange noch? In Großbritannien werden über 70-jährige Nierenkranke aus Kostengründen nicht mehr an die künstliche Niere angeschlossen. In Deutschland sind etwa zwei Drittel der Operationspatienten über 65 Jahre alt. Es gibt Krankenhausabteilungen, in denen das Durchschnittsalter der Patienten bei etwa 80 Jahren liegt. Dabei hat das *Zeitalter der Biotechnologie* (vgl. Rifkin 1998) noch gar nicht begonnen, das nicht nur menschliches Leiden beenden, sondern unser Leben noch weiter verlängern soll.

Der aktuelle Streit um das Arzneimittelbudget im Gesundheitswesen stellt lediglich die Spitze eines Eisbergs dar. In Zukunft werden *Wartelisten für Medikamente* zur Normalität. Das Budget für Arznei- und Hilfsmittel wird künstlich verknappt: Die *Rationierung medizinischer Leistungen* ist dann unausweichlich. Dabei geht es weniger um die Einsparung kostenträchtiger Lifestyle-Pillen im Stile von Viagra, sondern primär um *lebensverlängernde Therapien* von der künstlichen Niere bis zur Herztransplantation. Medizinische Leistungen, die den Alterungsprozess verzögern oder gar eine „Runderneuerung" des Menschen verheißen, werden allgemein kaum mehr finanzierbar sein.

Neue Generationenkonflikte können entstehen, wenn es um die Frage geht, wem vorrangig geholfen werden soll – z. B. einem nierenkranken Vater von zwei kleinen Kindern oder einem Frühinvaliden, der den verdienten Ruhestand genießen will. Eine weiter stagnierende oder gar abnehmende Erwerbstätigkeit (und damit geringere Beitragseinnahmen der Krankenkassen) droht das soziale Sicherungssystem zu sprengen. Da helfen dann auch keine „Solidaritätsstärkungsgesetze" mehr.

Auch in Zukunft können Rentner lange und immer länger leben, wenn sie sich von der Vorstellung verabschieden: „Mehr Medizin = Mehr Gesundheit". Die Lebenserwartung ist sehr viel mehr vom individuellen Lebensstil wie z.B. der körperlichen Bewegung, den Ernährungsgewohnheiten und der Lebenszufriedenheit abhängig. Auf lange Sicht könnte z.B. die Einführung eines Schulfachs „Gesundheitserziehung" kostengünstiger sein als die ständige Androhung von Notprogrammen und Notrezepten bei Lebensgefahr. Andernfalls droht eine Zwei-Klassen-Medizin, bei der sich die Eltern von ihren Kindern zu Weihnachten ein neues Hüftgelenk oder einen Herzschrittmacher schenken lassen ...

Jeder zehnte Euro (10,2% des Bruttoinlandsprodukts) wird in Deutschland in das Gesundheitswesen investiert. Nachbarländer wie Frankreich (9,7%), Niederlande (8,6%) oder Großbritannien (6,9%) geben deutlich weniger dafür aus. Vor dem Hintergrund der wirtschaftlichen Entwicklung muss also davon ausgegangen werden, dass es schon bald weniger Gesundheitsleistungen in Deutschland gibt, weil es auch weniger Arbeitsleistungen gibt. Die Megathemen des nächsten Jahrzehnts werden *Arbeit* und *Gesundheit* sein. Sie entscheiden darüber, ob in Zukunft die soziale Kälte oder die soziale Geborgenheit regiert.

Der Generationenvertrag steht vor seiner Auflösung und das gesamte Pflegesystem ist infrage gestellt. Allein aus der Gruppe der heutigen Singles kommen bis zum Jahr 2005 zusätzlich 125000 Pflegebedürftige hinzu, die keine helfende Familie an ihrer Seite haben. Aus den Mitteln der Pflegeversicherung lassen sich die zusätzlichen stationären Pflegeeinrichtungen nicht mehr finanzieren. Zur Problemlösung bieten sich vermutlich nur zwei Auswege an: die Einführung eines „sozialen Pflichtjahres" für alle, die keinen Wehrdienst leisten, und die systematische Förderung *informeller sozialer Netzwerke.*

Von der Erwerbsarbeit zur Lebensarbeit

Das gesellschaftliche Leitbild des „vollmobilen Single" (U. Beck 1986), der keine Bindungen und kaum soziale Verpflichtungen kennt, wird in der älter werdenden Gesellschaft der Zukunft zunehmend fragwürdiger. Die systematische Pflege der Kontakte zu Familie, Freunden und Vereinen sowie die Fähigkeit, sich selber zu beschäftigen, werden die wichtigsten *mentalen Vorsorgemaßnahmen* für das Alter sein. Dies stimmt mit den Erkenntnissen der Enquête-Kommission des Deutschen Bundestages überein, wonach die älteren Menschen in Zukunft mehr als bisher kompetent und in der Lage sein müssen, sich eigenständig *soziale Netze* aufzubauen. Vor dem gesellschaftlichen Hintergrund schrumpfender familiärer Netze nehmen auch die Verwandtschaftshilfen (z.B. im handwerklichen Bereich) ab. Die Menschen müssen daher in Zukunft frühzeitig *Do-it-yourself-Kompetenzen* erwerben, weil andernfalls handwerkliche Dienstleistungen nur professionell erbracht werden können bzw. gegen Bezahlung eingekauft werden müssen. Es wird daher unerlässlich sein, das natürliche Hilfspotential zu aktivieren, damit *Freunde als freiwillige Helfer* gewonnen werden können (vgl. Enquête-Kommission 1994).

Wie nie zuvor in der menschlichen Geschichte kommt es zu einer beispiellosen *Zunahme der Langlebigkeit*. Immer mehr Menschen leben immer länger. Innerhalb der drei älteren Generationen (50plus – 65plus – 80plus) zeichnet sich für die Zukunft eine Polarisierung unterschiedlicher Lebensstile ab. Verschiedene Altersmilieus bilden sich heraus. Jüngere und Gesündere werden sich von Älteren und Kranken abzugrenzen versuchen. Aktiv-Dynamische distanzieren sich von Hilfs- und Pflegebedürftigen. Selbstbewusst werden sich die einen rund um die Uhr aktiv geben, weil sie noch etwas aus ihrem Leben machen können, während die anderen aus gesundheitlichen Gründen eher passiv sein werden (Zemann 1983, S.196).

Gemeinsam mit der Bundesministerin für Familie und Senioren sowie den Altersverbänden in Deutschland hatte der Autor 1998 eine Fachtagung zum Thema „Schafft den Ruhestand ab!“ initiiert und provoziert. Die dazu entwickelten Leitthesen fassen noch einmal die wichtigsten Erkenntnisse zur Revolution auf leisen Sohlen zusammen:

1. Die Karten des Lebens werden neu gemischt. Der Ruhestand, eine Errungenschaft der Neuzeit und der Industriegesellschaft, hat sich im ausgehenden 20.Jh. überlebt und wird durch die *nachberufliche Lebensphase* abgelöst. Der Übergang aus der Erwerbstätigkeit verlagert sich in eine immer frühere Lebensphase, während gleichzeitig die Lebenserwartung zunimmt. Dafür gibt es keine historischen Rollenvorbilder.
2. Die nachberufliche Lebensphase, ein Novum in der Menschheitsgeschichte, verlangt nach Antworten auf die Frage, wie die Lebenszeit nach der Erwerbstätigkeit sinnvoll gestaltet werden kann. Das Leben zwischen „50 plus X“ und „100 minus X“ verlangt nach *neuen Leitbildern*.

3. Wirtschaft, Wissenschaft und Politik müssen sich über eine Neudefinition und Erweiterung des Begriffs „Arbeit“ verständigen und für eine gesellschaftliche *Anerkennung auch unbezahlter Tätigkeiten* wie Familienarbeit, Gemeinschafts- und Gesellschaftsarbeit verantwortlich fühlen.
4. Die Lebensarbeit ist mit dem Ausscheiden aus dem Erwerbsleben nicht zu Ende. Die 50plus-Generationen werden für *Mentoren- und Patenschaftsaufgaben* zur Unterstützung junger Existenzgründer dringend gebraucht. Wirtschaft und Politik sollten sie in diesen gesellschaftlich notwendigen Aufgaben ideell und materiell unterstützen.
5. Die 50plus-Generationen stellen in Zukunft die größte Zahl Ehrenamtlicher im sozialen Bereich. Sie helfen nicht nur, das Sozialsystem dauerhaft zu sichern, sondern machen auch Ernst mit dem Dialog zwischen den Generationen. Indem sie Solidarität zwischen Alt und Jung praktizieren, leisten sie einen wichtigen gesellschaftlichen Beitrag zu einem neuen *Konsens der Generationen*.
6. *Altersvorsorge* betrifft mittlerweile jeden von uns – heute noch in der Rolle als Enkel oder Kind, morgen bereits als Frührentner oder Pensionär. Neben der materiellen Altersvorsorge wird die mentale und soziale Altersvorsorge durch Familie, Freunde, Vereine und soziale Netzwerke immer wichtiger, wozu insbesondere generationsübergreifende Kontakte gehören.
7. Die Generationen in der nachberuflichen Lebensphase (50plus – 65plus – 80plus) stellen die am stärksten wachsenden Bevölkerungsgruppen dar. Als kaufkräftige und erfahrene Verbrauchergruppen haben sie einen erheblichen Einfluss auf den Konsumgütermarkt, vom Hobby-, Reise- und Medienmarkt bis zum Wohnungs- und Anlagemarkt. Sie bilden in Zukunft *das größte Kundenpotential*.

Die älter werdende Gesellschaft muss auf die Tagesordnung der Politik (als Daseinsvorsorge) und der Sozialforschung (als Zukunftsforschung) gesetzt werden. Eine neue „Politik der Lebensalter“ (Kohli 1992, S. 254) wird erforderlich, die sich über neue Altersgrenzen Gedanken machen muss. Sonst kann es passieren, dass wir in der zweiten Hälfte des 21. Jh.s den Punkt erreichen, wo Menschen im Alter von 38 Jahren „von der Universität direkt in den Ruhestand gehen“ (Kohli 1988, S. 15) – nahtlos vom Bafög in die Rente. In diesem Jahrhundert werden die meisten Menschen 80 Jahre alt werden. Gleichsetzungen wie „Erwerbslosigkeit = Ruhestand = Alter“ sind dann überholt. In Zukunft wird man deutlicher zwischen dem *vierten Lebensalter (50plus)*, dem *fünften Lebensalter (65plus)* und dem *sechsten Lebensalter (80plus)* unterscheiden müssen.

Die Sozialausgaben für die älteren Generationen werden in Zukunft einen immer größer werdenden Teil des Bruttoinlandsprodukts „verschlingen“, sodass man in der Tat von einem „Ergrauen der europäischen Sozialetats“ (Guillemard 1992, S.615) sprechen kann. Der Posten „Alter“ wird zur wichtigsten Komponente der Sozialausgaben in Europa. Armutsgefährdet sind v.a. die Älteren, die ausschließlich ihre Alterssicherung von der Zeit ihrer Erwerbstätigkeit, also ihrer Beteiligung am Arbeitsmarkt abhängig machen. Dies trifft in besonderem Maße für die wachsende Zahl der *Lebensgemeinschaften ohne Trauschein* bei einer Trennung in späteren Jahren zu, wenn z.B. ein Partner nicht gearbeitet und keine Altersversorgung aufgebaut hat.

Das Gefühl, nicht mehr gebraucht zu werden, gilt als wesentliche Ursache für Sinnprobleme im höheren Lebensalter. Die westlichen Erwerbsgesellschaften haben für Menschen außerhalb der Arbeitswelt bisher nur wenig Möglichkeiten zur Weiterentwicklung geschaffen. Auf dem Weg in das 21.Jh. muss die ältere Generation wider Willen die *Rolle der Rollenlosigkeit* spielen. Neue Rollenmöglichkeiten z.B. im Bildungs-, Kultur- oder Sozialbereich sind bisher nicht erschlossen worden. Das kann nicht ohne Folgen bleiben. Denn: „Leistungsfähige Menschen und inhaltsleere Rollenstrukturen können nicht lange koexistieren“ (Riley/Riley 1992, S.453). Beinahe entsteht der zynische Eindruck, als wollte man der älteren Generation beibringen, ihr Leistungsstreben systematisch zu verlernen, weil es für sie nichts mehr zu tun gibt. Das wäre nicht nur zynisch, sondern inhuman.

Jenseits der Erwerbsarbeit müssen also neue Lebensziele und Lebensstile erschlossen werden. In diese Richtung zielt auch die von dem Wiener Gesellschaftsforscher Zellmann entwickelte Lebensformel *1 + 3 + 4 plus 1*. Nur mehr ein Neuntel der Lebenszeit (= 1) wird am Arbeitsplatz verbracht. Weiteren drei Lebensanteilen (für Schlaf/Regeneration) stehen vier Anteile (für Freizeit) gegenüber – „plus 1“. Letzterem kommt die Bedeutung einer *neuen Verfügbarkeit* zu, z.B. als zusätzliche Zeit für Soziales, für Nachbarschaftshilfe, Altenpflege oder Freiwilligendienste (Zellmann 2001). „Plus 1“ kann für Ältere zur neuen Lebensaufgabe werden.

Die älteren Generationen könnten in Zukunft zum *Lebensstilpio-*

nier werden, wenn sie sich „die sozialen Rollen des Ruhestandes, der Muße, der Umschulung und mehrfacher Karrieren“ (Walford 1983, S. 200) aneignen. Die Berufserfahrungen weitergeben (und nicht aufgeben) sowie die eigenen Fähigkeiten weiterentwickeln (und nicht brachliegen lassen) sind Grundvoraussetzungen für eine aktive und positive Lebensgestaltung im höheren Lebensalter.

Sechster Zukunftstrend: Die Vereinzelung. Die „Swinging Single"-Gesellschaft ist eine Legende

Dramatischer Anstieg von Alleinlebenden

Keiner lebt für sich allein. Auch der Alleinlebende nicht. Er braucht den anderen. Vor über 700 Jahren scheiterte das Experiment Friedrichs II. von Hohenstaufen. Er wollte herausfinden, in welcher Sprache Kinder zu reden anfangen, mit denen vorher niemand gesprochen hatte. Eindrücklich berichtet die Chronik des Salimbene de Adam aus Parma über den gescheiterten Versuch: „Aber er mühte sich vergebens, weil die Knaben und die anderen Kinder alle starben. Denn sie vermochten nicht zu leben ohne das Händepatschen und das fröhliche Gesichterschneiden und die Koseworte ihrer Ammen ..."

Der Mensch ist ein *soziales Wesen*. Die meiste Zeit seines Lebens verbringt er in Gesellschaft anderer Menschen – im Kreis der Familie, des Partners, der Eltern oder Geschwister, im Freundes- oder Bekanntenkreis, im Kreis der Verwandtschaft, Nachbarschaft oder Arbeitskollegen. Zu den unumgänglichen sozialen Beziehungen im Alltagsleben gesellen sich freiwillig gewählte Kontakte. Dahinter verbirgt sich das grundlegende *Bedürfnis nach Geselligkeit*, das in allen menschlichen Kulturen anzutreffen ist. Damit verbunden sind Bedürfnisse nach sozialer Anerkennung, der Wunsch nach einem anerkannten Status in der Gruppe und im gesellschaftlichen System (Dittrich 1972, S. 126) sowie das Verlangen nach Gemeinschaft und Geborgenheit ebenso wie nach Prestige und Macht.

Bestimmte Entwicklungsmerkmale industrieller Gesellschaften wie z. B. Trennung von Wohn- und Arbeitsstätte, Trennung der Generationen, Entstehung der Kleinfamilie, Kommunikationsarmut am Arbeitsplatz, anonymitätsfördernde Strukturen im Wohnungs- und Städtebau sowie hohe Mobilität haben *Vereinzelung und soziale Ausgliederung* gefördert. Dazu gehört auch das ausgeprägte Leistungs- und Karrierestreben, das Erfolglosigkeit schnell als eine Form moderner sozialer Isolierung oder gar Einsamkeit brandmarkt.

Hinzu kommt das Alleinleben als eine immer lebenswertere Lebensform, die zwangsläufig die Bevölkerung in Deutschland schrumpfen lässt. Pro Jahr gibt es etwa 100000 mehr Sterbefälle als Geburten. Gäbe es keine Zuwanderer, läge das durchschnittliche *Geburtendefizit* bei etwa 800000 im Jahr, d.h., ohne Zuwanderung hätte Deutschland am Ende dieses Jahrhunderts statt 82 Mio. Einwohnern nur noch 25 bis 30 Mio. Die Deutschen werden nicht aussterben, aber der *Bevölkerungsrückgang* ist unaufhaltsam. Die Schrumpfung ist unvermeidlich und nicht mehr revidierbar: „Durch den Geburtenrückgang seit den 70er-Jahren ist die heutige Elternzahl so stark geschrumpft, dass jetzt mehr als drei Kinder pro Frau nötig wären, um das zu kompensieren“ (Birg 2000, S.44). Die Realität sieht anders aus. Bei den Deutschen liegt die Kinderzahl pro Frau lediglich bei 1,2. Selbst die Zugewanderten kommen nur auf eine Kinderzahl von 1,9.

Schon in den Jahren 2010 bis 2015 wird in Hamburg, Berlin, Frankfurt, Stuttgart und in den Ballungszentren des Ruhrgebiets jeder zweite Einwohner v.a. in den Altersgruppen der 20- bis 40-Jährigen ein Zuwanderer sein. Der Bevölkerungswissenschaftler und UNO-Berater Herwig Birg erwartet dabei für die Zukunft keine multikulturelle Gesellschaft, sondern eine *Multiminoritäten-Gesellschaft*, in der die deutsche Bevölkerung bei den unter 40-Jährigen zur Minderheit wird, weil sie weniger als 50% ausmacht: „Die Deutschen“ haben dann keine Mehrheit mehr und die Bezeichnung „deutsch“ bekommt einen völlig anderen Inhalt. Der Begriff „deutsches Volk“ wird ja heute schon „von der Mehrheit der Bundestagsabgeordneten als fragwürdig, wenn nicht als schädlich und damit als abzuschaffendes Übel betrachtet, wie die Parlamentsdebatte über die Inschrift im Giebel des Reichstagsgebäudes zeigt“ (Birg 2000, S.44).

Für den stabilen Trend zur Vereinzelung wird v.a. das Scheitern des Modells „Zweisamkeit bis ans Lebensende“ verantwortlich gemacht. Dieses Modell hat sich als Realität (nicht als Wunschbild) überlebt, weil ungelernte (statt gelernte) Paare eine Bindung auf Lebenszeit eingehen. Doch diese lebenslange Gemeinsamkeit müsste eigentlich erst gelernt und eingeübt werden, sonst droht die Beziehungslosigkeit in der Beziehung. Ein Paar in Deutschland, so weist die Zeitbudgetforschung nach, spricht heute gerade einmal zwei Minuten am Tag über persönliche Dinge. Das reicht für keine Beziehung und schon gar nicht für stabile Bindungen, allenfalls für familiäre Patchwork-Modelle: Die Erlebnisindustrie, „allen voran das Fernsehen mit über drei Stunden durchschnittlichem Konsum pro Tag, lenkt zu Hause vom Zuhause ab“ (Moeller 2000). Die Folge ist die Einsamkeit zu zweit.

Erst nach dem Zweiten Weltkrieg begann ein geradezu dramatischer Anstieg von Alleinlebenden und Alleinwohnenden. Was sich bis dahin eher fast schicksalhaft aus Zwangssituationen entwickelte, wurde nun das Ergebnis einer *bewussten, freien Entscheidung*. Und während früher Alleinwohnende benachteiligt waren, galten sie nun häufig als privilegiert. Wachsender Wohlstand, mehr Wohnraum, die Bildungsexpansion sowie ein zunehmend emanzipiertes Verhalten machten aus Alleinlebenden *Singles*, ein geradezu neues historisches Phänomen (Bachmann 1992, S. 51).

Dieser dramatische Anstieg der Single-Haushalte geht in erster Linie auf die *Kerngruppe der unter 50-Jährigen* zurück. Hradil (1995, S. 22 ff.) beschreibt ihre Lebenssituation so:

- Mehr als die Hälfte der Singles lebt in *Städten* von mehr als 100000 Einwohnern. Hier finden die Singles ideale Lebensbedingungen vor: kurze Wege zu Freunden und Bekannten sowie eine Vielzahl von Kultur- und Freizeiteinrichtungen.
- Das Alleinleben entwickelt sich immer mehr zu einer *eigenständigen* und nicht selten auch dauerhaften *Lebensform*. Nur etwa ein Drittel der Singles lebt ein bis drei Jahre allein, jeder zweite dagegen mindestens sechs Jahre lang.
- Singles verfügen über die höchsten persönlichen Nettoeinkommen.
- Singles führen kein Eremitendasein, bewegen sich vielmehr in relativ großen Kontakt- und Beziehungsgruppen sowie in Netzwerken. Der Personenkreis, zu dem enge gefühlsmäßige Bindungen bestehen, woher erforderlichenfalls Hilfeleistungen zu erwarten sind, ist bei Singles etwa zwei- bis dreimal so groß wie bei Personen, die in Mehrpersonenhaushalten leben (vgl. Schneider 1994, S. 119). Mit zunehmendem Alter ist jedoch ein Abbröckeln des Netzwerkes feststellbar. Der Alterseffekt bewirkt, dass ihnen im Alter Isolation drohen kann.

Motive des Alleinlebens

Die Forschung weist nach, dass die jüngeren Singles eine regelrechte *Bekanntschaftskultur* aufbauen, ja *Bekanntschaftsstrategien* entwickeln, um nicht allein zu sein. Hradil (1995) spricht in diesem Zusammenhang von einer gewissen Zweckhaftigkeit und Instrumentalisierung der Mitmenschen. In Ernst- oder Notfällen des Lebens zeigt sich jedoch, dass diese Kontaktnetze Familien und Verwandte nicht ersetzen können.

Bei der Frage nach den Motiven des Alleinlebens wird in der sozialwissenschaftlichen Diskussion eine Vielfalt, ja fast Inflationierung von Motivationstypologien angeboten:

- So soll es „Egoistische Singles", „Defensive Singles", „Distanzierte Singles" und „Offensive Singles" geben (Sybille Weber/Claus Gaedemann 1980).
- Andererseits werden „Die Vorsichtigen", „Die Hoffenden" und „Die Zufriedenen" (Eva Jaeggi 1992) unterschieden.
- Ronald Bachmann (1992) verweist auf „Lonely Singles", „Creative Singles" und „Ambivalent Singles".
- Eine weitere Typologie spricht von „Experimentierfreudigen", „Autonomisten", „Aussteigerinnen", „Unzufriedenen", „Suchenden" und „Abgeklärten" (Heide Soltau 1993).

Ruth Zenhäusern und Jürgen vom Scheidt unterscheiden – aus der speziellen Sicht psychologischer Praxis – fünf verschiedene Single-Formen (Scheidt/Zenhäusern 1990, S. 20f.):

1. Der Prä-Single
Stellt die Urform allen späteren Alleinseins dar; der Prä-Single fällt für mehr oder minder lange Zeiträume aus der intensiven Beziehung zu einem Menschen heraus.

2. Der Krypto-Single
Lebt in einer Familie, ist aber im Grunde seines Herzens (auch in seinen Verhaltensweisen) ein „verborgener" Single.

3. Der transitorische Single
Das Alleinleben wird nur als „vorübergehender" (eher unangenehmer) Zustand erlebt.

4. Der echte Single
Lebt bewusst allein im eigenen Haushalt.

5. Der Eremit
Er/sie hat es längst aufgegeben, noch einen Partner zu finden und sich mit seinem/ihrem (traurigen) Schicksal abgefunden.

Im Grunde geht es eigentlich nur um die Unterscheidung zwischen freiwilligen und unfreiwilligen Singles. In der öffentlichen und auch wissenschaftlichen Diskussion werden Begriffe wie

- Singles,
- Ein-Personen-Haushalte,
- Alleinstehende und
- Alleinlebende

nicht immer klar voneinander unterschieden. Mehr als ein Drittel aller Haushalte in Deutschland sind Ein-Personen-Haushalte, aber nur jeder sechste Bundesbürger lebt allein. Und nicht jeder, der allein lebt, ist ein Single.

Zum präzisen Singlebegriff gehören die beiden Merkmale *Ein-Personen-Haushalt* und *Alter*. Wer als 18-Jähriger aus dem elterlichen Haushalt auszieht, ist noch lange kein Single. Und auch die 70-jährige Witwe zählt nicht dazu. Der typische Single ist in der Regel 25 bis 49 Jahre alt und lebt allein in einem eigenen Haushalt – auch unabhängig davon, ob er zz. eine feste Partnerschaft hat oder haben will. Dazu gehören etwa 10% der westdeutschen und 8% der ostdeutschen Bevölkerung.

Der Soziologe Stefan Hradil kommt in seinem Gutachten im Auftrag des Bundeskanzleramtes zu dem Ergebnis, dass in der nachindustriellen Gesellschaft das Denken und Handeln der Menschen immer weniger von Erwerbsarbeit, beruflicher Höhe und Entlohnungshöhe bestimmt werde: „Es ist u.a. der Zuwachs an Freizeit und Wohlstand, der für eine *wachsende Freiheit der Lebensgestaltung* sorgt. Viele Singles leben u.a. deswegen als Singles, um diese *Freiheit auszukosten*" (Hradil 1995, S.130). Sie streben deutlich seltener nach Ordnung und Pflichterfüllung: Da sie geradezu als „Speerspitze des Wertewandels" (Hradil 1995, S.53) gelten und gleichzeitig Einkommen und Besitz als selbstverständlich voraussetzen, wird – wenn sich der Trend zum Alleinleben verstärkt – auch der *Hedonismus als Lebenshaltung* an Bedeutung gewinnen.

Kerngruppe der 25- bis 45-Jährigen

Auf der Basis von Daten des amtlichen Mikrozensus ist feststellbar, dass sich v.a. der Anteil der 25- bis 45-jährigen Singles in den letzten 20 Jahren mehr als verdoppelt hat. Dieser Trend wird sich bis zum Jahr 2010 (vgl. Wirtschaft und Statistik 2/1992) noch verstärken. Der Single-Anteil der 25- bis 35-Jährigen erhöht sich von 24% (2000) auf 30% (2010), der 35- bis 45-Jährigen von 18,7% (2000) auf 24% (2010). Trotz dieses stabilen Trends kann so lange nicht von einer Single-Gesellschaft gesprochen werden, wie nicht die Mehrheit der Bevölkerung aus Singles besteht. Dennoch gibt die wachsende Zahl von Singles zu Zukunftssorgen (vgl. Hradil 1995, S.152f.) Anlass:

- Singles *gefährden tendenziell den Generationenvertrag.* Denn sie hinterlassen keine Kinder, die später einmal ihre soziale Sicherung und die ihrer Altersgenossen finanzieren können.
- Singles *untergraben die Subsidiarität des Sicherungssystems* v.a. im Bereich ihrer eigenen Pflege. Bekannte und Freunde leisten nur selten längerfristige Hilfe und Pflege für ältere Menschen. Und Familienangehörige stehen kaum zur Verfügung, die die alt gewordenen Singles pflegen können.

Die heutigen Singles verdrängen dieses Problem, indem sie auf mögliche Wohngemeinschaften im Alter verweisen, was im Einzelfall zutreffen mag, aber als generelle Lösung utopisch ist. Zusätzliche Pflegeheime für Singles sind nicht aus der Pflegeversicherung finanzierbar. Es kann daher davon ausgegangen werden, dass kinderlosen Singles in Zukunft deutlich *höhere Beiträge zur Pflegeversicherung* (und/oder *höhere Eigenvorsorgeleistungen*) abverlangt werden. Das ist eigentlich nur konsequent: Wer sich ein Leben lang wie ein Lebensunternehmer verhält und in erster Linie nur für sich selbst verantwortlich sein will, muss seine Altersvorsorge auch wie ein selbstständiges Unternehmen betreiben.

Die Singlegesellschaft im statistischen Sinne wird es in den nächsten 30 Jahren nicht geben. Aber der Trend zur Vereinzelung und Versingelung der Gesellschaft wird sich verstärken. Wenn es gelingt, die Idee einer Wir-, Bürger-, Solidar- oder Partizipationsgesellschaft in konkretes Handeln der Bevölkerung umzusetzen, wird dieser Trend zur Vereinzelung problemlos sein. Wenn sich aber kein sozial integrierender Wertekonsens entwickelt, der auch die *Verpflichtung für andere* enthält, dann kann die Gesellschaft „in Eigennutz, Isolation, Einsamkeit und Egozentrik zerfallen“ (Hradil 1995, S.169).

Single-Dasein als Lebensform

Als Hauptursachen für den Anstieg Alleinlebender gelten:

- Soziale Aufwertung des Alleinlebens (v.a. bei Jüngeren),
- Aufschub der Familiengründung,
- Veränderungen in der Paarbildung,
- Gestiegene Mobilitätsanforderungen,
- Verlängerte Ausbildungszeiten,
- Höhere Studierquoten.

Auffallend ist die Zunahme alleinlebender Männer, die nie heiraten und auch in keiner nichtehelichen Haushaltsgemeinschaft leben.

Als Single wird man nicht geboren. In der Regel spielt sich das Single-Dasein zwischen vorehelicher Warteschleife und nachehelicher Neuorientierung ab. Es ist davon auszugehen, dass die meisten Singles gar keine Singles bleiben wollen: Sie haben nur noch nicht den passenden Partner gefunden. Bleiben Singles zu lange allein (durchschnittlich lebt jeder zweite Single länger als sechs Jahre allein), drohen sie fast beziehungsunfähig zu werden, weil es ihnen mit dem Eingehen auf eine „feste“ Beziehung zunehmend schwerer fällt, ihre gewohnten Freiheiten aufzugeben, an die sie sich doch so lange gewöhnt haben.

Nur jeder siebte Single (15%) lehnt eine Partnerbeziehung definitiv ab. Gut ein Viertel (28%) von ihnen steht einer festen Partnerschaft zwar offen, aber mit Vorbehalten gegenüber. Die Mehrheit der Singles (57%) hingegen betrachtet ihr Alleinleben mehr als vorübergehende unfreiwillige Partnerlosigkeit (vgl. Bachmann 1992). Die Singularisierung als Lebensstil und bewusst gewählte Lebensform wird mehr von jüngeren Singles bevorzugt, sodass für die Zukunft mit einer weiteren Zunahme dieser Lebensform zu rechnen ist (vgl. Enquête-Kommission 1994).

Die Vielzahl der Single-Typologien lässt sich auf zwei Grundformen reduzieren: *Singles auf Zeit* und *Langzeit-Singles*.

- Der größte Teil der Singles begreift das Alleinleben als Übergangsstadium auf dem Weg zu einer neuen Partnerschaft. Diese *Singles auf Zeit* sind sog. transitorische Singles (Scheidt 1991), die also zeitweilig allein in den eigenen vier Wänden leben, dies aber nur als vorübergehenden Zustand erleben. Sie verstehen sich als *unfreiwillige Singles*, die sich beruflich außerordentlich engagieren, aber mit der persönlichen Lebenssituation nicht immer zufrieden sind. Die Singles auf Zeit möchten gerne eine(n) Partner(in) haben, sehen derzeit aber kaum Möglichkeiten, diesen Wunsch zu realisieren. So kann es zu Gefühlen der Enttäuschung und Vereinsamung kommen.

  Diese unfreiwilligen Singles, die eigentlich die Mehrheit der Alleinlebenden darstellen, passen nicht in das öffentliche Single-Klischee und werden infolgedessen in den meisten Mediendarstellungen weitgehend „ausgeblendet“. Auch in wissenschaftlichen Untersuchungen gelten sie als „weniger wichtig“ (Meyer/Schulze 1989, S. 78).
- Das größte öffentliche Interesse gilt hingegen den *Langzeit-Singles* bzw. *freiwilligen Singles*, weil sie eine eigenständige, vielleicht auch neue Lebensform zu repräsentieren scheinen. Die frei-

willigen Singles sind *überzeugte Singles*, auch „echte Singles" (Scheidt 1991) genannt, weil sie ganz bewusst allein im eigenen Haushalt leben und mit ihrer jetzigen Lebenssituation durchaus zufrieden sind. Sie können sich kaum vorstellen, diese freie und unabhängige Lebensform wieder aufzugeben. Einer Partnerschaftsbindung gehen sie bewusst aus dem Wege, weil sie sich eingeengt fühlen oder gar „Platzangst" bekommen – und weil sie sehr wohl wissen, dass sie dann viele lieb gewordene „egoistische Verhaltensweisen" (w, 26) aufgeben oder einen Teil „von meiner Persönlichkeit" (w, 41) opfern müssten. Dazu aber sind sie nicht bereit. Mit anderen Worten: Überzeugte Singles können oder wollen sich Ehe, Kinder und Familie nicht leisten, weil sie sich dann in ihrem Konsum einschränken und von der Devise „Der Single hat alles" (Nenning 1991, S. 37) verabschieden müssten.

Hätschelkinder der Konsumgesellschaft

Dies ist auch der tiefere Grund, warum Singles einen so hohen Aufmerksamkeitswert in der Öffentlichkeit genießen. Sie sind die Hätschelkinder der Konsumgesellschaft, weil sie den Konsum anheizen (vgl. Pilgrim 1991): Ein Paar braucht alles nur einmal, zwei räumlich getrennte Singles aber brauchen zwei Wohnungen, zwei Fernsehgeräte, zwei Videos, zwei Stereoanlagen und zwei Telefonanschlüsse …

Insbesondere geschiedene Frauen entscheiden sich bewusst für das freiwillige Single-Dasein: „Krallen, einengen – nein. Ein unterdrücktes Leben habe ich hinter mir" (w, 39). Sie wollen sich aus dem „Würgegriff" von Bindung, Verpflichtung und Verantwortung befreien und die neue Freiheit genießen. Die freiwilligen Singles teilen sich wiederum in zwei verschiedene Gruppen auf:

1. *Die Berufsorientierten*. Im Mittelpunkt ihrer Lebensinteressen steht der Beruf, dem das Privatleben untergeordnet wird. Zeit für außerberufliche Aktivitäten bleibt allenfalls am Wochenende.
2. *Die Freizeitorientierten*. Sie sind während der Woche fast jeden Abend unterwegs: im Fitness-Studio oder Tennis-Club, im Schwimmbad oder in der Sauna, im Kino oder in der Kneipe. Zwischendurch werden sog. Hängertage eingelegt, wo sie in den eigenen vier Wänden relaxen, trödeln oder telefonieren. Das Wochenende gehört dann dem Disco- oder Konzertbesuch, dem Aus- und Essengehen.

Die Sehnsucht nach *emotionaler Wärme* und *sexueller Nähe* befriedigen freiwillige Singles meist durch „Geliebte auf Zeit“ oder „Swinging-Singles-Affairen“:

1. „Sie ist verheiratet ... hat einen freien Tag in der Woche. An diesem freien Tag ist sie also bei mir“ (m, 44).
2. „Einmal in der Woche kommt er zu mir, manchmal auch zweimal, wenn seine Familie es zulässt. Ich bin mit ihm und unserer Liebesbeziehung hoch zufrieden“ (w, 46).

Die meisten freiwilligen Singles haben *Angst vor zu viel Nähe.* Die Nähe wird für sie nur durch räumliche und zeitliche Entfernung aushaltbar. Für die notwendige menschliche Wärme sorgen Freundeskreis und Clique: „Für Alleinstehende sind Freunde fast so etwas wie eine Überlebensgarantie“ (Meyer/Schulze 1989, S. 99). Sie sorgen für psychosoziale Stabilität und überstehen oft wechselhafte Liebesgeschichten, Glücks- und Trauerzeiten, Berufswechsel und Umzüge.

Vielen Singles jagt der Gedanke, verheiratet zu sein, geradezu Angst ein. Zugleich aber hoffen sie darauf, vielleicht doch noch einmal dem „richtigen“ Partner zu begegnen, um nicht „für immer“ allein bleiben zu müssen. So sind sie hin- und hergerissen – zwischen Freiheitsstreben und Bindungsangst, zwischen der Sehnsucht nach Geborgenheit und der Angst vor einer festen Bindung. Die Erfahrung lehrt jedoch, dass Singles, die eine Bindung lange hinauszögern, sich am Ende auch nicht mehr dazu entschließen können.

Vom Traum zum Albtraum

Der lebenslustige und konsumfreudige Single kann mitunter eine gewaltige Maske sein. Das Verlangen nach mehr Freiheit und Lebensgenuss hat auch seine Schattenseiten. Der Single-Traum kann schnell zum Albtraum werden, wenn sich das Single-Leben „nicht so locker managen lässt“ (Copray 1991, S. 13), wie dies Medienberichte und Szeneklatsch vermitteln. Die Ergebnisse der Sozialforschung sprechen eine andere Sprache:

– *Singles müssen sich ihre Kontakte meist erkaufen*

Nach Feierabend scheint die Welt mitunter aus lauter Paaren zu bestehen: An Wochenenden und im Urlaub wimmelt es nur so „von mehr oder weniger harmonischer Zweisamkeit“ (Borowski 1991, S. 26). Ob in Kneipe oder Disco, Fitness- oder Singleclub: An solchen Orten werden unterschwellig Kontakte, Cliquen und

Partnerschaften mitverkauft. Die Konsumwelt übt eine Sogwirkung auf die zwischenmenschlichen Beziehungen aus. Kontakte werden zur käuflichen Ware. Infolgedessen ist das Konsumdenken bei den Singles (neben den Jugendlichen) am stärksten ausgeprägt: Sie haben nicht nur viele Konsumwünsche – sie leisten sie sich auch. Deshalb haben sie öfter das Gefühl, dass sie „in der Freizeit zu viel Geld ausgeben“ (Singles: 53 % – Gesamtbevölkerung: 32 %). Und fast jeder vierte Single (23 %) gibt mittlerweile offen zu: „Manchmal kaufe ich nur aus Frust oder einem inneren Zwang heraus irgendetwas – unabhängig davon, ob ich es wirklich brauche“ (Umfrage des B·A·T Freizeit-Forschungsinstituts 1995).

– *Für Singles hat der Sonntag eine geringere Lebensqualität*
Für jeden vierten Single ist der Sonntag ein „Tag wie jeder andere“. Deutlich mehr als bei Verheirateten und Familien hat der Sonntag für Singles zwei Gesichter: Zum ruhigsten Tag der Woche gehören auch Langeweile (15 %) und leere Stunden. Die Ruhe hinter den Fenstern und Fassaden kann trügerisch sein. Jeder siebte Single gibt offen zu: Sonntag ist der langweiligste Tag der Woche. Und: Sonntags kommt die Einsamkeit (14 %). Allein unter lauter Paaren und Familien zu sein oder an geschlossenen Läden vorbeizuspazieren, kann deprimierend sein. Jeder zwanzigste Single gesteht: Sonntag ist der grausamste Tag der Woche (Umfrage des B·A·T Freizeit-Forschungsinstituts 1989); ein trauriger, fast depressiver Tag. Sonntags allein in der Wohnung: „Die Uhren ticken dann so laut.“

– *Singles neigen mehr zu Einsamkeit und Depression*
Singles, insbesondere Nicht-Verheiratete ohne enge Partnerschaftsbeziehungen, sind stärker als andere Bevölkerungsgruppen mit dem Gefühl der Einsamkeit konfrontiert (DeJong-Gierveld 1986). Sie weisen zudem höhere Depressionsraten auf (Radloff 1975; Pearling/Johnson 1977) und leiden mehr an psychiatrischen Problemen (Gove 1972; Kessler/Essex 1982). Auffallend ist auch, dass insbesondere alleinstehende ältere Männer massiv (und mehr als alleinstehende ältere Frauen) über Einsamkeitsprobleme klagen (Copray 1991).

– *Singles werden öfter krank*
Aus internationalen Untersuchungen geht hervor, dass dauerhafte Beziehungen bzw. die Ehe die wichtigste Determinante des subjektiven Wohlbefindens darstellten (Campbell u. a. 1976; Stroebe/Stroebe 1991). Hingegen haben Nicht-Verheiratete wie Singles, Geschiedene und Verwitwete deutlich größere Gesund-

heitsprobleme, sind öfter krank, weisen also deutlich höhere Krankheitsraten (Morbidität) auf (Stroebe/Stroebe 1987).

- *Singles sterben früher*
  In allen westlichen Industrieländern ist die Zahl der Todesfälle unter Singles in verschiedenen Altersgruppen deutlich höher als bei Verheirateten – bei ledigen Männern etwa doppelt so hoch, bei unverheirateten Frauen etwa anderthalbmal so hoch. Dies ergab 1990 eine Großstudie der amerikanischen Princeton University, in der über einen Zeitraum von 50 Jahren die demographischen Daten von 16 Industrieländern ausgewertet wurden. In allen Ländern war die Zahl der Todesfälle unter männlichen Singles in verschiedenen Altersgruppen durchschnittlich doppelt so hoch wie bei verheirateten Männern, bei weiblichen Singles anderthalbmal so hoch wie bei verheirateten Frauen.
  Offensichtlich sind Menschen mit einem Partner an ihrer Seite besser in der Lage, mit den Belastungen des Lebens in einer sich rasch wandelnden Umwelt fertig zu werden. Vor allem ältere Männer haben Schwierigkeiten, das Alleinsein zu bewältigen. So steigt beispielsweise die *Selbsttötungsrate* bei 70- bis 80-jährigen Männern gegenüber der durchschnittlichen Rate in der Bevölkerung auf das Drei- bis Fünffache (Copray 1991, S. 12). Alleinstehende ältere Männer leiden massiver unter Einsamkeit als alleinstehende ältere Frauen.

Zu ähnlichen Ergebnissen gelangte die amerikanische Medizinerin Maradee Davis in einer Langzeitstudie. Seit 1971 wurden 7651 Amerikaner beobachtet: Innerhalb von 10 Jahren starben 11 % der verheirateten Männer im Alter von 45 bis 54 Jahren, bei den unverheirateten Männern war der Sterbeanteil doppelt so hoch. Von den Frauen derselben Altersgruppe starben innerhalb eines Jahrzehnts 4 % der Verheirateten, aber doppelt so viele Ledige. Insbesondere die deutlich *höhere Sterblichkeit der männlichen Singles* wurde damit erklärt, dass sie sich nachlässiger ernähren, mehr Alkohol trinken, häufiger rauchen und sich weniger bewegen.

Alleinlebende stellen psychologisch gesehen eine äußerst vielfältige Gruppe dar. Dazu zählen Ledige, Geschiedene und Getrenntlebende, seit kurzer oder langer Zeit Verwitwete sehr verschiedenen Alters, mit oder ohne Kinder, mit oder ohne Beruf usw. Ihr Anteil ist in Großstädten und Ballungsgebieten doppelt so hoch wie auf dem Land.

Gegenüber Paaren und Verheirateten sind *Alleinlebende* in mehrfacher Hinsicht benachteiligt:

– Alleinlebende haben weniger Gelegenheiten zur Befriedigung komplexer Bedürfnisse nach Geselligkeit, Anerkennung, Geborgenheit und Prestige.
– Alleinlebende befinden sich häufiger im Konflikt mit sich und der Gesellschaft. Da die meisten unserer gesellschaftlichen Normen auf Familien bzw. Paare zugeschnitten sind, erfahren viele Freizeitverhaltensweisen, die im Falle verheirateter Menschen als selbstverständlich gelten, keine soziale Billigung, wenn sie von Alleinlebenden ausgeführt werden. Alleinlebende sind daher gezwungen, häufiger Abweichungen vom „normalen", d.h. von der Gesellschaft erwarteten Verhalten zu zeigen als andere.

Sie stehen häufiger unter Stress und Bedürfnisunterdrückung. Andauernde oder ständig wiederkehrende Konflikte erfordern eine Lösung: „Konfliktlösungen und durch Frustration bedingte Verhaltensänderungen manifestieren sich häufig in neurotischen Reaktionen, Depressionen (v.a. bei Personenverlusten) oder anderen Verhaltensstörungen" (Dittrich 1972, S. 127). Neben den psychischen Belastungen sind die Alleinlebenden der Gefahr einer sozialen Desintegration ausgesetzt. Aus dem Zusammenhang von sozialer Isolation und psychogener Verhaltensstörung erklärt sich auch die insgesamt höhere Selbstmordrate bei Alleinlebenden gegenüber Verheirateten (vgl. Dittrich 1972, S. 134).

Alleinleben hat in der Regel keinen Selbstwert; erst im sozialen Kontakt mit anderen Menschen leben die meisten Alleinlebenden auf. Für die unfreiwilligen Aussteiger aus der Zweisamkeit besteht der eigentliche Gewinn und Genuss
– nicht in der Unabhängigkeit von einer bindenden Partnerschaft, sondern
– in der Freiheit für die eigene Kontaktwahl, für einen selbstgewählten Freundes- und Bekanntenkreis.

Die persönliche Selbstverwirklichung im sozialen Bezug, im vertrauten Freundes- und Bekanntenkreis stellt für viele den herausragenden positiven Aspekt des Alleinlebens dar. Erlebnispsychologisch gesehen ist die Bezeichnung „allein"-lebend unzutreffend, da der Alleinlebende gar nicht allein sein will und kann. Er braucht (noch stärker als in Ehe und Familie) den sozialen Kontakt zu anderen. Er trägt für sich allein Verantwortung, die gewonnene Freiheit ist nicht ein Freisein von anderen, sondern mehr eine psychosoziale Öffnung und Aufgeschlossenheit für andere.

Vereinzelung und Vereinsamung

Es gibt vielfältige *Zusammenhänge zwischen Vereinzelung und Vereinsamung*. Nachweislich ist der Anteil der 30- bis 60-jährigen Singles, die sich einsam fühlen, fast viermal so hoch (40 %) wie bei den in Ehe und Familie lebenden Personen (11 %) – insbesondere an Wochenenden (Hradil 1995, S. 33). Die Wohnung bekommt Inselcharakter. Ihre Lebensqualität wird daran gemessen, ob sie maximale Abgeschiedenheit, Sicherheit (vor Eindringlingen), Schutz (vor Nachbarblicken) und Reizarmut (keine Kinder in der Nähe, gute Geräuschisolierung) gewährt und garantiert. Als Ersatz für die Abriegelung nach außen gilt der Konsumreichtum von innen: Die Wohnung wird zur Konsumfläche umgestaltet.

Die Mehrheit der Bundesbürger lebt in einer reizüberfluteten städtischen Umwelt inmitten von Menschenmengen und einem aggressiven Lebenstempo in einer Mischung aus Stress und Hektik. Diese Atmosphäre wird als ein System von Aufforderung und ständiger Anforderung erlebt, dem man sich nur durch *territoriale Abgrenzungsversuche* – wenigstens zeitweise – entziehen kann. Die Überfüllung von Räumen führt bei Menschen (wie übrigens auch bei Tieren) zu territorialem Verhalten. Territoriale Bereiche werden geschaffen, behauptet und gegen das Eindringen Anderer verteidigt. In einem beengten sozialen Umfeld wird der erkämpfte Rückzug in die Privatsphäre zu einer Frage der Macht und der Stärke. Die Stärksten reservieren naturgemäß die größten Bereiche für sich. Befinden sie sich zudem noch in einer relativ großen Machtposition, so können sie ihre Macht dadurch ausdrücken und verstärken, dass sie darauf bestehen, dass Menschen ihnen auf ihrem eigenen Territorium entgegenkommen – und nicht umgekehrt (vgl. Mehrabian 1978).

Wer sich ständig seine Kontaktpartner in die eigene Wohnung holt, immer nur Gast-Geber (und selten Gast-Nehmer) ist, demonstriert seine Machtposition als Territorialherr. Eine weitere moderne Abart des Territorialprinzips stellt das für dienstliche und private Zwecke weit verbreitete Installieren von automatischen Anrufbeantwortern dar. Hier gilt das Telefon nicht mehr als Kommunikationsmittel, sondern als Eindringling in die Privatsphäre des Menschen.

Das gesellschaftliche Stereotyp vom einsamen Alten, das sozialpsychologisch und ideologisch aus der verdrängten Angst des modernen Menschen vor Krankheit, Alter und Tod resultiert, wird von der Realität widerlegt: *Junge Menschen* fühlen sich einsamer als *ältere*. Einsamkeitsgefühle werden subjektiv empfunden und spielen sich in der Vorstellungswelt des Einzelnen ab. Dies erklärt auch, warum gerade junge Menschen so stark zu Einsamkeitsgefühlen neigen.

Bei *chronischen* Einsamkeitsgefühlen sind die Ursachen meist in der Kindheit zu suchen. Insbesondere die Trennung von den Eltern kann bleibende Schäden bei einem Kind auslösen. Menschen, die jünger als sechs Jahre alt waren, als sich die Eltern trennten, sind mit Abstand die einsamsten Erwachsenen: „Der Verlust eines Elternteils durch Scheidung ist – was etwaige spätere Einsamkeitsgefühle angeht – schädlicher als der Tod eines Elternteils. Dabei spielt es keine Rolle, zu welchem Zeitpunkt der Elternteil stirbt" (Rubinstein u.a. 1980, S.28). Das Kind empfindet die Scheidung als Zurückweisung und absichtlichen Verstoß von den Eltern. Belastungsgefühle von Unnahbarkeit entwickeln sich. Isolationsängste sind die Folge, menschliche Begegnungen drohen oberflächlich und emotional unbefriedigend zu werden. *Scheidung wirkt schlimmer als Tod* – der Tod bedeutet schmerzvollen Verlust inmitten emotionaler Geborgenheit, die Scheidung absichtsvolles Verlassensein ohne soziale Einbindung.

Zwei von fünf Bundesbürgern kennen das *Gefühl von Einsamkeit* nicht: Hingegen fühlen sich 29% der Bevölkerung „selten", 23% „manchmal" und 6% „häufig" einsam und sehr allein (Allensbach 1993, S.32). Von der Einsamkeit fühlen sich die jüngere Generation (unter 30 Jahre) und die ältere Generation am meisten betroffen. Einsamkeit gilt in der Psychologie als die stumme Schwester der Depression: Nicht jeder Einsame ist depressiv, aber jeder Depressive ist auch einsam. Vereinsamung wirkt auf viele Menschen wie eine Art soziale Unterernährung, der es an echten Begegnungssituationen mangelt – vom Aufeinanderzugehen bis zum Zuhören.

Einsamkeit und wachsende Vereinsamung gehören zu den großen Tabus westlicher Konsumgesellschaften, in der Kontakt- und Lebensfreude demonstrativ zur Schau gestellt werden, über Einsamkeitsgefühle aber geschwiegen wird. Je größer der Freundeskreis ist, desto eher kann angenommen werden, dass das *Alleinsein durch geselliges Zusammensein verdrängt* werden soll. Die Freundes-Clique jedenfalls stellt nur selten einen Problemlöser für das stumme Leiden der Vereinsamung dar. Die Clique merkt meist gar nicht, wie es um einen seelisch steht. Und als Solidargemeinschaft in seelischer Not ist sie kaum geeignet. Am Ende steht ein Gewöhnungsprozess:

Wer eine Clique hat, braucht niemals allein zu „sein" und kann sich doch zusammen einsam „fühlen".

Die Bundesbürger waren noch nie so gesellig wie heute – und doch wächst der Anteil der Menschen, die über innere Vereinsamung klagen. Nach einer Repräsentativumfrage des B·A·T Freizeit-Forschungsinstituts fühlt sich jeder dritte Bundesbürger in zwangloser Freizeitgeselligkeit unwohl und sehr allein: 36% leiden unter Vereinsamung, wenn sie „unter vielen Leuten sind, aber keine echten Gesprächspartner finden". An Gelegenheiten für Besuche, Einladungen und Empfänge mangelt es nicht, wohl aber an tiefer gehenden Beziehungen, die über oberflächliche Kontakte hinausgehen.

Die Kälte im Umgang miteinander bekommen heute die *Alleinstehenden* am meisten zu spüren. 43% der Verwitweten, 46% der Ledigen und 54% der Geschiedenen leiden unter dem Mangel an echten Gesprächspartnern. Sie haben das Gefühl, allein unter lauter Paaren zu sein. Die oft zur Schau gestellte Fröhlichkeit und Offenheit bei geselligen Anlässen erweist sich in Wirklichkeit als Ritual, bei dem Lebenslust demonstriert werden „muss". Anders als die Alleinstehenden erleben die Verheirateten die gleichen Situationen weniger problematisch. Nur 29% kennen das Gefühl von Einsamkeit in der Vielsamkeit. Der beste Gesprächspartner ist immer noch der eigene Partner. Man kann als Paar in langweiliger Gesellschaft sein und sich doch nicht verlassen fühlen. Für Alleinstehende aber wird in solchen Situationen der Mangel an eigener Geborgenheit doppelt spürbar.

Im Anfang war das Wort – und nicht der Smalltalk. Bei geselligen Anlässen scheint jedoch alles anders zu sein. Es wird mehr konsumiert als diskutiert, mehr untereinander als miteinander geredet. Als moderner Freizeittyp hat man gesellig, unterhaltsam und flexibel zu sein. Wer das Stichwort verpasst, wird geschnitten. Lieber Unterhaltung aus zweiter Hand als gar keine. Manche sind geradezu Meister im Lauern auf das Stichwort. Anders als zu Zeiten Theodor Fontanes oder Thomas Manns ist die Gesprächskultur in den Büchern von Uwe Johnson über Peter Handke bis Thomas Bernhard fast durchweg *kurzatmig und sprunghaft* „in Wortschablonen, die Gedankenabläufe geschehen nicht im freien Austausch des Gesprächs, sondern in introvertierter Monologform" (Schwedler 1984, S.79).

Von allen Altersgruppen sind die 14- bis 29-Jährigen von der *Unverbindlichkeit oft sekundenschneller Kontakte* am meisten betroffen: 41% vermissen echte Gesprächskontakte und Bezugspersonen.

In der Clique, der Disco oder auf der Fete werden Zuhören-Können und Gefühle-Zeigen „auf Null heruntergefahren“. Wer hier unter Gleichgesinnten ankommen will, muss sich cool geben und Sprüche auf Lager haben. Lässigkeit verdrängt Natürlichkeit. Zu Kurzkontakten gehören Kurzgefühle. Auf der Strecke bleibt die Sehnsucht nach einem Leben, in dem man wieder ernsthaft miteinander reden und echte Gefühle zeigen kann.

Der Kult der Lässigkeit fordert seinen Tribut. Aus Lässigkeit wird schnell Nachlässigkeit. Was in den Augen der Elterngeneration als Zeichen von Spontaneität erscheinen mag, ist nicht selten ein Mangel an Mitgefühl, ein Ausdruck von Gedankenlosigkeit, von Unverbindlichkeit und Beliebigkeit. Hier trifft eher zu, was Nobelpreisträger Konrad Lorenz den „Wärmetod unserer Gefühle“ nannte: „See you later“ – „Bis bald“ – „Bis zur nächsten Party!“. Und am Ende folgt meist die Erkenntnis: „Der Abend hat's wieder nicht gebracht“ – die Vielfalt der Kontakte auch nicht. Auf die Frage, was Merkmal eines unzufriedenen, nicht erfüllenden Lebens ist, antworten Jugendliche: „Viele Leute kennen, sich aber mit niemandem wirklich verstehen“ – „Keine Freunde haben“ – „Einsam sein“.

Vielleicht wird jetzt auch verständlich, warum gerade junge Leute zu Einsamkeitsgefühlen und Depressionen neigen. Die Amerikaner Rubinstein, Shaver und Peplau fanden heraus, dass die Einsamkeitsgefühle von jungen Leuten nicht davon abhängig sind, ob sie allein sind oder allein leben. Junge Leute sind einfach unzufriedener mit ihren sozialen Beziehungen und Bindungen, mit der Anzahl ihrer Freunde, v.a. mit der „Qualität dieser Freundschaften“ und „mit ihren Liebesbeziehungen“ (Rubinstein u.a. 1980, S.28). Junge Leute empfinden die Diskrepanz zwischen der Suche nach Intimität und dem Scheitern dieser Suche am krassesten. Im Vergleich zu den älteren Menschen haben sie ein geringeres Selbstwertgefühl. *Subjektiv* fühlen sie sich oft einsamer als ältere Menschen. Fast jeder zweite Jugendliche (45%) im Alter von 14 bis 19 Jahren (vgl. B·A·T-Umfrage 1986) klagt darüber, dass „niemand da ist, der die gleichen Freizeitinteressen teilt“ (Befragte über 60 Jahre: 39%).

Welche Empfindungen sind damit verbunden, wenn sich Menschen einsam fühlen? Die Empfindungen sind fast ausschließlich negativer Art: „unglücklich“ und „mutterseelenallein“, „niedergeschlagen“ und „schwunglos“. Das Einsamkeitserleben wird als Mangelzustand empfunden – vom Mangel an befriedigenden sozialen Kontakten (z.B. wirklich gute Freundschaftsbeziehungen) bis zum Mangel an Persönlichkeitsqualitäten (z.B. gute gesundheitliche Verfassung). Viele psychosomatische Beschwerden gehen auf Einsamkeitsprobleme (vgl. Schwab 1988) zurück.

Vor dem Fernseher sind die Menschen am einsamsten. Immer dann, wenn sie in den eigenen vier Wänden mit sich und dem Fernseher allein sind, wächst die Einsamkeit: 44 % fühlen sich am Feierabend und Wochenende vereinsamt, wenn sie „allein vor dem Fernseher sitzen“. Die Ein-Personen-Haushalte sind von der Fernseh-Vereinsamung am meisten betroffen. Über zwei Drittel der Alleinlebenden klagen in solchen Situationen über Vereinsamung, fühlen sich verlassen, traurig und z. T. depressiv – die Frauen mehr als die Männer, die ältere Generation deutlich mehr als die jüngere.

Häufiges Fernsehen spiegelt wachsende Vereinsamung wider, verursacht sie aber nicht. Für viele Menschen, insbesondere für Alleinlebende und alte Menschen, ist das Fernsehen zum Ersatz für fehlende Kontakte und Gesprächspartner geworden. TV und Telefon helfen zeitweilig über Probleme hinweg, können sie aber nicht lösen. Hohe Einschaltquoten sagen manchmal mehr über Kontaktarmut als über bloße Zerstreuungsbedürfnisse aus. Immer mehr Menschen leben allein, aber immer weniger Menschen können allein leben. Für sie bleibt als Ausweg nur die Kontaktaufnahme aus zweiter Hand (über Fernseher, Video und PC) oder die Fluchtbewegung nach draußen (durch Wandern, Spazierengehen oder Ausgehen) und manchmal auch der Alkohol („Trink deinen Whiskey und hör auf, dich zu bemitleiden“).

Für jeden vierten Bürger drohen Feierabend und Wochenende zu Problemzeiten zu werden, wenn man „keine Aufgabe“ hat und „mit sich selber nichts anfangen“ kann. Langeweile, Leere und innere Vereinsamung gehören unmittelbar zusammen. Zerstreuung, Unterhaltung und organisiertes Vergnügen sollen oft nur von eigenen Unzulänglichkeiten ablenken.

Das wachsende Unterhaltungsbedürfnis der Konsumenten ist weniger ein Ausdruck des Wunsches nach Amüsement als vielmehr der Enttäuschung über das Fehlen menschlicher Kontakte. Medienkontakte werden ersatzweise gesucht, damit aus der situativen keine chronische Einsamkeit wird. Fernsehen „vertreibt“ Vereinsamung. Aber Fernsehen ist nur ein scheinbarer Problemlöser, weil es die Konsumenten mit sich und ihren Problemen allein lässt. Es mildert zwar die Angst vor dem Alleinsein, aber es verhindert auch das problemlösende Nachdenken über sich selbst.

Halten wir noch einmal fest: Mitmenschlicher Kontakt wird in Zukunft immer mehr gesucht, aber immer weniger gefunden. Weil das Ego stärker wird, kann sich der sozialfähige Mitmensch kaum behaupten. Der Freundeskreis wird zur „zweiten Familie". Im privaten Leben regiert die Vielzahl informeller, d.h. oberflächlicher Kontakte – am Strand und in der Sauna, an der Theke oder bei der Fete. Das Telefon, die neue Nabelschnur zur Clique, erhält in Zukunft eine wichtige Rolle bei der Suche nach unverbindlichen Kontakten: Wer sich einsam fühlt, ruft „einfach mal an" ...

Wege aus der Vereinsamung

Die wachsende Vereinsamung gehört zu den großen *Tabuthemen unserer Zeit*. Die Einsamkeit in der Vielsamkeit ist kaum sichtbar, weil „man" sich gern gesellig gibt. Das ernsthafte Nachdenken über die folgenden Fragen und Empfehlungen kann Wege aus der Vereinsamung weisen:

1. Am Anfang sollte die selbstkritische Erforschung, das Nachdenken über die ganz persönlichen Ursachen des Sich-einsam-Fühlens stehen. Diese Selbstbesinnung kann einem niemand abnehmen, sie ist unverzichtbare Eigenleistung für die weitere Lebensplanung. In den Prozess der Selbsterforschung kann man – zur Selbstkorrektur oder Bestätigung – einen Menschen, dem man vertraut, mit einbeziehen, um auch aus der Sicht des anderen sich selbst besser kennen zu lernen.
2. Der Vereinsamung kann man nicht davonlaufen. Wer den Stress nach der Arbeit fluchtartig verlässt und sich auf den Betrieb nach Feierabend verlässt, ist doch inmitten hektischer Betriebsamkeit verlassen. Immer „in Bewegung" und „aktiv" zu sein, kann Einsamkeitsgefühle verdrängen, nicht aber überwinden helfen. So gesehen können bewusstes Nichtstun und das persönliche Eingeständnis, darunter zu leiden, erkenntnis- und hilfreicher sein als Aktivismus und pausenloses Beschäftigtsein um jeden Preis. Man muss auch Freundschaft mit sich selber schließen können und darf sich nicht immer nur selber leid tun.
3. Zum Nachdenken über sich selbst gehört die Frage, was man wirklich erleben und an Kontakten erfahren will. Kontakte kommen nicht von selbst. Wer neue Menschen kennen lernen will, muss auch unter Leute gehen. Er muss zwischen „allein leben" und „einsam sein" unterscheiden lernen und die eigene Lebenssituation als Chance für neue und vielfältige Kontaktmöglichkeiten begreifen.

4. Wer unter Einsamkeit leidet oder Gesprächspartner sucht, muss sich darin üben, entgegenkommend zu sein und darf nicht darauf warten, dass immer andere den ersten Schritt machen. Dazu gehören die Bereitschaft und der persönliche Mut, Menschen anzusprechen oder selbst ein Gespräch zu beginnen.
5. Persönlich wichtige Kontakte müssen ernsthaft *gepflegt* werden. Auch ungeplante spontane Kontakte, aktuelle Anlässe und Begegnungen sollen als Gelegenheit wahrgenommen, sozusagen „beim Schopfe gepackt“ werden. Das heißt aber auch, dass man Gefühle und Sympathien zeigen und anderen mitzuteilen bereit sein muss.
6. Große Bedeutung kommt der Erhaltung und Weiterentwicklung eigener Interessen und der Aufgeschlossenheit für neue Interessengebiete zu. Aus der Altersforschung ist bekannt, dass Menschen, die in ihrem Leben viele Interessen haben und entwickeln, sich im Alter seltener einsam fühlen.
7. Das Leben nach der Arbeit muss als Zeit begriffen werden, in der man etwas für sich und andere tun kann. Kommunikationsfördernde Aktivitäten, mitmenschliche und nachbarschaftliche Hilfsangebote sowie sozial engagierte Hilfeleistungen eröffnen neue gemeinschaftsbildende Erlebnisfelder. Eine Vielzahl und Vielfalt von freiwilligen Engagements im Kontaktbereich von Wohnung und Wohnumfeld bieten sich an.
8. Wer *tiefer gehende Kontaktbeziehungen* wünscht, muss auf aktive und vorurteilslose Kontaktsuche gehen und sich gleichzeitig darüber klar werden, mit wem und mit welcher persönlichen Konsequenz intensivere Kontakte aufgenommen und gepflegt werden sollen. Die Lebenserfahrung lehrt: Wer nicht allein und einsam bleiben will, „muss das Schneckenhaus verlassen“ (Scheidt/Zenhäusern 1990, S. 156), also selbst neue Menschen ansprechen, sich ansprechen lassen und längerfristig einen eigenen Freundes- und Bekanntenkreis aufbauen.

Andererseits gibt es auch eine fast gegenläufige Erfahrung: Nicht selten beginnt die Verhinderung von Einsamkeit schon damit, dass man sich erst einmal selbst akzeptiert, wie man ist und systematisch mehr Selbstachtung aufbaut, sodass man nicht ständig auf die „krampfhafte Suche“ nach Anschluss oder einen festen Partner gehen muss. Die praktische Psychologie empfiehlt: Gestalten Sie Ihr Leben genauso, also ob Sie schon einen Partner hätten! Wer die Beziehung zu anderen verbessern will, muss erst einmal die *Beziehung zu sich selbst verändern.*

Siebter Zukunftstrend: Die Individualisierung. Mehr Selbst-GmbH als Selbstverwirklichung

Individualisierte Lebensgestaltung als Pflicht

Individualisierung ist keine Erfindung des 20. oder 21. Jh.s. *Individualisierende Lebensstile* finden sich zu allen Zeiten

- in der höfischen Kultur des Mittelalters,
- in der Renaissance,
- in der innerweltlichen Askese des Protestantismus genauso wie
- in der Befreiung der Bauern aus ständischer Hörigkeit.

Individualisierung darf auch nicht vorschnell mit *Individuation = Personwerdung = Einmaligkeit = Emanzipation* gleichgesetzt werden. Individualisierung beinhaltet vielmehr (vgl. Beck 1986, S. 206):

- *Freisetzung*
  (z. B. die Herauslösung der Frau aus ihrer Rolle als Hausfrau und Mutter);
- *Entzauberung*
  (z. B. der Verlust traditioneller Sicherheiten des Glaubens und verbindlicher Normen);
- *Reintegration*
  (z. B. die Neueinbindung in Selbsthilfegruppen, sozialen Bewegungen und Subkulturen).

Der Begriff „Individualisierung" lässt kaum Rückschlüsse auf Lebensformen wie Alleinleben, Kinderlosigkeit, Ehe oder Familie zu, sagt aber sehr viel über die *persönliche Lebensführung* aus. Wer z. B. sein Leben so gestaltet und seine Biographie so ausrichtet, „dass er – bewusst oder unbewusst, eigennützig oder selbstlos, freiwillig oder gezwungen – *primär seine eigenen Ziele und Wege verfolgt*, führt sein Leben individualisiert" (Hradil 1995, S. 10). Individualisiert leben kann dabei vieles bedeuten. Ulrich Beck, einer der Wegbereiter der Individualisierungsdiskussion, weist zu Recht darauf hin, dass es sich hierbei um einen überbedeutungsvollen, missverständlichen Begriff, vielleicht sogar um einen Unbegriff, handelt.

Individualisierung bedeutet also keineswegs, dass sich alle nur in ihre Nischen zurückziehen. Ganz im Gegenteil: Im Zeitalter des

Massenkonsums wird die ganz persönliche Lebensführung immer marktabhängiger und damit auch standardisierter. Die Individualisierung wird geradezu pauschal geplant – z.B. im Pauschaltourismus, in der Pauschalversicherung und auch in den Pauschalprogrammen des Fernsehens. Das Fernsehen individualisiert als Spartenprogramm und pauschaliert als Massenmedium, vereinzelt und standardisiert zugleich. Die Individualisierung besteht in der Wahlfreiheit zwischen „Big Brother" oder „Lindenstraße". Letztlich befinden sich alle in einer ähnlichen Situation: „Sie konsumieren institutionell fabrizierte Fernsehprogramme, und zwar von Honolulu bis Moskau und Singapur. Die Individualisierung – genauer: Herauslösung aus traditionalen Lebenszusammenhängen – geht einher mit einer Vereinheitlichung und Standardisierung der Existenzformen. Jeder sitzt selbst innerhalb der Familie vereinzelt vor der Flimmerkiste. Auf diese Weise entsteht das soziale Strukturbild eines *individualisierten Massenpublikums*" (Beck 1986, S.213).

So können individualisierte Pauschalreisende auch Massen-Eremiten sein. Sie führen eine Art *Doppelexistenz*. Die einsame Masse (David Riesman 1950: „The Lonely Crowd") (Riesman 1965) ist kein Widerspruch. In einer sich individualisiert gebenden Gesellschaft wird Individualisierung geradezu zum Wahlzwang. Eine Gesellschaft der ebenso freien wie erzwungenen Wahl gibt sich als Möglichkeitsgesellschaft, in der individualisierte Lebensgestaltung geradezu Pflicht ist.

Der Schriftsteller Umberto Eco hat ein Szenario für unser Jahrhundert entworfen, in dem die Menschen *mehr nach Gütern als nach Gutem streben* und ein Ende der Ethik als Zukunftsvision möglich ist. Jahrhundertelang bestand jede Moraldoktrin darin, ein Verhaltensmodell zu lancieren, dem der Einzelne nacheifern sollte. Das konnte die Vorbildfunktion des Heiligen, des Helden oder des Weisen sein. Das Vorbild nachzuahmen, ist dabei immer eine schwierige Lebenskunst gewesen. Heute dagegen, „wo das Fernsehen mehr und mehr dazu übergeht, ‚normale' Menschen als Vorbilder zu präsentieren, ist keine Anstrengung mehr erforderlich, wie diese zu werden. Wir möchten wie sie werden, da ihnen die Gunst zuteil wurde, auf dem Bildschirm zu erscheinen. In vielen Fällen möchten Menschen nicht wegen ihres ‚normalen' Lebenswandels zum Vorbild werden, sondern wegen ihrer spektakulären Sünden (vorausgesetzt, diese Sünden geben ihnen Sichtbarkeit und Erfolg" (Eco 2000, S.13). So stellen Monica Lewinsky, Jenny Elvers oder Zlatko wirksamere (weil einfacher zu erreichende) Vorbilder dar als

Mutter Theresa aus Kalkutta. TV- und Medienpräsenzen entscheiden heute über den Vorbildcharakter. Das Ego sucht seine Bühne der Selbstdarstellung – auch jenseits von Tabu und Moral.

Spiegel einer Ego-Gesellschaft

Der sich verstärkende Trend zum Individualismus muss als Spiegel einer Ego-Gesellschaft gesehen werden, mit der nach Heinze/Strünck (1999, S. 170f.) eine Reihe problematischer Entwicklungen verbunden ist wie z. B.:

- *Erosion von Pflichtwerten*
  Dies bewirkt gleichzeitig einen Anstieg von Selbstverwirklichungswerten.
- *Krise der Sinnvermittlung*
  Traditionelle Sinnorientierungen verlieren an Bedeutung und traditionelle Sinninstitutionen wie z. B. die Kirchen an Einfluss.
- *Modernisierungsfalle*
  In vielen Haushalten schwinden die Selbsthilfefähigkeiten, weil soziale Bedürfnisse und soziale Dienste professionell und kommerziell geregelt werden.
- *Entwurzelung*
  Der Arbeitsmarkt zwingt zu wachsender räumlicher Mobilität und trägt zur Entwurzelung bei.
- *Funktionsverlust der Familie*
  Steigende Scheidungsziffern und sinkende Haushaltsgrößen schwächen die Institution Familie und machen den Bedarf an alternativen Netzwerken immer dringlicher.

Die Sozialforscher Meinhard Miegel und Stefanie Wahl sagen voraus, dass die Kultur des Westens sich selbst zerstört, wenn sich die Individualisierung zum Individualismus weiterentwickle. Historischer Vorläufer sei das Römische Reich gewesen, das einen höchst individuellen und z. T. ausschweifenden Lebensstil gepflegt habe: sexuelle Freizügigkeit, Abtreibung, Rückgang der Geburtenquote, hohe Scheidungsraten, gesellschaftliche Aufwertung der Ehe- und Kinderlosigkeit. Die Autoren vermuten, dass auch die Menschen heute erst dann zu einer Änderung ihrer Einstellungen und Verhaltensweisen bereit seien, wenn sich ihre Lebensbedingungen durch den zahlenmäßigen Anstieg nicht integrierter Zuwanderer drastisch verschlechterten. Wenn es jedoch nicht so weit kommen soll, müssten die Menschen „die Maximen individualistischer Kultur aufgeben“ und sich wieder *mehr gemeinschaftsorientierten Kulturformen zuwenden* (Miegel/Wahl 1994, S. 144). Diese existenziellen Weichenstellungen müssen aber heute erfolgen, weil sonst die einheimische Bevölkerung nicht nur schrumpft und vergreist, sondern auch ihre kulturelle Identität zusehends verliert.

Wohin entwickeln wir uns wirklich? Die moderne Trendforschung geht ganz selbstverständlich davon aus, dass die neue Wirtschaftswelt, die *New Economy*, ein neues Wertesystem und auch einen „neuen Menschen“ schaffen werde. Im neuen Wertesystem werde Flexibilität zur Lebensmaxime und der Mensch zum Hightech-Nomaden, der keine dauerhafte Beziehung zum Arbeitgeber mehr eingehe und stattdessen Jobsurfing zur Droge mache. Dieser neue Mensch verstehe sich als *Ich-AG*: Ich bin eine Aktiengesellschaft. Ich bin der Alleinaktionär eines Unternehmens, dem die Zukunft gehört. Ich manage mein Leben selbst (vgl. Wippermann 2000).

Es ist sicher richtig, dass das neue Zeitalter auch neue Kompetenzen erfordert, die sich im Leitbild *Neue Selbstständigkeit* widerspiegeln. Mehr Lebensunternehmertum ist gefragt – in allen Bereichen des Lebens. Damit ist aber noch kein neuer Mensch geschaffen und mit der Lebenseinstellung „Ich bin der Alleinaktionär“ werden soziale Sensibilität und Verantwortlichkeit eher ausgeblendet. Wird dadurch nicht ein neuer Ich-Kapitalismus gefördert? Wird der Egoist zum Ideal, der nur auf seinen eigenen Vorteil bedacht ist?

Moralischer Minimalismus als sozialer Kitt

Der amerikanische Kulturkritiker Neil Postman spricht es offen aus: Der sog. neue Mensch ist doch nur „ein Egoist, ein Einzelgänger. Und das liegt v. a. an unserer rasanten technologischen Entwicklung. Denn die ist gewissermaßen *antigemeinschaftlich*. Die neuen Medien vermitteln nur eine *Simulation von Gemeinschaft*. Alle neuen Technologien betonen das isolierte Individuum. Die meisten Menschen sind heute alleine, wenn sie Musik hören, fernsehen, Radio hören. Und es gibt kaum ein isolierenderes Erlebnis als den Computer“ (Postman 2000 a, S. 40). Immer mehr „Kontakte“ werden über Telefon und Telefax, Handy und E-Mail hergestellt. Aus Kommunikation wird *Compunikation*.

Der Ethnologe und Kulturhistoriker Hans Peter Duerr sagt uns für die Zukunft einen *sozialen Kollaps* voraus, wenn wir so weiterleben wie bisher. Der flexible Nomade droht zu vereinsamen in einer

Gesellschaft der Ichlinge. An die Stelle der Gemeinschaft tritt eher eine Ansammlung einzelner Individuen, deren Kontakte von kurzfristigen Kosten-Nutzen-Rechnungen bestimmt und von der Frage geleitet sind: Was bringt mir das? Damit aber beginnt die *Erosion der Gemeinschaft*. Im gleichen Maße, wie die Sehnsucht nach Gemeinschaft, nach Geborgenheit und Solidarität wächst, nimmt auch das Unvermögen zu, diese Wünsche zu verwirklichen. Was die Menschen dann noch miteinander verbindet, ist die *Unverbindlichkeit*: „Jede Gesellschaft braucht ein Mindestmaß an Solidarität und Zusammengehörigkeit. Gemeinschaft aber setzt voraus, dass die Menschen miteinander verbunden sind und *sich für einander verantwortlich fühlen*. Diese Daseinsform verschwindet zunehmend" (Duerr 2000a, S.188).

Es läuft in Zukunft alles auf einen solchen Balanceakt hinaus, in dem individualistische und kommunitaristische Elemente ihr Gleichgewicht finden, also eine Art ausbalancierte Mitte im Sinne der altgriechischen Goldenen Regel. Dazu müsste sich die Gesellschaft „auf einen Kernbestand gemeinsam geteilter Werte verpflichten" (Etzioni 1999, S.118) – ja verpflichten und nicht nur freistellen nach persönlichem Belieben. Wenn sich eine Gesellschaft nicht einmal auf einen *moralischen Minimalismus* verständigen kann, dann hat sie auch keine Zukunft mehr. In einem solchen Fall träte die Vergötterung von kurzlebigen Konsumgütern an die Stelle grundlegender Werte. Der Konsumkult ließe sich dann nur noch durch die Psyche verändernde Drogen oder durch *freies religiöses Unternehmertum* steigern, sozusagen durch kommerzialisierte Spiritualität in einer überindustrialisierten Welt.

Der amerikanische Sozialkritiker Christopher Lasch hat bereits Ende der 70er-Jahre die westliche Welt vor dem Aufkommen eines neuen Ich-Kultes gewarnt. Die Verherrlichung des Individualismus erinnere an das Charakterbild des narzisstischen Neurotikers. Der Narzissmus als Charakterstruktur sei typisch für eine Gesellschaft, die jedes Interesse an der Zukunft verloren habe. Lasch verweist auf Paare, die Elternschaft ablehnen oder verschieben, und auf Gesellschaftsreformer, die für ein Nullwachstum der Gesellschaft plädieren. Stattdessen trachteten immer mehr Menschen nach ewiger Jugend. Deshalb machten sie sich auch „keine Sorgen um die Fortpflanzung ihrer Art". Die neuen Narzissten betrachteten die Welt hingegen wie eine Bühne: „Und jedes Kind, das ich hätte, wäre doch nur ein verdammter junger Schauspieler, der darauf brennt, *mich* ganz von der Bühne zu verdrängen, der aufpasst und darauf wartet, *mich* zu beerdigen, damit *er* im Mittelpunkt des Bühnengeschehens stehen kann“ (Lasch 1982, S. 264). Die Folge sei eine geradezu *narzisstische Gleichgültigkeit* gegenüber kommenden Generationen, ja die Angst einer Zivilisation, die kaum eine Zukunft mehr für sich sehe. Stattdessen verkleideten sich viele im Gewande von persönlicher „Entwicklung“, lebten fast nur für sich selbst und immer weniger für Vorfahren und Nachwelt.

Im 21. Jh. kann Wirklichkeit werden, was Lasch vor über 20 Jahren mit Narzissmus im Sinne eines übersteigerten Individualismus meinte. Als Paradebeispiel kann das Selbstbekenntnis der Modemacherin Jil Sander gelten: „Mein Leben ist eine Giving-Story. Ich habe verstanden, dass man contemporary sein muss, das Future-Denken haben muss ... Der problembewusste Mensch von heute kann diese Sachen, diese refined Qualitäten mit Spirit eben auch appreciaten. Allerdings geht unsere Voice auch auf bestimmte Zielgruppen. Wer Ladysches will, searcht nicht bei Jil Sander“ (In: Jutta Vogt 2000, S. 12). In diesem Imponiergefasel bleibt für das „Du“ und „Wir“ nur wenig Platz.

Die Clique als Nabelschnur

Von der jungen Generation im Alter von 14 bis 29 Jahren wird informelle Geselligkeit heute besonders intensiv gepflegt. Die Clique und der Freundeskreis haben bei den Jugendlichen im Vergleich zu allen anderen Bevölkerungsgruppen die größte Bedeutung. Zwei Drittel (64 %) unternehmen regelmäßig etwas mit Freunden (Gesamtbevölkerung: 37 %). Und Telefonieren als Kontaktbrücke ist ihnen ebenfalls lieb und teuer (69 % – Gesamtbevölkerung: 64 %). Der Zuwachs an sozialen Aktivitäten hält sich dagegen in engen Grenzen. Lediglich das *Telefonieren* als *Nabelschnur zur Clique* hat in den letzten 10 Jahren deutlich zugenommen. Auch Einladungen und Besuche stellen eine wichtige Form der Geselligkeit dar. Das gemeinsame Karten- und Gesellschaftsspiel in Familie und Freundeskreis ist rückläufig (1986: 15 % – 2000: 11 %). Und das Engagement in einer Bürgerinitiative ist gleich bleibend gering (1986: 1 % – 2000: 1 %). Das Engagement nach Feierabend hat, auch wenn es freiwillig erfolgt, einen gewissen Arbeits- und Anstrengungscharakter. Viele wollen in ihrer freien Zeit nicht auch noch an Arbeit erinnert werden.

In diesem Zusammenhang ist schon bemerkenswert, dass sich das

Freizeitverständnis grundlegend gewandelt hat. Im Gegensatz zu den 50er- und 60er-Jahren, in denen Freizeit lediglich negativ als Abwesenheit von Arbeit („frei von“ Zwängen, Pflichten, Erledigungen usw.) verstanden wurde, herrscht heute ein positives Freizeitverständnis vor, bei dem man „frei für“ etwas ist. Nur mehr knapp die Hälfte der Bevölkerung (48%) versteht unter Freizeit

- eine *sozialbezogene Zeit*, „in der ich mit Familie und Freunden etwas unternehmen kann“. Die überwiegende Mehrheit der Bevölkerung (70%) aber denkt in der Freizeit erst einmal an sich selbst zuerst und begreift den arbeitsfreien Teil des Lebens als
- eine *ichbezogene Zeit*, „in der *ich* tun und lassen kann, was *mir* Spaß macht“. Die freie Zeit wird immer mehr zur Spaß- und Ego-Zeit, die zu Lasten der Gemeinschaft, v.a. der Familie geht.

Wenn heute eine Tätigkeit zur Pflichterfüllung wird, verliert sie zunehmend ihren Freizeitcharakter. Immer mehr Jugendliche wollen ihr Leben ohne Einschränkung genießen. Hauptsache Spaß. Die wachsende *soziale Unlust* der Jugend kann zur größten Herausforderung der Zukunft werden. Fast jeder zweite Jugendliche im Alter von 14 bis 24 Jahren (1991: 30% – 2000: 44%) blendet mittlerweile die Mitarbeit in einer sozialen Organisation aus seinem persönlichen Freizeitverhalten aus. Im subjektiven Empfinden hat eine solche soziale Verpflichtung „in keinem Fall“ mehr etwas mit Freizeit zu tun. Das Soziale wird zum Störfaktor.

Selbst spontane Bürgerinitiativen bleiben davon nicht verschont. Wenn es ernst wird in einer Bürgerinitiative, dann hört für die meisten Jugendlichen der Freizeitspaß auf. Das Engagement in der Bürgerinitiative bekommt Pflichtcharakter. Dies passt offenbar nicht zur Freizeit, die doch Freiheit und Freiwilligkeit verspricht. Für viele Jugendliche ist die Freizeit zu einer *Zeit der unverbindlichen Kontakte* geworden. Die Bereitschaft sinkt, soziale Verpflichtungen einzugehen. Dies bekommt selbst die eigene Familie zu spüren: Kranken- und Verwandtenbesuche werden immer lästiger (1991: 25% – 2000: 44%). Und familiären Pflichten nachkommen ist für fast die Hälfte der Jugendlichen inzwischen mit Unlust verbunden (45%). Sieben Jahre zuvor war die soziale Unlust nur halb so groß (23%). Auch in der übrigen Bevölkerung verliert die soziale Dimension des Freizeitverhaltens zunehmend an Bedeutung. Dies trifft in besonderer Weise für *Singles und Großstadtbewohner* zu.

Das Zeitalter der Individualisierung fordert v.a. bei der jungen Generation seinen Tribut. Immer mehr Jugendliche neigen dazu, sich in ihrer freien Zeit selbst genug zu sein. Sie wollen ihre Freizeit *erleben und ausleben.* Soziale Verpflichtungen werden eher als Störfaktoren empfunden, die den Lebensgenuss beeinträchtigen. Mit der wachsenden Kommerzialisierung der Freizeit nimmt auch die *Entsolidarisierung* im Alltag zu. Freizeit wird zur Egozeit, in der das Ich *alles tun kann*, aber *nichts tun muss.* Damit sinkt auch die Bereitschaft, anderen zu helfen. „Nachbarschaftshilfe“ droht fast zu einem Fremdwort bei Jugendlichen zu werden. Für immer mehr Jugendliche ist Nachbarschaftshilfe geradezu lästig (1991: 26 % – 2000: 36 %).

Für die Zukunft besteht die Gefahr, dass der *soziale Pflichtgedanke* stirbt, wenn es nicht gelingt, aus der sozialen Last wieder eine soziale Lust zu machen. Gesellschaft und Politik sind hier gefordert. Soziales Engagement muss attraktiver werden. Jugendliche dürfen nicht das Gefühl haben, von Erwachsenen „einverleibt“ oder „in die Pflicht genommen“ zu werden. Für sie muss das soziale Engagement mehr Erlebnischarakter bekommen – sonst steigen immer mehr aus.

Pflicht und Spaß dürfen keine Gegensätze mehr sein. Jugendliche wollen schließlich etwas tun, was Sinn hat und Spaß macht. Gefragt sind v. a. mehr Freiräume für eigene Ideen und eigenes Gestalten sowie mehr Gemeinschafts- und Erfolgserlebnisse. Jugendliche sind durchaus bereit, auch etwas freiwillig zu tun, lassen sich aber nur ungern von anderen unter Zeitdruck setzen. Da zudem im Zeitalter von Handy, Telefax und Fernbedienung alles immer schnelllebiger und spontaner wird, müssen auch Tätigkeiten in der Freizeit zunehmend spontanen Charakter haben, also Engagements auf Zeit sein. Wer hingegen Lebenszeit-Bindungen erwartet oder fordert, muss mit „Ausstieg“ oder „innerer Kündigung“ rechnen. Soziales Engagement steht bei Jugendlichen immer mehr unter dem Vorbehalt *jederzeitiger Kündbarkeit.* Mitarbeit und Mitgliedschaft müssen neu definiert werden: eine Herausforderung an alle Institutionen, Organisationen und Vereine, die eine Zukunft haben wollen.

Konsum statt Kind?

Noch Mitte der 80er-Jahre waren für die Bevölkerung Familie sowie Ehe und Partnerschaft die persönlich wichtigsten Bereiche im Leben. Jetzt stehen erstmals die Freunde, die Clique und der Bekanntenkreis im Zentrum des Lebens: Die Freunde sind wichtiger als die Familie geworden. Was früher nur eine Art „zweite Familie“ war, ist jetzt zum Lebensmittelpunkt geworden. Die Freunde haben der Familie den Rang abgelaufen. Der Trend zu einer Gesellschaft von Cliquen und Einzelgängern kann folgenreich sein. Ein wachsender Anteil von Menschen wird in Zukunft im hohen Alter einer *enkellosen Generation* angehören.

Früher war das Vorhaben „mit Familie auswandern" ein großes Wagnis. Wird in Zukunft „eine Familie haben" ein noch größeres Risiko sein? Jeder fünfte Jugendliche im Alter von 14 bis 29 Jahren (20%) ist mittlerweile davon überzeugt, dass Heiraten und Eheschließung heute ein Lebensrisiko sind. Dies trifft in gleicher Weise für das Vorhaben zu, eine Familie zu gründen (18%). Und jeder elfte Jugendliche (9%) betrachtet bereits das *Eingehen einer festen privaten Beziehung* als Wagnis. In einer Zeit, in der Flexibilität als höchste Tugend gefeiert wird, können individuelle Festlegungen und Verbindlichkeiten schnell als persönliche Schwäche ausgelegt werden. Andererseits: Wer keine feste private Beziehung mehr wagt, der kann in Zukunft auch keine soziale Geborgenheit mehr erwarten.

Mehr Zeit und mehr Geld, mehr Freizeit und mehr Konsum lassen die Geburtenrate sprunghaft sinken und ersetzen das Kinder- und Familienglück zunehmend durch den Konsumgenuss. Deutschland hat offensichtlich einen kritischen Punkt der Wohlstandsentwicklung erreicht, bei dem die Option *Individualisierung* in Hedonismus und Egoismus umzuschlagen droht. Wenn also kurzlebiger Konsumgenuss attraktiver als langfristige Zukunftssicherung (z.B. Kindererziehung, Altenpflege) wird, dann kann es zur Konfrontation gegensätzlicher Lebensstile kommen:

- *Freizeit contra Familie* oder
- *Kind nach Konsum* (Oppitz 1984) oder gar am Ende
- *Konsum statt Kind?*.

Wie bevölkerungswissenschaftliche Untersuchungen nachweisen, beeinflussen Freizeit, Freiheit und Wohlstand in entscheidendem Maße den Lebensstil junger Paare. Für 60% der untersuchten Paare gilt das Lebensmotto „Kind *nach* Konsum". Diese Generation ist in Wohlstandszeiten aufgewachsen und von einer Lebensphilosophie geprägt, die „persönliche Freiheit, Freizeit und finanzielle Besserstellung den Freuden und auch Sorgen, die Kinder mit sich bringen, vorzieht" (Oppitz 1984, S.150). Infolgedessen kann vorerst auch kein starkes Ansteigen der Kinderzahlen bei den jungen Familien erwartet werden. Eine dominierend hedonistische Lebensauffassung, die sich v.a. im Erlebniskonsum äußert, ist prägend für das generative Verhalten der jungen Generation, die immer mehr vom Leben haben und genießen will.

Familiengründung und Kinderwunsch treten mit Konsum und Freizeit in Konkurrenz. Auf den *Attraktivitätsverlust von Ehe und Familie* üben mittlerweile Freizeitinteressen einen genauso großen Einfluss aus wie berufliche Interessen. Die Angst vor dem „Karriereknick" ist manchmal nur vorgeschoben. Als Hauptgrund, warum junge Menschen nicht heiraten und eine Familie gründen wollen, geben die 18- bis 34-Jährigen an: „Sie wollen ihre Freizeit genießen und auf nichts verzichten" (35%). Fast gleichauf folgt dann das Argument: „Sie halten Arbeit und Beruf für wichtiger als Ehe und Familie" (33%).

Als Hauptargument gegen Heirat und Familiengründung geben die 18- bis 34-Jährigen ganz offen und pragmatisch zu: „Bei einer Ehe ohne Trauschein ist die *Trennung einfacher*" (51%) – einfach, praktisch und bequem. Die Befragungsergebnisse lassen keine grundlegenden Auffassungsunterschiede zwischen Männern und Frauen erkennen. Die beiden Geschlechter sind sich in ihrer Einstellung zu Ehe, Kindern und Familie weitgehend einig: Wer heute auf Kinder und Familie verzichtet, will sich alle Optionen offen halten, die eigene Freiheit nicht einschränken und den persönlichen Lebensgenuss nicht beeinträchtigen lassen. Merkmale hierfür sind:

- *Beliebigkeit*
  Sich jederzeit binden und wieder trennen können
- *Unabhängigkeit*
  Unter allen Umständen frei und unabhängig bleiben wollen
- *Hedonismus*
  Das Leben genießen und auf nichts verzichten.

Bindungsängste deuten sich an: Wer längerfristigen Verpflichtungen aus dem Wege gehen will, zeigt ein geringes Vertrauen in sich und andere. Die Entscheidung, eine feste Partnerschaftsbeziehung einzugehen, aber gleichzeitig nicht an ewige Treue zu glauben, erscheint risikoscheu. Sie zeugt von gering entwickeltem Selbst- und Verantwortungsbewusstsein. Ist es fair, einen gemeinsamen Weg gehen zu wollen, sich persönlich aber alle Fluchttüren offen zu halten?

Lebensabschnittspartnerschaften

Die *Wahrscheinlichkeit einer Trennung* ist erfahrungsgemäß bei nichtehelichen Beziehungen etwa achtmal höher als bei verheirateten Paaren. Konkret: 700 Trennungen (pro 10000 Paaren im Jahr) stehen lediglich 87 Scheidungen gegenüber (Vaskovics u.a. 1991).

Nichteheliche Partnerschaften gleichen eher einem *Durchgangsstadium* als einer Lebensgemeinschaft. Sie enden häufiger mit der Auflösung des Verhältnisses als im Stadium der Ehe. Sie stellen weder ein Sprungbett in die Ehe noch eine dauerhafte Alternative zur Familie dar, eher eine *Lebensphasen-Beziehung* bzw. *Lebensabschnittspartnerschaft*, bei der die Wahrscheinlichkeit, dass sie in Familienbildung mündet, gering ist.

Fast 90% aller nichtehelichen Beziehungen bleiben *kinderlos* (Meyer 1993, S. 28). Und in beinahe der Hälfte aller nichtehelichen Gemeinschaften *mit Kindern* wird dieser Umstand als belastend für die Beziehung empfunden (Peuckert 1991, S. 64). Die Elternschaft kollidiert mit dem auf sich selbst bezogenen Lebensstil. Gelebt wird eine *individualisierte Partnerschaft* (Burkhart/Kohli 1989) – mit dem prinzipiellen Vorbehalt jederzeitiger Kündbarkeit.

Um es pointiert zu sagen: *Familie* ist traditionell da, wo Kinder sind. Wer in Zukunft Familienpolitik durch Partnerschaftspolitik ersetzt, degradiert die Ehe bzw. nichteheliche Lebensgemeinschaft zu einer (mittlerweile nicht nur) heterosexuellen Partnerschaft – mit entsprechenden bevölkerungspolitischen Folgen: mehr Partnerschaften = weniger Kinder. Tendenziell sterben dann mehr Bürger als Kinder geboren werden. Wenn es also in Zukunft weniger Familien und weniger Kinder gibt, drohen die sozialen Sicherungssysteme aus dem Gleichgewicht zu geraten – von der Gesundheitsfinanzierung bis zur Rentensicherung.

Um nicht missverstanden zu werden: Freiheit ist das Recht jedes Menschen, nach eigenem Belieben zu handeln. Dieses *Recht zur individuellen Beliebigkeit* korrespondiert aber mit der *Pflicht zur sozialen Verantwortlichkeit,* ohne die ein Gemeinwesen nicht dauerhaft funktionieren kann. Denn:

- Die Wahrnehmung verantwortlicher Kindererziehung erübrigt die staatliche Lebensbegleitung der Kinder.
- Familiärer Unterhalt erspart öffentliche Sozialhilfe.
- Private Pflege ersetzt die Dienstleistungen von Krankenhaus oder Pflegeheim.

Ein solcher Generationenvertrag, in dem eine Generation aus Verantwortung ihr Wissen, ihre Erfahrungen, Fähigkeiten und Hilfeleistungen an die nächste weitergibt, „bindet die Menschen in langfristiger Krisenvorsorge“ (Kirchhoff 2000, S. 8). Dann hat auch individuelle Beliebigkeit im Verhalten ihre Berechtigung.

Zeitnot durch Erlebnisstress

Insbesondere die jungen Leute geraten in den letzten Jahren immer mehr in *Zeitnot*, weshalb sie „lieber Dienstleistungen empfangen als geben“ – so das Ergebnis einer Expertise des Bundesministeriums für Familie und Senioren über das Vereinswesen in Deutschland (BMFuS 1993, S. 32). Das gesellschaftliche Umfeld bietet den Jugendlichen Konsumangebote, die nicht nur Geld, sondern auch *Zeit kosten* und „Lust sofort“ versprechen. Auch Vereinsangebote werden an diesem Standard gemessen.

So haben Jugendliche zunehmend das Gefühl, dass ihnen die Zeit davonläuft. Und je mehr freie Zeit sie zur Verfügung haben und je vielfältiger die Konsumangebote sind, desto stärker wachsen auch ihre persönlichen Wünsche. Wenn ihnen dann alles zu viel wird, weil sie sich „zu viel vorgenommen“ haben, werden sie ein *Opfer ihrer eigenen Ansprüche*: 28 % aller 14- bis 19-jährigen Jugendlichen können sich dann nur noch mit Aggressionen helfen. Die innere Unruhe und Unzufriedenheit mit sich selbst „muss raus“: Sie nerven die eigene Familie, reagieren sich beim Jogging und Fußball ab oder suchen bewusst Streit mit anderen. Viele Jugendliche haben Schwierigkeiten, sich Grenzen zu setzen – zeitlich, finanziell und auch psychosozial. Die Folge ist *Erlebnisstress, der auch explosiv werden kann* – vor lauter Angst, vielleicht etwas zu verpassen. Den Konsum-Imperativ „Bleiben Sie dran!“ erleben sie als eine einzige Stress-Rallye. Die ständige Anforderung droht zur Überforderung zu werden. So nehmen sich Jugendliche v. a. an Wochenenden mehr vor, als sie eigentlich schaffen können. (Jugendlicher: „Mit dem Konsumstress ist es wie mit dem Tagespass beim Skifahren: Man muss unbedingt weiter fahren, obwohl man eigentlich schon kaputt ist“).

Der gesellschaftliche Trend zur Individualisierung bleibt nicht ohne Folgen, weil sich immer mehr *Jugendliche auf den Ego-Trip* begeben. Soziale Verpflichtungen und Rücksichtnahmen lösen bei ihnen sofort Stresssymptome aus, wenn sie ihnen „nachkommen müssen“. Familientreffen und Verwandtenbesuche sind davon besonders betroffen. Für 29 % aller Jugendlichen sind Verwandtenbesuche reine Pflichtbesuche, denen sie nur mit großer Unlust, gezwungenermaßen, gereizt und „mit Wut im Bauch“ nachkommen. Solche Besuche halten sie vermeintlich davon ab, das zu tun, woran sie eigentlich mehr Spaß und Freude haben.

Die junge Generation, überwiegend im Wohlstand aufgewachsen, wehrt sich gegen die ständige Reizüberflutung auf ihre eigene Weise: Sie resigniert nicht, wird nicht apathisch, zeigt sich weder verunsichert noch verwirrt. Sie reagiert vielmehr ihre innere Unruhe einfach ab: Lust schlägt in Wut um und aus Nervosität wird Aggressivität.

- Wenn sich Erwachsene gestresst fühlen, werden sie erst einmal unruhig und nervös.
- Wenn Jugendliche „voll im Stress“ sind, werden sie eher aggressiv.

Und eine Generation, die in ständiger Spannung und Anspannung lebt und auch nach der Arbeit nicht zur Ruhe kommt, riskiert am Ende Dauerstress.

Die Folge ist, dass Jugendliche und junge Leute zunehmend aggressiver werden. So wird dann beispielsweise das Autofahren vom vegetativen Nervensystem als Schwerarbeit eingestuft, ohne dass der Körper etwas tut. Wenn schon beim normalen Autofahren die Stresshormone um das Doppelte in die Höhe schnellen, „treibt aggressives Fahren sie jedoch auf eine zehnfache Konzentration“ (Vester 1976, S. 250). Bei weiterer Reizüberflutung (Rudolf Augstein: „Die Reizüberflutung könnte uns irgendwann schaden ...“, Der Spiegel Nr. 44/1993) kommt es zu immer neuen Reizungen des vegetativen Systems und damit zu sprunghaft steigenden Unfallgefahren, Herz-Kreislauf-Störungen und Aggressionssteigerungen. Die natürliche Hemmschwelle zum Ausleben von Aggressionen kann in Zukunft im gleichen Maße sinken, wie sich Grenzerlebnisse und die Gier nach Sensationen zwischen Thrill und Crash ausbreiten.

Aus der Psychologie ist bekannt: Das Angenehme (= das „Reizoptimum“) liegt zwischen den Extremen des Zuviel und des Zuwenig. Dies erklärt auch die Paradoxie, dass selbst zu viel des Guten schlecht sein kann. So kann beispielsweise der Besuch eines Freizeitparks oder ein Kindergeburtstag, der ja eigentlich Freude bereiten sollte, mit Streit, schlechter Laune der Eltern oder Weinen der Kinder enden (vgl. Berlyne 1974). Das Überreizungssyndrom bleibt nicht folgenlos: Eine Konsumgesellschaft, deren Philosophie sich in der ständigen Reizsteigerung erschöpft („Hauptsache neu“), fordert geradezu die Aggressivität der Konsumenten heraus, die sich nicht mehr anders gegen die Überforderung zu wehren wissen. So kann aus einem Konsumvergnügen eine Gefahrenquelle für andere werden. Auch Aggressionen im Straßenverkehr (z. B. nach einem Disco-Besuch) müssen vor diesem psychologischen Hintergrund gesehen werden.

Das Leben als Menükarte

Noch nie waren die Menschen einem solchen Angebotsstress ausgesetzt wie heute. Ständige Aufforderungen und Anforderungen führen zur Überforderung: Die Menschen haben das Gefühl, Zeit und Geld reichten bei weitem nicht mehr aus, sich alle ihre Wünsche zu erfüllen. So werden sie unsicher, ängstlich, enttäuscht und frustriert, weil sie viele persönliche Ziele gar nicht mehr verwirklichen können. Sie leben in einer Art Dauerspannung und Dauerstress, die ihnen das Gefühl vermitteln, sie kämen ständig zu spät. Mitmenschen gegenüber reagieren sie zunehmend aggressiv und wütend, weil sie sich von ihnen auf ihrer Konsum-Jagd und Stress-Rallye gestört fühlen. Unerwartet auf andere Rücksicht nehmen müssen, heißt für sie, nicht alles das erreichen können, was sie sich vorgenommen haben. Die subtilen Zwänge der Konsumgesellschaft lassen mitunter Materielles wichtiger als Soziales erscheinen.

Die Überflussgesellschaft suggeriert die Vision einer *Multi-Options-Gesellschaft* mit grenzenlosen Konsumsteigerungen: Je mehr Gelegenheiten und Möglichkeiten ich habe, desto freier bin ich – eine Fehlannahme offensichtlich, weil die bloße Menge von Angeboten mit der Qualität von Freiheit verwechselt wird. Insbesondere Jugendliche können sich durch die Angebotsinflation in ihrer persönlichen Entfaltung mehr behindert als befreit fühlen. Sie haben fast das Gefühl, zu versagen, weil sie nicht alle möglichen Ziele erreichen können. Wichtiger als die Vielzahl von Optionen ist die Auswahl und Auslese, also das Angebot einer „Menükarte“ (Koslowski 1987, S. 64), die für den Einzelnen wesentlich ist, ihn als Person erreicht und stärkt.

1980 sagte der amerikanische Futurologe Alvin Toffler für die Zukunft voraus, Einsamkeit könne ein *wichtiger Wirtschaftsfaktor* werden. Weil sich nur noch wenige Menschen zu etwas zugehörig fühlten, das größer und besser sei als sie selber, würden die menschlichen Beziehungen immer flüchtiger: „Gemeinschaft gibt es höchstens noch gelegentlich, ganz spontan, bei Krisen, Stress und Katastrophen“ (Toffler 1980, S. 369). Werden wir uns mit der neuen Einsamkeitsgeißel arrangieren und nur noch auf staatliche und kommerzielle Kontaktdienste hoffen? Von der Telefonseelsorge über Telefonkontaktanzeigen bis hin zum Internet, in dem Computerfreaks miteinander kommunizieren? Und auch das „Psychofon“ ist keine Utopie mehr: Für jedes Problem gibt es die passende Telefonnummer. Telefontherapie gegen Geld. Dann wird schnell nach

Sofortlösungen gegriffen – für Ursachenerforschung bleibt keine Zeit. Problematisierung, Tiefgang oder gar Anamnese werden als Zeitverschwendung empfunden.

Bewahrheitet sich eine Prognose aus den 80er-Jahren, wonach es zur menschlichen Verarmung inmitten technologischen Reichtums kommen könne? Weil kaum einer mehr Zeit zum Zuhören habe, werde es bald „Zuhörer von Berufs wegen" (Opaschowski 1987, S. 33) geben. Und weil die zwischenmenschlichen Beziehungen immer unbefriedigender werden, muss der *bezahlte Profi* den *einfühlsamen Mitmenschen* ersetzen: „Zuhörer", „Vorleser" und „Geschichtenerzähler" können ebenso Zukunftsberufe sein wie „Computeranimateur", „Videoseelsorger" oder „Langeweiletherapeut". Das mitmenschliche Einfühlungsvermögen werde zunehmend durch bezahltes Entgegenkommen ersetzt.

Mit der wachsenden Kommerzialisierung des Lebens sinkt die Bereitschaft, sich in bestimmten Situationen gegenseitig zu helfen. Das Sozialverhalten wird zunehmend zu einem öffentlichen und immer weniger zu einem privaten Gut. Dies aber hat zur Folge: Mitmenschlicher Kontakt wird immer mehr gesucht, aber immer weniger gefunden. Weil das Ego stärker wird, kann sich der *sozialfähige Mitmensch* kaum behaupten. Im privaten Bereich regiert die Vielzahl informeller, d. h. oberflächlicher Kontakte – am Strand, an der Theke oder bei der Fete. Der mitmenschliche Umgang wird in Zukunft unverbindlicher und oberflächlicher, während gleichzeitig die Einbindung in Gruppen, Organisationen und Vereine sinkt.

Von Clique und Freunden will man nicht versorgt und betreut werden; es reicht, wenn sie das Individuum kennen und v. a. anerkennen. Aus Abhängigkeit soll Anerkennung, aus Bindung Bestätigung werden. Doch von der coolen Clique zur „kühlen Gesellschaft" (Szszesny-Friedmann 1991) ist es vielleicht nur ein Schritt. Die soziale Anerkennung wollen alle, das soziale Vakuum aber niemand haben. Der Wunsch nach Nähe ist da, die Angst vor dem Risiko der Nähe aber scheint noch größer zu sein. Man will nicht auf andere „angewiesen" sein – so bleiben die privaten Beziehungen austauschbar und jederzeit aufkündbar. Für jede Lebenslage gibt es eine Clique, einen Club oder eine Interessengruppe.

Die Schattenseite dieses locker-liberalen Umgangs miteinander wird gern verdrängt. Denn die Individuen wähnen sich in einer *Gesellschaft der glücklichen Cliquen*, wo sie von einer Gruppierung zur anderen springen und jederzeit die Bezugsgruppe wechseln können – aber diese Beziehungen bleiben weitgehend frei von emotionalen

Bindungen. Die „vielen“ Freunde und Cliquenmitglieder leben seelisch aneinander vorbei. Sie stellen infolgedessen auch *keine Quellen sozialer Unterstützung* dar. Die Folge: „Verlust an Geborgenheit und menschlicher Nähe“ (Szczesny-Friedmann 1991). Die Freunde können Spielsachen und Konsumzubehör sein. Lästige Verpflichtungen entfallen – dafür entfallen auch Hilfe und Unterstützung bei Unfall, Krankheit, Berufsunfähigkeit oder Altersversorgung. Wer die Bindung scheut, lebt mit höherem Risiko. Das Golfspiel wird in Zukunft immer beliebter, weil man es auch allein spielen kann ...

Homesitting-Agenturen gehen einer rosigen Zukunft entgegen. Denn mit dem Aufbruch in den Urlaub wächst die Angst vor dem Einbruch in das eigene Heim. Erfahrungsgemäß bleiben über 90% aller Einbrüche unaufgeklärt. Es mangelt an Familienmitgliedern, die freiwillig während der Abwesenheit die heimischen vier Wände weiter beleben. So kommen immer mehr *kommerzielle Homesitter* zum Zug, die sich das sog. Bewohnwachen, also das Bewachen durch Bewohnen bezahlen lassen.

Der Rückgang der familiären Bindungen hat auch zur Folge, dass immer mehr Alleinstehende sang- und klanglos begraben werden. Nach ihrem Tod lassen sie sich einäschern und auf einem anonymen Urnenfeld verscharren. Familienangehörige sind nicht da. Und Freunden und Lebensabschnittspartnern ist die Grabpflege offensichtlich nicht zumutbar. Allein in Hamburg hat sich die Zahl der anonymen Beisetzungen in den letzten 20 Jahren verzehnfacht. Die *soziale Kälte* kann morgen regieren, wenn wir uns nicht heute ändern. Oder wir besinnen uns noch rechtzeitig – und machen aus der mitunter als „lästig“ empfundenen sozialen Verpflichtung eine persönlich interessante und öffentlich anerkannte (!) Sozialleistung. Dann könnte auch soziales Engagement wieder attraktiv werden.

Zur Notwendigkeit von Kontaktnetzen und Selbsthilfegruppen

Die Bildungspolitik wird ihr Selbstverständnis neu definieren müssen. Bildung muss in Zukunft wieder ganzheitlicher verstanden werden. Die bildungspolitische Herausforderung der Lernarbeit kann nicht nur heißen: *Lernziel Lebensunternehmertum,* sondern auch: *Lernziel Sozialmanagement* – auf dem Weg zu einer neuen Balance des Lebens zwischen Familie und Beruf. Dazu gehört insbesondere die *Stärkung der Solidaritätsfähigkeit.* Solidarität ist ja bisher mehr ein programmatisches Lebensprinzip und weniger eine realisierte Lebensgewohnheit gewesen. Dieses Manko können sich viele Menschen in Zukunft nicht mehr leisten. Weil es immer weniger Familien mit Kindern gibt, werden die Familien- und Verwandtschaftsnetze kleiner – im gleichen Maße, wie der Anteil der Alleinstehenden im höheren Lebensalter größer wird. Es ist doch höchst fraglich, ob in Zukunft sog. Lebensabschnittspartner zu gleichen Hilfeleistungen bereit sind wie die Partner in einer ehelichen Lebensgemeinschaft.

Die Menschen in der künftig älter werdenden Gesellschaft müssen also mehr als bisher kompetent und in der Lage sein, sich eigenständig soziale Netze aufzubauen. Mit den schrumpfenden familiären Netzen nehmen auch die Verwandtschaftshilfen z. B. im handwerklichen Bereich ab. Die Menschen müssen daher in Zukunft frühzeitig *Do-it-yourself-Kompetenzen* erwerben, weil andernfalls handwerkliche Dienstleistungen nur professionell erbracht werden können bzw. gegen Bezahlung eingekauft werden müssen. Es wird daher unerlässlich sein, *das natürliche Hilfspotential zu aktivieren*, damit Nachbarn und Freunde als freiwillige Helfer gewonnen werden können. Aus der möglichen Hilfsbereitschaft muss eine tatsächliche werden. Dafür spricht auch, dass z. B. drei Viertel der Jugendlichen der Auffassung sind, die Menschen sollten sich „gegenseitig mehr helfen" und nicht alle sozialen Angelegenheiten einfach dem Staat überlassen (IFEP 1995). Eine ausgeprägte Hilfsbereitschaft wird damit zu einer der wichtigsten Lebenskompetenzen der Zukunft, die von früher Kindheit an entwickelt werden muss.

Auch *generationsübergreifende Kontaktnetze und Selbsthilfegruppen* müssen stärker gefördert werden, wenn Kommunikation und Mitmenschlichkeit nicht auf der Strecke bleiben sollen. In den nächsten Jahren bekommen informelle soziale Kontakte eine größere Bedeutung als formelle, wie sie z. B. in einer Vereinszugehörigkeit gegeben sind. Denn die Bereitschaft, sich in einem Verein oder einer Organisation längerfristig zu engagieren, geht immer mehr zurück, während gleichzeitig die Zahl der passiven Mitglieder in Vereinen und Organisationen zunehmend größer wird. *Sozial aktiver leben und solidarischer handeln lernen* wird eine der wichtigsten Voraussetzungen für individuelles Wohlbefinden und gesellschaftliche Lebensqualität im 21. Jh. Vielleicht heißt Solidarisierung in Zukunft einfach nur: *mehr Gemeinsamkeit* (und weniger Egoismus), weil sich eine „Gesellschaft der Ichlinge" (Beck 1997 d) kaum zu einer sozialen Leistungsgesellschaft weiterentwickeln kann. Andererseits werden wir uns wohl von dem hohen Solidaritätsideal verabschieden müssen.

Das soziale Optimum der Zukunft wird eher eine *pragmatische Solidarisierung* nach dem Prinzip „do ut des“ sein: Ich helfe dir, damit auch mir geholfen wird. Ich gebe mich notwendigerweise solidarisch, um weiter frei und unabhängig leben zu können. Für die Zukunft zeichnet sich dann ein neuer Typus von Solidarität ab, der von Pflichtgefühl und Helferpathos herzlich wenig wissen will. Aus der Not oder Notlage heraus geboren schließen sich Individuen zu einem sozialen Netzwerk zusammen – auf Abruf und jederzeit kündbar, wenn die Geschäftsgrundlage (= Notlage) entfällt. Das Netzwerk wird zum Beistandspakt auf Zeit. Der sich international ausbreitende Kommunitarismus (v.a. in den USA) ist eigentlich nichts anderes als ein sozialer Egoismus.

Vielleicht entwickelt sich Solidarität wieder zu dem, was sie ursprünglich in der europäischen Arbeiterbewegung des 19. Jh.s einmal war: zu einer *Erfahrung des Aufeinander-Angewiesenseins*, bei der sich Eigen- und Gemeinnutz miteinander verbinden und weniger eine Frage von Pflicht und Moral, Fürsorge und Nächstenliebe sind (vgl. BUND/Misereor 1996, S. 278). Mehr Bestand und Verlässlichkeit könnten Hilfsbereitschaft und Solidarisierung erst dann bekommen, wenn sie gesellschaftlich aufgewertet und als Gesellschaftsarbeit entsprechend anerkannt und honoriert würden.

Hilfe und Helfen in einer individualisierten Gesellschaft

Wie kein anderer geht der amerikanische Sozialphilosoph Amitori Etzioni mit der inflationären Verwendung des Begriffs „Individualisierung“ ins Gericht. Seine Schlüsselfrage lautet: Ist Individualismus ein zentraler Wert oder eine Form sozialer Pathologie? Etzioni geht davon aus, dass in einer intakten Gesellschaft bzw. „guten Gemeinschaft“ Individualität und Bindung zusammengehören. Beide bereichern sich gegenseitig. Wenn sich beispielsweise soziale Bindungen auflösen, verliert auch das Individuum an Autonomie, an Kompetenz und Identität. Aus Individualisierung droht dann Atomisierung zu werden, was sich in Rückzugstendenzen und unsozialem Verhalten niederschlagen kann (Etzioni 1999).

Etzioni schwebt ein *kommunitaristisches Paradigma* vor, das autonomen Ausdrucksformen genügend Entfaltungsspielraum lässt, aber gleichzeitig soziale Bindungen als Voraussetzung zur Aufrechterhaltung sozialer Ordnung anerkennt. Beides ist gleich wichtig: der Gemeinnutz und der Eigennutz. Es kommt daher auf das Gleichgewicht an. Die individuelle Wahlfreiheit darf nicht über das Gemeinwohl gestellt werden und umgekehrt. Idealiter gibt es eine Balance zwischen individueller Freiheit und sozialer Verbindlichkeit, ja eine Art symbiotische Beziehung. Wenn das eine Element stärker wird, nimmt auch das andere Element automatisch zu. Ist aber ein bestimmter Grenzpunkt überschritten, kommt es zum Ungleichgewicht, bei dem der Sozialismus oder der Individualismus dominiert.

Etzioni plädiert für ein neues Paradigma jenseits des Egoismus-Prinzips. Gemeint ist das *Ich+Wir-Paradigma*, das beides miteinander vereint: Die Verpflichtungen gegenüber der Gemeinschaft werden eingelöst, ohne dass die Eigeninteressen zu kurz kommen. Für Etzioni existiert Individualität nur innerhalb eines sozialen Kontextes (vgl. Etzioni 1994). Die Gesellschaft sind wir. Und wir sind immer auf der Suche nach einem Gleichgewicht: Wir wollen uns selbst erhalten, also auch unser persönliches Vergnügen maximieren, aber auch etwas für die Allgemeinheit tun – durch Hilfe für die Nachbarn, freiwillige Arbeit und Wohlfahrt. Eigennutzen und Gemeinnutzen, Ich + Wir stehen in einem ständigen, z. T. jedoch kreativen Konflikt. Erst die Einbeziehung der sozialen Dimension garantiert die Balance des Lebens.

Etzioni gilt als der Wortführer der amerikanischen Kommunitarier, die von der Idee einer guten Gesellschaft ausgehen, in der soziale Pflichten freiwillig angenommen und realisiert werden. Das kommunitaristische Denken bildet die Agenda für neue Formen der *Gesellschaftsarbeit* in einem postindustriellen Zeitalter. Dies ist die Chance für den „Dritten Sektor", den „Non-Profit-Sektor" bzw. „Freiwilligen Sektor". Zu den gemeinnützigen Arbeiten im Dienste der Gesellschaft zählen freiwillige Hilfeleistungen in sozialen Organisationen, in Schulen und Kindertagesstätten, im Gesundheitswesen (Krankenhaus, Kliniken), im Umwelt-, Natur- und Tierschutz. Wegweisende Pioniere auf diesem Gebiet sind insbesondere die Amerikaner: Jeder zweite amerikanische Bürger widmet durchschnittlich 4,2 Stunden pro Woche gemeinnützigen Anliegen und Organisationen. Die regelmäßige Mitarbeit in Freiwilligenorganisationen entspricht den Arbeitsstunden von 9 Mio. Vollzeitbeschäftigten.

Den Freiwilligen gewährt die Gesellschaftsarbeit nicht nur Erfolgs- und Gemeinschaftserlebnisse. Sie lernen dabei auch Bausteine eines neuen Weltbildes kennen, das nicht mehr zentral vom

Nützlichkeitsdenken des Marktsektors beherrscht wird. Die Gesellschaftsarbeit entwickelt sich zum „Gegenmittel gegen den Materialismus des industriellen Denkens, von welchem das 20. Jh. beherrscht war“ (Rifkin 1996, S. 187). Gesellschaftsarbeit kann die *Erfahrung einer Neuen Solidarität* vermitteln – vom Glück, anderen helfen zu können, bis zum Gefühl der Verbundenheit mit anderen sozialen Schichten.

Wie kann eine neue Kultur des Helfens in einer individualisierten Gesellschaft geschaffen werden? Wie kann unbezahltes soziales Engagement für eine konsum- und leistungsorientierte, ebenso individualistisch wie materialistisch eingestellte Generation attraktiv werden? 3000 Personen ab 14 Jahren wurden repräsentativ nach „guten Gründen“ für eine solche ehrenamtliche Tätigkeit gefragt.

Der Mensch lebt nicht vom Brot allein. Und: Auch Geld allein macht nicht glücklich. Auf diesen Nenner lassen sich die Antworten der Bevölkerung bringen. Zwei von fünf Bundesbürgern (41 %) sind der Auffassung, dass unbezahlte freiwillige Tätigkeiten eine wichtige Lebensaufgabe darstellen – auch jenseits von Konto und Karriere. Jeder Mensch braucht eine Aufgabe über alle Lebensalter hinweg. Das ist schließlich *Lebensgestaltung mit Sinn (und nicht nur gegen Geld)*. Immer vorausgesetzt, dass das übrige Ein- und Auskommen gesichert ist. Es ist daher kein Zufall, dass z. B. die Besserverdienenden (über 2500 € Einkommen) die Wichtigkeit einer solchen unbezahlten Tätigkeit stärker betonen (47 %) als etwa die Bezieher unterer Einkommen unter 1000 € (37 %).

Soziales Engagement gibt auch eine Antwort auf die Sinnfragen des Lebens. „Es tut gut, gebraucht zu werden“, meinen 43 % der Bevölkerung – die Frauen deutlich mehr (46 %) als die Männer (39 %). Mit zunehmendem Alter verschärfen sich diese Sinnfragen, insbesondere dann, wenn das Ausscheiden aus dem Berufsleben erfolgt. Die Bedeutung des Gebrauchtwerdens heben 36 % der 14- bis 29-Jährigen, aber 55 % der Rentner und Pensionäre hervor. Wer braucht sie noch? Wer sucht ernsthaft ihren Rat? Im höheren Lebensalter bekommt das Gebrauchtwerden fast die Bedeutung eines Berufsersatzes und neuen Lebensinhalts.

Wer die jüngere Generation mehr für die Übernahme ehrenamtlicher Aufgaben gewinnen will, muss in Ansprache und Werbung andere Akzente setzen:

- *Männliche Jugendliche* finden es besonders gut, dass man bei der ehrenamtlichen Arbeit Menschen treffen, Freunde gewinnen und persönliche Erfolgserlebnisse haben kann.

- *Junge Frauen* im Alter bis zu 29 Jahren betonen mehr die Hilfeleistung mit Ernstcharakter sowie die mögliche Erweiterung ihrer eigenen Lebenserfahrung. Dann macht ihnen die unbezahlte Arbeit auch wirklich Spaß.

Auffallend ist, dass der Aspekt der sozialen Anerkennung bei allen Bevölkerungsgruppen nicht im Vordergrund steht. Nur etwa ein Drittel der Bevölkerung (34 %) glaubt daran, dass ehrenamtliches Engagement soziale Anerkennung „bringt". Offensichtlich wird soziale Anerkennung mehr gewünscht als wirklich gefunden. Vor allem die Jugendlichen geben sich in dieser Hinsicht keinen Illusionen hin. Im Vergleich zu allen anderen Bevölkerungsgruppen glauben sie am wenigsten daran, dass ehrenamtliche Arbeit durch soziale Anerkennung honoriert wird.

Die Folgen bleiben nicht aus: Immer weniger Menschen werden in Zukunft bereit sein, sich unentgeltlich für andere oder für etwas zu engagieren. Ohne Lob oder Lohn läuft kaum eine soziale Leistung mehr. Anders als in den 60er- bis 90er-Jahren gibt es heute und in Zukunft keine Job-Sicherheit mehr. Wer will sich schon in Zeiten eines ebenso unsicheren wie permanent flexiblen Kapitalismus dauerhaft binden oder abhängig machen? Der Arbeitgeber nicht und der Arbeitnehmer auch nicht. Jeder will sein zeitliches Engagement selbst bestimmen.

In einer individualisierten Gesellschaft gleicht die unbezahlte freiwillige Mitarbeit in sozialen Organisationen mehr einem sporadischen selbstorganisierten Engagement, um weiterhin frei und flexibel bleiben zu können. Die Neuen Helfer von morgen wollen sich nicht längerfristig verpflichten – mit gutem Grund: Schließlich hat heute schon jeder vierte Bundesbürger (25 %) das Gefühl, beim sozialen Engagement „ausgenutzt zu werden". In Zukunft droht kein soziales Analphabetentum, eher ein *rationaler Altruismus*, bei dem die Neuen Helfer das Warum, Wofür und Wie lange ihres Tuns selbst bestimmen. Die vielen freiwilligen Helfer werden eine neue Kultur des Gebens und Nehmens entstehen lassen. Aber kaum ein Helfer wird sich noch lebenslang engagieren wollen.

Wo der Pflichtgedanke stirbt, stirbt die Kultur – der Satz des Philosophen Eduard Spranger muss in einer individualisierten Gesellschaft neu interpretiert werden. Denn Freiwilligkeit und Leichtigkeit des selbstbestimmten Tuns ersetzen zunehmend Ernst und Schwere der auferlegten Pflicht. Die Neuen Helfer von morgen lassen sich nicht mehr vereinnahmen. Sie nehmen sich eher – freiwillig – selbst in die Pflicht und machen aus einer Selbstbetätigung eine

Selbstbestätigung: „I did it“ und „Ich war dabei!“. So gesehen wird in Zukunft die Aussage Sprangers eher durch das Wort des indischen Philosophen und Nobelpreisträgers (1913) Rabindranath Tagore verdrängt: „Ich schlief und träumte, das Leben wäre Freude. Ich erwachte und sah, das Leben war Pflicht. Ich handelte – und siehe, die Pflicht war Freude.“

Achter Zukunftstrend: Die Mobilisierung. Aus Angst, etwas zu verpassen

Mobilität als Leitbild und Lebensprinzip

Die Menschen waren mobil, noch ehe sie sesshaft wurden. Die Geschichte der Menschheit ist eine Geschichte der Mobilität, des Ortswechsels und der großen Wanderungen. Mobilität gilt als menschliches Urbedürfnis. „Travel“ und „Travail“, Reisen und Arbeiten, haben die gleiche Wortwurzel und deuten auf das gleiche Phänomen hin: Der Mensch kann auf Dauer nicht untätig in seinen eigenen vier Wänden verweilen.

In dem Verlangen, der eigenen Zeit und eigenen Umwelt zu entfliehen, in der Abwendung vom Alltag und der Sehnsucht nach Neuem liegt die Faszination der Mobilität. Es ist ein geradezu kindliches Vergnügen, so äußerte sich schon Ortega y Gasset vor über 70 Jahren (1930) in seinem Essay „Der Aufstand der Massen“, die leere Geschwindigkeit spielen zu lassen. Wir können an mehreren Orten sein als früher, Ankunft und Abfahrt öfter genießen und „in kürzere kosmische Zeit mehr gelebte Zeit zusammendrängen“ (Ortega y Gasset 1984).

Zeit und Raum werden scheinbar aufgehoben – durch Mobilität. Mobilität ist zur Chiffre für die menschlichen Träume und Wunschbilder vom schöneren Leben geworden. Sie steigert die Freude am Leben und hält auch innerlich mobil. Mobilität sagt etwas darüber aus, was uns bewegt und wie wir uns bewegen. Als *räumliche Mobilität* werden heute alle „außerhäusigen Bewegungsvorgänge außerhalb des unmittelbaren Wohnumfeldes“ bezeichnet (Enquête-Kommission 1994, S. 126), die entweder aus individuellem Bedürfnis (= *der Weg ist das Ziel*) und/oder aus sachlicher Notwendigkeit (= *der Weg zum Ziel*) erfolgen.

Die hohe Mobilität ist auch ein Symbol für den Wiederaufbau der Wirtschaft und die Wohlstandsentwicklung in Deutschland geworden. Die Konzentration von Produktionsstätten und Dienstleistungsbetrieben in Industriegebieten sowie die Entwicklung von reinen Wohngebieten hat zur Folge, dass immer mehr Arbeitnehmer auf dem Weg zur Arbeit auf Verkehrsmittel angewiesen sind. Ähnliche Tendenzen sind bei den Einkaufsfahrten feststellbar: Im gleichen Maße wie die Zahl der Einzelhandelsgeschäfte in den Wohngebieten zurückgeht, breiten sich Verbrauchermärkte auf der „grünen Wiese" aus. Die Schaffung von Monostrukturen, die immer größer werdenden Entfernungen zwischen Wohnungen, Arbeits- und Einkaufsstätten sowie die gleichzeitige Zunahme des Freizeit- und Urlaubsverkehrs (z. B. Verdreifachung der Urlaubsdauer seit den 50er-Jahren von zwei auf sechs Wochen) haben die Mobilität zu einem Massenphänomen werden lassen. *Vom Zweirad zum Zweitwagen – eine Gesellschaft wird mobil*: So umschreibt das Statistische Bundesamt den Wandel seit den 50er-Jahren (Hölder 1989, S. 115 ff.). An der Massenmobilität partizipieren mittlerweile alle sozialen Schichten.

Mobilität kann heute als *Ausdruck für Dynamik* in der modernen Industriegesellschaft verstanden werden. Das Mehr an Zeit, Geld und Bildung in den letzten 40 Jahren hat dem Individuum in seiner privaten Lebensgestaltung *neue Bewegungsspielräume* eröffnet (z. B. Tagesausflüge, Wochenendfahrten und Urlaubsreisen), aber gleichzeitig auch neue berufliche Pflichten auferlegt: Vom Arbeitnehmer wird geradezu *permanente Mobilitätsbereitschaft* gefordert, also berufliche Mobilität, die meist auch private und familiäre Mobilität nach sich zieht. Damit die Wirtschaft „auf vollen Touren" laufen kann, muss der Arbeitnehmer jederzeit offen für Mobilität sein – selbst dann, wenn Partnerschaft, Ehe, Elternschaft und Familie darunter zu leiden haben.

Ulrich Beck spricht infolgedessen davon, dass das Arbeitsmarktmodell in letzter Konsequenz eine „vollmobile Single-Gesellschaft" (Beck 1986, S. 199) fördert oder schafft. Wenn also die moderne Arbeitsmarktgesellschaft die berufliche Mobilität ständig fordert und forciert, dann nimmt zwangsläufig auch die individuelle Mobilität zu. Mobilität ist gleichermaßen ein *Lebensprinzip und Leitbild* für das Berufs- und Privatleben geworden. Von der Mobilität lebt das Wirtschaftswachstum der Gesellschaft genauso wie die Individualisierungsdynamik jedes einzelnen Bürgers. Wer unter diesen Voraussetzungen Mobilitätsverzicht erwartet, würde geradezu an den Grundfesten unserer Gesellschaft rütteln.

Mit dem Stichwort Mobilität sind im subjektiven Empfinden und Erleben der Menschen *drei Bedeutungsgehalte* verbunden:

1. Freiheit

Mobilität ist zunächst ein Ausdruck von Freiheit. Mobil sein heißt unabhängig, nicht an einen Ort gebunden, nicht auf andere angewiesen oder durch Sachzwänge eingeschränkt und eingeengt sein. Also: frei wählen und frei entscheiden, frei ein- und ausreisen und sich aufhalten können, wann und wo man will. Das ist Mobilität als Synonym für individuelle Freiheit. Dabei gilt das Auto als so individuell „wie die eigenen Füße – nur schneller".

2. *Flexibilität*
   Mobilität bedeutet aber auch Flexibilität. Wer mobil sein will, will beweglich sein, überall hingehen, -fahren oder -fliegen können. Flexibilität schafft die Möglichkeit, immer dorthin zu kommen, „wo ich auch hin will". Flexibilität gilt im Zeitalter der Individualisierung als subjektiv hoher Lebenswert, als Garant für Spontaneität: „schnell mal" was tun können und das aus dem Augenblick oder einer Stimmung heraus – ohne langfristige Planung oder zeitliche Bindung an einen Fahrplan.
3. *Funktionalität*
   Mit Mobilität ist immer auch Funktionalität verbunden: Verlässlichkeit, Wirksamkeit und Sicherheit. Wer vorwärts kommen, wegkommen oder entkommen und ein Ziel in einem angemessenen Zeitraum erreichen will, ist auf ein verlässliches Bewegungs- und Verkehrsmittel angewiesen.

Das Auto als Zeitfalle

Die internationale Zeitforschung hat den Nachweis erbracht: Keine andere Technologie hat die moderne Zeitkultur so geprägt, mobilisiert und beschleunigt wie das Auto. Nach den 15 km/h der Pferdekutsche brachte es das erste 1894 in Serie produzierte Auto gerade einmal auf 20 km/h. Schon 1920 hieß es in Berlin: „Im Automobil mit ‚100 km Geschwindigkeit' fahren: das schwebt recht eigentlich unserer Zeit als ein höchstes Ideal vor Augen" (Garhammer 1999, S.170). Schnelligkeit ist inzwischen zum automobilen Symbol geworden, zum Ausdruck modernen Lebens.

Die Verbreitung des Autos hat das Alltagsleben grundlegend verändert: Einkaufsmärkte haben ihre Standorte auf die grüne Wiese verlagert, die Urbanisierung und Suburbanisierung hielten in ländlichen Regionen Einzug und die individuelle Mobilität bei der Auswahl von Ausflugszielen nahm deutlich zu. Allerdings erweist sich die Mobilisierung der Massen immer mehr als *Zeitfalle*. Nicht Zeitgewinn, sondern eher Zeitverlust werden eingekauft. Amerikaner kommen z.B. im Stadtverkehr auf eine Durchschnittsgeschwindigkeit von 43 km/h, Europäer auf etwa 30 km/h und die Bevölkerung in Tokio muss sich mit einer Geschwindigkeit von 21 km/h zufrieden geben – gerade einmal 6 km/h mehr als zur Postkutschenzeit. Bei etwa 75 Lebensjahren verbringen die Deutschen insgesamt *drei Jahre im Auto* in Staus zu, davon allein 4,5 Monate vor roten Ampeln (Garhammer 1999, S. 177).

Für die meisten Autofahrer ist das Autofahren selbst schon ein Erlebnis, während öffentliche Verkehrsmittel die Menschen mehr nur „transportieren". Vorteile von öffentlichen Verkehrsmitteln stellen sich bei näherem Hinsehen meist nur als Schwachstellen des Autos dar. Bisher leben öffentliche Verkehrsmittel fast nur von den Defiziten des Autos (z. B. Parkplatzsuche, Staus, Umweltprobleme). Öffentliche Verkehrsmittel liefern mehr Argumentationshilfen *für* als Alternativen *gegen* den Autoverkehr.

Zugleich entsteht der Eindruck: Weder in den subjektiven Vorstellungen der Bevölkerung noch in den öffentlichen Konzepten von Wirtschaft und Politik wird ein Verzicht auf das Auto ernsthaft in Erwägung gezogen. Da wird beispielsweise über das 3-Liter-Auto diskutiert, die Reduktion von CO_2-Emissionen gefordert oder es werden neue Nutzungsformen (z. B. Car-Sharing, Sammeltaxis) in Erwägung gezogen. Die Autonutzung soll aber weiterhin „immer" und „überall" möglich sein – lediglich unter „vernünftigeren" Bedingungen. Die offizielle Verkehrspolitik geht ganz selbstverständlich von Verkehrszuwächsen der nächsten Jahre aus. Dies erklärt die verständliche Begeisterung der Politik für neue Telematiksysteme, die den Verkehr *entzerren* und überfüllte und staugefährdete Strecken *entlasten* sollen.

Moderne Kommunikations- und Informationstechnologien sollen den Datenaustausch zwischen Fahrzeug und Infrastruktur verbessern helfen (z. B. beim „Parkplatzsuchverkehr" in der Stadt). Die Lust an der Mobilität wird dadurch eher gesteigert, weil der Verkehrsablauf optimiert wird. Telematik wird zum Verkehrsmanagement: Reibungs-, Störungs- und Konfliktanlässe werden minimiert bzw. entschärft, sodass eine *Verdreifachung des Personenverkehrs* bis zum Jahr 2010 möglich erscheint.

Der qualitative Sprung im Denken der Autofahrer und Verkehrspolitiker findet noch nicht statt. Zu stark und elementar ist das mobile Bedürfnis der Menschen bzw. der Symbolcharakter des Automobils als Erlebnismobil. Das Autofahren hält mobil („Alt ist man erst, wenn man nicht mehr autofahren kann") und garantiert – psychisch und räumlich – Horizont- und Radiuserweiterung. Im subjektiven Empfinden hat das Auto die Funktion und Wirkung einer schützenden Hülle – ermöglicht Abgrenzung zu anderen, kann aber auch eine Brücke zur Welt und zu neuen Kontakten sein.

Ein Leben ohne Auto wäre eine freudlose Welt: „ganz schön traurig". Über 100 Jahre Automobilität haben ganze Generationen geprägt und in der Sozialisation, im Aktivitäts- und Interessenspektrum sowie in den Lebensgewohnheiten der Menschen ihre nachhaltigen Spuren hinterlassen. Mobilität ohne Auto würde bei vielen Menschen zu schmerzhaften *Entzugserscheinungen* führen (genauso wie beim Alltag ohne Fernsehen) und wäre nur auf dem Umweg über eine langwierige Entwöhnung realisierbar. Die aber müsste als Autoverzicht oder Fahrverbot von der Politik als Ultima Ratio (sozusagen in letzter Not) „verordnet" werden.

Automobilität ohne Alternative

Wirkliche Alternativen zum Auto sind nicht in Sicht – selbst bei den Personen nicht, die heute schon ihr Leben mobil, aber öfter ohne Auto verbringen. Die Vorstellung einer ganz anderen Mobilität erweist sich als unlösbare Aufgabe. Und das Nachdenken über Alternativen gleicht mehr einem Gefahren-Szenario: Fahrradfahren ist keine Lösung. Der U-Bahn-Fahrer lebt gefährlicher als der Autofahrer. Und der Autofahrer hat zwar Probleme – aber er überlebt. In den Geschichten und Vorstellungen über andere mögliche Formen von Mobilität erleiden die Nutzer allesamt „Schiffbruch". Die subjektiven Vorstellungen von einer autolosen Zukunft jedenfalls haben mehr resignativen Ausflucht- als praktikablen Lösungscharakter:

- „Ein Pferd, ein Mofa und ein Boot"
- „Mit Hubschrauber überall hin"
- „Beamen: Mit wenig Energie große Distanzen überwinden".

Vielen ist bewusst: Frühe Feierabende, lange Wochenenden und mehrwöchige Urlaubszeiten lassen sich auf Dauer nur durch Aktivität und Unternehmungslust ertragen.

Damit die Zukunft der Mobilität nicht in „Verkehrschaos", „Megastau" oder „Dauersmog" endet, bietet sich als Problemlösung nur das *Wohl-oder-übel-Mobilitäts-Konzept* an: weiter Autoverkehr – aber weniger und anders.

Weniger Mobilität mit dem Auto wäre in Zukunft möglich, wenn es gelänge,

- attraktive wohnungsnahe Angebote („vor der Haustür“ oder „um die Ecke“) zu schaffen und
- mehr andere Verkehrsmittel in Anspruch zu nehmen (Bahn, ÖPNV, Fahrrad, zu Fuß).

Ansonsten richten sich alle Hoffnungen auf umweltverträglichere Techniken und Treibstoffe sowie auf neue Organisations- und Techniksysteme vom Car-Sharing bis zum Auto auf Schienen oder Fließbändern. Der Abnabelungsprozess ist viel zu schwer und schmerzhaft, als dass die enge Bindung an das Auto aufgegeben wird. Die Bedeutung des Autos für die Mobilität der Menschen lässt sich in Zukunft allenfalls relativieren. Das Auto aber ist vorerst nicht zu ersetzen – und *Mobilitätspioniere* sind noch lange nicht in Sicht.

Mobilität ist mehr als Ortsveränderung. Mobilität ist auch mehr als Alltagsflucht. Und das Gegenteil von Flüchten ist sicher nicht Stillstand, eher Aufstand gegen Passivität und Immobilität, gegen den Zwang zur Sesshaftigkeit. Der Mensch ist nicht zur Sesshaftigkeit geboren. Und mit mehr Wohlstand und Freiheit werden zunehmend nomadische Kräfte frei, geistige und körperliche Beweglichkeit genauso wie räumliche Bewegung. So gesehen kann Mobilität geradezu als „Lebenselixier“ (Müller 1993, S. 53 ff.) verstanden werden.

Im Gegensatz zu diesem positiven Verständnis von Mobilität finden sich in der Fachdiskussion vielfach Erklärungsansätze, die Defizite des heimischen Alltags als Hauptmotiv für die Massenmobilität sehen wollen. Zu dieser wohnungspsychologischen Sichtweise (vgl. Fuhrer u. a. 1993, S. 82 ff.) gehören beispielsweise die

- *Geborgenheitsthese*
  Wer sich zu Hause nicht geborgen fühlt, ist nach Feierabend und am Wochenende mehr mobil.
- *Gartenthese*
  Wer keinen Garten, Rasen oder Balkon besitzt, fährt öfter mit dem Auto fort.
- *Stockwerkthese*
  Wer im Hochhaus lebt, ist mobiler als derjenige, der „erdnäher“ wohnt.
- *Kontaktthese*
  Wer von zu Hause weggeht, tut das in erster Linie, um andere Menschen zu treffen.
- *Wohnmobilthese*
  Wer sein Auto als mobiles Wohnzimmer betrachtet (und auch so ausstattet), neigt dazu, größere Distanzen zurückzulegen.

Es ist sicher unbestritten, dass zwischen Wohnqualität und Mobilität ein Zusammenhang besteht. Viel zu verkürzt muss jedoch die These erscheinen, die da besagt: „In der Freizeitmobilität spiegelt sich also ein Wohnproblem" (Fuhrer u. a. 1993, S. 78). Wie wäre es sonst zu erklären, dass unter den *Tagesausflüglern* Arbeiter, Arbeitslose und Rentner *unterrepräsentiert* sind (vgl. DWIF 1995, S. 23). Da diese Bevölkerungsgruppen noch am ehesten ein „Wohnproblem" haben, müssten sie eigentlich am mobilsten sein. Das Gegenteil ist der Fall. Und bei den *Urlaubsreisenden* dominieren seit jeher die Besserverdienenden und höheren Berufsgruppen wie Freiberufler und Selbstständige, leitende Angestellte und höhere Beamte.

Mobilität ist eher ein Wohlstandsphänomen: Massenhafte Mobilität setzt Massenwohlstand geradezu voraus. Je mehr Aktivitäten für breite Bevölkerungskreise zugänglich werden (z. B. Tennis oder Golf, Musical oder Open-Air-Konzert, Städte- oder Fernreise), desto mehr nimmt auch die Mobilität auf breiter Ebene zu. Wohlstandsentwicklung, Angebotsvielfalt und Massenmotorisierung haben einen *Mobilitätsschub* wie noch nie zuvor in der Menschheitsgeschichte ausgelöst. Und ein Ende der expansiven Mobilität ist noch nicht absehbar. Alle sozialwissenschaftlichen Analysen über die Wünsche der Bevölkerung deuten darauf hin, dass gerade außerhäusliche Aktivitäten (z. B. Ausflüge, Reisen, Besuch von Veranstaltungen) immer mehr gefragt sind und damit in Zukunft einen weiteren Anstieg der Erlebnismobilität bewirken können.

Vor über 100 Jahren haben die eigenen vier Wände Räder bekommen. Das Auto als individuelles Verkehrsmittel wurde 1886 geboren. Die motorische Unruhe im Menschen fand nun in der Motorisierung des Reiseverkehrs eine neue Form der Fortbewegung. Das Lebensgefühl des modernen Menschen veränderte sich: Das Auto wurde zu einem Vehikel der Seele, Mobilität zum Massenbedürfnis, Unterwegssein zum Bewegtwerden.

1950 wurde jeder dritte Kilometer (35,0 %) im Personenverkehr mit dem Auto zurückgelegt, 1960 waren es fast zwei Drittel (63,8 %). Derzeit liegt der Pkw-Anteil im Personenverkehr bei 85 %. Zwischen dem *Akzeptanzproblem Auto* in der gesellschaftlichen Diskussion und dem *Erlebnismobil Auto* in der individuellen Bedeutung liegen Welten. Seit 1990 hat sich der Pkw-Bestand jährlich um etwa 1 Mio. Fahrzeuge erhöht. Diese boomartige Entwicklung kann sich auch in den nächsten Jahren fortsetzen. Das Phänomen Massenmobilität bleibt uns auch in Zukunft erhalten: Selbst wenn die Neuzulassungen auf hohem Niveau stagnieren, so sorgen doch die

Qualitätsverbesserungen der Fahrzeuge (z. B. durch den Korrosionsschutz) und die gleichzeitige Verringerung der durchschnittlichen Fahrleistung (z. B. durch den Besitz von Zweit- und Drittwagen) für eine längere Lebensdauer und damit für einen höheren Pkw-Bestand.

Mehr Autos führen zu immer mehr Verkehr – und meist auch zu immer mehr Straßen. So plant der Bundesverkehrsminister die vorhandenen 53 000 km Autobahnen und Fernstraßen in den nächsten Jahren um weitere 11 000 km auszubauen, v. a. im Ost-West-Bereich. Die Verkehrspolitik wird in den nächsten Jahren zur großen gesellschaftlichen Herausforderung.

Das Auto entwickelt sich zur Brücke zwischen Arbeits- und Freizeitleben (ADAC), zum Symbol persönlicher Freiheit und Unabhängigkeit. Fast 60 % des gesamten Verkehrs können heute als freizeitorientiert gelten, wozu neben den Feierabend- und Wochenendfahrten auch die Urlaubsreisen und ein Teil der Einkaufs-/Shoppingfahrten gehört.

Der Siegeszug des Autos, der die private Mobilität für fast jedermann (vgl. Krippendorf 1984) brachte, gilt als Hauptursache für die lawinenartig angewachsene Mobilität, wozu neben Urlaubsreisen Tagesausflüge, Wochenendfahrten und Kurzreisen gehören. Es ist eine Illusion zu glauben, man könnte die Mobilität der Menschen dadurch einschränken, dass man nur noch „Einheitsautos“ herstellt, keine „Extrawünsche“ und Individualisierungen mehr zulässt und dem Auto jede Wohnlichkeit und Behaglichkeit nimmt (Fuhrer u. a. 1993, S. 91). Kein Wirtschaftsunternehmen würde sich auf solche moralisierenden Forderungen einlassen, die dem Auto sein Flair und damit auch seinen „Geist“ nehmen. Das Mobilitätsbedürfnis der Menschen würde dadurch eher noch zunehmen. Fast alle Prognosen für die Zukunft gehen von einer weiteren Steigerung der Automobilität aus.

Das vorausgesagte Multimedia-Zeitalter zwischen Bildtelefon und Videokonferenz, Telearbeit und Teleunterricht wird den Anteil des Berufsverkehrs sinken und den Freizeitverkehr weiter steigen lassen. Was vielleicht im Berufsverkehr an Fahrten eingespart wird, wird dann durch verstärkte Freizeitmobilität mehr als kompensiert. Telearbeitsplätze können zur Verminderung des Berufsverkehrs führen und Teleshopping kann den Einkaufsverkehr stagnieren lassen. Aber die Freizeitmobilität bleibt unverändert attraktiv und expansiv. Denn der mobile Mensch sucht auch in Zukunft: „Null Kilometer Langeweile ...“

Bedeutungszunahme der Erlebnismobilität

Aus der Sicht der Psychoanalyse lassen sich erhebliche psychische Widerstände gegen eine Verkehrspolitik feststellen, die den Erlebniswert des Autofahrens unterschätzt. Mobilität gehört für viele Bürger zur persönlichen Lebensqualität. Jede Einschränkung der Mobilität wird als Einbuße an Lebensqualität empfunden. Denn das Erlebnismobil Auto hat für die Bürger eine psychologische Symbolfunktion, symbolisiert *Freiheit und Unabhängigkeit*. Diese subjektive Lebensqualität des Autofahrens beinhaltet nach Auffassung des Psychoanalytikers Micha Hilgers (1993) u. a.:

- *Selbstwertgefühl*
  Das Autofahren hilft, das Selbstwertgefühl zu stärken und dient auch seiner Regulation (z. B. durch das Gefühl der persönlichen Unabhängigkeit).
- *Thrill*
  Das Autofahren bedeutet Nervenkitzel: Man kann sich Gefahren aussetzen, sie meistern und das Gefühl eigener Macht (z. T. auch Grenzenlosigkeit) erleben.
- *Kompensation*
  Wer beruflich oder privat sozial unterliegt und von anderen zurückgedrängt wird, kann die Machtverhältnisse – wenigstens kurzfristig – umkehren und sozioökonomische und psychosoziale Unterlegenheitsgefühle kompensieren.
- *Identität*
  Mit der Automarke ist ein bestimmtes Image verbunden. Es hilft dem Autofahrer, sich selbst zu definieren. So kann das Auto im Einzelfall Mittelpunkt des Lebens werden und Identität (auch Pseudo-Identität) verleihen.

Daraus folgt: Verkehrspolitische Maßnahmen sind immer dann besonders erfolgreich, wenn sie spürbar zur Steigerung der *persönlichen Lebensqualität* beitragen: Je mehr dies konkret und unmittelbar vor der eigenen Haustür (und nicht bloß im Innenstadt- und Einkaufsbereich) erlebbar ist, desto größer ist die Akzeptanz.

Über die Ausweitung lebenswerter Alternativen zum Auto muss ernsthafter nachgedacht werden. Werden beispielsweise autofreie Stadtbereiche positiv erlebt, dann kann es zu einer Verschiebung der Identifikation kommen – zu einer Identifikation mehr mit dem eigenen Lebensraum und weniger mit dem eigenen Auto. Autofreie Inseln in der Stadt bedeuten so unmittelbar erfahrbare Lebensqualität. Dies könnte die beste *Werbung für ein neues Lebensgefühl* (statt gegen das Auto) sein. Die Lustkomponente des Lebens bliebe erhalten. Die Verteufelung der Mobilität wäre entbehrlich. Bis zur Verwirklichung der Forderung von Hilgers: „Andere Verkehrsmittel als das Auto müssen sich als *freizeitkompetent* erweisen, um das Auto zurückdrängen zu können" (Hilgers 1993, S. 11), ist es allerdings noch ein weiter Weg.

Psychoanalytisch bedeutet nämlich der Autoverzicht bzw. das Umsteigen auf öffentliche Verkehrsmittel fast eine „narzisstische Amputation" (Bliersbach 1992b, S. 7): Gemeint ist eine *Amputation des Selbstwertgefühls*. Der/die Einzelne muss sich dann einreihen in die Schlange der Wartenden und verschwindet als eine/r von vielen. Das „Umsteigen" auf öffentliche Verkehrsmittel wird zu einer mentalen Leistung und setzt eine innere Umstellung voraus. Abfahrt vor der eigenen und Ankunft vor der fremden Haustür sind kaum mehr möglich. Und die öffentlichen Verkehrsmittel müssen gewaltige Anstrengungen unternehmen, um die Verheißungen einer automobilen Gesellschaft zu relativieren.

Es muss also grundsätzlich umgedacht werden. Denn Befragungen von Familien, die bereit waren, das Auto freiwillig einen Monat lang stehen zu lassen und ihre positiven und negativen Erfahrungen in Tagebüchern ausführlich festzuhalten, ergaben einen fast unlösbaren Konflikt: An Wochenenden ist der öffentliche Verkehr so „ausgedünnt", dass es unmöglich ist, Verwandte und Bekannte im städtischen Umland zu besuchen. Ohne Auto ist ein bequemes und „gutes Leben" heute kaum noch möglich (vgl. Krämer-Badoni 1993). Daraus folgt: Ein Leben ohne Automobil darf in Zukunft im privaten Leben nicht mehr als Verzicht oder Askese empfunden werden, sondern muss Ausdruck eines besseren, ja reicheren Lebens sein, wozu dann auch der neue Reichtum an Zeit gehört.

Die Hälfte aller Autofahrten sind kürzer als 5 km, fast ein Drittel aller Fahrten mit dem Pkw sogar kürzer als 3 km. Dies bedeutet:
- hoher Energieverbrauch,
- hohe Schadgasmengen,
- großer Verschleiß bei kaltem Motor und
- hohe Unfallraten in Innenstädten.

Wer „so" fährt, fährt ebenso umweltschädlich wie unwirtschaftlich. Die Empfehlung des Bundesumweltministeriums – „Ein Großteil dieser Wege könnte zu Fuß oder mit dem Fahrrad zurückgelegt werden" (BMU 1987, S. 31) – ist sicher vernünftig, aber folgenlos. Denn ohne *Attraktivitätsverbesserungen (= Erlebnissteigerungen)* des öffentlichen Personenverkehrs, der Radverkehrswege und der

Fußgängerzonen kann es keine wirkliche Alternative zum Auto geben.

Eine empirische Studie des Deutschen Jugendinstituts weist nach, dass Autofahren (nach „mit Freunden zusammen sein", „Musik hören" und „TV, Video und Computer") den vierten Platz in der Hitliste der Freizeitaktivitäten bei den Jugendlichen einnimmt. Das Auto hat bei den jungen Leuten einen außerordentlich hohen Erlebniswert – insbesondere bei den männlichen Jugendlichen. Während bei den jungen Autofahrerinnen mehr die Zweckmäßigkeit der Autonutzung im Vordergrund zu stehen scheint, betrachten die männlichen Jugendlichen das Auto eher als „Statussymbol, technisches Vehikel und Hobby, es geht ihnen um ‚Power' und um ein beherrschtes Stück Technik" (Tully 1998, S. 3). Umweltfreundliche Eigenschaften spielen bei ihnen nur eine geringe Rolle. Wichtiger sind ihnen Musikanlage, Farbe, Linie und technische Charakteristika („Breitreifen" – „scharfe Nockenwelle" – „das Auto soll was unter der Haube haben").

Zwischen Staufrust und Staulust

Es wächst eine *neue Generation* heran, die sich ganz selbstverständlich mit der massenhaften Automobilität arrangiert. Für sie gehört der Wochenend- und Urlaubsstau mitunter ganz einfach zum motorisierten Erleben dazu. Wenn das Fahrzeug zum Stehzeug wird, sind die Autofahrer hin- und hergerissen: Die Älteren fiebern meist vor Wut, die Jüngeren eher vor Erregung. Die Fahrt ins Grüne oder Blaue spaltet die deutsche Autofahrerschaft in zwei Lager: Die einen leiden regelrecht unter der Beeinträchtigung ihres Fahrvergnügens und werden aggressiv: „Am liebsten hätte ich in solchen Situationen eine Kanone auf dem Dach, um die Lkws und Stauverursacher abzuschießen" (vgl. Hilgers 1992, S. 7). Die anderen aber machen sich fast einen Spaß daraus und werden vom *Staufieber* gepackt: „Es ist etwas los und ich bin mittendrin."

Wie die B·A·T-Umfragen ergeben, ist die (un)heimliche „Lust am Stau" keine Legende – es gibt sie wirklich: Jeder fünfte Bundesbürger (1992: 19 % – 1995: 20 %) sieht dem Verkehrsstau bei Wochenend- und Urlaubsfahrten ebenso gelassen wie genussvoll entgegen: „Ein bisschen Chaos darf ruhig sein", sagen über 12 Mio. Bundesbürger. Im Verkehrsstau am Wochenende spiegeln sich zugleich Geschlechterkämpfe wider: Während jede siebte Autofahrerin beim

Stau über Kopfschmerzen und Schweißausbrüche klagt (16% – Männer: 9%), fiebert jeder vierte Mann dem Stau geradezu entgegen und genießt „das bisschen Chaos“ (26% – Frauen: 15%).

Auffallende Unterschiede sind auch zwischen den Generationen feststellbar. Der Anteil der jungen Leute, die geradezu erlebnishungrig dem Stau und Schlangestehen entgegensehen („Wo viel los ist, erlebt man auch viel“), ist fast viermal so hoch (26%) wie bei der älteren Generation im Alter von über 55 Jahren (7%). Eine Trendwende ist vorerst nicht in Sicht. Zwischen 1992 und 1995 hat sich der Staufieber-Anteil der deutschen Autofahrer, die an „dem bisschen Chaos“ Gefallen finden, weiter stabilisiert.

Offensichtlich arrangieren sich viele Bundesbürger mit dem Stau und empfinden ihn immer weniger als Last. Nur mehr jeder zehnte Autofahrer leidet dabei unter *Platzangst und Panikgefühlen* (1992: 14% – 1995: 10%). Und auch Gefühle von Unwohlsein zwischen Kopfschmerzen und Schweißausbrüchen stellen sich immer weniger ein (1992: 16% – 1995: 13%). Wird das Stauproblem zum Stauphänomen? Sind manche Autofahrer beinahe froh, dass sie den Stau erleben dürfen?

Anders als im Berufsverkehr spielt im Freizeitverkehr der Erlebniswert eine größere Rolle. Mit dem Transportmittel Pkw steckt man – objektiv gesehen – im Stau, mit dem Erlebnismobil Auto – psychologisch gesehen – aber keineswegs. Für das Erlebnis „Stau“ kann die innere Bewegung wichtiger als die äußere Fortbewegung sein. Das Auto gilt als Erlebnisvehikel schlechthin: Man fühlt sich mobil, obwohl man im Stau steckt.

Das B·A·T-Institut hat auch repräsentativ danach gefragt, wie eigentlich Urlauber auf Enge, Gedränge und Schlangestehen in Massensituationen (z.B. am Strand) reagieren. Das Ergebnis überrascht: Jeder siebte Urlauber (14%) sucht mehr das Bad in der Menge als das Bad im Meer – mit der Begründung: „Das Sehen und Gesehenwerden hat auch seine Reize.“ Das *Mallorca-Syndrom* ist ein Stück Wirklichkeit; v.a. Jugendliche und junge Leute sind von Massenveranstaltungen fasziniert.

Jugendliche und junge Leute stellen die Gruppe dar, die v.a. eins erwarten: viel! Viele Menschen. Viel Gedränge. Und viel zu sehen. Dafür opfern sie auch viel: Zeit und Geld. Jeder fünfte Jugendliche im Alter von 14 bis 17 Jahren (20%) fühlt sich von „Menschenmassen manchmal geradezu angezogen“. So liegen die Jugendlichen, Handtuch an Handtuch, hören Gespräche mit, steigen in Gespräche ein und steigen wieder aus. Sie genießen die ganz persönliche Atmosphäre. Es ist nie langweilig. „Für den einsamen Sandstrand bin ich noch zu jung", so die Begründung einer 20-Jährigen. „Was soll ich am leeren Strand? Dann könnte ich mich ja gleich in den eigenen Garten legen." Am überfüllten Strand hingegen ist immer etwas los: Stimmung und Action. „Wo man auch hinschaut – es gibt immer etwas Interessantes zu sehen."

In der mobilen Gesellschaft bekommen Massenerlebnisse eine neue Bedeutung. Von den Fesseln des Alltags befreit, streben viele Urlauber nur einem Ziel zu: Sie wollen sich selbst als Akteure erleben, wozu sie Zuschauer brauchen. Die Masse wird zur Bühne, die Urlaubslandschaft zur Kulisse. Urlaub ist wie Theater und hat viel mit Inszenierung zu tun. Jeder will dann „seine" Rolle spielen. Die übrigen Urlauber benötigt man als Mitspieler und Publikum, um persönlich bestätigt zu werden, was manchem zu Hause versagt bleibt.

Es bleibt festzuhalten: Insbesondere die jüngere Generation, die in und mit dem Zeitalter der Massenfreizeit aufwächst, entdeckt die *Lust an der Masse Mensch*: Das neue Freizeitfieber sorgt für Massenbewegungen an Wochenenden und im Urlaub. Immer auf Achse und auf der Suche nach neuen Freizeitzielen. „Wo ist am meisten los?" – ein völlig neues Freizeitgefühl. Millionen Menschen strömen zu Massenspektakeln, die Spaß versprechen und „Wir-Gefühle" vermitteln.

Bisher galt in der Massenpsychologie die Masse als eine sog. Ballung erregter Menschen, die z. B. bei Panik, Aufruhr oder Demonstrationen auftreten. In der mobilen Gesellschaft hingegen wird aus dem aggressiven Mob eine relativ friedliche Menge. Mobilität hat immer zwei Gesichter:

- Als *Massenbewegung* steht sie zunehmend in der öffentlichen Kritik.
- Als *Massenerlebnis* übt sie eine wachsende Faszination auf die Menschen aus.

Was die Markt- und Rummelplätze in früheren Jahrhunderten waren, sind die Urlaubszentren in aller Welt geworden: eine Mischung aus Happening, Rummel und Show-Time zugleich. Viele Urlauber sind glücklich in der großen Masse. Auf engstem Raum finden sie hier alles, was sie brauchen: Sonne und Strand, Kneipen und Kontakte.

Es bewahrheitet sich eine Entwicklung, die der spanische Philosoph José Ortega y Gasset schon vor über 70 Jahren (1930) in seinem Essay „Der Aufstand der Massen" vorausgesagt hat: Das öffentliche Leben Europas werde durch die Tatsache der Menschenansammlungen entscheidend geprägt und ein historisch neues Phänomen der Überfüllung heraufbeschworen: „Die Städte sind überfüllt mit Menschen, die Hotels mit Gästen, die Züge mit Reisenden, die Cafés mit Besuchern; es gibt zu viele Passanten auf der Straße … Was früher kein Problem war, ist jetzt unausgesetzt: einen Platz zu finden" (Ortega y Gasset 1984, S. 7). In Zukunft brauchen wir geradezu ein neues „Management von Mobilität und Menge" (Romeiß-Stracke 1997), damit wir das große Gedränge bewältigen können. Der Erlebniskonsument der Zukunft wird sich mit neuen Situationen arrangieren müssen: Massenkonsum und Massenveranstaltungen, Verkehrschaos und Totalstau. Kurz: heillose Überfüllung oder Warten auf Bewegung in der Schlange.

Früher gab es die „Menge" eigentlich nur im Rahmen sozialer Bewegungen; heute und in Zukunft wird die „Masse" zum sichtbaren Ausdruck expansiver Freizeitentwicklungen. Sie rückt in den Vordergrund: Vor über 200 Jahren hat die Volksmenge *für die Freiheit* die Bastille gestürmt; in Zukunft „besetzt" die Masse *für die Freizeit* die Lokale, Theater und Vergnügungen, die früher nur wenigen zustanden. Der Stil der Massen triumphiert. Das 21. Jh. kann in den westlichen Industrieländern zum Symbol für Massenmobilität werden. Dieses Leben werden dann vielleicht nur noch *Warte-Profis* problemlos überstehen können. In Zukunft ist größeres Warte-Stehvermögen gefordert für Menschen, die beispielsweise in wenigen Stunden über den Atlantik fliegen können, um dann fast ebenso lange für die Zoll- und Passkontrolle und für den Transfer zu brauchen. Die Forschung wird sich demnächst nicht nur mit dem „Phänomen Stress" (F. Vester), sondern auch mit der *Psychologie des Wartens* beschäftigen müssen.

Jeder zweite Bundesbürger hat ein Auto. Das deutsche Schienennetz reicht einmal um die Erde, das deutsche Straßennetz fünfzehnmal. Täglich werden in Deutschland 3 Mrd. Personenkilometer bewältigt – dafür könnte man 80000-mal um die Erde fahren. Andererseits: Wird Mobilität nicht sinnlos, wenn sie im chronischen Stau endet?

Mobilität in Deutschland heißt immer mehr Freizeitmobilität und immer weniger Berufsverkehr. Auf 1 km Arbeitsweg kommen heute schon 2 km Wegstrecke für Freizeitfahrten. Und auch in Zukunft sind beim Freizeitverkehr die meisten Zuwächse zu erwarten. Wachsende Freizeitmobilität ist zunächst einmal ein psychologisches Phänomen. So will beispielsweise die deutsche Automobilindustrie die

CO_2-Emissionen in den nächsten 10 Jahren um mindestens ein Viertel senken – v. a. durch geringeren Kraftstoffverbrauch. Diese Rechnung geht aber nur auf, wenn die Deutschen im gleichen Zeitraum nicht mehr autofahren als heute. Alle Anzeichen sprechen jedoch dafür, dass die freizeitmobile Lust am Autofahren in den nächsten Jahren weiter zunimmt.

Neue Verkehrsleitsysteme werden das Gedränge auf den Straßen nicht beseitigen, allenfalls in erträglichen Grenzen halten. Die Enquête-Kommission „Schutz der Erdatmosphäre" prognostiziert daher realistisch eine Zunahme des motorisierten Individualverkehrs bis zum Jahr 2010 um 37 %. Solange die Freizeitmobilität als Teil der persönlichen Lebensqualität gilt oder so empfunden wird, ist eine Mobilitätswende nicht in Sicht.

Deshalb verweist der ADAC darauf, dass alle Versuche, die Spontaneität des mobilen Menschen mit rationalen und verkehrsrechtlichen Mitteln einzuschränken, bisher nicht gelungen sind, weil sie den *Gefühls- und Erlebniswert des Unterwegsseins* außer Acht gelassen haben. Während die Reiselust dem Menschen geradezu „am Herzen liegt", spricht die staatliche Verkehrspolitik von „unnützem Hin- und Herfahren" (ADAC 1988, S. 8). Hier laufen Gefühls- und Verstandesebenen aneinander vorbei. Nur mit dem erlebnispsychologischen Wert des Unterwegsseins (nicht gegen ihn) kann man maßlose Mobilität einzuschränken versuchen. Erlebnismobilität lässt sich in Zukunft allenfalls noch *umlenken und kanalisieren*. Eine deutliche Reduzierung wäre nur dann vorstellbar, wenn es gelänge, für das Unterwegssein einen gleichwertigen Erlebniswert zu Hause zu schaffen.

Leben in einer Verpasskultur

Für die massenhafte Ausbreitung der Mobilität ist ein *Bündel von Mobilitätsmotiven* verantwortlich zu machen. Zeit- und Raumgewinn stellen eher vorgeschobene Gründe dar. Vielmehr ist anzunehmen, dass die Zeit heute subjektiv so wertvoll geworden ist, dass sie einfach „genutzt" werden muss – um möglichst viel zu erleben.

Weder der Drang ins Grüne oder Freie noch der Wunsch nach Orts- oder Tapetenwechsel motiviert die Menschen am meisten zu massenhafter Freizeitmobilität. Was nach Meinung der Bevölkerung das Mobilitätsbedürfnis nach Feierabend, am Wochenende und im Urlaub am ehesten erklärt, ist die „Angst, etwas zu verpassen". Gut ein Viertel der Bundesbürger (28 %) haben die Befürchtung, am

Leben vorbeizuleben, wenn sie sich nicht regelmäßig in ihrer Freizeit in Bewegung setzen – mit dem Auto, der Bahn oder dem Fahrrad. Das neue Erlebniszeitalter fordert seinen Tribut zwischen Rastlosigkeit („Wer rastet, der rostet") und Erlebnishunger („Bleiben Sie dran – abschalten können Sie woanders").

Die massenhafte Mobilität in Deutschland hat viele Ursachen. Mit Natursehnsucht allein lässt sich diese Massenbewegung nicht erklären. Nur knapp jeder fünfte Bundesbürger (18%) fährt los, um „im Grünen" zu sein. Wichtiger aber sind das Abwechslungsbedürfnis, der *Wunsch nach Veränderung* (26%), das Aktivitätsbedürfnis, die *Unternehmungslust* (24%) sowie die Neugier, die *Sehnsucht nach Neuem* (22%). Haus und Wohnung können noch so gemütlich, das Wohnumfeld noch so lebenswert und die Stadt noch so attraktiv sein, das „Raus"- und „Weg"-Bedürfnis bleibt unverändert stark.

Die Massenmotorisierung in Verbindung mit den Verheißungen einer vielfältigen Erlebnisindustrie lässt die Menschen nicht mehr zur Ruhe kommen. Jeder fünfte Bundesbürger hat daher das Gefühl, dass ihm mit der Zeit die „Decke auf den Kopf fällt" (21%). Der Fluchtgedanke – weg vom Fernsehalltag und dem „Alltagsallerlei" (23%) – wird dabei zur treibenden Kraft: Das Wohin ist beinahe nebensächlich, Hauptsache weg von den eigenen vier Wänden.

Mehr als die Männer wollen die *Frauen* durch Mobilität dem Alltag entfliehen. Sie haben zudem ein starkes Verlangen nach frischer Luft (24% – Männer: 18%). Die *Männer* hingegen suchen eher die räumliche Weite mit einem „Hauch von Freiheit" (21% – Frauen: 14%). Bei den Männern ist auch der Bewegungsdrang sehr viel stärker ausgeprägt (26% – Frauen: 16%). Zudem melden sie einen größeren Aktivitätsbedarf (28% – Frauen: 21%) an.

Die Befragungsergebnisse lassen den Schluss zu: Hinter dem Mobilitätsbedürfnis der *Männer* verbirgt sich eigentlich ein körperlicher Bewegungs- und Aktivitätsdrang, der genauso gut im Freien beim Sport, Wandern und Spazierengehen befriedigt werden könnte. Vorausgesetzt, das Gefühl der Weite ist dabei garantiert, damit es einen Hauch von Freiheit vermittelt – z.B. beim Spaziergang in einem weitläufigen Stadtpark mit weiter Sicht, beim Spiel auf dem Golfplatz oder bei der Fahrt mit dem Segelboot auf einem großen See oder Meer. Wo dies nicht in ummittelbarer Umgebung möglich ist, entwickelt sich motorisierte Mobilität bei Männern nicht selten zum körperlichen Bewegungsersatz. Vielleicht sind manche Männer im Grunde ihres Herzens immer noch Jäger oder Cowboys, die auf ihren Pferden durch die weite Prärie reiten und das Wild oder die

Rinder vor sich hertreiben. Wenn kein Pferd oder Rind in der Nähe ist, dann kann es auch ein Auto sein …

Frauen hingegen suchen durch Mobilität mehr den Kontrast zum Alltag, die ganz andere Kulisse und die Luftveränderung. Hier geht es weniger um körperliche Herausforderungen als vielmehr um Auftanken und Durchatmen, um Rollen- und Sinneswechsel, um nichtalltägliches Erleben. Die bloße Ortsveränderung durch Mobilität kann mitunter diesen subjektiven Eindruck schon vermitteln.

Die Motive für Mobilität sind im Übrigen bei einzelnen Bevölkerungsgruppen unterschiedlich ausgeprägt. Wie bei keiner anderen Gruppe stellt die „Angst vor Langeweile“ bei Singles eine besondere Antriebskraft für Mobilität dar. Junge Leute im Alter von 18 bis 24 Jahren werden besonders stark von „innerer Unruhe“ getrieben. Und Westdeutsche betonen deutlich mehr (18%) als Ostdeutsche (2%), dass Mobilität ihnen dazu verhilft, „unter Menschen zu sein“.

Die Ergebnisse der B·A·T-Umfrage zwingen zum *Umdenken in der Verkehrspolitik*: Bisher galt die Schaffung eines attraktiven Nahbereichs bzw. Wohnumfeldes als „die“ entscheidende Bestimmungsgröße für eine Option „Vermeidung von Verkehrsaufwand“ (Enquête-Kommission 1994, S. 133). Wie wirksam ist es jedoch, mit großem Aufwand den Nahbereich schön und lebenswert zu gestalten, wenn die Erlebnisindustrien mit noch größerem (Werbe-)Aufwand den Bewohnern den Eindruck vermitteln, dass erst im Fernbereich „die Post abgeht“? Verzicht auf Mobilität geht auf diese Weise eher mit eingeredetem schlechtem Gewissen einher. Alle Anzeichen sprechen dafür, dass das künftige Erlebniszeitalter die Mobilität von Menschen mehr „anheizt“ als bremst. Und Mobilität würde dann zum Symbol für eine attraktive Erlebniswelt zwischen Flucht- und Fortbewegung.

Das Zukunftsauto als Multimobil

Das Auto geht einer neuen Zukunft entgegen. Es wird immer mehr zum Erlebnismobil, zum Spielzeug auf Rädern. Und die Bevölkerung hat auch ganz konkrete Vorstellungen davon, wie die Freude am Autofahren noch gesteigert werden kann. Wie die Repräsentativumfrage nachweist, wünschen sich die Bundesbürger ein *Mehrzweck- und Multimobil*, das im Stau und Stehverkehr genauso viel Freude macht wie unterwegs beim Fahren. Fast jeder zweite Autofahrer träumt mittlerweile von einer Klimaanlage (46%) im Auto. Jeder Fünfte meldet Wünsche für ein Autotelefon (21%) an.

Und etwa jeder Siebte (15%) stellt sich eine CD-Anlage mit Kopfhörer zur getrennten Nutzung für Fahrer und Mitfahrer vor. Und manche wollen auch auf die eingebaute Kühlbox (6%) und den Wasserkocher (2%) nicht verzichten. Das Auto wird zur Küchenbar und zum Musikstudio. Und wenn nichts mehr geht und fährt, macht man es sich auf der Doppelliege (2%) mit Fernseher (2%) bequem.

Zur obligatorischen Checkliste für erlebnisorientiertes Fahr- und Stehvergnügen gehören ebenso der flexible Stauraum für Hobby und Sport (20%) und natürlich der Allradantrieb (10%). Auch ein Cabrio (9%) wäre nicht schlecht oder zumindest ein Schiebedach (18%). Und das alles variabel und komfortabel, ein Allzweck-Reisekombi im Freizeitlook und immer unabhängig davon, ob das Auto steht oder fährt. Vielleicht ist das wartende Auto eines Tages die letzte Ruhezone für gestresste Erlebniskonsumenten, die auf diese Weise wenigstens für Augenblicke zur vermeintlichen Ruhe kommen – oder richtiger: zu Ruhe und Stillstand gezwungen werden.

Für jeden vierten Autofahrer im Anfänger-Alter von 18 bis 24 Jahren „muss“ ein Auto geländegängig sein. Junge Leute würden am liebsten mit Kopfhörer, Telefon und Sportausrüstung durch das Gelände fahren: ein Gefühl von Freiheit der besonderen Art, ein Road-Movie-Traum zwischen High Tech und letztem Abenteuer. Auffallend ist v. a. dies: Wer jung und männlich ist, stellt die höchsten Ansprüche. Jeder vierte Mann will auf ein Autotelefon nicht verzichten (26% – Frauen: 17%). Und für die meisten Autofahrer gehört ein Airbag zur Grundausstattung eines idealen Freizeitmobils.

Das Auto wird zu einem Allzweck-Spielzeug für Erwachsene: ein *Multioptionscar*, das fast alle individuellen Wünsche erfüllt – Van, Kombi, Cabrio und Limousine. Freizeit und Fun, im Freien und in frischer Luft: Der neue Fahrgenuss symbolisiert den Wandel vom leistungsbetonten zum freizeitorientierten Autofahren. Das Auto hat sein Geschwindigkeitsmonopol weitgehend an Bahn und Flugzeug verloren. Die schlechte zeitliche Auslastung des Autos als „Fahr“zeug stellt den schnellen Wagen als Statussymbol infrage. Das Klotzen mit Spitzengeschwindigkeiten überholt sich. So kommt es eher zum *Wandel vom Tempomobil zum Egomobil*: lustvoll und verführerisch, bequem und geborgen im Komfort – ein kurzweiliges Vergnügen im Stehen und im Fahren. Ein Auto für jede Tages- und Jahreszeit.

Mehr Genuss- als Verkehrsmittel

Freiheit und Lebensgenuss werden zum Synonym für ein sich fast grenzenlos individualisierendes Fahrvergnügen. Und je mehr sich die Automodelle auch international gleichen, umso größer wird in Zukunft das Bedürfnis nach Abgrenzung und Individualisierung, die Suche nach der ganz persönlichen Note und Nische sein. Motorisierungsschub und Individualisierungsschub gehören wohl zusammen: ein beinahe *narzisstisches Gefühl*, ein solches Gefährt „ganz für sich allein" zu haben. Das *Lustprinzip des Autofahrens* wird in Zukunft eine größere Bedeutung bekommen: Das Auto befriedigt ein Lustgefühl, das umso größer ist, je weniger es der beruflichen Notwendigkeit unterliegt und je mehr es dem eigenen Freizeitspaß dient. Das Auto ist dann kein bloßes Freizeitvehikel mehr – das Auto ist die Freizeit selbst.

Das Zukunftsauto wird

1. ein *Lifestyle-Car* für junge Erwachsene, Singles und kinderlose Paare sein: individuell und variabel gestaltbar, dynamisch leistungsfähig und finanziell erschwinglich. Ein Fahrspaß in einer Mixtur aus Cabrio, Kombi, Offroader, Jeep und Minivan.
2. Das Zukunftsauto wird aber auch ein *Komfort-Mobil* für gutverdienende Jungsenioren und kaufkräftige Senioren sein müssen, eine Luxus-Limousine – sicher, bequem, gemütlich und komfortabel.

Weil es eine gespaltene Verbraucherschaft gibt, muss es auch unterschiedliche Produktdifferenzierungen geben.

Die Zunahme der Erlebnismobilität wird auch die Automobil-Konstruktion der Zukunft verändern: Weil sich die Menschen zwangsläufig länger im Auto aufhalten als früher, lernen sie auch den größeren *Innenraum-Komfort* des Autos schätzen. Ein Gefährt mit dem Touch von Wohnlichkeit und Möblierung. Aus festen Autositzen werden drehbare Sessel und Doppelliegen und Zwischenmahlzeiten können locker aufgetischt werden, während die Klimaanlage in Betrieb und der Stauberater in erreichbarer Nähe ist.

Der Tag ist nicht mehr fern, da wir im Auto mehr warten als fahren, ja mehr Zeit im Auto als zu Fuß verbringen. Und damit wir das Warten nicht als Stillstand des Lebens fürchten lernen, rüsten und werten wir das Auto zum vielseitigen Erlebnismobil auf. Manche Experten werten dies als „Perversion der Mobilität" (Vester 1995, S. 28), weil sie letztlich in Immobilität endet: *Alles steht – und keiner merkt es*. Aber genau dies macht doch die Faszination der Automobilität von morgen aus. Es kommt mehr auf das Fahr-Gefühl und weniger auf die Fort-Bewegung an. Zunehmend wichtiger als die ursprüngliche Primärfunktion des Autos, ein Transportmittel (= Mittel zum Zweck) zu sein, wird die Sekundärfunktion: Das Automobil wird mehr ein Genussmittel als ein Verkehrsmittel sein. Schon spricht man in der neueren Fachdiskussion von *Mobiltainment*: Mobilität wird zum Vehikel für die Vermittlung von Unterhaltung und Erlebnis (vgl. Steinkohl 2000, S. 165). Aus dem Transportmittel wird ein Unterhaltungsmedium.

Nur so lässt sich die stoische Hinnahme der Staus am Wochenende und im Urlaub erklären. Der Stau „muss" eben sein und der Zeitverlust wird beinahe als gottgewollt hingenommen. Pointiert: „Ich" bin der Stau, weil „ich" etwas erleben und nichts verpassen will. Man mag das *Erlebnis Stau* auf den ersten Blick als pathologische und entartete Erholung kritisieren. In Wirklichkeit hat der mobile Mensch in dieser Situation genau das erreicht, was Verkehrsexperten als den „wirksamsten Ansatzhebel" (Vester 1995, S. 162) gegen das Massenphänomen Mobilität ansehen: das Verweilen attraktiver als das Reisen machen. Sich „im Auto" wohl fühlen wird zur Scheinmobilität. Und der Weg wird das Ziel, auch wenn wir nur bewegungslos hinter dem Lenkrad sitzen.

Wenn immer mehr Menschen zur gleichen Zeit mit dem Auto aufbrechen, sind die Straßen schlagartig überlastet, werden die Kapazitätsgrenzen wegen Überfüllung überschritten und ist das Pkw-Privileg der schnellen und bequemen Erreichbarkeit von Urlaubszielen infrage gestellt. Auf längere Sicht ist auch die Attraktivität von Reisezielen bedroht, wenn die Autofahrten immer länger dauern und v. a. für Familien immer unbequemer und beschwerlicher werden. Mit der Zunahme von verstopften Zufahrtsstraßen und der drangvollen Enge in den Feriengebieten wird die Frage nach der Qualität des Pkw-Reisens immer dringlicher. Freizeitverkehr droht dann zum Synonym für „verkehrte Freizeit" zu werden.

Das Auto wird in Zukunft nicht nur ein Ausdruck automobiler Freiheit sein können. Ganz im Gegenteil: Es kann sich genauso zu einem *Vehikel großer Abhängigkeit* entwickeln. Denn durch größere Geschwindigkeiten gewinnen wir nicht mehr Zeit: Weil wir uns immer schneller bewegen können, legen wir auch immer größere Entfernungen zurück. Auf diese Weise sind wir eher länger unterwegs als früher und unser subjektives Gefühl nimmt zu, wir stünden unter größerem Zeitdruck. Höhere Geschwindigkeit und höhere

Ansprüche bezahlen wir letztlich mit mehr Zeit. Wir kommen immer schneller dort an, wo wir dann immer kürzer bleiben.

Zu den Stunden, die wir im Wagen unterwegs sind, müssen wir jene hinzuzählen, die wir brauchen, um das Geld zu verdienen, das ein Auto mehr als das Bahnfahren kostet. Das Auto als Zeitsparmaschine ist eine Illusion. Im gleichen Maße, wie es Zeit sparen hilft, verführt es zu immer weiteren Strecken. Die Folge ist eine *Explosion des individuellen Aktionsradius*, sodass die scheinbar gewonnene Zeit wieder „zurückinvestiert wird in längere Entfernungen" (Sachs 1990, S. 217). Und die Mobilität wird eher ein „Krieg gegen die Zeit" (Bastian 1991, S. 517) – davon jährlich etwa 65 Stunden im Stau. Und alle Versuche zur Überlistung der Zeit tragen eigentlich nur zur Verlangsamung bei – sozusagen von Stau zu Stau. Was wir in Zukunft brauchen und wieder erlernen müssen, ist eher eine Lebenskunst der *neuen Gelassenheit*, die sich mit Gemächlichkeit arrangiert. Andernfalls würden sich alle nur noch fortbewegen, aber kaum mehr treffen.

Die Mobilitätswende beginnt im Kopf

Die Automobilindustrie kann dem gehetzten Erlebniskonsumenten auf der Suche nach der „verlorenen" Zeit nur scheinbar entgegenkommen. Verbesserte Technik und erhöhte Sicherheit können keine Garantie für den Gewinn und Genuss an freier Zeit sein. Schließlich lässt sich der Freiheitsgrad nicht einfach an der Zahl der gefahrenen Kilometer messen. „Freie Fahrt für freie Bürger" kann auch heißen: weniger oft Auto fahren, damit die Zufahrten zu attraktiven Erlebniszielen frei bleiben und nicht „wegen Überfüllung geschlossen" werden müssen. Erlebnismobilität kann doch nur dann ein Stück Lebensqualität sein, wenn sie als Ausdruck bewussten Lebens „nach Maß" verwirklicht wird. Wer sich danach sehnt, die Seele baumeln zu lassen, muss auch die „Seele auf Rädern" (Siro Spörli) einmal stillstehen lassen können.

Eins ist klar: Der „Ausstieg aus der Autogesellschaft" (Maxeiner 1993) ist eine Utopie. Weil Millionen Bürger vom Auto leben und die überwiegende Mehrheit der Bevölkerung das Auto liebt, wird das Auto nur subjektiv „ein bisschen abgeschafft": Damit uns die Freude am Autofahren auf Dauer erhalten bleibt, werden wir in Zukunft – wohl oder übel – weniger oft mit dem Auto unterwegs sein, damit Automobilität nicht zum Synonym für verlorene Lebenszeit wird.

Modelle für eine technische Verkehrsleitung können Probleme regeln, nicht aber lösen. Die wirkliche Innovation setzt doch erst beim *aufgeklärten Mobilitätskonsumenten* ein, der je nach Zweck und Ziel die verschiedensten Verkehrsmittel benutzt. So viel Vernunft wie nötig und so viel Freude wie möglich: Das ist Mobilität nach Maß. Auch in Zukunft wird es Mobilität in jeder Form geben – über alle Grenzen hinweg. Und Mobilität entwickelt sich für immer mehr Menschen zu einem wichtigen Lebenselixier für Körper und Seele, ja beinahe zu einem Therapeutikum mit physischer, psychischer und sozialer Bedeutung. Wer diese Mobilität verhindern wollte, müsste zuvor die Frage beantworten: Wie und wodurch lässt sie sich überhaupt ersetzen? Wer den Menschen ein solches Lebenselixier nähme, müsste etwas Gleichwertiges dafür geben. Andernfalls wären die physischen, psychischen und sozialen Folgen (und Folgekosten) unabsehbar. Die Arbeitsgesellschaft kann schließlich nicht die Menschen massenhaft „freisetzen" und sie dann in die eigenen vier Wände verbannen.

Die Forschungsergebnisse bestätigen Analysen des Amerikaners Vance Packard aus den 70er-Jahren, der seinerzeit der Frage nachging, warum die Menschen immer mobiler werden – im Grunde genommen nicht auf irgendein Ziel hin, sondern immer von etwas weg. Packard nannte dieses Phänomen das „Kalifornien-Syndrom" (Packard 1973). Das Kalifornien-Syndrom basiert auf den beiden Säulen *Geld und Zeit*: Aus jedem Tag und jeder Stunde muss so viel wie möglich herausgeholt werden. Man lebt und konsumiert im Hier und Jetzt: „Lebe dein Leben, genieße es – so lange du kannst." Hauptsache, die Langeweile ist ganz weit weg.

Es ist zudem nicht auszuschließen, dass sich eine Prognose aus den 60er-Jahren bewahrheitet: Danach wird der Mensch mit optischen und akustischen Reizen so überfüttert und überflutet, dass er nur noch auf immer massivere Reizanstürme mit echten Empfindungen reagieren kann. Als Ausweg aus der ständigen sinnlichen Sensationssteigerung bietet sich das Ausweichen auf „Gebiete kinästhetischer Empfindungen" an (vgl. Knebel 1960, S. 99). Statt optischer und akustischer Reize sehnt sich der Mensch dann nach *Bewegungsempfindungen beim Autofahren.* Bewegung, Mobilität und Beschleunigung schaffen neue Empfindungsqualitäten: Veränderte Körperlagen (z. B. beim Kurvenfahren) können fast rauschartige Zustände auslösen (z. B. Geschwindigkeitsrausch), die viel unmittelbarer, vitaler und opiatähnlicher auf den Körper einwirken als es akustische und optische Reize je vermögen. So „entlasten" sich

z. B. Jugendliche nach dem Trommelfeuer von Disco-Besuchen durch die Sensation der Bewegung beim Autofahren. Die Suche und die Sucht nach neuen Bewegungsgefühlen als Ausgleich und Ventil für sinnliche Reizüberflutungen können auch eine Erklärung dafür sein, warum die ständig wachsende Mobilität mit dem eigenen Auto alle bisherigen Verkehrsprognosen ad absurdum führt.

Es ist bezeichnend, dass Telearbeit auch als ein Beitrag zur Verkehrsentlastung angesehen wird. In Wirklichkeit gleicht das Ganze doch mehr einem *Nullsummenspiel*. Was z. B. Teleworker an Berufswegen einsparen, gleichen sie durch gesteigerte Mobilität nach Feierabend wieder aus. PC-Nutzer haben nachweislich und verständlicherweise ein größeres Mobilitätsbedürfnis als die übrige Bevölkerung.

Sie sind mehr als andere mit dem Auto unterwegs. Ihre Auto-Mobilität ist nachweislich höher (39 %) als bei der übrigen Bevölkerung (32 %). Wenn die Arbeit getan ist, schalten sie den Computer aus und die Zündung im Auto ein. Der erwartete Substitutionseffekt, also die Verkehrsentlastung durch mehr Heimarbeit, ist vermutlich „gleich null“. Lediglich die berufsbedingte „rush-hour“ könnte sich zeitlich verlagern – mit der Konsequenz, dass der Verkehr dann vielleicht rund um die Uhr stattfindet und die Grenzen zwischen Berufs- und Freizeitverkehr immer fließender werden.

Damit Mobilität im Erlebniszeitalter eine *nachhaltige Zukunft* hat, müssen die Menschen sensibler für soziale und ökologische Maßstäbe und Grenzen werden und Beliebigkeit durch Verantwortlichkeit ersetzen. Einen nachhaltigen Freizeitverkehr kann es nur geben, wenn es gelingt, die von der europäischen Verkehrs- und Umweltministerkonferenz im November 1997 in Wien getroffenen Vereinbarungen zu verwirklichen. Dabei wird ausdrücklich Bezug genommen auf die sog. Vancouver-Prinzipien (Vancouver-Konferenz 1996), die Antworten darauf geben, wozu Verkehr eigentlich dient. Um Freizeitmobilität für alle zu erhalten und nachhaltigen Freizeitverkehr sicherzustellen, müssen v. a. Gerechtigkeit und Erreichbarkeit garantiert werden:

1. Das *Prinzip Gerechtigkeit (Equity)* trägt dafür Sorge, dass zwischen Menschen, Generationen und Regionen Gerechtigkeit herrscht und niemand von der Mobilität ausgeschlossen oder zur Immobilität gezwungen werden darf. In dieser Sichtweise käme Freizeitmobilität einem menschlichen Grundbedürfnis gleich.
2. Das *Prinzip Erreichbarkeit (Access)* bringt zum Ausdruck, dass alle Menschen ein Recht auf Zugang zu Menschen, Orten, Gütern

und Dienstleistungen haben. Danach wäre Freizeitverkehr ein Grundrecht des Menschen.

Beide – das *Grundbedürfnis Freizeitmobilität* und das *Grundrecht Freizeitverkehr* – gewähren ein Optimum an Freiheit, sind allerdings auch mit der sozialen Pflicht verbunden, das Kriterium der ökologischen Nachhaltigkeit nicht zu verletzen, also mit natürlichen Ressourcen sparsam umzugehen und Überbeanspruchungen auszuschließen.

Joystick statt Lenkrad – mehr virtuell als real

Mehr illusionär als realistisch muss das Zukunftsbild von den Teleworkern erscheinen, die massenhaft auf den Datenautobahnen statt auf richtigen Straßen hin- und herpendeln sollen. Die Entlastung auf den Straßen soll gar mehrere Milliarden Kfz-Kilometer bei einer Einsparung von Millionen Litern Benzin betragen. Was von den Tele-Pendlern z. T. an Sprit-Geld „eingespart" werden könnte, wird aber wahrscheinlich an Telekommunikations-Gebühren wieder ausgegeben.

So bleibt allenfalls die Hoffnung, dass im Zeitalter der Telekommunikation neue Verkehrsleitsysteme eine Verkehrsreduktion durch effizientere Gestaltung des vorhandenen Verkehrsaufkommens bewirken „könnten". Gemeint ist *Telematik*, eine Verbindung von Telekommunikation und Informatik, womit der Straßenverkehr problemlos gesteuert werden soll. Dagegen spricht aber die Erfahrung, dass eine effizientere Verkehrsgestaltung die Verkehrsteilnehmer eher dazu animiert, *mehr und längere* Autofahrten zu unternehmen. Telematik macht es möglich. Was dann Autofahrer an persönlichem Stress einsparen, bürden sie Natur und Landschaft an Zusatzbelastung wieder auf. Das Verkehrsaufkommen wird dadurch nicht gemindert. Telematik auf den Straßen zieht eher neuen Verkehr an.

In Zukunft soll auch *E-Mobilität* an Bedeutung gewinnen. Garantiert unfallfreies Fahren soll dann keine Utopie mehr sein – wenn der Mensch den Computer an das Steuer lässt. Joystick statt Lenkrad: Ist das realistisch? Auf Deutschlands Straßen sterben jährlich über 7000 Menschen; hinzu kommen eine halbe Million Schwerverletzte. Das soll es in Zukunft nicht mehr geben. Und so sieht dann die E-Mobilität aus: Ein präzises Satelliten-Navigationssystem leitet das Auto „auf schnellstem Weg an den Zielort, Infrarot-Scheinwerfer leuchten die Fahrbahn aus, an der Karosserie installierte Kameras suchen die Umgebung nach unerwarteten Hindernissen ab, registrieren genau die Bewegungen anderer Verkehrsteilnehmer, erkennen Radfahrer und Fußgänger, Steinschläge, Schlaglöcher oder Wildwechsel lange vor dem Fahrer. Sensoren an der Straße und im Fahrzeug-Chassis zeichnen Verkehrsdichte, Beschaffenheit der Fahrbahn, Windgeschwindigkeit und Außentemperatur auf, im Bordcomputer werden die Daten sofort verarbeitet. Auf Aquaplaning, Glatteis, Nebelbänke, Geisterfahrer, am Straßenrand spielende Kinder, die Fahrbahn kreuzende Hunde, Katzen und Rehe reagiert das computergesteuerte Auto präziser denn je“ (Oppermann 2000, S. 15). Mit einer solchen E-Mobilität hätte das intelligente Auto seinen Zenit erreicht, der nicht mehr gesteigert und allenfalls durch *virtuelle Mobilität* im Internet z. T. ersetzt werden könnte. In 80 Sekunden um die Welt surfen? Kann das eine Alternative sein? Nein – die Menschen werden lieber vor Sylt auf dem Wasser surfen und ihre Sportlichkeit den ganzen Sommer über mit dem Surfbrett auf dem Autodach demonstrieren.

Neunter Zukunftstrend: Die Erlebnissteigerung. Alles sofort und immer mehr

Erlebe dein Leben – oder stirb!

Es gab einmal vor über 3000 Jahren ein kleinasiatisches Reich namens „Lydien". Und dieses Land wurde damals von einer großen Hungersnot heimgesucht. Eine Zeit lang ertrug das Volk die Härten, ohne zu klagen. Als sich aber keine Besserung der Lage abzeichnete, dachten die Lydier in ihrer Not über einen Ausweg nach. Sie entwickelten einen geradezu genialen Plan: Er bestand darin, wie Herodot im 1. Buch/Kapitel 94 seiner „Persischen Kriege" berichtete, „sich jeweils einen Tag so vollständig Spielen zu widmen, dass dabei kein Hunger aufkommen konnte, um dann am anderen Tage jeweils zu essen und sich der Spiele zu enthalten. Auf diese Weise verbrachten sie achtzehn Jahre." Und in dieser Zeit erfanden sie den Würfel, den Ball und viele Spiele, die wir heute kennen.

Der Bericht Herodots mag historisch wahr oder erfunden sein, er weist aber auf ein interessantes Phänomen hin: Menschen können so sehr im Spiel aufgehen, dass sie darüber ihren Hunger oder andere Probleme vergessen. Von spielerischen Tätigkeiten kann eine solche Macht und Faszination ausgehen, dass selbst menschliche Grundbedürfnisse in den Hintergrund gedrängt werden. Andererseits wissen wir heute, dass spielerische Tätigkeiten als unproduktiv gelten und keine Gesellschaft lange überleben könnte, wenn ihre Mitglieder sich nur den „Spielen" und nicht auch dem „Brot" widmen würden (vgl. Csikszentmihalyi 1991, S. 11).

Der Wohlstand hat das Anspruchsniveau der Menschen verändert. Mit materiellen Gütern weitgehend versorgt, stellt sich für die heutige Generation die Frage nach neuen Lebenszielen:

- „Wir sind eine Generation, für die die Eltern nach dem Kriege ganz gut gearbeitet haben."
- „Was meine Eltern geschaffen haben, Wohnung, Haus, Auto – es ist alles für mich da."
- „Erst kam die Konsumwelle und dann das Haus. Und jetzt frage ich mich: Was kann ich sonst noch mit mir machen?"

Dies ist die entscheidende Frage: Was kann eigentlich jemand machen, der schon fast alles hat? Es wächst das Bedürfnis der Konsumenten nach emotionaler Anregung, d. h. konkret nach emotionalen Konsumerlebnissen: Einkaufszentren werden zu Erlebnisinseln, Reiseziele zu Erlebnisbühnen und Konsumgüter zu Vehikeln des Erlebniskonsums.

Der Lebemensch Jean-Jacques Rousseau hat den Erlebniskonsum zwischen Kneipe und Casino schon im 18. Jh. selber vorgelebt und vorgedacht: „Nicht wer am ältesten wird, hat am längsten gelebt, sondern wer am stärksten erlebt hat. Mancher wird mit hundert Jahren begraben, der bei seiner Geburt gestorben war" (Rousseau 1762/1975, S. 16). Von Kindheit an soll der Mensch sich ausleben. Sein eigenes Leben und sein ganzes Denken kreiste um die „Frage nach dem rechten und dem falschen Erleben" (Rang 1965, S. 96) – immer auf der Suche nach dem wahren Glück. Auch seine Pädagogik hat hierin ihr Zentrum und ihren Sinn. Die große pädagogische Bewegung von Pestalozzi bis Fröbel ist von ihm beeinflusst und geprägt worden. Während aber beispielsweise Pestalozzi der Frage nachging, wie der Arme – trotz oder gerade wegen seiner Armut – Mensch werden könne, begnügte sich Rousseau in seinem „Emile" mit der Feststellung: „Der Arme bedarf keiner Erziehung", denn er werde von selbst ein Mensch. Wer aber im Wohlstand aufwachse, sei in seiner Entwicklung viel mehr gefährdet. Die „jeunesse dorée" hingegen, eine Art Erlebnisgeneration im Überfluss, werde ganz anderen Versuchungen und Gefährdungen ausgesetzt.

Was mit Rousseau 1762 im „Emile oder über die Erziehung" gedanklich seinen Ausgang nahm, hat auch heute – über zwei Jahrhunderte später – seine Problematik und Brisanz bewahrt: *Erlebe dein Leben – oder stirb!* Die Erlebnisgesellschaft des 21. Jh.s hat hier ihre geistigen Wurzeln. Von der Reformpädagogik des beginnenden 20. Jh.s über Wilhelm Diltheys Abhandlung zum Verhältnis von Erlebnis und Dichtung bis hin zu Kurt Hahns Erlebnistherapie reicht der Spannungsbogen, der Erlebnis zum Modewort und Leitthema der letzten Jahrzehnte machte. Nach dem „Boom erlebnispädagogischer Methoden in der Praxis der Erziehung" (Heckmair/Michl 1994, S. 94) erfährt der Erlebnisbegriff seit etwa 1980 eine Renaissance, die den pädagogischen Rahmen sprengt und fast inflationäre Züge annimmt. Der Erlebniskonsument von heute, immer auf der Suche nach Erlebnis und Abenteuer, „wurde zuerst wohl am deutlichsten in der Freizeitforschung entdeckt" (Wiswede 1990) – so die nüchterne Bilanz aus der Sicht der Wirtschaftswissenschaft.

Sehnsucht nach dem schönen Leben

Fast die Hälfte der Bevölkerung (1990: 43% – 2000: 49%) zählt sich zur *Gruppe der Erlebniskonsumenten*, die sich Außergewöhnliches leisten, auch wenn sie dafür gelegentlich zu viel Geld ausgeben oder gar über ihre Verhältnisse leben. Zugleich scheint „Otto Normalverbraucher" in die Jahre zu kommen: Während die Generation der über 55-Jährigen überwiegend am Prinzip des Versorgungskonsums festhält (76%), tendiert die jüngere Generation mehr zum Erlebniskonsum (68%). Für die meisten jungen Leute ist der Luxus von gestern – Auto, Sekt, Farbfernseher und Urlaubsreise – fast zum Normalverbrauch von heute geworden.

Der Erlebniskonsum stellt die attraktivste Konsumart dar. Während der lebensnotwendige Konsum zur Befriedigung von Grundbedürfnissen mehr als Muss und Pflicht empfunden wird, signalisiert der Erlebniskonsum das Schöne des Lebens. Im Jahr 2010 wird es mehr Erlebnis- als Versorgungskonsumenten geben. Geld verdienen und Geld ausgeben sind nur noch auf ein Ziel gerichtet: ein schönes Leben haben wollen.

Viele Märkte erreichen zugleich ihre Sättigungsphase: Die Produkte sind ausgereift und die Produktanbieter unterscheiden sich kaum noch untereinander. Die Werbung greift zur „Imageprofilierung" (vgl. Weinberg 1992, S. 5) zunehmend auf Erlebnisstrategien zurück, um die Einkaufslust der Konsumenten zusätzlich anzuregen. Denn subjektiv werden *Versorgungseinkäufe* als Pflichtbereich der Lebensführung empfunden. Da müssen *Erlebniseinkäufe* schon eine besondere Lebensqualität wenigstens versprechen, wenn nicht garantieren.

Für die Zukunft westlicher Konsumgesellschaften gilt ein neues ökonomisches Gesetz: Der Erlebniskonsum wächst schneller als der Versorgungskonsum. Subjektiv gesehen kennt Erlebniskonsum keine Rezession. Auch in wirtschaftlich schwierigen Zeiten will die Erlebnisgeneration auf ein schönes Leben nicht verzichten:

- Gut ein Fünftel der Bevölkerung leistet sich nach wie vor Dinge, die das *Leben schöner machen* (1990: 21% – 2000: 24%).
- Der *Spaß-Faktor* spielt beim Konsumieren eine immer größere Rolle. Jeder zehnte Konsument in Deutschland lebt nach der Devise: Ich will Spaß – „egal, was es kostet!" (1990: 7% – 2000: 10%).
- Und jeder zehnte Bundesbürger will sich *öfter mal was Neues* leisten (1990: 9% – 2000: 10%).

Gleichzeitig ist die Tendenz zum Sparen eher rückläufig. Offensichtlich leben viele Konsumenten auch in Zeiten hoher Arbeitslosigkeit so weiter wie bisher. Der Erlebnishunger kennt keine Grenzen. Ein Umdenken findet noch nicht statt.

Erlebniskonsum ist nicht umsonst zu haben. Er bedeutet Verzicht auf Mittelmaß: sich *Qualität und Luxus* leisten zu können, aber dafür auch in anderen Bereichen Billigwaren und Opferkäufe in Kauf nehmen zu müssen. Billig und teuer schließen sich nicht mehr gegenseitig aus. Im Zuge des Wertewandels verändert sich das Konsum-Credo der 70er- bis 90er-Jahre: Aus dem „Und-und-und"-Verbraucher (Stereo *und* Farbfernseher *und* Zweitwagen *und* 3-Wochen-Reise) wird ein „Hier-mehr-, dort-weniger"-Verbraucher: Heute ein neues Handy, dafür morgen die alten Jeans ein paar Monate länger tragen; im Frühjahr ein neuer Wagen, dafür im Sommer weniger lang in die Ferien fahren; am Wochenende beim Ausgehen und Shopping nicht auf den Pfennig achten, dafür eine Woche lang einfache Kost zu Hause.

Der Verbraucher wird zur gespaltenen Persönlichkeit, die das Einsparen ebenso beherrscht wie das Verschwenden. So kommt es zur Polarisierung im Kaufverhalten: Es boomen Marken aus den unteren Preissegmenten sowie Spitzenprodukte. Auf der Strecke bleiben langfristig Produkte der mittleren Preisklasse. In Neapel soll es Fußball-Fans geben, die lieber eine kleinere Wohnung nehmen, um für das Ersparte ins Fußballstadion rennen zu können. Der Verbraucher von morgen stellt zugleich die protestantisch-puritanische Konsummoral auf den Kopf: Die *Verzicht-kommt-vor-Genuss-Moral* entwickelt er zur *Erst-Genuss-dann-Verzicht-Einstellung*. Aus dem End-Verbraucher wird ein „Vorab-Forderer" (G. Gerken). Schecks und Kreditkarten machen es möglich: Genieße das Leben jetzt – zahle später. Eine Mischung aus Gefühl und Genuss, Lebenslust und Lebensstil lässt die Menschen zeitweilig in einem Schloss romantischer Träume schwelgen – wohlwissend, dass jedes Schwelgen auch wieder in einem Darben endet. Aber man hat dann wenigstens etwas erlebt und gelebt: „Ich habe dann nicht das Gefühl, dass das Geld futsch ist. Ich bin vielmehr froh, dass ich das erleben durfte" (Jugendlicher).

Romantische Konsumethik

Der englische Konsumforscher Colin Campbell sieht die psychologischen Wurzeln dieser neuen Konsumethik in der Zeit der Romantik. In der Romantik begann der Genuss. Der Verbraucher von morgen wird in seinem Verhalten zunehmend durch eine romantische Konsumethik geprägt, in der der Genuss eine tragende Säule ist. Insofern zeichnet sich für die Zukunft eine *Verbraucher-Revolution* ab, in der neben Nützlichkeit und Notwendigkeit auch Vergnügen und Genuss einen eigenen, gleichwertigen Stellenwert bekommen. Dies erklärt beispielsweise, warum heute mindestens genauso viel Autos zum eigenen Vergnügen und nicht nur aus Notwendigkeit gekauft werden. Die protestantische und die romantische Konsumethik gehen eine Vernunftehe ein. Und der Verbraucher von morgen lebt in der Spannung zwischen Lebensnotwendigkeit und Illusionierung des Lebens. Diese Spannung zwischen zwei kulturellen Traditionen gleicht einem Tanz auf dem heißen Vulkan. Im täglichen Leben muss jeder Verbraucher seine ganz persönliche Abstimmung treffen. Der Verbraucher von morgen wohnt und lebt in zwei Gebäuden: im *eisernen Käfig* der wirtschaftlichen Notwendigkeit und im *luxuriösen Schloss* romantischer Träume und Genüsse (Campbell 1987).

Die zunehmende Spaltung der modernen Verbraucherseele

- in die Motivationsgruppe des Versorgungskonsums, die möglichst *schnell, problemlos und auf dem kürzesten Wege* das zum Leben Notwendige besorgen will („Dann haben wir es hinter uns!"), und
- in die Motivationsgruppe des Erlebniskonsums, die möglichst *lange, genussvoll und unbeschwert* bei den angenehmen Seiten des Konsums verweilen will („Viel Zeit für das Wesentliche haben"),

kann die Anbieter fast zur Verzweiflung bringen. Denn mitunter sind es die gleichen Kunden oder Gäste, die mal hetzend oder schlendernd vorbeirauschen oder -flanieren. Der Umgang mit den unberechenbaren Konsumenten wird nicht konfliktfrei verlaufen. Denn unter Zeitnot leiden sie letztlich alle: Die Versorgungskonsumenten „wollen" keine Zeit verlieren und die Erlebniskonsumenten „müssen" Zeit gewinnen und genießen.

Erlebnismarketing und Konsumethik brauchen sich nicht gegenseitig auszuschließen. Ganz im Gegenteil: Erlebnismarketing ist in besonderer Weise geeignet, die aus der Erlebnisarmut des modernen Arbeitslebens resultierenden Defizite im arbeitsfreien Teil des Lebens auszugleichen, also wirkliche Lebensbedürfnisse anzusprechen und nicht bloß Lifestylegeschichten zu erfinden. Von dem Schweizer Christian P. Casparis stammt die Kritik, der Erlebnismarkt blühe „auf dem Mist des menschlichen Selbstbetrugs" (Casparis 1990, S. 62). Gemeint ist damit: In keinem anderen Lebensbereich kommen Anbieter und Branchen mit der Verwechslung von

Wunsch und Wirklichkeit so „ungeschoren“ davon. Die Begründung liegt nahe: Die Konsumenten wollen den Traum, d.h., der Traum soll Wirklichkeit werden, aber dennoch ein Traum bleiben – ein Paradoxon.

Vergnügungssucht als neue Form des Leidens

Das öffnet der Erlebnisbranche Tür und Tor für illusionäre, manchmal auch unmoralische Glücksversprechungen, die nicht immer eingehalten, z.T. auch gar nicht eingelöst werden können. Die Erlebnisindustrie verkauft mitunter auch Illusionen, weil die Konsumenten die Illusionierung, den schönen Schein des Lebens, wünschen. Die Gratwanderung zwischen Illusionierung (als Wunsch) und Illusion (als Wirklichkeit) ist schmal. Besteht nicht die Gefahr, dass die Erlebniskonsumenten ein Opfer ihrer eigenen Vergnügungssucht werden? Der amerikanische Literatur-Nobelpreisträger Saul Bellow sagt uns für die Zukunft ein Martyrium unseres modernen Bewusstseins voraus. Wir erleben eine neue Form des Leidens, das wir gar nicht mehr als Leiden erkennen, weil es in der Gestalt von Vergnügungen auftritt. In endloser Serie konsumieren wir Dinge, die uns ständig neue Höhepunkte liefern: „Alles steht bereit für ein Leben in Bequemlichkeit, mit Tempo und mit Spaß. Und dann gibt es etwas in uns allen, das sagt: Und was jetzt? Und was dann?“ (S. Bellow: Zeit-Gespräch vom 13. Januar 1989b).

Da sitzt man also im Kino, auf der Party oder Ferieninsel und fragt sich erneut: Was nun? Nirgends mehr gibt es einen Ruhepunkt, der mit Sinn und Selbstbesinnung verbunden ist. Doch wenn wir ehrlich sind, dann werden wir doch erdrückt von all den schönen Dingen und wunderbaren Dienstleistungen. In gewisser Weise sind wir ihnen dienstbar und nicht sie uns. Werden wir eines Tages noch die Kontrolle über uns verlieren, weil wir uns in der Gewalt einer riesenhaften Erlebnisindustrie befinden, die sofortige Glückserfüllung verspricht, aber permanenten Konsum meint?

Schon 1915 äußerte der Amerikaner Van Wyck Brooks in seinem Buch „America's Coming-of-Age“ (Amerikas Mündigwerden) die Befürchtung, der Puritanismus könne in Zukunft zu „einem vertrockneten alten Yankee“ verkommen (Brooks 1915/1958). Und sechs Jahrzehnte später kam Daniel Bell in seiner Diagnose über die Zukunft der westlichen Welt zu dem Ergebnis, die protestantische Ethik wandle sich zum *psychedelischen Basar*. Das Herzstück der protestantischen Ethik – Arbeit, Sparsamkeit und Genügsamkeit – ginge verloren. Die neuen Wegweiser würden Film, Fernsehen und Werbung sein und eine Art „Pop-Hedonismus" verbreiten, bei dem es nicht mehr um die Frage geht, wie man arbeiten und etwas leisten, sondern wie man Geld ausgeben und Spaß daran haben kann. „Vorankommen" heißt dann nicht mehr Aufstieg auf der beruflichen Stufenleiter, sondern Übernahme eines bestimmten Lebensstils (z.B. durch Mitgliedschaft in einem Club, durch exklusive Hobbys oder teure Reisen), eines Lebensstils also, der einen als Mitglied einer Statusgruppe und Konsumgesellschaft ausweist.

Schon spricht man in der Philosophie (vgl. Krämer 1988) von der Notwendigkeit einer Individualethik, die Individualisten und Hedonisten, Lebenskünstler und Luxusexistenzen zukünftig freisprechen oder zumindest rehabilitieren soll. Einer solchen Individualethik fehlt das soziale Korrektiv. Erich Fromm hat einmal gesagt: „Das Wohl des Menschen ist das einzige Kriterium für ethische Werte" (Fromm 1978, S.26). Das heißt: Der Mensch ist zwar das Maß aller Dinge. Gemeint ist aber doch wohl auch der sozialfähige Mitmensch und nicht nur der genussfähige Egoist. Wir brauchen beides: Sozialorientierung *und* Genussorientierung. Das Nachdenken über die Ethik unseres Tuns dürfen wir nicht aufgeben, sonst geben wir uns selbst und unsere Zukunft auf. Es geht also nicht um Askese und Konsumverzicht, sondern eher um intensiveres und bewussteres Konsumerleben statt einer bloß konsumistischen Fixierung des gesamten Lebens. Besteht nicht die Gefahr, dass wir in Zukunft den Zwang zur Erwerbsarbeit durch die *Pflicht zum Erlebniskonsum* ersetzen? Was wir an Zeitverkürzung in der Produktion gewinnen, verlieren wir wieder an Zeitverlängerung in der Konsumtion – die Fortsetzung der Arbeit mit anderen Mitteln, die den Kampf um Arbeitszeitverkürzung zur Farce macht.

Von der Erlebnisorientierung zur Erlebnissteigerung

Mit der Erlebnismobilität rückt zudem in einer schon immer rastlosen Gesellschaft zusätzlich das *Element der Erlebnissteigerung* in den Vordergrund. Die Neigung wächst, für den Augenblick zu leben. Diese *Jetzt-Generation* schwelgt in spontanen und impulsiven Bewegungserlebnissen. Die Sehnsucht breitet sich aus, ständig „auf Achse" und „in action" zu sein. Die Erlebnismobilität macht das *Nomadisieren* zum Lebensstil. Und die Erlebnisorte entwickeln sich zunehmend zu Sammelplätzen für moderne Nomaden – umgeben von einer *Aura der Ruhelosigkeit* und einer Atmosphäre der Unbeständigkeit. Dies hat zur Folge: In einer mobilen Gesellschaft der Zukunft wird es immer schwerer, soziale Wurzeln zu schlagen. Mit der wachsenden Mobilität der Menschen wächst auch die Sehnsucht nach Rast, Ruhe und Verwurzelung: „Gib mir Wurzeln, denn ich habe keine ..."

Mit dem Trend zur Erlebnissteigerung sind eine Reihe grundsätzlicher Veränderungen des Lebens (Schulze 1992, S.59) verbunden:

- Die Erlebnisorientierung verlagert sich von ehemals wenigen privilegierten Schichten (z.B. Adel, Großbürgertum) auf immer *größere Teile der Bevölkerung*. Alle dürfen, alle können heute etwas erleben.
- Erlebnisorientiertes Handeln beansprucht einen immer *größeren Anteil am individuellen Zeitbudget*. Der Zeitaufwand zum Überleben und zur Sicherung des Lebensunterhalts wird immer geringer.
- Erlebnisorientierung dringt in alle Bereiche unseres Lebens ein. Ursprünglich fast nur auf die Freizeit begrenzt, spielt der *Erlebnisfaktor auch in der Arbeit* eine immer größere Rolle. Erlebnisansprüche machen vor dem Büro oder Betriebstor nicht mehr Halt.
- Die wachsende Erlebnisorientierung verändert den persönlichen Wertemaßstab. Erlebnisansprüche wandern von der Peripherie ins *Zentrum der persönlichen Werte* und entscheiden auch über den Sinn des Lebens.

Mit der subjektiven Eskalation der Erlebnisorientierung zur Erlebnissteigerung ist zugleich ein sozialer und ökonomischer Wandel verbunden. Ein kommerzieller Erlebnismarkt breitet sich aus und immer mehr *berufsmäßige Erlebnishelfer* bieten ihre Dienste an: Entertainer, Discjockeys, Designer, Architekten, Redakteure, Partydienste.

Bereits vor einem Vierteljahrhundert versuchte der amerikanische Psychologe Tibor Scitovsky den Ursprung des *American Way of Life* zu erklären. Das Ergebnis seiner Forschungen mündete in eine „Psychologie des Wohlstands" (Scitovsky 1977). In westlichen Wohlstandswelten, so fand er heraus, leiden die Bürger zunehmend unter dem Mangel an Abwechslung und Anreiz. Die Sehnsucht nach Wohlbefinden („well-being"/„wellness") wird umso stärker, je mehr das Alltagsleben *kein Reizoptimum* mehr bieten kann. Die Folge: Ein Gefühl von Langeweile breitet sich aus. Langeweile aber wird als störend empfunden. Die Menschen neigen daher dazu, möglichst schnell diesen unbehaglichen Zustand zu beseitigen und aktiv nach Anreizen zu suchen. Das einfachste Hilfsmittel gegen Reizarmut ist nach Scitovsky körperliche Bewegung, die in dieser Situation auch noch Spaß macht. Deshalb verausgaben sich viele freiwillig zu ihrer eigenen Befriedigung: „Kampfsportarten und -spiele sind deswegen so beliebt, weil die Freude an der körperlichen Bewegung durch den vollen Einsatz unserer Stärken und Fähigkeiten im Wettkampf maximiert wird" (Scitovsky 1977, S.35).

Aus der Physiologie ist bekannt: Bei vollkommener Bettruhe verliert der Mensch täglich etwa 3% seiner Muskelkraft. Nur auf den ersten Blick muss daher die körperliche Anstrengung bei der Ausübung von Risikosportarten als nutzlos erscheinen. In Wirklichkeit brauchen alle Organe, Sinne und Fähigkeiten zur Selbsterhaltung und um funktionsfähig zu bleiben das ständige Training. Die *Nützlichkeit scheinbar nutzloser Betätigungen* ist ein Paradox und dennoch lebensnotwendig.

Langeweile im Überfluss

Nach dem Sozialwissenschaftler H. A. Hartmann leben trotz mancher Konjunkturkrisen die Zwei-Drittel-Gesellschaften der westlichen Welt noch immer im Überfluss: „Satt, verwöhnt und durch ein halbes Dutzend Policen gegen alle Risiken und Wechselfälle des Lebens weitgehend abgesichert" (Hartmann 1996, S.79). Diese Absicherung, die Risikoarmut und Gefahrlosigkeit suggeriert, provoziert die Menschen gleichzeitig, sich freiwillig Risiken und Gefahren auszusetzen. Andernfalls kommt Langeweile auf, weil sich die Menschen unterfordert und dabei unwohl fühlen.

Die Angst vor der Langeweile des Lebens ist seit jeher eine Antriebsfeder für Neugier, Aktivität und Risikofreude. Langeweile ist eine Folge von Reizarmut. Das Empfinden von Langeweile (frz. *ennui*, engl. *boredom*, italien. *noia*) galt früher als elitäre Zeitkrankheit (Montesquieu: „Alle Fürsten langweilen sich" – Rousseau: „Das Volk langweilt sich nicht"). Dahinter stand die Vorstellung vom tätigen Leben („vita activa"): Das Volk lebte im Wechsel von Mühe und Muße, von Arbeit und Freizeit, während sich der Adel und die Wohlhabenden „fast zu Tode langweilten", weil sie nichts zu tun hatten. Kehrt sich das Verhältnis nun um? Kennen die Mächtigen heute Langeweile nur vom Hörensagen, während die Masse nichts mehr herbeisehnt als ein *Leben minus Langeweile*?

Vieles deutet darauf hin, dass sich die Langeweile im 21. Jh. zu einer schleichenden Zeitkrankheit entwickeln kann. Die Suche und Sucht nach immer mehr Abwechslung erinnert an Kierkegaards klassische Theorie der Langeweile. Schleichende Zeitkrankheit ist nur eine andere Umschreibung für *Leiden in und an der Zeit*, für die Empfindung (sinn)leerer Zeit, für die Vorstellung von Überdruss und für die subjektive Feststellung von Unterforderung. Unbestritten ist: Langeweile hat viele Gesichter und Ursachen.

Im Anfang war die Langeweile ist die Quintessenz des Philosophen Sören Kierkegaard in seiner Abhandlung über „Die Wechselwirtschaft" vor 150 Jahren. Erst langweilten sich die Götter: „Darum schufen sie die Menschen. Adam langweilte sich, weil er allein war, darum ward Eva erschaffen. Von dem Augenblick an kam die Langeweile in die Welt, wuchs an Größe in genauer Entsprechung zum Wachstum der Menge des Volks. Adam langweilte sich allein, alsdann langweilten Adam und Eva und Kain und Abel sich im Familienkreis (en famille), alsdann nahm die Menge des Volks in der Welt zu und langweilte sich en masse. Um sich zu zerstreuen, kamen sie auf den Gedanken, einen Turm zu bauen, der so hoch sei, dass er emporragte in den Himmel. Dieser Gedanke ist ebenso langweilig wie der Turm hoch war, und ein erschrecklicher Beweis dafür, wie sehr die Langeweile überhand genommen hatte. Alsdann wurden sie über die Welt zerstreut, ebenso wie wenn man jetzt ins Ausland reist, jedoch sie fuhren fort sich zu langweilen ..." (Kierkegaard 1956, S. 305). Der Mensch auf der Flucht vor der Langeweile, die von Station zu Station durch Neugier so gesteigert wird, dass sie immer wieder in Langeweile endet – ein Teufelskreis.

Aus soziologischer Sicht lassen sich heute vier Arten von Langeweile (vgl. Doehlemann 1991, S. 53) unterscheiden:

– *Die situative Langeweile*
  Hier fühlen sich die Betroffenen vorübergehend eingeengt, eingesperrt, beschnitten und an der persönlichen Entfaltung gehindert – z. B. im Autostau oder in langweiliger Gesellschaft.
– *Die existentielle Langeweile*
  Die Wirklichkeit wird als inhalts- und sinnarm erlebt, das eigene Innere wirkt tot und vertrocknet. Das Gefühl einer inneren Leere bedrückt: „Ich" langweile mich! Ein Leerlauf der Seele mit nagenden Gefühlen.
– *Die überdrüssige Langeweile*
  Das Leben verläuft öde und gleichförmig, alles wirkt banal, spießig und kleinkariert. Es langweilt „das alles". Und „das alles" steht

fast für „die ganze Welt“. Der Überdruss ist eine Folge von Übersättigung. Der inflationäre Genuss verursacht großes Gähnen.

- *Die schöpferische Langeweile*
  Die Leere wird als Chance eines neuen Beginns, als Anreiz zum Gestalten und mitunter sogar als „Schwelle zu großen Taten“ (Walter Benjamin) empfunden. „Lange Weile haben“ wird zum dynamischen Impuls – der Situation eines „Traumvogels“ vergleichbar, der „das Ei der Erfahrung“ (Benjamin 1961, S. 417) ausbrütet.

Aus der biologischen Forschung ist bekannt, dass „hektische“ Vögel (wie z. B. der Kolibri) kürzer leben als der ruhige Papagei oder Strauß. Andererseits gilt auch: Vögel in Gefangenschaft leben länger. Auch Menschen, die zwangsweise (z. B. Gefängnisinsassen) oder freiwillig (z. B. Nonnen, Mönche) ein ruhiges und geregeltes Leben führen können, haben eine längere Lebenserwartung. Die Erklärung: Hektiker haben einen sehr viel höheren Stoffwechselverbrauch. Je nach Lebensart ist dieser Energievorrat schneller oder weniger schnell verbraucht. Biologisch gesehen ist in unserem Erbgut ein bestimmter Energievorrat vorhanden. Wenn dieser zu Ende ist, dann ist auch unser Leben zu Ende (vgl. Nuber 1990, S. 26). Öfter „lange Weile“ haben und nicht unter hektischer Betriebsamkeit „leiden“ kann also ebenso *lebenswert wie lebensverlängernd* sein.

Explosion des Erlebnisbereichs

Es ist nicht zu leugnen: „Erlebnis“ gilt heute als Schlüsselwort der Kultur- und Freizeitforschung, seitdem sich Kultur- und Freizeitindustrien zu Erlebnisindustrien wandeln. Bereiche wie Tourismus, Medien, Kultur, Sport, Spiel und Unterhaltung stellen *Erlebniswerte* dar, auf die Menschen auch und gerade in wirtschaftlich schwierigen Zeiten nicht mehr verzichten können, ja nicht mehr verzichten wollen. Immer mehr Menschen suchen und finden hier ihre Erlebnisse und ihre Lebenserfüllung. Die Freizeitforschung hat diesen grundlegenden Wandel von der Arbeits- zur Erlebnisgesellschaft frühzeitig diagnostiziert, prognostiziert und problematisiert. Erstmals 1980 hat der Autor den *Trend zur Erlebnissteigerung des Lebens* vorausgesagt. Gefragt sei dann *Erlebniszeit.* Der Wunsch, das Leben zu erleben, sei Ausdruck eines Wandels in den Wertvorstellungen und Lebensorientierungen der Menschen, der nicht konfliktfrei verlaufen werde (Opaschowski 1980, S. 8).

Ein Jahr später wurden erste Folgen und Folgerungen formuliert. Gewarnt wurde vor der Gefahr, künstliche Erlebnisinseln zu schaffen und Erlebnisse gleichsam zu ghettoisieren. Neue Angebotsformen würden entwickelt werden. Die Attraktivität eines Angebots bestimme sich zunehmend nach seinem Erlebnischarakter. Der Konsument erwarte geradezu erlebnisreiche Anregungen – sozusagen „Erleben, was sonst nur im Kino möglich ist" – von der 48-Stunden-Grenzerfahrung bis zum Aussteigen auf Zeit als Urlaubserlebnis. Politiker, Planer und Pädagogen sollten sich rechtzeitig auf diesen Wandel des Anspruchsniveaus einstellen und in ihren Maßnahmen berücksichtigen. Dies bedeute eine *Abkehr von der Monokultur* vieler Einrichtungen und Angebote. Erst mit einer *Vielfalt von Erlebnisdimensionen* könne das gesamte persönliche und soziale Wohlbefinden angesprochen und erreicht werden.

Zugleich wurde seinerzeit die drohende Erlebnisinflation kritisch hinterfragt: „Wie wirkt sich die prognostizierte *Explosion des Erlebnisbereichs* aus – auf die eigene Erlebnisfähigkeit, die Qualität der Erlebnisse und die angebotenen Produkte der Erlebnisindustrie? Kommt es zur Pseudo-Individualisierung?" (Opaschowski 1983, S. 96). Damit verbunden waren Fragen wie:

- Was passiert eigentlich, wenn man sich in der künftigen *Erlebnisgesellschaft* dem pausenlosen Erleben kaum mehr entziehen kann?
- Wird der *Erlebnishunger* des passiven *Erlebniskonsumenten* so grenzenlos sein, dass er nicht mehr zwischen Selbsterleben und Nacherleben unterscheiden kann?
- Wird das *Erleben von Pseudo-Wagnissen* zum vorprogrammierten Frust?
- Werden Kultur und Kommerz im *Freizeiterlebnis Einkaufen* eine friedliche Koexistenz feiern, während sich die Einkaufszentren zu *Erlebniszentren* wandeln?

Im persönlichen Leben werde es immer schwieriger, sich diesem *Erlebnisboom* zu entziehen: Das Wohnzimmer werde zum Erlebnisraum, das Schwimmbad zum Erlebnisbad, die außerschulische Bildungsarbeit zur Erlebnisbotschaft, das Zusammensein mit Freunden zum Gruppenerlebnis und ein erlebnisarmer Urlaub gelte geradezu als verlorene Lebenszeit. Wird am Ende dieser Entwicklung das Leben selbst zu einem einzigen Erlebnis?

Dies waren die Problem- und Fragestellungen Anfang der 80er-Jahre. Vor dem Hintergrund einer fast inflationären Entwicklung des Erlebnisbegriffs blieb für meine Analyse und Bewertung damals kaum Raum für Zukunftseuphorie. Entsprechend kritisch fiel der Blick in die Zukunft aus: „Negativ einzuschätzen ist die sich ständig steigernde *Erlebnissuche* aus Angst vor innerer Leere und Langeweile. Der Erlebnisboom ‚nach draußen' und ‚mit anderen' kann zum innerseelischen Bumerang werden. Die Gefahr besteht, nicht mehr allein sein und zur Ruhe kommen zu können. Die Flucht nach draußen trägt dann Züge von Selbstflucht. Die Dauerpräsenz von action und motion, Cliquengeselligkeit und Gruppenzwang, Unternehmungslust und Überaktivität erzeugt Freizeitstress. Eine neue subtile Form von Einsamkeit kann entstehen: Die *innere Vereinsamung* inmitten von Kontaktflut und äußerer Hektik. Selbst die Anbieter von organisierten Psycho-Programmen werden mehr zur Ablenkung als zur Selbstbesinnung beitragen" (Opaschowski 1983, S. 81).

Die Problematisierung der prognostizierten Erlebnisgesellschaft endete seinerzeit dennoch nicht in Resignation. Die Hoffnung sollte noch eine Zukunft haben: „Viel wird davon abhängen, wie schnell und wie flexibel das öffentliche Erziehungs- und Bildungswesen – von der Schule bis zur Volkshochschule – auf die derzeitige Umbruchsituation reagieren kann und will" (S. 81). Die feststellbaren Veränderungen jedenfalls „seien irreversibel, weder zurückzudrehen noch aufzuhalten. Der Bedarf müsse sich jetzt den Bedürfnissen anpassen, nicht umgekehrt." Jetzt ist es so weit – die Erlebnisgesellschaft ist da.

„Was will ich eigentlich?" – die offene Sinnfrage

Der Bamberger Soziologe Gerhard Schulze hat 1992 den Begriff „Erlebnisgesellschaft" zum Gegenstand einer umfassenden Gesellschaftsanalyse gemacht. Ausgangspunkt war seine These: Erlebnisorientierung ist die unmittelbarste Form der Suche nach Glück. Dahinter stand die Erkenntnis: Jeder ist für seine Erlebnisse selbst verantwortlich. Mit der Kurzformel Erlebnisgesellschaft wollte er nicht die Gesellschaft als Ganzes, sondern lediglich einen wesentlichen, mehr als andere (z.B. Arbeit, Kultur, Bildung) die Gegenwartsgesellschaft charakterisierenden Aspekt beschreiben.

In einer Erlebnisgesellschaft bekommt der Erlebniswert des Lebens eine außerordentliche Bedeutung und entwickelt sich gleichzeitig ein Erlebnismarkt, der massenhaft Erlebnisse inszeniert und den Wunsch nach einem schönen interessanten, angenehmen und faszinierenden Leben verstärkt. Das Erleben des Lebens rückt ins Zentrum, d.h., das Erleben wandelt sich vom Nebeneffekt zur *Hauptsache des Lebens*, zur Lebensaufgabe und zum Lebensziel. „Erlebe dein Leben!“ heißt der kategorische Imperativ, der sich von anderen gesellschaftlichen Lebensformen abgrenzt wie z.B. Leben als Überleben, Leben als Dienen, als Pflicht, als Selbstaufopferung usw.

Was bedeutet nun Erlebnis? Nach Schulze werden Erlebnisse nicht vom Subjekt empfangen, sondern von ihm gemacht: „Was von außen kommt, wird erst durch Verarbeitung zum Erlebnis“ (Schulze 1992, S. 44). Die gleichen Situationen können also individuell ganz unterschiedlich empfunden und erlebt werden: Von 80000 Menschen im Fußballstadion erlebt keiner den Torschuss in derselben Weise. Im Theater lachen zwar alle Zuschauer an denselben Stellen, aber dennoch kann das subjektive Erleben ganz unterschiedlich sein. Wenn der kategorische Imperativ unserer Zeit wirklich „Erlebe dein Leben!“ heißt, geht die Erlebnisexplosion mit einer Angebotsexplosion einher. Der Erlebniskonsument „muss“ sich entscheiden; er kann sich dem Entscheidungssog nicht mehr entziehen, was nicht immer angenehm ist: „Muss ich mich schon wieder für das entscheiden, was ich erleben will?“ Und immer konfrontiert mit der Sinnfrage: „Was will ich eigentlich?“

Die Angst ist groß, dass vielleicht der Reiz des Neuen verloren geht und eine Abstumpfung der Erlebnisfähigkeit droht, wenn Erlebnishunger durch Erlebnisinflation ersetzt wird. Zur Angst, etwas zu verpassen, gesellt sich die Angst vor Enttäuschung, vor Abstumpfung oder gar vor Langeweile. Die Erinnerung an schöne Ursprungserlebnisse beunruhigt. Wenn der Erlebnismarkt ständig Neues anbietet, verliert das Neue zunehmend seinen Reiz, wird es selbstverständlich und alltäglich. Der erlebnisorientierte Mensch von heute kann sich zwar permanent Erlebnisangebote kaufen – nicht aber das *Erlebnis* selbst, das er schon *selber produzieren* muss. Wer nur nach Erlebnisorientierung strebt, sieht sich am Ende gar als Opfer oder therapiebedürftiges Objekt, das ständig animiert und aktiviert werden muss. Und wenn eines Tages vielleicht auch noch nach Erlebnistherapeuten gerufen wird, dann hat der Erlebniskonsument es auch „nicht anders verdient“ (Schulze 1992, S. 549).

Halten wir fest: Der Industriekapitalismus des 19. und 20. Jh.s mündet in eine neue Ära des kulturellen Kapitalismus bzw. der kommerzialisierten Kultur. Jetzt geht es auch nicht mehr nur um die Frage: Was möchte ich haben und besitzen? Die Frage lautet eher:

Was kann ich noch erleben und erfahren, was ich noch nicht erlebt und erfahren habe? Neue Erlebnis- und Erfahrungsindustrien bieten daher alles, was an Wünschen bisher noch unerfüllt geblieben ist. Tourismus, Medien und Kultur agieren dabei als wichtige Erlebnis- und Erfahrungsindustrien, die inszenierte kommerzialisierte Unterhaltung perfekt organisieren und verkaufen.

„Oh Jahrhundert! Oh Wissenschaften. Es ist eine Lust zu leben." Dieser Ausruf stammt aus der Zeit Anfang des 16. Jh.s, aus dem Munde des humanistischen Gelehrten Ulrich von Hutten, einem ebenso lebenslustigen wie streitbaren Anhänger des Reformators Martin Luther. In bewegten Zeiten feiert Huttens Wort Wiederauferstehung. Angesichts der Veränderungen in der ganzen westlichen Welt lebt dieses Wort wieder auf. „Es ist eine Lust zu leben" könnte ein Leitthema des 21. Jh.s werden.

Alles ist in Bewegung. Wir leben in einer Zeit, in der selbst das Wort im Munde veraltet. Schnelllebig ist die Zeit. Lebendig, unruhig, gestresst? Ist dies der Zeitgeist von heute? Je unruhiger das neue Jahrtausend beginnt, desto mehr werden sich die Menschen schon bald nach Ruhe sehnen. Für das nächste Jahrzehnt bahnt sich auf den ersten Blick ein bemerkenswerter Wandel an: Der *Eindruck einer Konterrevolution* drängt sich fast auf. Für die Menschen wird es immer wichtiger, Zeit und Muße für sich selbst zu finden. Das ist der Hauptwunsch, der ganz obenan steht. Auf den zweiten Blick erkennt man: eine gute Absicht nur. Bei vielen entsteht gleich wieder die Angst, etwas in der Überfülle der Termine und Möglichkeiten zu verpassen. Das Konsumangebot wächst, das Zeitbudget aber wird nicht größer. So sieht man förmlich den Zeitgeist dahinjagen – vom Bürosessel auf den Autositz, vom Arbeitsplatz zum Tennisplatz, von der Wellnessoase zur Vernissage und zurück zum Spätprogramm im 27. Fernsehkanal. Und weiter zur Wochenendreise. Mit einem Wort: Erlebnisstress.

Wachsende Unlust an der Oberflächlichkeit

Wenn es nach den persönlichen Wünschen der Bevölkerung geht, dann könnte bzw. sollte die nächste Zeit eigentlich von einem neuen Lebensstil geprägt sein: mehr Ruhe für sich und weniger Aktionismus mit anderen, mehr Zeit für kulturelle Interessen und weniger Jagd durch die Fernsehkanäle. Hier deuten sich psychologisch verständliche Reaktionen auf den Erlebnisstress der vergangenen

Jahre an. Doch die Wirklichkeit vermittelt ein anderes Bild: Noch bestimmen Konsum- und Kontaktzwänge den Alltag.

Ganz im Gegensatz dazu die persönlichen Ansprüche an die Zukunft: Der Fernsehkonsum soll drastisch reduziert werden. Nur noch jeder Fünfte will künftig seinen Feierabend vor dem TV-Gerät verbringen. Auch die private Lebensgestaltung mit anderen soll ihre heute noch dominierende Bedeutung verlieren. Standen Familie, Freunde und Bekannte bisher für jeden zweiten Deutschen im Mittelpunkt der freien Zeit, so wünscht sich dies für die Zukunft nur jeder Dritte. Der Eindruck entsteht: Das Fernsehen raubt und die anderen verhindern eine freie Lebensgestaltung. Gesucht werden Rückzugsmöglichkeiten und weniger Beziehungsstress. Man will seine Ruhe wiederhaben. Als Reaktion auf die unruhigen 90er-Jahre entsteht ein Wunschbild von Ruhe und Geborgenheit, beinahe eine neue Bürgerlichkeit mit Zügen einer Biedermeier-Kultur: Werden wir immer bürgerlicher? Entwickeln wir uns zu Einzelgängern, die die mentale Kraft eines Tennisspielers mehr schätzen als die soziale Fähigkeit des Mitmenschen in Nachbarschaft und Freundeskreis?

Seit den Zeiten des Wandervogels, der Jugend- und der Hippiebewegung kehren solche antizivilisatorischen Stimmungen und Strömungen in regelmäßigen Zeitabständen wieder. Derzeit ist eine solche Flucht in das Privatleben ansatzweise erkennbar. Werden die nächsten Jahre einem „neuen Kleinbürgertum" (Pierre Bourdieu) gehören – verbunden mit der Pflicht zum privaten Glück und Genuss: „To have fun" – man muss genießen und glücklich sein? Genuss ist nicht nur erlaubt, sondern geradezu vorgeschrieben. Genießen statt anstrengen, Selbstfindung statt Disziplin, Ruhe statt Betriebsamkeit – so könnte die Devise lauten. Die Menschen auf der Suche nach dem inneren Frieden. Dieser Weg zu sich selbst darf nicht einfach als Rückzug in die eigenen vier Wände missverstanden werden. Die Menschen haben bisher zu sehr nach außen gelebt. Wollen sie jetzt wieder in sich selbst hineinhören? Was will ich eigentlich?

Vordergründig werden mitunter Vergleiche zu amerikanischen Couch-Potatoes hergestellt, die mit Cola und Kartoffelchip-Tüte in der Hand auf dem Sofa liegen und dauerfernsehen. Einige glauben hier schon eine neue Form amerikanischer Meditation gefunden zu haben. In Wirklichkeit ist die Couch-Potatoe-Gemeinde so alt wie das Fernsehen und so faul wie die Kartoffel, einfach träge und bequem. Und alle Versuche, aus dem immer stärker werdenden Bedürfnis nach Sich-selber-Leben einen Trend zur neuen Häuslichkeit zu konstruieren, müssen deplatziert erscheinen. Hier wird das „traute Heim“ mit inneren Werten verwechselt. „Cocooning“ (Popcorn 1992) soll die neue Bewegung heißen – in Anlehnung an den Kokon, der Schutzhülle, mit der sich die Raupe des Seidenspinner-Schmetterlings von der Außenwelt abschirmt. Es ist schon immer so gewesen: Wer mit sich und der Welt ins Reine kommen will, neigt schon mal zum selbstgewählten Rückzug auf Zeit. Aber ein neuer Trend „Cocooning“ lässt sich daraus nicht ableiten.

Richtig ist: Die Unlust an der Oberflächlichkeit vieler Beschäftigungen und Angebote wird Bewegung in unser privates Leben bringen. Der Wunsch nach neuen Wegen zu sich selbst ist eine Antwort auf die Kurzlebigkeit und Unsinnigkeit vieler Trends und Moden. Die *Selbstbesinnung auf das Beständige*, was dem Leben einen Sinn gibt, wird zwangsläufig immer wichtiger. Gerade in Zeiten des Wohlstands und globaler gesellschaftlicher Veränderungen wird den Menschen zunehmend bewusst, dass es nicht nur darauf ankommt, die Welt zu verändern, sondern auch sich selbst.

Vielleicht erfährt in Zukunft das *Leitbild des innengeleiteten Menschen* Wiederauferstehung. Der amerikanische Soziologe David Riesman hatte diesen Typus ja schon vor über 50 Jahren in seinem Buch „Die einsame Masse“ beschrieben. Im innengeleiteten Typus lebt der *Renaissancemensch* wieder auf. Er hält nichts von oberflächlichen geselligen Beziehungen, ist nicht auf die Signale von anderen angewiesen und lässt sein Verhalten nicht von außen steuern. Der innengeleitete Mensch hat seine eigenen Lebensprinzipien so verinnerlicht, dass er auch dann nicht ins Wanken gerät, wenn die Anerkennung durch die anderen oder die Gesellschaft ausbleibt. Er ist imstande, die Flut und Vielfalt der Einflüsse und Angebote „wie in einem Brennglas zu vereinen und dann moralisch zu verarbeiten“ (Riesman 1965, S. 37). Hier ist der Lebensunternehmer mit Selbstständigkeit, Souveränität und hoher persönlicher Verantwortung gefordert, der ständig über sich und seine Lebensziele nachdenkt.

Das aber ist nach wie vor mehr Wunsch als Wirklichkeit. Wollen, Können und tatsächliches Tun sind nicht dasselbe. Auch in Zukunft wird es diese Kluft zwischen Wunsch und Wirklichkeit geben, wobei weniger ökonomische, familiäre oder gesundheitsbedingte Einschränkungen die Diskrepanz herbeiführen als vielmehr ganz persönliche Hemmnisse. Konkret: *Phlegma und Trägheit, Gewohnheit und Bequemlichkeit* stellen – psychologisch gesehen – die größte Aktivitätsbremse dar. Viele warten lieber auf den Anstoß durch andere, statt sich selber einen Ruck zu geben und das Verhalten zu ändern. Die Erfahrung lehrt: Die Menschen lieben das Regelmäßige, Beständige, die Kontinuität im Alltagsleben. So werden die meisten Menschen auch versuchen, den neuen Herausforderungen der Zukunft erst einmal mit alten Gewohnheiten zu begegnen. Nicht die außergewöhnlich großen Gedanken und Lebenspläne, eher die alltäglichen kleinen Gewohnheiten werden das Leben der Menschen in den nächsten Jahren bestimmen. Generationen wandeln sich, Gewohnheiten kaum. Wertewandel besteht nicht darin, dass sich die Menschen plötzlich verändern, sondern darin, dass die jüngere Generation die ältere Zug um Zug ablöst.

Halten wir noch einmal fest: Problematisch ist nicht die Erlebnisorientierung des Lebens. Die hat es zu allen Zeiten und in allen sozialen Schichten gegeben. Fragwürdig ist vielmehr die Erlebnissteigerung, die fast aggressive Forderung nach „Immer-mehr". Im Trend zur Erlebnissteigerung deutet sich auch an, dass viele Menschen Erlebnisse schon mit Glück verwechseln und den Erlebnismachern glauben, Glück sei käuflich. Eher ist anzunehmen, dass gekauftes „Glück" und die Inflation kommerzieller Erlebnisangebote die Menschen immer unzufriedener macht.

Leben nach Maß als Zukunftswunsch

Verzicht ist sicher keine realistische Zukunftsalternative. Aber es lohnt sich darüber nachzudenken, ob manches Überflüssige wirklich ein persönlicher Lebensgewinn ist. Wer alles bedenkenlos haben „will" und „muss", verkleinert letztlich seine individuellen Freiheitsspielräume. Das Hauptdefizit des eigenen Verhaltens ist schnell gefunden: *Sinnentleerung*. Die Vorstellungen über ein Leben nach Maß setzen genau hier an. Konkret: Man will nicht mehr konsumieren um des Konsums willen. Konsumieren muss vielmehr mit subjektiv wichtigen Inhalten gefüllt werden, die das Leben bereichern und „einen persönlich weiterbringen". Im Einzelnen bedeutet dies z.B.:

- *maßvoll,* d.h. Qualität vor Quantität setzen;
- *bewusst,* d.h. ein eigenes Ziel vor Augen haben;
- *kritisch,* d.h. genügend Spielraum für eigene Ideen behalten;
- *genussvoll,* d.h. sich Zeit und Muße zum Genießen nehmen.

Leben nach Maß muss weder Askese noch Verzicht bedeuten.

Zehnter Zukunftstrend: Die Schnelllebigkeit. Leben auf der Überholspur

Nonstop im Hochgeschwindigkeits-Zeitalter

Bevor das englische Wort *speed* die heutige Bedeutung Schnelligkeit bekam, bezeichnete es im Altenglischen Erfolg und Wohlstand. Man wünschte sich seinerzeit *good speed* und meinte „viel Erfolg". Heute heißen Drogen, die den Herzrhythmus beschleunigen und ein rastloses Gefühl von Aufregung und Energie auslösen, im Slang „Speed". Gemeint sind Amphetamine, die auch Hochleistungssportler konsumieren, um *noch schneller* zu werden.

Der Sciencefictionautor H. G. Wells hat schon vor einem Jahrhundert in seiner Kurzgeschichte von 1901 „Der neue Akzelerator" diesen Beschleunigungswahn vorweg empfunden: „Stellen Sie sich vor, Sie besäßen so eine kleine Phiole. Und in dieser Phiole liegt die Macht, doppelt so schnell zu denken, sich doppelt so rasch zu bewegen, in einer bestimmten Zeit doppelt so viel zu arbeiten wie sonst." Dieser Beschleuniger des Lebens, der neue Akzelerator, würde Effizienz, Macht und Überlegenheit zur Folge haben (Wells 1996). Der *Akzelerator* von heute sind wir selbst. Das 21. Jh. machen wir zum „Speed Age" (Gleick 2000, S. 60), zum Hochgeschwindigkeits-Zeitalter, in dem wir genussvoll und rasant auf der Überholspur am Gestern oder Vorgestern vorbeirauschen.

Im Zeitalter der Fernbedienung und des Zappens durch Programme spielt sich das Leben immer mehr auf der Überholspur ab. Aus Aktivität wird Hyperaktivität, aus Schnelligkeit Schnelllebigkeit: ein Leben zwischen Turbo-Kapitalismus und Nonstop-Gesellschaft. PC und Internet führen das fort, was mit der TV-Fernbedienung begonnen hat. Seither können wir permanent von hier nach dort springen, das Ende mit der Mitte und dem Anfang vertauschen: „Letztlich packt uns alle die Zerstreuung und macht geistiges Hackfleisch aus uns" (Bellow 1989).

Die Fernbedienung hat sich geradezu zur Zuschauer-Waffe entwickelt. Und die TV-Macher wissen dies und nutzen die Fernbedienung als *Sofortumfragegerät*, mit dem pausenlos die Stimmung, die Spannung oder die Langeweile, die Zufriedenheit oder die Unzufriedenheit gemessen und überprüft werden können (vgl. Gleick 2000, S. 185). Gleicht unsere heutige Zeit wirklich, wie dies der Philosoph Peter Sloterdijk vermutet, einem gigantischen *Mobilmachungsunternehmen*, einem Produkt aus „Unbewusstheit plus Höchstgeschwindigkeit"?

Früher bestimmte das Sonnenzeitmaß die Geschwindigkeit des täglichen Lebens. Es begann mit dem Aufgang und es endete mit dem Untergang der Sonne. Man stand mit dem ersten Hahnenschrei auf und ging mit den Hühnern schlafen. Im Winter wurde mehr, im Sommer weniger geschlafen. Es war ein Leben mit den Naturzyklen zwischen Tag-, Nacht- und Jahreszeiten. Zeit war kein Thema, sondern ein „Gottesgeschenk". Etwa seit dem 17. Jh. „läuft" die Zeit im wahrsten Sinn des Wortes *schneller*. Das Gefühl kommt auf, dass einem die Zeit davonläuft. Die protestantische Berufsethik wacht darüber, dass man nun mit der Zeit „sparsam" umgeht. Zeit wird zur knappen Ware und im Zeitalter der Industrialisierung mit Geld verrechnet: „Time is money". Die Beschleunigung der Lebensverhältnisse beginnt. Zeit wird durch die Pausenlosigkeit des „Immer" und Raum durch das Prinzip des „Überall" ersetzt. Von der Sesshaftigkeit befreit können die Menschen jetzt alles überall und jederzeit tun: „Wir fangen nicht mehr an, wir hören nicht mehr auf" (Geißler 1999, S. 6 ff.). Wir tun immer mehr zur gleichen Zeit.

Tempowahn und Beschleunigungsfalle

Seit mehr als 30 Jahren favorisiert die Bevölkerung beispielsweise beim Medienkonsum Fernsehen, Zeitungslesen und Radiohören. Daran hat sich bis heute nichts geändert: Fernsehen, Zeitungslesen und Radiohören stellen nach wie vor die am meisten genannten Beschäftigungen dar. Die überwältigende Mehrheit der Bevölkerung hält an ihren alten Konsumgewohnheiten fest. Für Neuheiten auf dem Medienmarkt fehlt den meisten – daran haben die wenigsten gedacht – auch die nötige Zeit. Neuere Sozialforschungen (vgl. Lüdtke 1994) weisen nach, dass die intensive Multi-Media-Nutzung in der privaten Lebensgestaltung *keine Zeitspareffekte* hat, vielmehr entgegengesetzt im Sinne einer *Zeitfalle* wirkt. Die Interaktion mit Multi-Media „vereinnahmt" die Zeitressourcen der Konsumenten. Die Folgen sind Stress und chronische Zeitnot.

Die Zeitforschung hat für das veränderte Zeiterleben vielfältige Bezeichnungen: *Tempowahn, Beschleunigungsfieber, Geschwindig-*

keitsrausch – fast pathologisch anmutende Begriffe, die auch in das Wirtschafts- und Arbeitsleben Einzug halten. Der Kurzlebigkeit von Konsumprodukten entsprechen die immer kürzeren Lebenszyklen der Produktherstellung. Allein zwischen 1986 und 2000 haben sich die Entwicklungszeiten für ein neues Automodell von 60 Monaten auf etwa 25 Monate um mehr als die Hälfte verkürzt. Unbeantwortet blieb hingegen die Frage, wohin wir uns eigentlich beschleunigen. Sind Beschleunigungsprozesse endlich oder gehen sie unendlich weiter? Zumindest im Konsumentenverhalten zeichnen sich Grenzen ab. Untersuchungen in den USA haben beispielsweise gezeigt, dass die Modellfolge japanischer Autos mittlerweile so schnell geworden ist, dass Konsumenten gar nicht mehr in der Lage sind zu beurteilen, „welches Modell aus welchem Produktlebenszyklus stammt" (Backhaus 1999, S. 22). Die *Beschleunigungsfalle* droht: Die Beschleunigung von Produktkäufen wird zeitlich mit dem Verzicht auf die künftige Nachfrage erkauft.

Der amerikanische Psychologe Robert Levine ging zwischen 1992 und 1995 in 31 verschiedenen Ländern auf der ganzen Welt der Frage nach, wie gesellschaftliche Kulturen mit Zeit umgehen. Dabei untersuchte er das *Lebenstempo* in den einzelnen Ländern (Levine 1998). Als Maßstab für das Lebenstempo dienten ihm drei Indikatoren:

1. die *Genauigkeit öffentlicher Uhren*,
2. die *Gehgeschwindigkeit* (also die Geschwindigkeit, mit der Fußgänger im Bereich der Innenstadt eine Strecke von 20 Metern zurücklegen) und
3. die *Arbeitsgeschwindigkeit* (wie lange z. B. Postangestellte brauchen, um jemand eine Standardbriefmarke zu verkaufen).

Das Ergebnis: Acht der neun schnellsten Länder sind in Westeuropa zu finden. An vierter Stelle lag lediglich Japan – unmittelbar nach Deutschland. Die letzten acht Ränge wurden ausschließlich von nichtindustrialisierten Ländern in Afrika, Asien, dem Nahen Osten und Lateinamerika belegt. Am langsamsten waren die Länder, in denen die beiden Qualitätsbegriffe *amanhâ* und *mañana* zu Hause sind: Brasilien, Indonesien und Mexiko.

Die Schnelligkeit, die Geschwindigkeit und das Lebenstempo durchdringen in den industrialisierten Ländern das Leben bis ins Mark. Hier leben deutlich mehr Menschen nach der Uhr (und tragen auch mehr eine Uhr). Im 21. Jh. entwickelt sich das Tempo zum auffälligsten Merkmal des Lebens. *Zeitverkaufen* wird ein neuer Dienstleistungsmarkt. „At Your Service"/„Zu Ihren Diensten" übernimmt fast jede Aufgabe, die Vielbeschäftigten Zeit sparen hilft: vom Schlangestehen über die Haushaltsführung bis zum Einkauf und zu Kurierdiensten. Denn: Die Zeit eines Geschäftsmanns zu verschwenden ist „ebenso schlimm, wie ihm die Brieftasche zu rauben“ (Levine 1998, S. 165). Steht uns eine *Ära der Zeitkriege* (Rifkin 1988: „Time Wars“) bevor?

In den internationalen Vergleichsstudien gelangte Levine zu einigen zentralen Thesen und Aussagen:

- Je produktiver die Wirtschaft eines Landes ist, desto höher ist sein Lebenstempo.
- Je industrialisierter ein Land ist, desto weniger freie Zeit bleibt den Menschen.
- Je mehr zeitsparende Maschinen es gibt, desto mehr stehen die Menschen unter Zeitdruck.
- Je urbaner ein Lebensumfeld ist, desto schneller bewegen sich die Menschen vor Ort.

In Gesellschaften mit stark ausgeprägtem Individualismus dominieren *Zeit-ist-Geld-Einstellungen* und ist der Zwang überdurchschnittlich groß, jeden Augenblick irgendwie zu nutzen. Individualisierte Kulturen legen mehr Wert auf Leistung als auf Zusammengehörigkeit. Das *Phänomen der Zeitknappheit* breitet sich weltweit aus. Wenn dies so bleibt, dann könnte die Zeit in naher Zukunft das werden, was das Geld in den 80er- und 90er-Jahren gewesen ist. Wie wird dann das zunehmende Lebenstempo die Lebensqualität der Menschen beeinflussen?

Der von Zeitnot und Eile geprägte Lebensrhythmus wird sich insbesondere auf das soziale Wohlbefinden der Menschen auswirken. Nachweislich gibt es einen Zusammenhang zwischen Zeit und Sozialverhalten. Das rasche Lebenstempo in den Städten führt beispielsweise dazu, dass die Menschen mit mehr Sinnesdaten überhäuft werden, als sie persönlich verarbeiten können. Die Folge ist eine Art „psychische Überlastung“ (Milgram 1970), weshalb die Überlasteten bzw. Überforderten dazu neigen, alles auszublenden, was für ihre persönlichen Ziele nicht von Bedeutung ist. Konkret: Sie nehmen sich weniger Zeit und haben auch nicht die Geduld dazu, sich um Menschen zu kümmern, die in ihrem Leben nur eine marginale Rolle spielen. So sollen z. B. New Yorker überwiegend nur dann zu Hilfeleistungen bereit sein, wenn von vornherein geklärt ist, dass daraus keine weitere Verpflichtung entsteht: „Ich erfülle meine soziale Pflicht – aber damit wir uns nicht falsch verstehen: Weiter geht es auf keinen Fall“ (Levine 1998, S. 221).

Medien als Beschleuniger

Wie viel Beschleunigung kann der Mensch in Zukunft noch ertragen? Die junge Generation wächst in einer Zeit beschleunigten sozialen Wandels auf. Bei diesem Tempo wird es für sie immer schwieriger, nicht aus dem Gleichgewicht zu geraten. Die Medien agieren dabei als Beschleuniger und lassen Kinder und Jugendliche glauben, sie kämen dauernd zu spät. Dies ist ein Phänomen in allen westlichen Industrieländern, wofür der amerikanische Ökonom Edward Luttwak den Ausdruck „Turbo-Kapitalismus“ prägte (Luttwak 1999). Gemeint ist damit die außergewöhnliche Geschwindigkeit der gesellschaftlichen Veränderung als Folge der Globalisierung der Wirtschaft. Das gesamte soziale Leben wird diesem schnellen technologischen Wandel untergeordnet – vom Verlust des Arbeitsplatzes über die Auflösung sinnstiftender Gemeinschaften bis zum Bedeutungsverlust der Familie. Das „horrende Tempo“ (Luttwak) wird zum Trauma für einen Großteil der Bevölkerung.

Immer mehr Menschen können bei diesem Entwicklungstempo nicht mehr mithalten; sie resignieren oder verweigern sich dieser Hektik. Ganz anders das Verhalten der jungen Generation, die spontan sein will und *Instant-Reaktionen* nicht scheut. Wer in der Jugend „in“ und auf der Höhe der Zeit sein will, muss permanent Mobilität und Flexibilität unter Beweis stellen. Martin und Schumann bringen in ihrer Untersuchung über die *Globalisierungsfalle* ein solches Verhalten auf den Punkt: „Im internationalen Wettbewerb verändert sich das Warenangebot so schnell, dass selbst 30-Jährigen die Konsumwelt von wenige Jahren jüngeren Teenagern fremd ist. Unterhaltungs- und Computerelektronik überfordern das Verständnis“ (Martin/Schumann 1996, S.250f.). Daraus folgt: Bei diesem beängstigenden Lebenstempo bleiben viele Menschen auf der Strecke, weil sie der Hetze und dem Erwartungsdruck auf Dauer nicht gewachsen sind.

Vor über 30 Jahren hat der kanadische Medienforscher Marshall McLuhan die Formel von der Welt als globalem Dorf geprägt: In der von McLuhan beschriebenen „neuen Welt des globalen Dorfes“ würden die Menschen plötzlich zu nomadischen Informationssammlern – so nomadisch und so informiert wie noch nie. Mit der Globalisierung lösten sich zunehmend alte Gegensätze von Raum und Zeit, von Arbeit und Freizeit auf. Im elektronischen Zeitalter müssten die Menschen neu leben lernen, weil sich die Maßstäbe und das Tempo des Lebens grundlegend veränderten.

Jetzt ist es offensichtlich so weit. Computer und Medien, Telekommunikation und Unterhaltungselektronik wachsen immer mehr zusammen. Der Einsatz der neuen Technologien entscheidet über die Wettbewerbsfähigkeit von Unternehmen. Die Informations- und Telekommunikationsmärkte werden weltweit als Hoffnungsträger und Impulsgeber für Produktivitätszuwachs und mehr Beschäftigung angesehen. Alle müssen sich bewegen.

Surfer. Zapper. Vagabunden

Kinder und Jugendliche wachsen in einem Zeitalter der Telekommunikation auf, das Züge einer *neuen Netzkultur* trägt: Zwischen elektronischen Spielen und elektronischen Briefkästen, virtuellen Welten und virtuellen Gemeinschaften, Datenautobahnen und Computernetzwerken bewegen sie sich und werden selbst wieder zu Nomaden. Sie können sich von einem Punkt der Erde aus zu einem anderen bewegen – und gleichzeitig sesshaft sein und zu Hause bleiben. Jeder fünfte PC-Nutzer (22%) ist davon überzeugt, dass das elektronische Surfen um die Welt am Ende heimatlos macht: „Internet-Surfer werden wie elektronische Nomaden überall in der Welt, aber nirgendwo zu Hause sein." Verlieren sie den festen Boden unter den Füßen? Praktizieren sie ein *neues Nomadentum*? Früher gingen die Nomaden – je nach Jahreszeit und Niederschlag – auf Nahrungssuche. Die Nomaden von heute hingegen dringen in einen Raum des Wissens und der Fähigkeiten ein – in den lebendigen Raum einer „Menschheit, die sich soeben neu erfindet und sich ihre Welt erschafft", wie der französische Medienforscher Pierre Lévy prognostiziert (Lévy 1997, S. 13).

Und die Verantwortlichen in Politik, Wirtschaft und Gesellschaft leben das schnelllebige Nomadentum auch noch täglich vor: „Ich will nicht sagen, dass wir Manager *Vagabunden* sind, die überall ihr Zelt aufschlagen können. Aber wir sind so flexibel, haben auch ein entsprechendes Einkommen, dass wir von einem Tag auf den anderen umziehen können" (Wiedeking 1999, S. 90). Alles vagabundiert – die Menschen, die Wirtschaft, die Unternehmen und das Geld. Kommen amerikanische Verhältnisse auf uns zu? Die Verweildauer an einem Wohnort liegt in den USA nur mehr bei fünf Jahren. Der amerikanische Traum, *zu gehen, wann und wohin man will*, kann zum Albtraum werden: Der Verlust an Ortssinn droht, ein Verlust an Wurzeln, die den Menschen helfen, sich selbst zu definieren. Moderne Nomaden verkünden gerne: „Wir blühen, wo wir gepflanzt sind.“ Nur: Kann man überhaupt noch wachsen, wenn man ständig umgepflanzt wird?

Das Leitbild des High-Tech-Zeitalters ist der flexible Mensch, ein beschleunigter elektronischer Nomade, der – getrieben von der Angst, etwas zu verpassen – immer auf der Suche nach Halt, Sinn und Orientierung ist. Diesem nicht zur Ruhe kommenden Nomaden kann die „verinnerlichte Moral abhanden kommen“ (Gronemeyer 1996, S. 16). Die *Moralproduktion* übernimmt dann der Markt und die Medien, während der Nomade durch die bereitgestellten Informations- und Unterhaltungswelten zappt. Auch die Erziehung geht zunehmend in die Regie von Markt und Medien über. Sollen eines Tages in TV, PC und Internet eingebaute Software-Geräte die Aufgabe übernehmen, Sex und Crime herauszufiltern? Sorgen in Zukunft „Cybersitter“ und „Net Nannys“ rührend für das Wohl der Kinder?

Der High-Tech-Typ des 21. Jh.s hält sich für unbegrenzt beschleunigungsfähig: Orte und Optionen lassen sich ebenso schnell auswechseln wie Partner und Freunde. Die Generation @ ist eine flexible Generation, die Flexibilität zum höchsten Lebensprinzip erhebt und zum Gradmesser für Fitness, Gesundheit und Erfolg im Berufs- und Privatleben macht. Flexibilität gilt geradezu als neue Tugend der Wandlungsfähigkeit. In den USA gibt es bereits erste Flexibilitätspraktika, in denen Mitarbeiter in der Wildnis zelten oder Bungeesprünge absolvieren lernen (Martin 1994) – eine Art Therapie gegen das „übersättigte Selbst“ (Gergen 1996). Sie setzen dagegen *das flexible Selbst*, das nach Belieben zwischen verschiedenen Lebenswelten hin- und herpendeln kann.

Fast jeder zweite PC-Nutzer (45%) beantwortet die Frage so: „Die Menschen driften und *zappen in Zukunft durch ihr Leben* wie heute schon durch die Fernsehkanäle.“ Eine Art innere Fernbedienung zappt Langweiler und lästige Gesprächspartner weg wie langatmige Dokumentationen oder nervige Werbesendungen im Fernsehen. Hat die Flexibilität als oberstes Prinzip eine Gesellschaft von Driftern zur Folge, in der Loyalität, Treue, Verpflichtung und Verbindlichkeit ihren sozialen und moralischen Wert verlieren?

Es ist kein Zufall, dass der *vollmobile Single* – jenseits von Partner- und Elternschaft – den Erfordernissen des Arbeitsmarktes derzeit am ehesten entspricht. Die Existenzform des Alleinstehenden gilt geradezu als „Urbild der durchgesetzten Arbeitsmarktgesellschaft“ (Beck 1986, S. 200). *Unabhängigkeit* ist – positiv formuliert – das neue Leitziel; negativ formuliert verbirgt sich dahinter die *Angst vor Abhängigkeit.* Beide – Arbeitgeber und Arbeitnehmer – wollen nicht mehr voneinander abhängig sein und ihre Zusammenarbeit nur noch zeitlich begrenzen. Wer sich ein Leben lang beim gleichen Unternehmen „hochdienen" will, muss zwangsläufig enttäuscht werden. Lebenslange Firmentreue wird zum Auslaufmodell, Loyalität im Unternehmen aber auch.

Die psychologischen Grenzen der Schnelllebigkeit

An dem Zukunftstrend Schnelllebigkeit überrascht nicht, dass alles immer schneller wird, sondern dass der Tempowahn langsam an die psychischen Grenzen des Menschen stößt, d. h. an seine Verarbeitungsfähigkeit. Die Beschleunigung überholt den Menschen geradezu, der das Gefühl bekommt, fast immer zu spät zu sein. Mit den Tempo-Vorgaben der Gesellschaft kann er kaum Schritt halten. So kommt der Wunsch auf, Wege in eine neue Zeitkultur zu ebnen und zu gehen: In der modernen Zeitforschung wird von *Chillout* gesprochen, wenn das Ausklingen der Drogenwirkung oder die Zeit zum Ausruhen nach einem Rave gemeint ist. Dahinter verbirgt sich die Erfahrung, dass nach Zeiten der Anspannung auch Zeiten der Entspannung folgen müssen, was für die *Nonstop-Beschleunigten* und *Dauer-Mobilisierten* (vgl. Baeriswyl 2000, S. 222) ein Problem ist.

In den 50er-Jahren gab es noch Werbespots, die eine Minute oder länger dauerten. Das ist Geschichte, seit es kommerzielle Privatsender gibt. MTV z. B. gilt als Kurzformel für die *kurze, schnelle, abgehackte Schnitttechnik* im Fernsehen. Tony Schwartz war einer der geistigen Väter dieser Technik. Schon 1964 entwickelte er einen bahnbrechenden Werbespot gegen Barry Goldwater, in dem ein Mädchen die Blütenblätter eines Gänseblümchens zählte und sich kurz darauf eine nukleare Explosion ereignete. Schwartz begründete seine neue Technik so: „Das Ohr empfängt flüchtige, momentane Schwingungen, übersetzt diese Informationen in elektrische Nervenimpulse und schickt sie ans Gehirn. Das Gehirn ‚hört', indem es die gegenwärtigen Schwingungen registriert, sich an vorangegangene erinnert und zukünftige erwartet. Wir hören nie das Geräuschkontinuum, das wir als Wort, Satz oder Absatz bezeichnen. Das Kontinuum existiert zu keinem gegebenen Augenblick der Zeit" (Schwartz 1973). Mit anderen Worten: MTV rauscht vorbei *wie eine Nebelschwade* und rückt doch alles in den Blickpunkt.

Eigentlich müsste man heute Besucher und Zuschauer in Kinos und vor den Bildschirmen auffordern: „Bleiben Sie auf Ihren Plätzen, bis der Film zu völligem Stillstand gelangt ist" – eine Aufforderung wie im Flugzeug, wenn die Triebwerke noch nicht abgeschaltet sind. Das Gefühl für Muße geht zunehmend verloren. Muße ist Zeit ohne Uhr. Und auch die beschäftigungsfreie Zeit verschwindet immer mehr: „Die Freizeitindustrien (vielleicht ein Oxymoron, aber kein Widerspruch) füllen die Zeit wie das Grundwasser eine Senke. Es ist geradezu die *übersättigende Vielfalt* der Erlebnisse, die unsere Muße angreift. Wir *arbeiten* für unser Freizeitvergnügen" (Gleick 2000, S. 18).

Die derzeitige Angebotsflut im Konsum- und Medienbereich hat viele Beschäftigungen attraktiver gemacht, den Konsumenten zugleich aber Stress und Hektik beschert: Die Frage „Was zuerst?" oder „Wie viel wovon?" beantwortet der gestresste Konsument in seiner Zeitnot mit Zeitmanagement: In genauso viel Zeit werden mehr Aktivitäten „hineingepackt" und untergebracht, schnell ausgeübt oder zeitgleich erledigt. Die neue Erlebnisgeneration agiert nicht alternativ – z. B. PC-Nutzung *statt* Bücherlesen oder Video *statt* Radio. Für sie heißt es eher: Video + Radio + Computer + Buch + Free TV + Pay TV + Teleshopping + Einkaufsbummel + Wochenendfahrt ... Sie will *alles* und von allem noch viel mehr. Wie viel Beschleunigung kann der Mensch eigentlich noch ertragen? So droht fast eine Orwell-Vision Wirklichkeit zu werden: „Wir beschließen, uns rascher zu verbrauchen. Wir steigern das Lebenstempo, bis die Menschen mit 30 senil sind ..." (Orwell 1993, S. 271).

Die psychosozialen Folgen bleiben nicht aus. Wegen der Fülle und Vielfalt der Angebote können viele Eindrücke und Informationen nur noch konfettiartig nebeneinander aufgenommen werden: Kennzeichen einer *Konfetti-Generation*. Die Impressionen bleiben bruchstückhaft und oberflächlich. Zwischen Wortfetzen und Bildsplittern hin- und hergerissen hat sie am Ende nur wenig Zusammenhängendes gehört und gesehen. Mit der Gewöhnung an das Trommelfeuer ständig neuer Reize bekommt selbst das Außergewöhnliche den Charakter des Vorübergehenden – auf dem Weg zum nächsten Ereignis. Sobald etwas uninteressant zu werden droht, springt der Konsument einfach weiter. So muss die „Hopping-Manie" unweigerlich in Überreizung enden. Der hastige Konsument kommt nicht zur Ruhe. Innere Unruhe weitet sich zum Dauerstress aus. Der Wunsch kommt auf: „Am besten mehrere Leben leben" (Popcorn 1992) – der vermessene Traum eines hybriden Menschen.

Der Eindruck entsteht: Der moderne Mensch will einen 48-Stunden-Tag haben, abends schon die Zeitung von morgen lesen, vier Jahreszeiten an einem Tag erleben, möglichst jeden Tag jemand anders sein oder ihn spielen und am liebsten in einer *Endlos-Serie* leben. Getrieben von der Angst, vielleicht im Leben etwas zu verpassen …

„Jeden Morgen wacht in Afrika eine Gazelle auf: Sie weiß, sie muss schneller laufen als der schnellste Löwe, um nicht gefressen zu werden. Jeden Morgen wacht in Afrika ein Löwe auf. Er weiß, er muss schneller als die langsamste Gazelle sein. Sonst würde er verhungern. Es ist egal, ob man ein Löwe oder eine Gazelle ist: Wenn die Sonne aufgeht – musst du rennen!" Weltweit gilt diese Geschichte als *Symbol einer Nonstop-Gesellschaft* (vgl. Adam u.a. 1998), in der Zeit-Optimierung und Speed-Management, Rast- und Ruhelosigkeit den Ton angeben.

Alles muss schneller gehen: das Essen, das Fernsehen, das Bücherlesen. *Bigger. Better. Faster. More* – eine multioptionale Konsumgesellschaft verspricht grenzenlose Steigerungen. Immer mehr läuft rund um die Uhr, das Radio, das Fernsehen … Eine Konsumkultur, die nur auf Steigerung, Vermehrung und Intensivierung setzt, gleicht einer „Mobilmachungskultur" (Peter Sloterdijk), die nicht unendlich steigerbar sein kann und Grenzen haben muss – psychische Grenzen (Ermüdung), materielle Grenzen (Müll) und ökologische Grenzen (Klima- und Wassernotstände).

„Mehr tun in gleicher Zeit": Mit dieser Formel lässt sich ein Wandel in den letzten Jahren beschreiben, der allen Aktivitäten den Stempel der Hektik aufdrückt. Immer mehr Beschäftigungen werden im Fast-food-Stil bzw. zeitgleich erledigt. Die Schnelllebigkeit nimmt überall zu. Für zeitaufwendige Beschäftigungen bleibt uns immer weniger Zeit (oder richtiger: nehmen wir uns weniger Zeit). Aus einer Zeitbudget-Studie im 10-Jahres-Vergleich geht hervor: Ob Beschäftigung allein, mit dem Partner oder mit den Kindern – *alles, was über zwei Stunden dauert, stagniert oder geht zurück* (vgl. Opaschowski 1997). Wir sind heute für viele Tätigkeiten aufgeschlossen – solange sie nicht über zwei Stunden dauern. Das bekommt auch der Partner zu spüren: Die gemütlichen 3-Stunden-Abende zu Hause mit dem Partner werden seltener. Wir leben im 2-Stunden-Takt. Spätestens alle zwei Stunden wollen wir etwas Neues erleben. Ohne uns lange niederzulassen, springen wir von einem Ereignis zum anderen. Sieht so unsere Zukunft aus? Am Donnerstagabend Kinohopping, am Freitagnachmittag Frustrationseinkäufe – drei CDs und zwei Bücher und dann keine Zeit mehr, sie zu hören und zu lesen. Am Wochenende drei Einladungen und Besuche und im nächsten Urlaub weit reisen, oft wechseln und kurz bleiben?

Der Erlebniskonsument kommt eigentlich immer zu spät. Seine Jagd nach Glück beschert ihm ein Leben mit Tempo und mit Spaß. Immer auf der Suche nach schnellen Sensationen (Walter Benjamin: „Gift der Sensation") kann er nie lange bei einer Sache verweilen. Er lebt nach der Devise: „Mehr tun in gleicher Zeit." Die Sucht nach Spaß gewährt dem unter Zeitnot leidenden Konsumisten nur flüchtigen Genuss: TV-Hopping, Kino-Hopping, Party-Hopping, Island-Hopping … und dann ganz schnell wieder weiter. Am Ende hoppt der Mensch nicht nur durch Konsumlandschaften, sondern durch das ganze Leben selbst: „Heute hier – und morgen fort."

Und zugleich lebt und arbeitet er fast nur noch für den Konsum. Die Zeit zerrinnt zwischen den Fingern. Statt im Überfluss der Zeit zu baden, setzt er sich dem rastlosen Konsumdruck aus. Mögliche erfüllte Zeit verwandelt sich in „verdünnte Zeit" (Max Frisch: „Homo Faber"). Und die vermeintliche Frei-Zeit erweist sich dabei als semantische Falle, die lediglich Wahlfreiheit gewährt und Hast und Hektik eskalieren lässt. So wird die Zeitfreiheit zur Zeitfalle.

Im 21. Jh. hat die westliche Erlebniskultur mit dem *Wahn des Übermaßes* zu kämpfen. Vielleicht hat Blaise Pascal, selbst vom „Elend des Menschen ohne Gott" überzeugt, schon vor über 300 Jahren (1670: „Pensées) den heutigen Erlebniswahn vorwegempfunden: „Kein Übermaß ist sinnlich wahrnehmbar. Zu viel Lärm macht taub; zu viel Licht blendet; was zu weit ist und zu nah ist, hindert das Sehen … Das Übermäßige ist uns feindlich und sinnlich unerkennbar. Wir empfinden es nicht mehr, wir erleiden es" (Pascal 1954).

Neue Zeitkultur

Wir haben heute beim Lesen arabischer Märchen beständig das sehnsüchtige Gefühl: „Diese Leute haben Zeit! Massen von Zeit! Sie können einen Tag und eine Nacht darauf verwenden, ein neues Gleichnis für die Schönheit einer Schönen oder für die Niedertracht eines Bösewichts zu ersinnen! Sie sind Millionäre an Zeit!" Das schrieb Hermann Hesse am 28. Februar 1904 in der Neuen Zürcher Zeitung. Hesse lieferte die Begründung gleich mit: „Wenn ich nicht im Grunde ein sehr arbeitsamer Mensch wäre, wie wäre ich je auf die Idee gekommen, Loblieder und Theorien des Müßiggangs auszudenken.“ In der Tat: Der geborene Müßiggänger denkt nicht über Muße nach, er hat sie.

Die Kunst des Faulenzens, das Nichtstun mit Methode und großem Vergnügen zu pflegen, ist im Industriezeitalter der letzten 100 Jahre außer Übung geraten. Hunger und Sehnsucht nach Zeit fanden noch Ende des 19. Jh.s in Richard Dehmels Gedicht „Der Arbeitsmann“ (1896 vom „Simplicissimus“ als das „beste sangbare Lied aus dem deutschen Volksleben“ preisgekrönt) ihren sinnfälligen Ausdruck:

Der Arbeitsmann im 19. Jh.

Wir haben ein Bett, wir haben ein Kind,
Mein Weib!
Wir haben auch Arbeit, und gar zu zweit.
Und haben die Sonne und Regen und Wind.
Uns fehlt nur eine Kleinigkeit,
Um so frei zu sein, wie die Vögel sind:
Nur Zeit!

Ein Jahrhundert später könnte das Gedicht so lauten:

Der Erlebniskonsument im 21. Jh.

Wir haben ein Handy, ein Auto und viele Freunde, mein Weib!
Wir leben und wohnen allein – und manchmal auch zu zweit.
Und haben noch viele Wünsche und – irgendwann – vielleicht ein Kind.
Uns fehlt nur eine Kleinigkeit,
Um so frei zu sein, wie die Vögel sind:
Nur Zeit!

Über ein Jahrhundert später haben sich die Hoffnungen des Arbeitsmannes noch immer nicht erfüllt. Wir haben zwar mehr Möglichkeiten und Gelegenheiten, aber kaum Ruhe zum Genießen der Zeit. Nur noch neidisch können wir auf frühere Kulturen zurückblicken, die im *Zeitwohlstand* lebten und sich eine *mañana-Mentalität* leisten konnten: Morgen ist auch noch ein Tag. Wir aber haben heute ständig das Gefühl, morgen könnte es bereits zu spät sein: Konsumiere im Augenblick und genieße das Leben jetzt. Wir nutzen die Zeit mehr, als das wir sie verbringen.

Als Problemlösung bietet sich die Selbsterkenntnis an: Wir haben keine Muße mehr. Und weil wir immer höhere Konsumansprüche stellen, nimmt das *Gefühl von Zeitknappheit* zwangsläufig zu. Was haben wir schon von einem Kinobesuch oder Einkaufsbummel, wenn wir ihn nicht in Ruhe genießen können? Im gleichen Maße, wie die Produktivität der Arbeitszeit steigt, versuchen wir auch die Konsumzeit zu steigern und immer mehr in gleicher Zeit zu erleben. Konsumwünsche werden miteinander kombiniert – der Einkaufsbummel mit dem Treffen von Freunden, das Essengehen mit dem Knüpfen geschäftlicher Verbindungen, das Fernsehen mit dem Zeitunglesen oder die Urlaubsreise mit dem Erlernen neuer Sportarten. Auf diese Weise nimmt die *Konsum-Produktivität* zu, aber die freie Verfügbarkeit von Zeit ab.

Schon vor über 40 Jahren sagte der amerikanische Nationalökonom George Soule voraus, dass die Zeit als Wirtschaftsfaktor immer wichtiger werde und die Bedeutung eines „knappen Rohstoffes" (Soule 1956) bekomme. Und der Schwede Staffan B. Linder führte knapp zwei Jahrzehnte später aus, „warum wir keine Zeit mehr haben" (Linder 1973). Wir arbeiten weniger, leisten uns mehr und kommen nicht zur Ruhe. Werden wir zu Zeitkonsumenten, die beim Konsumieren Zeit verbringen und verlieren?

Wir umgeben uns mit einem dichten Dschungel von Konsumgütern – von Auto, Handy und Fernseher, Video und Sportgeräten – und vergessen dabei oft, dass es Zeit erfordert, davon Gebrauch zu machen. Wir entwickeln uns zu ruhelosen Konsumenten, die für sich selbst, zur Entspannung, zur Selbstbesinnung und auch zum nachdenklichen Lesen kaum noch Zeit finden. „Die Welt von heute", so hatte schon der italienische Schriftsteller Alberto Moravia in den 60er-Jahren angekündigt, „hat zum Lesen keine Zeit mehr" (Interview in „La Tribune de Genève" am 9./10. September 1967). Die Konsumangebote werden immer vielfältiger, das Lebenstempo immer hektischer und die Menschen immer ruheloser. Das Gefühl für den Wert der Zeit nimmt zu. Mehr Geld allein erscheint wertlos, wenn nicht gleichzeitig auch mehr Zeit „ausgezahlt" wird. Das bekommen viele Manager und Politiker heute schon zu spüren. Zeit ist für sie zum knappsten und wertvollsten Gut geworden.

Bisher ist die Wirtschaftswissenschaft fast ausschließlich von dem *Modell der Knappheit* ausgegangen, nach dem wir viele Bedürfnisse und Wünsche, aber nicht genügend Geld und Zeit haben, um sie alle vollständig zu befriedigen. Dabei wurde übersehen, dass v. a. Kinder und Jugendliche mitunter mehr konsumieren „müssen", als sie eigentlich „wollen“ bzw. psychisch und ökonomisch verkraften können. Dieser These liegen Erkenntnisse der Motivationspsychologie, insbesondere der Reiz-Reaktions-Psychologie („stimulus-response psychology“) zugrunde. Es geht dabei um die zentrale Frage, wie sich Reize und Reizüberflutung langfristig auf die menschliche Psyche, den Organismus und die zwischenmenschlichen Beziehungen auswirken. Für die bloße Hoffnung darauf, dass sich das Problem der Reizüberflutung eines Tages von selbst löst, weil es gewissen Sättigungsgesetzen unterliegt, gibt es keine nachweisbaren Belege. Das Gesetz der Bedürfnissättigung gilt lediglich für physiologische Bedürfnisse, nicht aber für sozial bedingte Bedürfnisse (z.B. Geltungs-, Kontaktbedürfnis, Anspruchsdenken).

Andererseits gibt es die ganz persönliche Erfahrung, dass übermäßige Reize Ruhelosigkeit und Unwohlsein, Aggressivität und Wut auslösen können. Zu viele Reize, aber auch zu wenige (oder gar keine) Reize werden als unangenehm empfunden. Aus der Psychologie ist bekannt: Das Angenehme (= das „Reizoptimum“) liegt zwischen den Extremen des Zuviel und des Zuwenig. Dies erklärt auch die Paradoxie, dass *selbst zu viel des Guten schlecht sein kann*. So kann beispielsweise ein Kindergeburtstag, der ja eigentlich Freude bereiten sollte, mit Streit, schlechter Laune der Eltern oder Weinen der Kinder enden (vgl. Berlyne 1974).

Für die Zukunft gilt: Das Wohlbefinden von Menschen und die innere Gesundheit eines Landes müssen sich an der *gelebten Mußekultur* erkennen lassen: im Bett liegen und grübeln, ziellos herumschlendern, einfach dasitzen und Kaffee trinken – denn jeder, der nichts tut und dabei seinen Gedanken freien Lauf lassen kann, muss mit sich selbst im Reinen sein (vgl. Grazia 1962). In der Schweiz breitet sich eine Bewegung der sog. Slobbys aus, der „slower but better working people“. *Entschleunigung* kann so auch höhere Arbeitsqualität bedeuten. Nicht die Langsamkeit soll im Arbeitsprozess hofiert werden, sondern der Kampf gegen den Tempowahn auf Kosten von Präzision, Zuverlässigkeit und Qualitätsgarantie.

Wie aber stehen die Zukunftschancen für eine Wiederentdeckung der Langsamkeit, für eine Entschleunigung, ein Leitbild des Zeitlassens und eine *neue Zeitpolitik*? Müsste nicht eine solche Zeitpolitik als Daseinsvorsorge für den Bürger dafür Sorge tragen, dass die Schnelleren immer auf die Langsameren warten? In der Entwicklung solcher „Strategien der Entschleunigung“ (Reheis 1999, S.36) stehen wir erst am Anfang. Wer also nicht sein ganzes Leben auf der Überholspur verbringen und ebenso pausen- wie atemlos die Hetzjagd mit Höchstgeschwindigkeiten mitmachen will, muss lernen und trainieren, „die Zeit von Zeit zu Zeit zu vergessen“ (Baeriswyl 2000, S. 217). Das ist persönlich gelebte Zeitkultur.

Zehn Gebote für das 21. Jahrhundert

Noch nie zuvor waren die Menschen einem solchen Angebotsstress ausgesetzt wie heute. Ständig müssen wir uns entscheiden, ob wir etwas machen oder haben, selektiv nutzen oder ganz darauf verzichten wollen:

- Was ist eigentlich für mich wichtig und was nicht?
- Woher nehme ich den Mut, auch nein zu sagen?
- Und wie schaffe ich es, mich zu bescheiden, auch auf die Gefahr hin, etwas zu verpassen?

Früher galt der Grundsatz „Eine Sache zu einer Zeit“. Daraus ist heute die Gewohnheit „Mehr tun in gleicher Zeit“ geworden. Die Probleme sind weitgehend hausgemacht; also kann man auch selbst dagegen etwas tun und sich aus der Beschleunigungsfalle „Alles hat seine Zeit – nur ich habe keine“ befreien. Auf dem ganz persönlichen Weg in eine neue Zeitkultur können die folgenden *Zehn Gebote des 21. Jh.s* hilfreich sein:

1. Bleibe nicht dauernd dran; schalte doch mal ab.
2. Jage nicht ständig schnelllebigen Trends hinterher.
3. Kaufe nur das, was du wirklich willst, und mache dein persönliches Wohlergehen zum wichtigsten Kaufkriterium.
4. Versuche nicht, permanent deinen Lebensstandard zu verbessern oder ihn gar mit Lebensqualität zu verwechseln.
5. Entdecke die Hängematte wieder. Lerne wieder, „eine Sache zu einer Zeit“ zu tun. Lieber einmal etwas verpassen als immer dabei sein.
6. Genieße nach Maß, damit du länger genießen kannst.
7. Mache nicht alle deine Träume wahr; hebe dir noch unerfüllte Wünsche auf.
8. Du allein kannst es – aber du kannst es nicht allein: Hilf anderen, damit auch dir geholfen wird.
9. Tu nichts auf Kosten anderer oder zu Lasten nachwachsender Generationen: Sorge nachhaltig dafür, dass das Leben kommender Generationen lebenswert bleibt.
10. Verdiene dir deine Lebensqualität – durch Arbeit oder gute Werke: Es gibt nichts Gutes; es sei denn, man tut es.

Vorsorge und Vorausschau. Forderungen an die Gesellschaft

In einer „Rund-um-die-Uhr-und-alles-ist-möglich"-Gesellschaft lösen sich die Grenzen von in oder out, neu oder alt, progressiv oder konservativ, links oder rechts zusehends auf. Die Bürger, die Wähler und die Konsumenten sind kaum mehr berechenbar, dafür aber spontan, flexibel und mobil. Stamm-Kunden und Stamm-Wähler sterben aus. *Stimmungs- und Wechsel-Wähler* breiten sich aus. Konsumiert und gewählt wird ganz nach persönlichem Befinden oder gesellschaftlicher Stimmungslage. Die Folgen sind klar: tendenzielle Flucht der jungen Generation aus Verpflichtungen und Verbindungen, dramatischer Einbruch bei Wahlbeteiligungen und politischen Engagements. Den Vereinen und Parteien laufen die Jungmitglieder und Jungwähler davon. Die politischen Parteien und einzelne Wirtschaftsbranchen „müssen" damit leben lernen: heute F.D.P. und morgen MTV ... Nichts ist unmöglich.

Aus kultursoziologischen Forschungen geht hervor, dass es Menschen im Mittelbereich zwischen Not und Überfluss subjektiv am besten geht. Diesen Menschen fehlt noch etwas, wofür sich Arbeit und Anstrengung lohnen. Ihr Leben hat schließlich eine Richtung: nach oben. Und die Erfahrung lehrt: Menschen, die nach oben wollen, haben eher *Mittel-Krisen* – Menschen, die oben sind, dagegen *Sinn-Krisen*. Die einen sind noch unterwegs, die anderen sind schon angekommen (vgl. Schulze 1992). Bedroht ist nicht mehr das Leben, sondern sein Sinn. Was müssen wir also tun, um aus dieser Sinnkrise herauszufinden? Thesenhaft sind folgende Forderungen an die Gesellschaft zu stellen:

– *Aus der Geschichte Lehren ziehen*
  Das ist nicht so einfach. Denn jedes Gesellschaftssystem unterliegt einem natürlichen Alterungsprozess. Historisch gesehen ist jeder Untergang des einen zugleich ein Übergang für die anderen. Die Verfallsfaktoren z. B. für den Untergang Roms lesen sich heute wie eine aktuelle Bestandsaufnahme: Vergnügungssucht, ausufernder Egoismus, Ehe- und Kinderlosigkeit, hohe Scheidungsraten, Bevölkerungsschwund. Letzterer ließ sich selbst durch sog. Sklavenzufuhr nicht aufhalten. Rom war sozial, poli-

tisch und kulturell erstarrt und reif für den Untergang. Viele Wege führen nach Rom. Wir sollten in Zukunft andere Wege gehen.

- *In der Schule für das ganze Leben lernen*
  „Nicht für die Schule, sondern für das Leben lernen wir." Wenigstens diese alte Weisheit der Römer sollte wieder wörtlich und ernst genommen werden. Aus der Lernschule muss wieder eine Lebensschule werden. Lernfragen sind wichtig, Lebensfragen aber genauso. Viele Schüler haben nach Verlassen der Schule den Kopf voll mit Formeln und Vokabeln, stolpern aber ansonsten ziemlich orientierungslos durch das wirkliche Leben.
- *Die materialisierte Lebenshaltung überdenken*
  Erkenne, wann du satt bist. Wir müssen wieder spüren lernen, wann wir hungrig sind – materiell und mental. Tragen immer mehr Konsumangebote wirklich zu unserem Wohlbefinden bei oder lassen sie uns aus dem inneren Gleichgewicht geraten? Auch die Konsumgesellschaft muss ihren Anspruch auf Lebensqualität einlösen, wenn sie eine Zukunft haben will.
- *Neue familienfreundliche Leitbilder schaffen*
  Viele Konsumangebote fördern das Auseinanderdriften der Familienmitglieder. „Tu was für dich selbst" – „Erlebe dein Leben" – „Verwirkliche deine Träume" – egal, ob Partnerschaft oder Familie darunter leiden. Wie nie zuvor in der menschlichen Geschichte müssen wir in Zukunft mit einer beispiellosen Zunahme der Langlebigkeit rechnen, bei der wir auf das natürliche Solidaritätspotential der Familie nicht verzichten können.
- *Für generationsübergreifende Kontakte sorgen*
  Der Generationenvertrag steht vor seiner Auflösung. Vor dem aktuellen Hintergrund schrumpfender familiärer Netze nehmen in Zukunft auch die Verwandtschaftshilfen ab. Informelle soziale Netzwerke müssen systematisch gefördert und die natürlichen Hilfspotentiale aktiviert werden, damit auch Freunde, Bekannte und Vereinsmitglieder als freiwillige Helfer gewonnen werden können.
- *An mentale Altersvorsorge denken*
  Die materielle Altersvorsorge durch abgesicherte Rente, Wohnung, Haus und Garten ist nur mehr die „halbe Miete". Zur Lebensplanung von morgen gehört auch die mentale Vorsorge – die Erweiterung des eigenen Interessen- und Aktivitätenspektrums im Umfeld von Bildung, Kultur, Medien, Hobby, Sport und Erlebniskonsum sowie die systematische Pflege von Kontakten in Fa-

milie und Nachbarschaft. Nur so bleibt die persönliche Lebensqualität bis ins hohe Alter garantiert. Die Immobilienbranche von morgen müsste eigentlich auch eine mobile Branche sein, die Bauobjekte verkauft und zugleich mobile Netzwerke, betreutes Wohnen sowie Anlässe und Gelegenheiten für Kontakte und gemeinsames Erleben mitliefert.

- *Arbeit und Leistung neu definieren*
  Diesseits und jenseits des Erwerbs warten neue Arbeitswelten auf uns: Familienarbeit, Gesellschaftsarbeit, Bürgerarbeit. Viele dieser Tätigkeitsfelder kommen ohne Bezahlung, aber keines ohne soziale Anerkennung aus. Unbezahlte Arbeiten können das Erwerbssystem natürlich nicht ersetzen, aber durchaus sinnstiftend ergänzen. Alle wollen im Leben etwas leisten und alle können auch etwas leisten. Allerdings muss die Leistungsdiskussion, die sich bisher fast nur im ökonomischen Fahrwasser bewegte, um soziale Dimensionen erweitert werden.
- *Das freiwillige Ehrenamt gesellschaftlich aufwerten*
  Mit dem Trend zur Individualisierung gehen immer mehr Orientierungsmöglichkeiten verloren und werden neue Gemeinschaftserlebnisse immer wichtiger. Wir sollten also in Zukunft geradezu eine neue Profession mit Ernstcharakter schaffen, eine Art Zweitkarriere jenseits des Gelderwerbs – ein soziales Volontariat, das auf dem Prinzip der Freiwilligkeit basiert.
- *Für verbindliche Wertorientierungen Sorge tragen*
  Multiplikatoren und gesellschaftliche Entscheidungsträger haben eine Pflicht, in der Suche nach verbindlichen Wertorientierungen, in denen das Wohl des Menschen und das Gemeinwohl der Gesellschaft im Mittelpunkt stehen, voranzugehen. Sie müssen nicht gleich alle Lösungen selbst finden, sie sollten eher Fragen stellen und andere zu Antworten ermutigen.
- *Die Politik für Zukunftsfragen sensibilisieren*
  Die Politik muss die Bevölkerung davon überzeugen, dass sie die Richtung der zukünftigen gesellschaftlichen Entwicklung kennt und entsprechend Einfluss darauf nimmt. Doch in der Politik herrscht noch immer weitgehend Orientierungsnotstand, weil kaum jemand eine Richtung für die Zukunft vorgibt, sodass die Bürger wissen und erfahren, was nun kommt, wo es hingeht oder langgehen sollte. Gemacht wird eher, was gerade machbar ist bzw. ankommt.

Vor dem Hintergrund von Globalisierung und wachsender Beschleunigung in Wirtschaft und Gesellschaft sind eine *voraus-*

schauende Politik und eine *vorausschauende Unternehmensplanung* im 21. Jh. unverzichtbar: Auf einer gut bekannten Landstraße brauchte früher der Fahrer eines Fuhrwerks, das sich nachts im Schritttempo fortbewegte, zur Beleuchtung der Straße nur eine schlechte Laterne. Ein schnelles Auto dagegen, das mit hoher Geschwindigkeit durch eine unbekannte Gegend fährt, muss mit starken Scheinwerfern ausgestattet sein. Ohne Sicht schnell in die Zukunft zu fahren ist der reinste Wahnsinn.

Politik und Wirtschaft propagieren gern und stolz: Die Schnellen schlagen die Langsamen – das ist viel zu kurzatmig gedacht. Erst rastlos, dann ziellos und am Ende ratlos? Offensichtlich sind sie manchen schnelllebigen Trendforschern auf den Leim gegangen, die auf dem Deutschen Trendtag in Hamburg kleinlaut eingestehen mussten: „Vorne ist da, wo sich keiner auskennt." Realistischer ist da die Maxime des deutschen Dichters Gotthold Ephraim Lessing: „Der Langsamste, der sein Ziel nicht aus den Augen verliert, geht immer noch geschwinder als der, der ohne Ziel umherirrt."

Grundlagenliteratur

ADAC (Hrsg.): Mobilität. Untersuchungen und Antworten des ADAC, München 1988.
Adam, B. (Hrsg., u.a.): Die Nonstop-Gesellschaft und ihr Preis. Vom Zeitmissbrauch zur Zeitkultur, Stuttgart–Leipzig 1998.
Adorno, Th. W.: Freizeit. In: H. W. Opaschowski (Hrsg.): Freizeitpädagogik in der Leistungsgesellschaft, 3. Aufl., Bad Heilbrunn 1977, S. 20–26.
Allensbach, Institut für Demoskopie: Die jungen Städter (Untersuchung im Auftrag des Jahreszeitenverlags), Hamburg 1992.
– Gesprächsfaden gerissen? In: Allensbacher Berichte Nr. 9 (2000), S. 1–5.
– Spaß haben, das Leben genießen. In: Allensbacher Berichte Nr. 5 (2001), S. 1–5.
Appadurai, A.: Globale Landschaften. In: U. Beck (Hrsg.): Perspektiven der Weltgesellschaft, Frankfurt a. M. 1997, S. 22.
Arendt, H.: Vita activa oder Vom tätigen Leben, Stuttgart 1960.
Aronson, E. (u.a.): Ausgebrannt. Vom Überdruß zur Selbstentfaltung („Burnout – From Tedium to Personal Growth", 1981), Stuttgart 1983.
Bach, H.-U. (u.a./Autorengemeinschaft): Der Arbeitsmarkt in der Bundesrepublik Deutschland in den Jahren 1999 und 2000. In: Mitteilungen aus der Arbeitsmarkt- und Berufsforschung, Jg. 33, Heft 1 (2000), S. 5–26.
Bachmann, R.: Singles. Zum Selbstverständnis und zum Selbsterleben von 30- bis 40-jährigen partnerlos alleinlebenden Männern und Frauen, Frankfurt a. M. 1992.
Backhaus, K.: Im Geschwindigkeitsrausch. In: Aus Politik und Zeitgeschichte B 31/99 vom 30. Juli 1999, S. 18–24.
Baeriswyl, M.: Chillout. Wege in eine neue Zeitkultur, München 2000.
Bastian, I.: Mobilität: Der Krieg gegen die Zeit. In: Universitas 6 (1991), S. 517–525.
Beck, U.: Risikogesellschaft. Auf dem Weg in eine andere Moderne, Frankfurt a. M. 1986.
– Ausbilden für das 21. Jahrhundert. In: Süddeutsche Zeitung Nr. 246 (Beilage Hochschule und Beruf), München 25./26. Oktober 1997a.
– Die uneindeutige Sozialstruktur. Was heißt Armut, was Reichtum in der „Selbst-Kultur"? In: U. Beck/P. Sopp (Hrsg.): Individualisierung und Integration, Opladen 1997b, S. 183–197.
– (Hrsg.): Perspektiven der Weltgesellschaft, Frankfurt a. M. 1997c.
– Was ist Globalisierung? Frankfurt a. M. 1997d.
– Schöne neue Arbeitswelt. Vision: Weltbürgerschaft, Frankfurt a. M.–New York 1999.

Beck-Gernsheim, E.: Stabilität der Familie oder Stabilität des Wandels? In: U. Beck/P. Sopp (Hrsg.): Individualisierung und Integration, Opladen 1997, S.65–80.

Bell, D.: Die nachindustrielle Gesellschaft („The Coming of Post-Industrial Society", 1973), Frankfurt a.M. 1996a.

– Die Zukunft der westlichen Welt („The Cultural Contradictions of Capitalism", 1976), Frankfurt a.M. 1996b.

Bellow, S.: An Unbearable State of Distraction. Rede vom 9. Nov. 1989a.

– „Wir müssen die Klassiker studieren, nicht unsere Windeln". Zeit-Gespräch, Hamburg 13. Januar 1989b.

Benjamin, W.: Illuminationen, Frankfurt a.M. 1961.

Berlyne, D. E.: Konflikt, Erregung, Neugier, Stuttgart 1974.

Birg, H.: Wann werden die Deutschen aussterben? (Interview). In: Welt am Sonntag Nr. 46 vom 12. November 2000.

Bliersbach, G.: Gibt es ein Leben nach dem Auto? Von der Schwierigkeit des Verzichts. In: psychologie heute 11 (1992a), S.27–33.

– Oft vergessen: psychologische Momente des Autofahrens. In: Ökologische Briefe Nr. 42 vom 14. Oktober 1992b.

BMFT/Bundesministerium für Forschung und Technologie (Hrsg.): Deutscher Delphi-Bericht zur Entwicklung von Wissenschaft und Technik, Bonn 1993.

– (Hrsg.): Langfristige Perspektiven technischer und gesellschaftlicher Entwicklung in Deutschland. Visionen für die Forschungs- und Technologiepolitik, Düsseldorf 1995.

BMFUS/Bundesministerium für Familie und Senioren: Vereinswesen in Deutschland (bearb. v. S. Agricola/P. Wehr), Bonn 1993.

BMU/Bundesministerium für Umwelt, Naturschutz und Reaktorsicherheit (Hrsg.): Was Sie schon immer über Auto und Umwelt wissen wollten, 4. Aufl., Stuttgart–Berlin–Köln–Mainz 1987.

Borowski, A.: Solisten suchen Nähe. In: N. Copray (Hrsg.): Lieber allein? München 1991, S.26–30.

Borscheid, P.: Geschichte des Alters, Münster 1987.

Bourdieu, P.: Forms of Capital. In: J. G. Richardson (Hrsg.): Handbook of Theory and Research for the Sociology of Education, New York 1983, S.241–258.

Brooks, V. W.: America's Coming-of-Age, Garden City/New York 1958.

BUND/Misereor (Hrsg.): Zukunftsfähiges Deutschland. Ein Beitrag zu einer global nachhaltigen Entwicklung, Basel–Boston–Berlin 1996.

Bundesgrundschulkonferenz 1995 in Berlin: Zukunft für Kinder – Grundschule 2000. Hrsg. v. Arbeitskreis Grundschule/Grundschulverband/GEW, Hannover 1996.

Bundeszentrale für politische Bildung: Vorwort. In: S. Aufenanger (Hrsg.): Neue Medien – Neue Pädagogik?, Bonn 1991, S.7–8.

Burkart, G./M. Kohli: Ehe und Elternschaft im Individualisierungsprozess: Bedeutungswandel und Milieudifferenzierung. In: Zeitschrift für Bevölkerungswissenschaft 15 (1989), S.405–426.

Campbell, A. (u. a.): The quality of American life, New York 1976.
Campbell, C.: The Romantic Ethic and the Spirit of Modern Consumerism, Oxford 1987.
Camus, A.: Der Mythos von Sisyphus (Rowohlts deutsche Enzyklopädie Nr. 90), Reinbek b. Hamburg 1959.
Casparis, Chr. P.: Freizeitmarkt und Europa im Wandel. In: Th. Bieger/M. Hostmann (Hrsg.): Strategie 2000 für die Freizeitbranche, Grüsch 1990, S. 55–66.
Clemens, W.: Alternssoziologie – eine zeitgemäße Bindestrich-Soziologie? In: G. M. Backes (Hrsg.): Soziologie und Alter(n), Opladen 2000, S. 45–61.
Copray, N.: Lieber allein? Im Sog der Single-Gesellschaft, München 1991.
Coupland, D.: Generation X. Geschichten für eine immer schneller werdende Kultur („Generation X. Tales for an Accelerated Culture“, 1991), Hamburg 1992.
– Life after God. Die Geschichten der Generation X, Berlin 1995.
– Microsklaven („Microserfs“, 1995), Hamburg 1996.
Crevier, D.: Eine schöne neue Welt? Die aufregende Geschichte der künstlichen Intelligenz, Düsseldorf 1994.
Cross, R./J. Smith: Costumer Bonding, Lincolnwood 1995.
Csikszentmihalyi, M.: Das Flow-Erlebnis: Jenseits von Angst und Langeweile („Beyond Boredom and Anxiety – The Experience of Play in Work and Games“, 1975), 3. Aufl., Stuttgart 1991.
– Flow. Das Geheimnis des Glücks („Flow – The Psychology of Optimal Eperience“, 1990), Stuttgart 1992.
Cumart, N.: Generation 3000. Geschichten aus der Zukunft, München 1999.
Dahrendorf, R.: Wenn uns die Arbeit ausgeht. In: Die Zeit Nr. 39, Hamburg 1978, S. 58.
– Anti-Kapitalismus kann zur globalen Bedrohung werden. In: Die Welt vom 20. Juli 2001, S. 5.
DeJong-Gierveld, J.: The (marital) partner as a source of social support in everyday and problem situations (3rd International Conference on Personal Relationships), Herzlya/Israel 1986.
Dittrich, G. G. (Hrsg.): Wohnen Alleinstehender, Stuttgart 1972.
Döring, N.: Sozialpsychologie des Internet, Göttingen (u. a.) 1998.
– Identität + Internet = Virtuelle Identität? In: Netzwelten – Menschenwelten – Lebenswelten (Forum Medienethik Nr. 2 [2000]), S. 65–75.
Duerr, H. P.: Der Genussmensch ohne Herz (Interview). In: Der Spiegel Nr. 49 vom 4. Dezember 2000 a, S. 188–196.
– Vorwort. In: Chr. Boeser (Hrsg., u. a.): Kinder des Wohlstands, Frankfurt a. M. 2000 b, S. 6–10.
Durkheim, E.: Professional Ethics and Civil Morals (1890), Glencoe 1958.
DWIF/Deutsches Wirtschaftswissenschaftliches Institut für Fremdenverkehr an der Universität München (Hrsg.): Tagesreisen der Deutschen, München 1995.
Eckert, G.: Die Kunst des Fernsehens, Emsdetten/Westf. 1953.

Eckert, R. (u. a.): Sinnwelt Freizeit, Opladen 1990.

Eco, U.: Visionen der Zukunft. In: Conturen Nr. 2 (2000), S. 10–14.

Enquête-Kommission „Schutz der Erdatmosphäre“ des 12. Deutschen Bundestages (Hrsg.): Mobilität und Klima. Wege zu einer klimaverträglichen Verkehrspolitik, Bonn 1994.

Enquête-Kommission des Deutschen Bundestages (Hrsg.): Zwischenbericht der Enquête-Kommission Demographischer Wandel. Herausforderungen unserer älter werdenden Gesellschaft an den einzelnen und die Politik, Bonn 1994.

– Zukunft der Medien in Wirtschaft und Gesellschaft. Deutschlands Weg in die Informationsgesellschaft, Bonn 1996.

– Zweiter Zwischenbericht der Enquête-Kommission „Demographischer Wandel“, Bonn 1998.

Ernst, H.: Das Ich der Zukunft. In: psychologie heute (Dez. 1991), S. 25–28.

– (Hrsg., u. a.): Lebenswelten 2020. 36 Zukunftsforscher über die Chancen von morgen. Hrsg. v. Dt. Institut für Altersvorsorge, Köln 2000.

Esping-Andersen, G.: The Three Worlds of Welfare Capitalism, Princeton 1990.

Etzioni, A.: Jenseits des Egoismus-Prinzips. Ein neues Bild von Wirtschaft, Politik und Gesellschaft („The Moral Dimension. Toward A New Economics“, 1988), Stuttgart 1994.

– Die Verantwortungsgesellschaft. Individualismus und Moral in der heutigen Demokratie („The New Golden Rule“, 1996), Berlin 1999.

Faulenbach, J.: Der Begriff „Globalisierung“. In: Informationen zur politischen Bildung Nr. 263 (1999), S. 2.

Faulstich, W.: „Jetzt geht die Welt zugrunde ...“. In: P. Ludes/A. Werner (Hrsg.): Multimedia-Kommunikation, Opladen 1997, S. 13–35.

Featherstone, M.: Consumer Culture and Postmodernism, London 1991.

Fischermann, Th.: Marken für Milliarden. In: Die Zeit vom 2. November 2000, S. 25–26.

Flechtheim, O. K.: Futurologie: Möglichkeiten und Grenzen, Frankfurt a. M. 1968.

– Futurologie. Der Kampf um die Zukunft, Frankfurt a. M. 1972.

– (Hrsg.): Warum Futurologie? In: Futurum – Beiträge des Instituts für Zukunftsforschung, München 1980, S. 1.

Fourastié, J.: Die große Hoffnung des zwanzigsten Jahrhunderts („Le Grand Espoir du XXe Siècle“, 1949), Köln 1954.

Friedrichs, G./A. Schaff (Hrsg.): Auf Gedeih und Verderb. Bericht an den Club of Rome, Wien 1982.

Fromm, E.: Die Revolution der Hoffnung („The Revolution of Hope“, 1968), Reinbek 1974.

– Psychoanalyse und Ethik („Man for himself“, 1954), Frankfurt a. M.–Berlin–Wien 1978.

Fuhrer, U.: Wohnen mit dem Auto – Ursachen und Gestaltung automobiler Freizeit, Zürich 1993.

Gabor, D.: Menschheit morgen, Bern–München–Wien 1965.
Garhammer, M.: Wie Europäer ihre Zeit nutzen. Zeitstrukturen und Zeitkulturen im Zeichen der Globalisierung, Berlin 1999.
Geißler, K. A.: Die Zeiten ändern sich. Vom Umgang mit der Zeit in unterschiedlichen Epochen. In: Aus Politik und Zeitgeschichte B 31/99 vom 30. Juli 1999, S. 3–10.
Gergen, K.: The Saturated Self. Dilemmas of Identity in Contemporary Life, New York 1991.
– Das übersättigte Selbst: Identitätsprobleme im heutigen Leben, Heidelberg 1996.
Gerken, G.: Die Trends für das Jahr 2000, Düsseldorf–Wien–New York 1990.
– Trend Zeit, Düsseldorf–Wien–New York–Moskau 1993.
Gerken, G./M.-A. Konitzer: Trends 2015, Bern–München–Wien 1995.
Gershuny, J.: Die Ökonomie der nachindustriellen Gesellschaft. Produktion und Verbrauch von Dienstleistungen, Frankfurt a. M. 1981.
Giddens, A.: Jenseits von Links und Rechts. Die Zukunft radikaler Demokratie („Beyond Left and Right. The Future of Radical Politics“, 1994), 2. Aufl., Frankfurt a. M. 1997.
Gleick, J.: Schneller! Eine Zeitreise durch die Turbo-Gesellschaft („Faster. The Acceleration of Just About Everything“, New York 1999), München 2000.
Goebel, J./Chr. Clermont: Die Tugend der Orientierungslosigkeit, 3. Aufl., Berlin 1998.
Gorny, D.: Lasst uns Krawumm machen (Interview). In: Zeitmagazin vom 3. Dezember 1998, S. 25–30.
Gorz, A.: Wege ins Paradies, Berlin 1983.
– Kritik der ökonomischen Vernunft. Sinnfragen am Ende der Arbeitsgesellschaft (Berlin 1989), Hamburg 1994.
– Interview. In: FAZ vom 1. August 1997, S. 35.
Gove, W.: The relationship between sex roles, marital status and mental illness. In: Social Forces 1 (1972), S. 34–44.
Grazia, S. de: Of Time, Work and Leisure, New York 1962.
Gronemeyer, R.: Alle Menschen bleiben Kinder, Düsseldorf–München 1996.
Gross, P.: Die Multioptionsgesellschaft, Frankfurt a. M. 1994.
Grözinger, G. (Hrsg.): Das Single: Gesellschaftliche Folgen eines Trends, Opladen 1994.
Guggenberger, B.: Das digitale Nirwana, Hamburg 1997.
– Die Welt der Wochenenden. Auf dem Weg in die Freizeitgesellschaft. In: Aus Politik und Zeitgeschichte B 31/99 vom 30. Juli 1999, S. 25–31.
Habermas, J.: Soziologische Notizen zum Verhältnis von Arbeit und Freizeit. In: G. Funcke (Hrsg.): Konkrete Vernunft, Bonn 1958, S. 219–231.
– Die Neue Unübersichtlichkeit, Frankfurt a. M. 1985.
Handy, Ch.: Die anständige Gesellschaft („The Hungry Spirit. Beyond Capitalism – The Quest for Purpose in the Modern World“, 1997), München 1998.

Harrison, B./B. Bluestone: The Great U-Turn. Corporate Restructuring and the Polarizing of America, New York 1988.
Hartfiel, G. (Hrsg.): Das Leistungsprinzip, Opladen 1977.
Hartmann, H. A.: Nicht „das ganze Leben lang im Bett liegen bleiben ...". Zur Analyse und Bewertung von Fun- und Extremsport. In: edition ethik kontrovers 3, Frankfurt a.M. 1995, S. 34–51.
– The Thrilling Fields oder: „Bis ans Ende – und dann noch weiter". Über extreme Outdoor Activities. In: H. A. Hartmann/R. Haubl (Hrsg.): Freizeit in der Erlebnisgesellschaft, Opladen 1996, S. 67–94.
Häußermann, H./W. Siebel: Dienstleistungsgesellschaften, Frankfurt a.M. 1995.
Heckmair, B./W. Michl: Erleben und Lernen, 2. Aufl., Neuwied–Kriftel–Berlin 1994.
Heinze, R. G./Chr. Strünck: Individualismus und Engagement. Das Ehrenamt im Strukturwandel. In: U. von Alemann (u.a., Hrsg.): Bürgergesellschaft und Gemeinwohl, Opladen 1999, S. 169–181.
Hentig, H. von: Sollen schon Grundschüler an die Computer? (Interview). In: Geo Wissen Nr. 27 (2001), S. 44–48.
Hilgers, M.: Total abgefahren. Psychoanalyse des Autofahrens, Freiburg–Basel–Wien 1992.
– Psychologie und Freizeitverhalten im Verkehr. Stellungnahme für die Enquête-Kommission „Schutz der Erdatmosphäre" (Kommissionsdrucksache 12/18-c), Bonn 26. April 1993.
Hillmann, K.-H.: Überlebensgesellschaft. Von der Endzeitgefahr zur Zukunftssicherung, Würzburg 1998.
Hitzler, R.: „Der Vorhang im Tempel zerreißt ...". Orientierungsprobleme im Übergang zu einer ‚anderen' Moderne. In: U. Beck/P. Sopp (Hrsg.): Individualisierung und Integration, Opladen 1997, S. 49–64.
Hobsbawm, E.: Das Zeitalter der Extreme. Weltgeschichte des 20. Jahrhunderts („Age of Extremes", London 1994), München–Wien 1995.
Hölder, E.: Im Zug der Zeit, Stuttgart 1989.
Homann, R.: Statement. In: R. Kreibich (u.a.): Zukunftsforschung und Politik, Weinheim–Basel 1991, S. 43–44.
– Zukünfte. heute denken morgen sein, Zürich 1998.
Hondrich, K. O.: Machen soziale Reformen glücklich? In: Die Zeit Nr. 30 vom 18. Juli 1975, S. 4.
Horx, M.: Trendbuch, Düsseldorf–Wien–New York–Moskau 1993.
– Das Zukunfts-Manifest. Wie wir uns auf das 21. Jahrhundert vorbereiten können, Düsseldorf–München 1997.
Horx, M./P. Wippermann: Markenkult, München 1998.
Hradil, S.: Die „Single-Gesellschaft", München 1995.
Huxley, A.: Schöne neue Welt. Ein Roman der Zukunft („Brave New World", 1932), Frankfurt a.M. 1981.
– Wiedersehen mit der Schönen neuen Welt („Brave New World Revisited", 1959), München 1987.

Ifep/Institut für empirische Psychologie (Hrsg.): Wir sind o.k.! (IBM-Jugendstudie), Köln 1995.

Imhof, A. E.: Reife des Lebens, München 1988.

Inglehart, R.: Kultureller Umbruch. Wertewandel in der westlichen Welt („Cultural Change", Princeton/New Jersey 1989), Frankfurt a. M.–New York 1989.

Jaeggi, E.: Ich sag' mir selber Guten Morgen. Singles – eine moderne Lebensform, München 1992.

Jagoda, B.: Neue Arbeitsplätze durch Dienstleistungen. In: K. Mangold (Hrsg.): Die Zukunft der Dienstleistung, Wiesbaden 1997, S. 122–128.

Jahoda, M.: Wieviel Arbeit braucht der Mensch? („Employment and Unemployment", 1982), Weinheim–Basel 1983.

Jungk, R.: Die Zukunft hat schon begonnen (1951), München 1990a.

– Mehr Phantasie für das Morgen (1969). In: Ders.: Zukunft zwischen Angst und Hoffnung, München 1990b, S. 69–84.

– Die Chance der Imagination (1973). In: Ders.: Zukunft zwischen Angst und Hoffnung, 2. Aufl., München 1990c, S. 85–96.

Kahn, A./A. J. Wiener: Ihr werdet es erleben („The Year 2000", 1967), Reinbek 1971.

Kaku, M.: Zukunftsvisionen. Wie Wissenschaft und Technik des 21. Jahrhunderts unser Leben revolutionieren („Visions. How Science Will Revolutionize the 21st Century", 1997), München 2000.

Kennedy, P.: In Vorbereitung auf das 21. Jahrhundert („Preparing for the Twenty-First Century", 1993), Frankfurt a. M. 1997.

Kessler, R./M. Essex: Marital status and depression: the importance of coping resources. In: Social Forces 61 (1982), S. 484–507.

Kirchhoff, P.: Freiheit als das Recht zur langfristigen Bindung. In: FAZ Nr. 303 vom 30. Dezember 2000, S. 8.

Klages, H.: Traditionsbruch als Herausforderung. Perspektiven der Wertewandelgesellschaft, Frankfurt a. M.–New York 1993.

Knebel, H.-J.: Soziologische Strukturwandlungen im modernen Tourismus, Stuttgart 1960.

Köcher, R.: Vaterlandslose Gesellen. Die Deutschen trauen den Unternehmen wenig Interesse am Gemeinwohl zu. In: Frankfurter Allgemeine Zeitung Nr. 238 v. 13. Oktober 1999, S. 5.

Kohli, M.: New patterns of transitions to retirement in West Germany (International Exchange Center of Gerontology), Tampa 1988.

– Altern in soziologischer Perspektive. In: P. B. Baltes/J. Mittelstraß (Hrsg.): Zukunft des Alterns und gesellschaftliche Entwicklung, Berlin–New York 1992, S. 231–259.

– Der Alters-Survey als Instrument. In: M. Kohli/H. Künemund (Hrsg.): Die zweite Lebenshälfte, Opladen 2000, S. 10–32.

Kohli, M. (u. a.): Generationenbeziehungen. In: M. Kohli/H. Künemund (Hrsg.): Die zweite Lebenshälfte, Opladen 2000, S. 176–211.

Koslowski, P.: Die postmoderne Kultur. Gesellschaftlich-kulturelle Konsequenzen der technischen Entwicklung, München 1987.

Koziol, K.: Leben unter Vorbehalt? Anmerkungen zur Netzkommunikation. In: forum medienethik 2 (2000a), S. 13–24.
– (Hrsg.): Netzwelten – Menschenwelten – Lebenswelten. Kommunikationskultur in Zeiten von Multimedia, München 2000b.
Krämer, H.: Plädoyer für eine Rehabilitierung der Individualethik, Amsterdam 1983.
– Unsere Zeit braucht neue Meister der Lebenskunst. In: Die Welt vom 3. Sept. 1988.
– Zur Tertiarisierung der deutschen Volkswirtschaft. In: K. Mangold (Hrsg.): Die Zukunft der Dienstleistung, Frankfurt a. M.–Wiesbaden 1997, S. 171–216.
Krämer, S.: Vom Mythos „Künstliche Intelligenz“ zum Mythos „Künstliche Kommunikation“. In: S. Münker/A. Roesler (Hrsg.): Mythos Internet, Frankfurt a. M. 1997, S. 83–107.
Krämer-Badoni, Th.: Ökologische Krise und städtische Mobilität. Zur Bedeutung individuellen Verhaltens in einer nachmodernen Gesellschaft (Stellungnahme für die Enquête-Kommission „Schutz der Erdatmosphäre“), Kommissionsdrucksache 12/18d, Bonn 27. April 1993.
Kraut, R./V. Lundmark: The Internet Paradoxon – A Social Technology That Reduces Social Involvement and Psychological Well-Being? In: American Psychologist (Sept. 1998).
Kreibich, R. (u. a.): Zukunftsforschung und Politik, Weinheim–Basel 1991.
Krippendorf, J.: Fehlentwicklungen im Schweizer Tourismus. Vervielfältigtes Manuskript des Schweizerischen Fremdenverkehrsverbandes, Bern 1982.
Krömmelbein, S.: Bedeutung der Telearbeit für Beschäftigung und Arbeitsmarkt am Beispiel der Region Rhein-Main aus betrieblicher Sicht. In: Mitteilungen aus der Arbeitsmarkt- und Berufsforschung, Jg. 33 Heft 1 (2000), S. 136–153.
Künemund, H.: „Produktive“ Tätigkeiten. In: M. Kohli/H. Künemund (Hrsg.): Die zweite Lebenshälfte, Opladen 2000, S. 277–317.
Künemund, H./B. Hollstein: Soziale Beziehungen. In: M. Kohli/H. Künemund (Hrsg.): Die zweite Lebenshälfte, Opladen 2000, S. 212–276.
Kurnitzky, H.: Der heilige Markt, Frankfurt a. M. 1994.
Lasch, Chr.: Das Zeitalter des Narzißmus („The Culture of Narcissism“, 1979), München 1982.
Lenk, H.: Leistungssport in der Erfolgsgesellschaft. In: F. Grube/G. Richter (Hrsg.): Leistungssport in der Erfolgsgesellschaft, Hamburg 1973, S. 13–39.
– Eigenleistung. Plädoyer für eine positive Leistungskultur, Osnabrück 1983.
Lenk, M.: Der Einfluß der Computerkommunikation auf die deutsche Sprache (unveröff. Magisterarbeit), Regensburg 1995.
Levine, R.: Eine Landkarte der Zeit. Wie Kulturen mit Zeit umgehen („A Geography of Time“, New York 1997), München 1998.
Lévy, P.: KL – Künstliches Leben aus dem Computer, München 1993.

– Die kollektive Intelligenz. Für eine Anthropologie des Cyberspace („L'intelligence collective", Paris 1994), Mannheim 1997.
Linder, S. B.: Warum wir keine Zeit mehr haben, Frankfurt a. M. 1973.
Lüdtke, H. (u. a.): Technik im Alltagsstil. Eine empirische Studie, Marburg 1994.
Luttwak, E.: Turbo-Kapitalismus. Gewinner und Verlierer der Globalisierung (London 1998), Hamburg–Wien 1999.
Lutz, Chr.: Leben und arbeiten in der Zukunft, München 1995.
Mackensen, R. (u. a.): Leben im Jahr 2000 und danach. Perspektiven für die nächsten Generationen, Berlin 1984.
Mangold, K. (Hrsg.): Die Zukunft der Dienstleistung, Frankfurt a. M.–Wiesbaden 1997.
Mann, A. T.: Prophezeiungen zur Jahrtausendwende, Bern–München–Wien 1993.
Marcuse, H.: Triebstruktur und Gesellschaft. Ein philosophischer Beitrag zu Sigmund Freud, Frankfurt a. M. 1971.
Marien, M.: The Two Visions of Post-Industrial Society. In: Futures (1977), S. 415–431.
Markl, H.: Wissenschaft gegen Zukunftsangst, München–Wien 1998.
– Interview zu den „Forschungsperspektiven 2000 +". In: Süddeutsche Zeitung vom 13. Juni 2000.
Martin, E.: Flexible Bodies, Boston 1994.
Martin, H.-P./H. Schumann: Die Globalisierungsfalle. Der Angriff auf Demokratie und Wohlstand, 3. Aufl., Reinbek 1996.
Maxeiner, D.: Der Ausstieg aus der Autogesellschaft kommt. In: Der Spiegel Nr. 30 (1993), S. 92–94.
Mehrabian, A.: Räume des Alltags oder wie die Umwelt unser Verhalten bestimmt, Frankfurt a. M.–New York 1978.
Meisner, J.: Der Kirche ist das Mysterium verlorengegangen (Interview). In: Die Welt v. 5. Juli 1999, S. 6.
Meyer, H. W.: Aufbrüche – Anstöße. Band 1, Köln 1994.
Meyer, S./E. Schulze: Lebens- und Wohnformen Alleinstehender (Materialien zur Bevölkerungswissenschaft, 59), Wiesbaden: Bundesinstitut für Bevölkerungsforschung 1988.
– Balancen des Glücks. Neue Lebensformen: Paare ohne Trauschein, Alleinerziehende und Singles, München 1989.
Meyer, Th.: Der Monopolverlust der Familie. In: Kölner Zeitschrift für Soziologie und Sozialpsychologie, 45/1 (1993), S. 23–40.
Miegel, M./S. Wahl: Das Ende des Individualismus. Die Kultur des Westens zerstört sich selbst, 2. Aufl., München–Landsberg 1994.
Milgram, S.: The experience of living in cities. In: Science 167 (1970), S. 1461–1468.
Möhle, M./W. Glatzer: Alterungsprozesse von Gesellschaften. In: G. M. Backes (Hrsg.): Soziologie und Alter(n), Opladen 2000, S. 63–77.
Müller, H.-R.: Mobilität als Lebenselixier. In: U. Fuhrer (Hrsg.): Wohnen mit dem Auto, Zürich 1993, S. 53–64.

Naegele, G.: Vom Dreieck zum Pilz. Der demographische Wandel. In: Argumente zur Verbraucherpolitik 3 (1999), S. 4–15.

Naisbitt, J.: Megatrends 2000. 10 Perspektiven, die unser Leben verändern werden (1982), Düsseldorf–Wien–New York 1984.

Naisbitt, J./P. Aburdene: Megatrends 2000. Zehn Perspektiven für den Weg ins nächste Jahrtausend („Megatrends 2000. Ten New Directions For the 1990's", 1990), Düsseldorf–Wien–New York 1990.

Nell-Breuning, O. von: Arbeitet der Mensch zuviel?, Freiburg i. Br. 1985.

Nenning, G.: Vom Affen zum Single – und zurück? In: N. Copray (Hrsg.): Lieber allein?, München 1991, S. 35–40.

Nuber, U.: Warum wir uns langweilen. In: psychologie heute (1990), S. 21–26.

Opaschowski, H. W. (Hrsg.): Freizeitpädagogik in der Leistungsgesellschaft, Bad Heilbrunn 1973a.

– (Hrsg.): Im Brennpunkt: Der Freizeitberater, Düsseldorf 1973b.
– Freizeit im Ruhestand (B·A·T Studie), Hamburg 1984.
– Wie leben wir nach dem Jahr 2000? Szenarien über die Zukunft von Arbeit und Freizeit (B·A·T Projektstudie zur Freizeitforschung), Hamburg 1987.
– Wie arbeiten wir nach dem Jahr 2000? Freizeit-Impulse für die Arbeitswelt von morgen (B·A·T Projektstudie zur Freizeitforschung, Hamburg 1988.
– Herausforderung Freizeit (B·A·T Schriftenreihe zur Freizeitforschung), Hamburg 1990.
– Freizeitalltag von Frauen (B·A·T Studie), Hamburg 1995.
– Einführung in die Freizeitwissenschaft, 3. Aufl., Opladen 1997.
– Feierabend? Von der Zukunft ohne Arbeit zur Arbeit mit Zukunft, Opladen 1998a.
– Leben zwischen Muss und Muße. Die ältere Generation: Gestern. Heute. Morgen, Hamburg–Ostfildern 1998b.
– Generation @. Die Medienrevolution entlässt ihre Kinder: Leben im Informationszeitalter, Hamburg–Ostfildern 1999a.
– Umwelt. Freizeit. Mobilität. Konflikte und Konzepte, 2. Aufl., Opladen 1999b.
– Von der Generation X zur Generation @. Leben im Informationszeitalter. In: Aus Politik und Zeitgeschichte B 41 (1999c), S. 10–16.
– Vorwort. In: J. Rieger. Der Spaßfaktor. Warum Arbeit und Spaß zusammengehören, Offenbach 1999d.
– Jugend im Zeitalter der Eventkultur. In: Aus Politik und Zeitgeschichte B 12 (2000a), S. 17–23.
– Kathedralen des 21. Jahrhunderts. Erlebniswelten im Zeitalter der Eventkultur, Hamburg 2000b.
– Xtrem: Der kalkulierte Wahnsinn. Extremsport als Zeitphänomen, Hamburg 2000c.
– Das gekaufte Paradies. Tourismus im 21. Jahrhundert, Hamburg 2001a.

– Deutschland 2010. Wie wir morgen arbeiten und leben. Voraussagen der Wissenschaft zur Zukunft unserer Gesellschaft, 2., neubearb. Aufl., Hamburg 2001 b.
– Tourismus. Eine systematische Einführung – Analysen und Prognosen, 3. Aufl., Opladen 2001 c.
Oppermann, Chr.: Der virtuelle Autofahrer. In: Die Woche vom 22. Dezember 2000, S. 15.
Oppitz, G.: Kind oder Konsum?, Wiesbaden 1984.
OPR/Forschungsgruppe Opaschowski/Pries/Reinhardt an der Universität Hamburg: Themenpark-Befragung 98 (Script), Hamburg 1998.
Ortega y Gasset, J.: Der Aufstand der Massen („La rebelión de las masas", 1930), Reinbek 1984.
Orwell, G.: 1984. Roman („Nineteen Eighty-Four", 1949), 10. Aufl., Frankfurt a. M.–Berlin 1993.
Packard, V.: Die ruhelose Gesellschaft („A nation of strangers", 1972), München 1973.
Pascal, B.: Pensées (1670). Hrsg. v. L. Chevalier, Heidelberg 1954.
Pearling, L./J. Johnson: Marital status, life strains and depressions. In: American Sociological Review 42 (1977), S. 704–715.
Petzold, M.: Die Multimedia-Familie, Opladen 2000.
Peuckert, R.: Familienformen im sozialen Wandel, Opladen 1991.
Piepenbrock, H.: Service in Deutschland. In: K. Mangold (Hrsg.): Die Zukunft der Dienstleistung, Wiesbaden 1997, S. 91–101.
Pilgrim, V. E.: Trautes Glück allein? In: N. Copray (Hrsg.): Lieber allein?, München 1991, S. 47–55.
Plate, B. von: Grundelemente der Globalisierung. In: Informationen zur politischen Bildung Nr. 263 (1999), S. 3–7.
Popcorn, F.: Der Popcorn Report („The Popcorn Report", 1951), München 1992.
Popcorn, F./L. Marigold: „Clicking". Der Neue Popcorn Report („Clicking", 1996), München 1996.
Postman, N.: Die zweite Aufklärung. Vom 18. ins 21. Jahrhundert („A Bridge to the Eighteenth Century", 1999), Berlin 1999.
– Missfallen wir Gott? (Interview) In: Die Woche vom 22. Dezember 2000 a, S. 40.
– Müssen Toaster sprechen? In: Süddeutsche Zeitung (Hrsg.): Die Gegenwart der Zukunft, Berlin 2000 b, S. 99–107.
Radloff, L.: Sex differences in depression: the effects of occupation and marital status. In: Sex Roles 1 (1975), S. 249–265.
Rang, M.: Einleitung. In: Ders. (Hrsg.): J.-J. Rousseau: Emile oder über die Erziehung, Stuttgart 1965, S. 5–96.
Reheis, F.: Zeit lassen. Ein Plädoyer für eine neue Zeitpolitik. In: Aus Politik und Zeitgeschichte B 31/99 vom 30. Juli 1999, S. 32–38.
Rieder, J.: Reknuddel & cu cygirl. In: com! Online 4 (1999), S. 30–32.

Riesman, D.: Die einsame Masse („The Lonely Crowd“, 1950), Reinbek 1965.

– Wohlstand wofür? (New York 1964), Frankfurt a.M. 1973.

Rifkin, J.: Uhrwerk Universum („Time Wars“, 1987), München 1988.

– Das Ende der Arbeit und ihre Zukunft („The End of Work“, 1995), 2. Aufl., Frankfurt a.M. 1996.

– Das biotechnische Zeitalter („The Biotech Century“, 1998), München 1998.

– Access. Das Verschwinden des Eigentums („The Age of Access“, 2000), Frankfurt a.M. 2000.

Riley, M. W./J. W. Riley: Individuelles und gesellschaftliches Potential des Alterns. In: Baltes, P. B./J. Mittelstraß (Hrsg.): Zukunft des Alterns und gesellschaftliche Entwicklung, Berlin–New York 1992, S. 437–459.

Ritzer, G.: Die McDonaldisierung der Gesellschaft („The McDonaldisation of Society“, 1993), Frankfurt a.M. 1995.

Romeiß-Stracke, F.: Immer öfter – immer weiter? Perspektiven des Tourismus nach 2000. In: H. Schaufler (Hrsg.): Umwelt und Verkehr, München–Landsberg a. Lech 1997, S. 63–70.

Rosenau, J.: Turbulence in World Politics, Brighton 1990.

Roszak, Th.: Person/Planet, New York 1978.

Rousseau, J.-J.: Emil oder über die Erziehung (1762), 3. Aufl., Paderborn 1975.

Rubinstein, C. (u.a.): Einsamkeit. In: psychologie heute 7/2 (1980), S. 27–33.

Rüsen, J. (Hrsg., u.a.): Zukunftsentwürfe. Ideen für eine Kultur der Veränderung, Frankfurt a.M. 1999.

Sachs, W.: Die Liebe zum Automobil, Reinbek 1990.

Schaeper, H. (u.a.): Diskontinuierliche Erwerbskarrieren und Berufswechsel in den 1990ern. In: Mitteilungen aus der Arbeitsmarkt- und Berufsforschung, Jg. 33, Heft 1 (2000), S. 80–100.

Schanz, G. (Hrsg.): Handbuch Anreizsysteme in Wirtschaft und Verwaltung, Stuttgart 1991.

Schäuble, G.: Theorien, Definitionen und Beurteilungen der Armut, Berlin 1984.

Scheidt, J. von: Singles. Alleinsein als Chance des Lebens, München 1979.

– Die Wonnen der Einsamkeit. In: N. Copray (Hrsg.): Lieber allein?, München 1991, S. 120–126.

Scheidt, J. von/R. Zenhäusern: Alleinsein als Chance. Wege aus der Einsamkeit, München 1990.

Schilson, A.: Inszeniertes Glück? Tourismus heute – zwischen Ritual und Inszenierung. In: Bensberger Protokolle Nr. 79, Bensberg 1999, S. 19–40.

Schmid, W.: Lebenskunst im Cyberspace. In: forum medienethik 2 (2000), S. 7–12.

Schneider, N. F.: Familie und private Lebensführung in West- und Ostdeutschland. Eine vergleichende Analyse des Familienlebens 1970–1992, Stuttgart 1994.

Schopenhauer, A.: Zürcher Ausgabe, Werke, Zürich 1977.
Schorlemmer, F.: Die Tugend des Dienens. In: K. Mangold (Hrsg.): Die Zukunft der Dienstleistung, Wiesbaden 1997. S. 23–30.
Schröder, R.: Das Bewusstsein, das Gehirn und die Computer (Vortrag anlässlich der EXPO 2000-Präsentation im Mai 1998 in Berlin), Hannover 1998.
Schroeter, K. R.: Altersstrukturwandel als „ungeplanter Prozess“. In: G. M. Backes (Hrsg.): Soziologie und Alter(n), Opladen 2000 a, S. 79–108.
– Die Lebenslage älterer Menschen. In: G. M. Backes/W. Clemens (Hrsg.): Lebenslagen im Alter, Opladen 2000 b, S. 31–53.
Schroeter, K. R./H.-W. Prahl: Soziologisches Grundwissen für Altenhilfeberufe, Weinheim–Basel 1999.
Schulze, G.: Die Erlebnisgesellschaft. Kultursoziologie der Gegenwart, Frankfurt a. M.–New York 1992.
Schwab, R.: Einsamkeit. In: uni hh Forschung, Hamburg 1988, S. 81–83.
Schwartz, T.: The Responsive Chord, New York 1973.
Schwedler, W.: Lauern aufs Stichwort. In: Die Zeit Nr. 50 vom 7. Dez. 1984.
Schweigler, G.: Globalisierung – eine Folge der Weltinformationsgesellschaft. In: Informationen zur politischen Bildung Nr. 263 (1999), S. 21–26.
Scitovsky, T.: Psychologie des Wohlstands („The Joyless Economy“, 1976), Frankfurt a. M.–New York 1977.
Sen, A. S.: Zehn Thesen zur Globalisierung. In: Die Welt vom 18. Juli 2001, S. 9.
Siebel, H. D.: Gesellschaft im Leistungskonflikt, Düsseldorf 1973.
Singer, P.: Wie sollen wir leben? Ethik in einer egoistischen Zeit („How are we to live?“, 1993), Erlangen 1996.
Soltau, H.: Pfeifen aufs Duett. Von Singles, Alleinlebenden und anderen Solisten, Köln 1993.
Soule, G.: Mehr Zeit zum Leben („Time for Living“, 1955), Frankfurt a. M. 1956.
Steinbuch, K.: Programm 2000, Stuttgart 1970.
– Mensch. Technik. Zukunft: Probleme von morgen, Stuttgart 1971.
Steinkohl, F.: „Wie nah, wie fern, wie virtuell?“ In: IFMO/Institut für Mobilitätsforschung (Hrsg.): Freizeitverkehr, Heidelberg–New York 2000, S. 163–168.
Steinmüller, A./K. Steinmüller: Visionen 1900–2000 – 2100. Eine Chronik der Zukunft, Hamburg 1999.
Stroebe, W./M. Stroebe: Bereavement and Health: The psychological and physical consequences of partner loss, New York 1987.
– Partnerschaft, Familie und Wohlbefinden. In: A. Abele/P. Becker (Hrsg.): Wohlbefinden, Weinheim–München 1991, S. 155–174.
Süß, P.: Und immer wieder geht die Sonne auf (Interview). In: Die Welt v. 9. Januar 1999, S. 2.
Szczesny-Friedmann, C.: Die kühle Gesellschaft. Von der Unmöglichkeit der Nähe, München 1991.

Taylor, R.: Good and Evil. Prometheus, Buffalo/N.Y. 1984.
Thimm, C. : Verunstaltet E-Mail unsere Sprache? In: Viag-Interkom Views 3 (1999), S.56.
– (Hrsg.): Soziales im Netz. Sprache, Beziehungen und Kommunikationskulturen im Internet, Opladen–Wiesbaden 2000.
Toffler, A.: Der Zukunftsschock („Future Shock“, 1970), Bern–München–Wien 1970.
– Die Zukunftschance („The Third Wave“, 1980), München 1980.
Tully, C. J.: Auto und Umwelt – Was sagen Jugendliche dazu? In: DJI Bulletin, Heft 45 (Okt. 1998), S.3.
Turkle, Sh.: Leben im Netz. Identität in Zeiten des Internet („Life on the Screen: Identity in the Age of the Internet“, 1995), Reinbek 1998.
Vaskovics, L. S. (u. a.): Die Partnerschaft in nichtehelichen Lebensgemeinschaften. In: Forschungsforum – Interdisziplinäre Familienforschung. Berichte aus der Universität Bamberg, 3 (1991), S.36–42.
Vaskovics, L. S./P. Gross: Auswirkungen der Flexibilisierung von gesellschaftlichen Zeitstrukturen und Möglichkeiten zur Gewinnung von Zeitsouveränität (Forschungsbericht i. A. des Bundesministeriums für Forschung und Technologie), Bonn 1994.
Vester, F.: Phänomen Streß, Stuttgart 1976.
– Alter und Einsamkeit. In: Ders.: Phänomen Streß, München 1978, S.303–353.
– Crashtest Mobilität. Die Zukunft des Verkehrs. Fakten – Strategien – Lösungen, München 1995.
Vogt, J.: Maus-Menschen. In: Die Woche vom 22. Dezember 2000, S.12.
Wagenführ, H.: Industrielle Zukunftsforschung, München 1970.
Walford, R. L.: Leben über 100. München 1983.
Walther, J. B.: Computer – Mediated Communication. In: Communication Research 23 (1996), S.3–43.
Weber, S./C. Gaedemann: Singles. Report über das Alleinleben, München 1980.
Weinberg, P.: Erlebnismarketing, München 1992.
Weizenbaum, J.: Nur Daten werden herumgeschickt, epd-Interview/Tagesspiegel vom 1. April 1996.
– Computer-Pionier: Keine PCs für Kinder! (Interview). In: Hamburger Abendblatt vom 8. November 1999.
Wells, H. G.: Der neue Akzelerator (Meistererzählungen, 1901), Zürich 1996.
Wiedeking, W.: Die Welt tickt zu einseitig (Interview). In: Der Spiegel Nr. 3 (1999), S.90–91.
Wippermann, P.: Ich bin eine Aktiengesellschaft (Interview). In: Hamburger Abendblatt vom 25./26. November 2000.
Wiswede, G.: Einführung in die Wirtschaftspsychologie, München–Basel 1990.
Zellmann, P.: Arbeit, Erholung und Zeit zum Leben. Die neue Lebensformel

als Herausforderung für die pädagogische Freizeitforschung (Bericht an die DGfE-Kommission „Pädagogische Freizeitforschung"), Wien 2001.
Zemann, P.: Vom Alltag des Älterwerdens. In: Deutsches Zentrum für Altersfragen (Hrsg.): Alltag in der Seniorenfreizeitstätte, Berlin 1983, S. 147–224.
Zöpel, Ch.: Einleitung: Zukunftsforschung und Politik. In: R. Kreibich (u. a.): Zukunftsforschung und Politik, Weinheim–Basel 1991, S. 9–37.
Zukunftskommission FES (Friedrich-Ebert-Stiftung): Wirtschaftliche Leistungsfähigkeit, sozialer Zusammenhalt, ökologische Nachhaltigkeit. Drei Ziele – ein Weg, Bonn 1998.

Sachregister